《利用海南自由贸易港政策发展四大主导产业指南》系列丛书

利用海南自由贸易港政策发展高新技术产业指南

海南省工业和信息化厅　编

海南出版社
·海口·

图书在版编目（CIP）数据

利用海南自由贸易港政策发展高新技术产业指南 / 海南省工业和信息化厅编. -- 海口 ： 海南出版社, 2023.11

（《利用海南自由贸易港政策发展四大主导产业指南》系列丛书）

ISBN 978-7-5730-1397-2

Ⅰ. ①利… Ⅱ. ①海… Ⅲ. ①自由贸易区—高技术产业—产业发展—贸易政策—海南—指南 Ⅳ. ①F127.66-62

中国国家版本馆CIP数据核字(2023)第220218号

利用海南自由贸易港政策发展高新技术产业指南

LIYONG HAINAN ZIYOU MAOYIGANG ZHENGCE FAZHAN GAOXIN-JISHU CHANYE ZHINAN

海南省工业和信息化厅 编

责任编辑：陈　波　宁文菲

封面设计：黎花莉

印刷装订：海南永发印刷股份有限公司

海南出版社 出版发行

地　　址：海口市金盘开发区建设三横路2号

邮　　编：570216

电　　话：0898-68567076

网　　址：http: //www.hncbs.cn

开　　本：787 mm×1 092 mm　1/16

印　　张：21

字　　数：340千字

版　　次：2023年11月第1版

印　　次：2023年11月第1次印刷

书　　号：ISBN 978-7-5730-1397-2

定　　价：88.00元

编纂委员会

前　言

为帮助投资者利用自由贸易港优惠政策到海南发展产业，海南省工业和信息化厅2021年编写出版了《利用自贸港政策发展特色制造业指南》，受到社会各界欢迎。在此基础上，我们以更宽的视野、更深的研究、更多的资料、更优的服务，深入挖掘自由贸易港产业政策，综合利用原辅料“零关税”、加工增值、离岛免税购物、“双15%”所得税等优惠政策，并结合海南的区位、交通、资源、市场、通关、气候等优势特点，又研究了10类、40个行业，集合成本书，努力给投资者提供相对确定的投资方向和工作建议，帮助投资者节省前期摸索时间、提高投资效率。

为进一步优化营商环境、方便投资者在海南投资兴业，本书将企业落地及营运过程中办理的手续、办事流程、办事部门（二维码和电话）、提交资料、人才认定、可享受的奖补政策、兑现程序等做了全面梳理、汇总，作为附件供投资者一并掌握应用。每个专题报告的完整电子版刊发在海南省工业和信息化厅的官网上，供免费下载。另外，为了帮助市县和园区发展产业，本书的部分课题增加了一些工作建议以及招商引资目标企业，供大家参考，拓宽发展思路。

自由贸易港产业政策的专业性很强，一些配套政策、细则和操作流程还在推进之中，加之编者水平有限，报告定有不完善之处，我们将进一步研究改进。同时，这些报告是方向性、思路性的研究，不能完全代替企业落地的可行性报告。企业在投资时还需结合自身情况，进行深入细化的分析测算。

海南省工业和信息化厅

2023年9月

目 录

第一章　数字经济

第一篇　半导体器件研发制造

半导体器件是利用硅、锗或砷化镓等材料，产生、控制、接收、变换、放大信号并实现能量转换等特定功能的电子器件，分为集成电路器件和电力电子器件。集成电路器件指把电路中所需的晶体管、二极管、电阻、电容和电感等元件连接在一起，组合成完整的电子电路，并制作在一小块或几小块半导体晶片或介质基片上，封装在管壳内的具有所需电路功能的器件（芯片）。电力电子器件（功率半导体）是电子装置中电能转换与电路控制的核心，包括二极管、晶闸管（包括MOSFET、IGBT*等）等功率器件及功率IC（包括电源管理IC等），应用于电动汽车、光伏逆变器等。

我国半导体行业发展迅速，市场规模从2017年的5411亿元增长至2021年的10996亿元，年均增长率近20%，占全球市场的50%以上。其中集成电路分立器件智能传感器年均增长率为8%，国产化显著，特别是MEMS（微机电系统）传感器依托在物联网、智慧城市、智能制造等领域的广泛应用，成为新的增长点。该产业的发展正处于国产替代的关键期，预计2025年市场规模突破1500亿元。

一、海南具备初步的产业发展条件

海口复兴城互联网信息产业园集聚了阿里巴巴、字节跳动等头部企业，打造工业互联网、智能硬件、大数据、云计算等创新平台；海南生态软件园重点孵化区块链、5G、大数据等技术应用领域产业集群；海口高新区大力发展电子信息制造产业；2022年以来，海口市正谋划打造芯片设计一条街、搭建集成电路公共服务平台、设立集成电路学院和相关基金，海口市规划到2025年半导体、芯片封装测试等产值达到20亿元，全方位促进电子信息产业发展。

---

*书中部分缩略词、公司名称、专有技术名称、产品名称、平台名称等无中文译名，故使用原英文表述。

半导体器件产业图谱

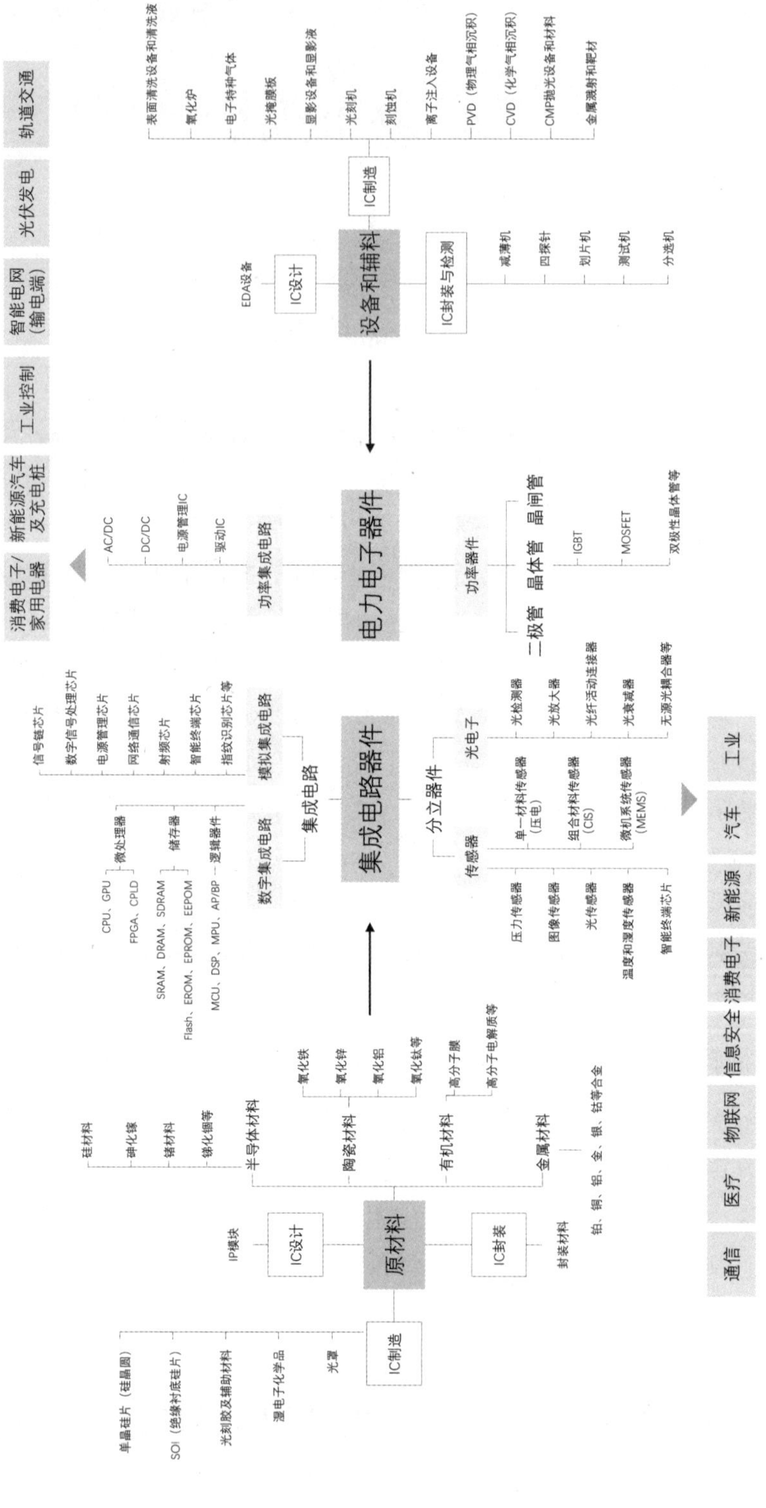
原材料
IC设计
IP模块
IC封装
封装材料
IC制造
单晶硅片（硅晶圆）
SOI（绝缘衬底硅片）
光刻胶及辅助材料
湿电子化学品
光罩
半导体材料
硅材料
砷化镓
锗材料
锑化铟等
陶瓷材料
氧化铁
氧化锌
氧化铝
氧化钛等
有机材料
高分子膜
高分子电解质等
金属材料
铂、铜、铝、金、银、钴等合金
集成电路器件
集成电路
数字集成电路
微处理器
CPU、GPU
FPGA、CPLD
储存器
SRAM、DRAM、SDRAM
Flash、EROM、EPROM、EEPOM
逻辑器件
MCU、DSP、MPU、AP/BP
模拟集成电路
信号链芯片
数字信号处理芯片
电源管理芯片
网络通信芯片
射频芯片
智能终端芯片
指纹识别芯片等
分立器件
传感器
单一材料传感器（压电）
组合材料传感器（CIS）
微机系统传感器（MEMS）
压力传感器
图像传感器
光传感器
温度和湿度传感器
智能终端芯片
光电子
光检测器
光放大器
光纤活动连接器
光衰减器
无源光耦合器等
通信
医疗
物联网
信息安全
消费电子
新能源
汽车
工业
电力电子器件
功率集成电路
AC/DC
DC/DC
电源管理IC
驱动IC
功率器件
二极管
晶体管
晶闸管
IGBT
MOSFET
双极性晶体管等
消费电子/家用电器
新能源汽车及充电桩
工业控制
智能电网（输电端）
光伏发电
轨道交通
设备和辅料
IC设计
EDA设备
IC制造
表面清洗设备和清洗液
氧化炉
电子特种气体
光掩膜板
显影设备和显影液
光刻机
刻蚀机
离子注入设备
PVD（物理气相沉积）
CVD（化学气相沉积）
CMP抛光设备和材料
金属溅射和靶材
IC封装与检测
减薄机
四探针
划片机
测试机
分选机

二、海南良好的生态环境，可满足高端设计研发人才对生态高品质的要求

一是生态环境好。海南的$PM_{2.5}$等污染物指标近年来不断降低，空气质量一直保持全国一流水平，空气中负氧离子（一般在0.8万—1.5万个/立方厘米，是内地许多大城市的20倍以上）、碘离子含量高，水质好、绿化率高、阳光充足、昼夜温差小等，有利于人的身体健康，有利于儿童骨骼发育，尤其有利于心脑血管疾病、呼吸道疾病、骨关节疾病等患者的康养。年轻人在海南工作生活，把父母安置到海南养老，既能尽孝，又能安心工作。二是教育和医疗条件改善很快。海南近年来落户了大批优质医院和学校，如中国人民解放军总医院海南医院、博鳌超级医院、海南省人民医院等。海口哈罗国际学校、澄迈iSchool微城未来学校、陵水黎安国际教育创新试验区，以及北大附中、北师大附中等一大批学校入驻，提升了海南的教育水平。三是海南社会包容性强，对外地人友善，在海南生活少有陌生感和社会压力。四是生活方式健康。海南食品新鲜、饮食清淡、房价比北上广深等城市低，整体上生活成本比内地大城市低。五是海南的跨境数据安全有序流动，已建成海南至香港的国际海底光缆、区域性国际通信业务出入口局等设施，未来还将建设数条海底光缆和全业务国际通信出入口局等，互联网访问速率提高、丢包率下降，有利于开展国际业务。人才对生活品质的要求都很高，终端目标是“生产、生活、生态”三位一体。海南的这些基础和优势，与当代年轻人、高端创业者的择业条件比较吻合。

三、半导体器件研发制造企业可享受自由贸易港政策

（一）“零关税”政策

海南自由贸易港分两个阶段实施“零关税”政策。第一阶段即2025年全岛封关运作前，实行“一负三正”零关税清单管理，对清单内货物及物品，免征进口关税、进口环节增值税和消费税。第二阶段即2025年全岛封关运作、简并税制后，对进口征税商品目录以外、允许海南自由贸易港进口的商品，免征进口关税。现阶段企业进口自用生产设备“零关税”负面清单、原辅料“零关税”正面清单已正式对外发布。半导体器件制造设备未被纳入

“负面清单”，可享受“零关税”政策。我国半导体器件制造设备及辅料进口依赖度极高，光刻机、刻蚀机、PVD（物理气相沉积）设备、CVD（化学气相沉积）设备、离子注入机、CMP（研磨抛光）设备等高度依赖进口。半导体器件制造企业落户海南自由贸易港，可享受“零关税”政策下设备进口关税、增值税减免利好。

半导体器件生产设备进口关税、增值税减免情况表

分类	设备种类	进口价格	主要进口地	进口关税	进口增值税	海南可优惠金额
集成电路器件及电力电子器件	光刻机	50000万元/台	日本、荷兰	0%（日本） 100%（荷兰）	13%	6500—63000 （万元/台）
	刻蚀机	1500万元/台	美国、日本	30%（美国） 0%（日本）	13%	195 万元/台
	PVD设备	1000万元/台	美国、日本	30%（美国） 0%（日本）	13%	130—470 （万元/台）
	CVD设备	150万元/台	新加坡、中国台湾	0%	13%	20—70 （万元/台）
	离子注入机	1500万元/台	美国、日本、韩国、新加坡	11%（美国） 0%（日本、韩国、新加坡）	13%	195—380 （万元/台）
	扩散/氧化设备	650万元/台	日本、美国	0%（日本） 30%（美国）	13%	85—305 （万元/台）
集成电路器件及电力电子器件	CMP设备	1200万元/台	日本、新加坡、德国	0%（日本、新加坡） 30%（德国）	13%	155—560 （万元/台）
	集成电路封装设备	100万元/台	德国、日本	17%（德国） 0%（日本）	13%	15—30 （万元/台）
	集成电路测试设备	35万元/台	德国、日本	17%（德国） 4.7%（日本）	13%	5—10 （万元/台）

以集成电路晶圆代工企业或IDM（垂直整合制造）制造商年产12英寸（约30厘米）集成电路晶圆10万片为例，生产线设备投资约需40亿元，生产线中依赖进口的光刻设备占27%、刻蚀设备占20%、PVD设备占10%、CVD设备占10%、离子注入设备占10%、CMP设备占4%，设备进口依赖度约70%，企业进口设备成本约为22.68亿元。虽然目前国家规定集成电路生产企业和先进封装测试企业进口自用设备免征进口关税，但从海南进口可以减免进口增值税，共约2.9亿元。

集成电路晶圆制造重要设备进口关税、增值税减免情况表

<table>
<tr><th>设备种类</th><th>成本
占比</th><th>成本
（亿元）</th><th>进口
依赖度</th><th>进口成本
（亿元）</th><th>进口
关税</th><th>进口
增值税</th><th>海南可优惠
金额（亿元）</th></tr>
<tr><td>光刻设备</td><td>27%</td><td>10.8</td><td rowspan="6">平均70%</td><td>7.6</td><td rowspan="2">0%</td><td>13%</td><td>0.99</td></tr>
<tr><td>刻蚀设备</td><td>20%</td><td>8</td><td>5.6</td><td>13%</td><td>0.73</td></tr>
<tr><td>PVD设备</td><td>10%</td><td>4</td><td>2.8</td><td rowspan="4">0%</td><td>13%</td><td>0.36</td></tr>
<tr><td>CVD设备</td><td>10%</td><td>4</td><td>2.8</td><td>13%</td><td>0.36</td></tr>
<tr><td>离子注入设备</td><td>10%</td><td>4</td><td>2.8</td><td>13%</td><td>0.36</td></tr>
<tr><td>CMP设备</td><td>4%</td><td>0.14</td><td>1.1</td><td>13%</td><td>0.99</td></tr>
</table>

以集成电路封测企业建设一条月封装3亿颗密度集成电路及系统级封装模块为例，项目设备购置成本约23.5亿元，封装测试设备在内地进口需22.8亿元。目前国家规定集成电路先进封装测试企业进口自用设备免征进口关税（不免增值税），但从海南进口可以免征增值税（约2.9亿元）。

（二）个人所得税优惠

2025年前对在海南自由贸易港工作的高端人才和紧缺人才，其个人所得税实际税负超过15%的部分予以免征。2025年后，对其取得来源于海南自由贸易港范围内的综合所得和经营所得，按照3%、10%和15%征收个人所得税。经测算，个人年收入超过47.02万元（或经营所得应纳税所得额超过31.92万元）时，可享受实际税负超过15%部分免征政策。半导体器件企业研发人员收入较高，受益明显。

四、半导体器件研发制造企业落户海南可享受支持政策

以集成电路代工企业或IDM制造商年产12英寸（约30厘米）集成电路晶圆10万片为例估算可获取的奖补。12英寸（约30厘米）集成电路晶圆市场价约9600元/片，代工制造毛利率可达40%。企业落户海南自由贸易港，进口设备共需37.2亿元，可获取固定资产投资奖励1.86亿元；生产制造10年间，可获取生产规模奖励共约1000万元，企业硅片、半导体光刻胶、光掩模板等原辅料若均采取空运进口可获取共计约89.5万元物流补贴。若企业为IDM制造商，在晶圆制造的同时具备集成电路设计能力，企业每年将20%的利润投入研发，从省本级可获取每年最高200万元的研发投入奖励（见附件）。

集成电路晶圆制造企业落户海南生产奖补估算表

单位：万元

年限	第1年	第2年	第3年	第4年	第5年	第6年	第7年	第8年	第9年	第10年
营业收入	96000	124800	162240	210912	274186	356441	463374	602386	783101	1018032
利润	38400	49920	64896	84365	109674	142577	185349	240954	313241	407213
生产规模奖励	50	—	150	—	—	300	—	500	—	—
物流补贴	2.1	2.7	3.5	4.6	6.0	7.8	10.1	13.2	17.1	22.3
研发投入奖励	200	200	200	200	200	200	200	200	200	200
合计奖补	252.1	202.7	353.5	204.6	206.0	507.8	210.1	713.2	217.1	222.3

以企业建设一条月封装3亿颗高密度集成电路及系统级封装模块为例，估算企业可获取的生产经营奖补为：年营收约18.3亿元，年均增长率为6%，企业从海南进口设备共约20亿元，如果分年度进口，最多可享受固定资产投资奖励1亿元；生产制造10年间可获取生产规模奖励共计450万元（奖补标准见附件）。

五、“智慧海南”为半导体器件研发制造提供了广阔的应用场景

“智慧海南”将构建覆盖“空天地海”的数字资源要素体系，超前布局5G、物联网、人工智能、工业互联网、云计算等新型基础设施，完善边缘计算、超级计算中心建设，构建全局视野、精准映射、虚实交互、模拟仿真、智能干预的数字孪生治理体系，推动新型工业、热带农业等数字化、智能化转型升级。“智慧海南”将为半导体器件研发制造提供全方位市场应用场景。

六、半导体器件生产制造自动化程度极高，不受海南短期内产业人才储备限制

半导体器件制造属于资金、技术密集型产业，过程自动化是良品率和生产效率的保障，头部企业采用自动化、智能化生产，对人员的需求减少。

七、半导体器件属于“轻物流”产品，对物流成本不大敏感

海南自由贸易港正大力推进航空物流枢纽建设，“空中门户”海口美兰国际机场国内和国际货运吞吐量增长较快，空运物流的预期较好。由于半导体器件货物重量与体积比值低，属于“轻物流”产品，企业落户海南自由贸易港开展半导体器件生产制造将有效规避海运物流劣势，并享受海南空运物流发展红利。

企业享受的海南自由贸易港其他优惠政策、海南省和海口市奖补措施，以及企业落地办事指南等，见附件。

典型企业情况表*

企业	企业简介	国内基地
扬州扬杰电子科技股份有限公司	公司是国内少数集半导体分立器件芯片设计制造、器件封装测试、终端销售与服务等产业链垂直一体化（IDM）的厂商。产品线涵盖分立器件芯片、MOSFET（金属-氧化物-半导体场效应晶体管）、IGBT&功率模块、SiC（碳化硅）、整流器件、保护器件、小信号等，为客户提供一揽子产品解决方案，产品广泛应用于汽车电子、新能源、工控、电源、家电、照明、安防、网通、消费电子等领域	扬州

*本书典型企业情况表的信息从网络渠道获取，最终核查时间为2023年11月。

——编者按

续表

企业	企业简介	国内基地
华润微电子有限公司	公司是华润集团旗下负责微电子业务投资、发展和经营管理的高科技企业，先后整合华科电子、中国华晶、上华科技等中国半导体企业，已成为中国本土具有重要影响力的综合性半导体企业。公司拥有芯片设计、晶圆制造、封装测试等全产业链一体化运营能力，聚焦于功率半导体、智能传感器领域	无锡、北京、上海、深圳、重庆、厦门
杭州士兰微电子股份有限公司	国内规模最大的集成电路芯片设计与制造一体（IDM）企业之一，在小于和等于6英寸（约15厘米）的芯片制造产能中排名全球第二，12英寸（约30厘米）特色工艺晶圆生产线月产能已达6万片，先进化合物半导体制造生产线月产能已达14万片。技术与产品涵盖消费类产品众多领域，如绿色电源芯片技术、MEMS传感器技术、LED照明和屏显技术、高压智能功率模块技术、第三代功率半导体器件技术、数字音视频技术等。核心研发领域：基于士兰芯片生产线高压、高功率、特殊工艺的集成电路、功率模块，功率器件及功率半导体方案、MEMS传感器产品、数字音视频和智能语音产品，光电产品及LED芯片制造和封装（含内外彩屏和LED照明）等	杭州、成都、厦门
兆易创新科技集团股份有限公司	集存储器、微控制器、传感器于一体的领先的半导体解决方案供应商，2019年收购上海思立微电子科技有限公司开拓传感器业务，提供嵌入式生物识别传感芯片，电容、超声、光学模式指纹识别芯片以及自、互容触控屏控制芯片等产品	北京、上海、深圳、合肥、西安、成都、苏州、香港
歌尔微电子股份有限公司	以MEMS器件及微系统模组研发、生产与销售为主的半导体公司，2020年度自主研发设计的MEMS芯片出货量2.49亿颗。中国首批36家具有影响力的传感器企业之一，中国微型麦克风代表性企业，中国半导体MEMS十强企业之一	潍坊、青岛、荣成、北京、上海、深圳、无锡

续表

企业	企业简介	国内基地
江苏长电科技股份有限公司	集成电路制造和技术服务提供商，提供全方位的芯片成品制造一站式服务，包括集成电路的系统集成、设计仿真、技术开发、产品认证、晶圆中测、晶圆级中道封装测试、系统级封装测试、芯片成品测试，产品和技术主要涉及主流集成电路系统应用，包括网络通信、移动终端、高性能计算、车载电子、大数据存储、人工智能与物联网、工业智造等领域	江阴、滁州、宿迁
斯达半导体股份有限公司	专业从事以IGBT（绝缘栅双极型晶体管）为主的功率半导体芯片和模块的设计研发、生产及销售服务，是国内功率半导体器件领域的领军企业，包括IGBT、MOSFET、IPM、FRD（快恢复二极管）、SiC等，其中IGBT模块产品超过600种，电压等级涵盖100V—3300V，电流等级涵盖10A—3600A。产品已被成功应用于新能源汽车、变频器、逆变焊机、UPS（不间断电源）、光伏/风力发电、白色家电等领域	嘉兴、上海、重庆、浙江
北京赛微电子股份有限公司	公司以半导体业务为核心，重点发展MEMS工艺开发与晶圆制造业务，积极布局GaN（氮化镓）材料与器件业务，主要产品及业务包括MEMS芯片的工艺开发及晶圆制造、GaN外延材料生长与器件设计。是国内MEMS传感器芯片代工龙头，旗下子公司Silex Microsystems AB在全球MEMS纯晶圆代工厂排名中位居第一	北京
深圳市汇顶科技股份有限公司	基于芯片设计和软件开发的整体应用解决方案提供商，主要面向智能终端、物联网及汽车电子领域提供领先的半导体软硬件解决方案，提供指纹传感器等产品	深圳
宁波柯力传感科技股份有限公司	中国首批36家具有影响力的传感器企业之一，中国应变式称重传感器代表性企业，成立于1995年，位于宁波市江北区投资创业园区，是全球称重领域物联网研发与推广应用的主要引领者之一，也是中国重要的称重元件制造及销售企业之一和工业物联网产业开拓者之一	宁波
深圳友讯达科技股份有限公司	成立于2002年，是全球场域网解决方案专家，核心技术包括具有自主知识产权的CFDA无线传感网络技术、LCFDA低功耗传感网络技术和双模异构通信技术，产品涵盖低压配电监测终端、输变电感知终端、变配电物联终端、公用能源计量设备等	深圳

续表

企业	企业简介	国内基地
武汉飞恩微电子有限公司	公司是致力于为汽车、物联网、智能家居及工业控制行业提供MEMS传感器及系统产品的高新技术企业。是EET电子工程专辑（中国）2021年中国传感器公司排行榜前十名，获得软银领投2亿元融资，拥有独特MEMS传感器技术和自动化生产线，产品覆盖汽车所有传感器应用	武汉
深迪半导体（绍兴）有限公司	由美国海外留学人员创立的中国首家设计、生产商用MEMS陀螺仪系列惯性传感器的MEMS芯片公司，成立于2008年8月。是中国首批36家具有影响力的传感器企业之一，EET电子工程专辑（中国）2021年中国传感器公司排行榜前十名，我国规模量产商用MEMS陀螺仪的设计、生产企业，是商用微机电系统惯性传感器领域的龙头企业	绍兴、上海、成都、深圳、台湾

第二篇　电子产品保税维修

电子产品保税维修主要指出口到国外市场的电子产品（包括电脑、电视、手机等），在使用或运输过程中因部件损坏、功能失效等问题退回我国海关特殊监管区域（包括保税港区、综合保税区、保税区、出口加工区等）进行保税维修的过程。这个市场很大，2022年我国出口手机8.2亿台、出口平板电脑1.3亿台，返修比例约1%，按照维修费用每单100元计算，仅手机、平板电脑两项电子产品出口返修市场规模就超过9.5亿元。

2021年7月国办印发的《关于加快发展外贸新业态新模式的意见》提出，“探索研究支持有条件的综合保税区外企业开展高技术含量、高附加值、符合环保要求的自产出口产品保税维修，以试点方式稳妥推进”。此后，合肥市制定保税维修业务监管方案，简化保税维修业务核准手续，试点实施“无感通关”改革；浙江省嘉善县基于本地电子出口产品的维修业务，推动浙江省首例海关特殊监管区域外保税维修业务；上海临港新片区洋山特殊综合保税区大力发展跨境电商新业态，建设电子产品保税维修检测中心；青岛胶州湾综合保税区出台保税区内企业开展维修业务监管方案，已有首批电子产品进入区内进行保税维修。

一、海南发展电子产品保税维修的有利条件

（一）海南自由贸易港有望突破电子产品保税维修品类，大幅拓宽厂商电子产品返修业务范围

商务部、生态环境部、海关总署《关于支持综合保税区内企业开展维修业务的公告》（2020年第16号公告），《关于发布综合保税区维修产品增列目录的公告》（2021年第45号公告）中的两批目录明确了70个在综合保税区内可开展保税维修的产品品类，其中电子产品品类包括：（1）打印机、复印机及其零件附件（海关税则8443类下），（2）平板电脑及其他便携式自动数据处理设备（海关税则8471类下）及其零件附件，（3）电话机和智能手机（海关税则8517类下），（4）收音机等无线电广播接收设备（海关税则8527类下），（5）普通照相机（海关税则9006类下）和数码相机（海关税则8525类下），（6）影像投影仪（海关税则9008类下），（7）电脑娱乐机整机及掌上游戏机整机、遥控手柄（海关税则9504类下）。保税区内企业可开展来自境外或境内海关特殊监管区域外（简称境内区外）的全球维修业务，维修后的货物，应根据其来源复运至境外或境内区外。由此可见，保税区内允许开展保税维修的旧电子产品品类仍然较为局限，无法满足国内所有出口电子产品的返修需求。

海南自由贸易港实行“一线”放开、“二线”管住模式，封关运作后将成为我国具有“境内关外”性质的海关特殊监管区，海关监管制度创新空间大，海南自由贸易港可聚焦无人机、B超（彩超）诊断仪、电视机、吸尘器、微波炉、小家电、遥控手柄、电脑娱乐整机、无创呼吸机等我国出口量大的电子产品，向海关总署申请保税维修试点目录突破。

2023年6月，国务院印发《关于在有条件的自由贸易试验区和自由贸易港试点对接国际高标准推进制度型开放的若干措施》（国发〔2023〕9号），给予海南2条独有措施，分别为航空器、船舶（含相关零部件）出境维修复运入境免关税，境外货物入境维修复运出境免关税及转内销照章征收关税。区别于其他自由贸易区开展保税维修业务限定于两头在外模式，海南自由贸易港进境维修的货物可转内销，对相关企业开展保税维修业务形成利好。海南

自由贸易港禁限清单正在制定，将在一定程度上拓宽保税维修业务范围，进一步简化进出口手续，极大推动贸易自由化、便利化。

（二）海南自由贸易港有望率先实现电子产品深度维修业务突破

生态环境部、商务部、发展改革委、海关总署《关于全面禁止进口固体废物有关事项的公告》（2020年第53号公告）提出，自2021年1月1日起我国“禁止以任何方式进口固体废物”，“禁止我国境外的固体废物进境倾倒、堆放、处置”。根据商务部、生态环境部、海关总署《关于支持综合保税区内企业开展维修业务的公告》（2020年第16号公告），综合保税区内企业不得通过维修方式开展拆解、报废等业务。因此，我国出口的电子产品退回维修，若需更换零件、涉及产品拆解，目前也无法在保税区内进行。海南自由贸易港可依托“非禁即入”政策，向海关总署申请开展保税维修产品品类和含拆解内容的深度维修突破试点以及涉及拆解和更换零件的深度维修业务突破，并申请二手电子产品再制造业务试点突破。

（三）海南自由贸易港具备“境内关外”功能，封关后全岛将成为厂商开展电子产品返修业务的“天然保税仓”

我国通过一般贸易或跨境电商出口的产品返修的模式主要有两种。一是产品退回内地工厂维修，即工厂对海关提出返修需求，返修货物先退回到香港进行中检和清点，之后工厂向海关缴纳保证金（缴纳的保证金一般为货物进口税金的2—3倍）、缴纳关税（海关规定出口一年期限以内的货物退运回来可以不用征缴关税，超过一年时间需缴纳关税），经海关审批核准（一般需要20—30个工作日）后货物退回到内地工厂，维修好后复出口的产品必须跟原退货一模一样，否则扣货、没收保证金，返修后的货物复出口并获得保证金和关税退还（一般需要6个月左右才能退回保证金）。该种返修模式下产品退回内地工厂维修的整个过程占用时间长、资金成本高，且可能会影响厂商在海关的信誉，仅适合规模大、资金充足的厂商。二是产品退回香港维修，即厂商在香港租赁仓库，返修货物退回到香港后，厂商派维修工人和设备到香港进行维修，维修后产品直接出口。该过程虽然不经过内地海关，不需缴纳保证金和关税，但厂商需支付昂贵的仓库租赁管理费用和人工费用，且在维修过程复杂的情况下，产品需要进入工厂进行深度维修，无法在香港开展。

若出口商品退回我国具备“境内关外”地位的海关特殊监管区域开展保税维修，一方面可以避免退回内地工厂维修所需承担的报关报检手续及由此产生的时间和资金成本，另一方面可以避免退回香港维修所需承担的高昂人工成本和仓储成本。

我国内地开展出口商品退还维修的主要障碍在于仓储空间小，难以大批量开展业务。2025年全岛封关后，海南自由贸易港整体将成为一个巨大的“境内关外”保税仓，实施“全岛零关税”，即在简并税制后对进口征税商品目录以外、允许海南自由贸易港进口的商品，全部免征进口关税、增值税、消费税；同时，海南将实行“岛内自由”，即货物在海南自由贸易港内可自由选择存放地点，且不设存储期限，与内地海关特殊监管区域内保税仓储空间较小、货物储存期限一年的条件相比，海南的保税仓储便利度将大幅提升。随着监管办法的不断完善，海南岛可自由开展保税维修及其所需的保税仓储，与内地海关特殊监管区域相比形成较强的空间和时限优势，可以培育形成辐射全国的保税维修基地。

（四）海南建设国际航空枢纽和跨境电商基地，有力承载电子产品“跨境电商—保税返修”业务一体化发展

海南着力将海口美兰国际机场（简称美兰机场）打造为面向太平洋、印度洋，辐射东南亚的区域性国际航空枢纽。一是美兰机场国际货运航线不断扩张，已运行海口—新加坡、海口—巴黎、海口—悉尼、海口—法兰克福、海口—莫斯科、海口—仁川、海口—米兰等国际货运航线，2022年实现每周执飞18架次，累计完成国际进出港运输货物4361吨，未来国际航线将越来越多。二是美兰机场已实现跨境电商出口业务全覆盖，支持国内商品通过跨境电商出口。三是跨境电商基地建设逐渐成熟，美兰机场所在的海口江东新区（临空经济区）设立跨境电商产业基地，已招引亚马逊平台国内销售额前十的傲基科技、猿人科技、福建纵腾等龙头企业落地，并设立10亿元跨境电商产业基金，成功培育一批本地跨境电商企业，依托航空物流发展面向东盟、欧美等地区的跨境电商出口业务，2023年跨境电商进出口申报单量有望达到20万单。

全岛封关后，海南自由贸易港“天然保税仓”功能叠加国际航空枢纽和跨境电商基地建设，将推动前端跨境电商业务与后端保税维修业务联动，电子产品跨境电商、保税返修一体化发展前景的预期良好。

（五）自由贸易港政策通过提前退税和降低企业所得税支持保税维修基地资金周转，提高厂商电子产品返修业务竞争力

为方便保税维修业务开展，企业一般需在保税区内租赁厂房开展保税仓储和维修，与在内地保税区开展保税仓储和维修相比，海南自由贸易港双税退还政策、企业所得税优惠政策有利于缩短企业的资金周转周期。

1.“双税退还”政策

《中华人民共和国海南自由贸易港法》明确“货物由内地进入海南自由贸易港，按照国务院有关规定退还已征收的增值税、消费税”，内地省份的货物进入海南视为“出口”，税务部门将按规定向企业退还已征收的增值税、消费税；而根据我国出口货物退税制度，企业在货物报关出口环节（货物报关离境或进入我国出口加工区）才可获得之前在国内生产环节、流转环节所缴纳的税款退还。

若企业在海南开展电子产品保税维修，从内地省份购入需更换的零部件或原材料，在货物进入海南时，即可享受货物的增值税、消费税退还；若企业在除出口加工区外的内地海关特殊监管区购入原料货物，须等到返修货物复出口时方可获取原料货物增值税退还。“双税退还”有利于缩短企业退税周期，提高资金周转率。

以国产某平板电脑在海南设立专门开展保税维修业务的分公司，维修主要内容为电池更新，所需新电池从内地运往海南，返修完成后将平板电脑再出口为例。企业电脑年出口数量约2600万台，返修率约1%，海南保税维修基地承担企业所有的电脑返修业务计算。企业每年需从内地调入约26万只新电池，电池成本约为500元，复运出口的周期为2个月。企业在海南开展保税维修业务，每年可获得的增值税提前返还是：26万只新电池×成本500元/只×退税率13%=1690万元。若企业每年进行场地租赁的贷款利率为5%，企业每年节约资金成本约为14万元［退税额1690万元×融资利率5%×提前时间(60/365）年］。

（注：本案例中的电池只有增值税，没有消费税。消费税征税的对象包括烟、酒、化妆品、护肤护发品、贵重首饰、鞭炮、焰火、汽油、柴油、汽车轮胎、摩托车、小汽车等。）

2. 企业所得税优惠政策

电子产品维修企业一般难以获得国家高新技术企业认定，在内地省份仍需缴纳25%的企业所得税，在海南可直接享受15%的企业所得税。以国产某平板电脑制造商在海南开展返修更换电池业务，业务量为每年26万台为例，维修费用一般为100元/单、维修利润率为60%，企业每年约可少缴纳156万元企业所得税。

（六）企业开展电子产品保税维修将享受海南财政奖补

《海南省促进经济高质量发展若干财政措施》（琼府办〔2021〕65号）规定，“对执行全货机航线的企业给予货运量补贴，按照进出港货运量及航程，境内航线补贴0.4元至0.6元/千克，境外航线补贴0.7元至1.1元/千克”。以国产某平板电脑制造商在海南开展更换电池业务为例，该制造商每年接受26万台电脑返修，待返修电脑从美国、欧洲等地运回，物流运输费用约为40元/千克，制造商每年由于返修业务需承担的物流费用约为624万元（按照每台平板电脑平均重量600克计算），在海南开展返修产品保税维修业务可获取物流补贴约14万元。

企业享受自由贸易港其他优惠政策、财政奖补措施，以及企业落地指南等，见附件。

典型企业情况表

企业	企业简介	国内基地
小米	产品出口美国、印度、韩国、法国、意大利、德国等，2021年小米手机出口到越南的金额是8000万美元，出口销售量的七成以上均通过线上渠道完成。小米手机国内生产基地为河北的富士康和南京的英华达，小米平板电脑的国内生产基地为重庆、上海、南京的英华达	河北、南京、上海、重庆
华为	华为手机出口额超过1.5亿元，主要销往阿联酋、荷兰、意大利、美国和西班牙等国家，主要出口高端型号手机	深圳
联想	2022年笔记本出货量约为1752万台，在国际市场的占有率为25%，旗下联宝为主要代工厂，出口总量超过900万台，北美地区占总出口量的39%，欧洲和亚洲各占28%，主要生产和维修基地位于安徽合肥产业基地	合肥

续表

企业	企业简介	国内基地
OPPO	OPPO手机出口越南、印度、印尼、马来西亚、菲律宾，在英国、土耳其、波兰、墨西哥也有销售，国内生产和维修基地位于东莞、重庆等	东莞、重庆
海信	电视出口占北美市场的12%、大洋洲市场的19%、南非市场的28.3%（居第一）。旗下赛维是第三方家电售后维修服务平台，承担电视、冰箱、洗衣机、手机等维修服务	青岛、上海、武汉、顺德、深圳
TCL	截至2022年，TCL彩电销量排名全球前三，其中智屏全球销售量1669万台。近年来，TCL不断提升全球冰箱市场的影响力。彩电国内生产和维修基地主要位于惠州、无锡、成都，冰箱生产和维修基地主要位于合肥	惠州、无锡、成都、合肥

第三篇　“两头在外”数字内容加工

“两头在外”数字内容加工即从国外进口数据，在国内进行内容加工处理，产品在国际市场进行销售，是数字服务贸易的重要业态之一。“两头在外”数字内容加工主要运用于游戏开发业务，头部游戏企业已率先建立“国际IP（知识产权）授权加工”模式，即企业获取国际知名度高的IP（游戏素材，包括人物形象、游戏商标、游戏故事背景等）作为原料，加工成游戏后在国内和国外市场上线发行。“国际IP授权加工”模式形成了“两头在外”数字内容加工的成功探索，中国游戏制作企业为欧美以及日韩经典游戏IP代工手游正在成为常态。2021年，我国自主研发游戏海外收入达180亿美元，增速（16.59%）远高于国内游戏市场收入增速（6.4%），自研移动游戏出海收入占全球海外市场的21.5%。以“两头在外”数字内容加工形式开展“国际IP授权加工”的发展前景广阔。

一、海南生态软件园、海口复兴城互联网信息产业园为“两头在外”数字内容加工提供了良好环境

海南生态软件园：被工信部认定为“国家级新型工业化产业示范基地”，被科技部认定为“国家级科技企业孵化器”，入选“国家数字服务出口基地”，已吸引腾讯、百度、字节跳动、唯品会等1.2万多家企业落地，以及一批来自

牛津大学、麻省理工大学、清华大学、北京大学等院校的科学家和工程师在此工作。园区2022年营收2300亿元，网络游戏、电子竞技、网络视听、数字内容出版等数字内容加工产业是主导产业，聚集企业1400多家，园区具备游戏动漫公共技术服务平台、软件开发、测试公共技术平台、数据中心等公共技术平台，天使基金、创投基金、产业投资基金、科技银行、担保公司、信用贷款等多层次金融服务体系，以及“数字游民”花园办公环境，产业生态根基深厚。

海口复兴城互联网信息产业园：被认定为“国家级科技企业孵化器”“国家海外人才离岸创新创业基地”，2022年营收1400多亿元，阿里巴巴、字节跳动、爱奇艺等企业落户于此。园区打造数字经济总部集聚区，其中游戏出海是数字贸易重点布局的领域之一，吸引了铃空游戏、斗鱼、三七互娱等游戏出海企业。园区与海口市政府合作设立1亿元数字产业基金，构建了集众创空间、加速器、创投基金、公共服务、商业配套于一体的创新创业生态体系，成为海南数字产业重要的创新平台，孵化成功率97%，总体到期出园率100%。

二、海南大力培育数字创意设计产业，为“两头在外”数字内容加工业务提供设计输入

数字创意设计是海南建设“国际设计岛”的重点，游戏设计是其中的重要板块。游戏研发上游涉及游戏规则及玩法、视觉艺术、编程、产品化、声效、编剧、游戏角色、道具、场景、界面等，需要UI（用户界面）、UE（用户体验）、策划、模型、场景、特效、动作等设计师，需要程序员、测试员、产品经理等专业人才。游戏企业以“国际IP授权加工”模式开展“两头在外”数字内容加工业务必然需要上游游戏设计环节的支持，一些专门的游戏设计公司就承担游戏开发的外包服务；游戏设计一般也与动漫设计高度相关，可以为游戏角色提供整套动作的动画设计与制作。海口国家高新技术产业开发区、海口复兴城互联网信息产业园以及三亚等市县都在招引动漫和游戏设计类企业、初创公司和人才，提供上游游戏设计和策划服务输入。

三、海南发挥“国家数字服务出口基地”和“国家文化出口基地”引导作用，为数字内容出口提供合规指引

“两头在外”数字内容加工涉及游戏成品复出口，面临合规风险：（1）企

业需根据国外著作权法、商标法、消费者权益保护法、用户隐私保护法、税法等法律，制定合规策略；（2）企业需考虑数据跨境流动合规问题，比如“全球同服”游戏可能涉及个人数据出境和外国数据回传（需要向国家网信办申报数据出境安全评估），也可能违反外国数据保护相关法律法规；（3）企业需要考虑产品本地化合规，不同国家（地区）的文化、风俗、宗教等对游戏特定标识、特定内容的影响，以及海外苹果商店、谷歌商店的审核条款对游戏的要求；等等。游戏企业需要涉外法律服务团队的合规指引，《关于支持国家文化出口基地高质量发展若干措施的通知》提出为企业提供国别政策、市场信息、法律服务、技术支撑、人才招聘、交易撮合等公共服务；《关于支持国家数字服务出口基地创新发展若干措施的通知》提出统筹利用现有资金渠道建设数字贸易公共服务平台，提供政策研究、产业规划、信息共享、贸易促进等公共服务。海南生态软件园被认定为“国家数字服务出口基地”，海口复兴城互联网信息产业园被认定为“国家文化出口基地”，建设海南游戏产业服务中心。落户这两个园区的企业将获得出海数据评估、企业法律合规风控体系建设等法律服务，降低企业出海合规风险。

四、海南有国际互联网数据专用通道，有利于提高以游戏制作为代表的“两头在外”数字内容加工数据进出便利性

根据《工业和信息化部关于清理规范互联网网络接入服务市场的通知》（工信部信管函〔2017〕32号），我国规定企业经电信主管部门批准才能通过自行建立或租用专线（含虚拟专用网络VPN）等其他信道开展跨境经营活动。但是，我国国际互联网访问出口集中度很高，国际访问流量需要经过北上广进行绕转，通信出口压力大，易造成国际访问流量拥塞。海南作为我国面向太平洋和印度洋的重要门户，已对国际海缆、国际通信业务出入口局等国际通信领域重要基础设施进行布局，已建成商用海南—香港国际海缆（国内首个16纤对超大容量中继海缆系统），实现海南、香港及珠海三地互联互通，目前正加速推动连接东南亚国家和地区的第二、第三条国际海缆建设；中国移动通信集团有限公司设立海口区域性国际通信业务出入口局，有利于疏导我国国际数据专线业务，提高海南自由贸易港的国际数据通信服务能力。截至2023年，海南已开通国际互联网专线20多条，海南生态软件园、海口复兴城互联网信息产业园等9个园区的企业访问国际互联网的性能得到明显提升。

五、海南是全国唯一以立法形式扩大数据领域开放的地区

数据传输不征收关税。在海南发展此行业的主要优势是数据传输方便快捷。海南是我国唯一以立法形式明确扩大数据领域开放的地区，《海南自由贸易港建设总体方案》提出“在确保数据流动安全可控的前提下，扩大数据领域开放”，《中华人民共和国海南自由贸易港法》提出“国家支持海南自由贸易港探索实施区域性国际数据跨境流动制度安排”，海南具备全国独一无二的数据跨境流动监管规则先行先试优势，有望为数字服务贸易企业带来便利化利好及内容限制突破的可能性。

企业享受的自由贸易港其他优惠政策、海南省奖补措施，以及企业落地指南等，见附件。

典型企业情况表

企业	企业简介	国内基地
腾讯游戏	腾讯四大网络平台之一，是游戏开发和运营机构，也是国内较大的网络游戏社区。腾讯引进IP开发的手游包括《使命召唤》《绝地求生》《宝可梦大集结》《Apex英雄》等手游	深圳、北京、上海、成都、广州、海南
网易游戏	网易是我国引进国际知名IP最成功的企业之一，引进IP包括《哈利·波特》《漫威》《指环王》《宝可梦》《暗黑破坏神》等	广州、杭州、北京、上海、海南
三七互娱	中国互联网20强企业，全球排名前20上市游戏企业，2021—2022年度国家文化出口重点企业，研发了《斗罗大陆：魂师对决》《荣耀大天使》《大天使之剑》《传奇霸业》《永恒纪元》《大天使之剑H5》《斗罗大陆H5》《屠龙破晓》《斩月屠龙》等精品游戏，是业内创新型研发标杆品牌	广州、北京、上海、安徽、江苏、湖北、海南
心动游戏	成立于2003年，全球游戏开发和发行商，拥有丰富的研发、发行和代理运营经验。截至2023年中，心动运营49款免费和付费游戏，在全世界拥有超过1300万月活跃用户，主要分布在大中华地区、东南亚地区、北美地区和南美地区	上海、成都
米哈游	主打动漫二次元风格，自主研发《原神》之后，就呈现快速崛起的势头	上海

续表

企业	企业简介	国内基地
完美世界	知名网络游戏平台服务提供商，推出了《完美世界》《武林外传》《诛仙》《赤壁》等大型网络游戏，代理了全球精品游戏《DOTA2》，旗下产品遍布100多个国家（地区）	北京、香港、上海、重庆、成都、海南
智明星通	成立于2008年，专注全球市场的移动游戏开发商及运营商，荣获2021—2022年度国家文化出口重点企业认定证书，已连续7年入选国家文化出口重点企业，成立至今陆续推出多款代表产品，包括《开心农场》《列王的纷争》《行尸走肉：幸存者》《奇迹暖暖》等	上海、天津、海南
盛趣游戏	盛趣游戏（原盛大游戏）成立于1999年，是全球领先的网络游戏开发、运营和发行商，拥有3000名游戏研发、运维人员，先后推出《热血传奇》《传奇世界》《泡泡堂》《龙之谷》《最终幻想14》等70多款游戏，注册用户超21亿人	上海
空中网	网络游戏研发商和运营商，为中国及海外互联网用户提供高品质的大型在线游戏服务，公司业务覆盖互联网游戏、手机游戏等，自主研发产品《龙》《圣魔之血》《功夫英雄》等已面向全球60多个国家（地区）发行	北京
畅游	前身是2002年成立的搜狐公司游戏事业部。是互联网游戏开发和运营商，自行研发的游戏引擎Fairy和Titan使用了延时渲染、实时全局光照、动态软阴影等技术	北京

第四篇　游戏出海

游戏出海指中国大陆的游戏公司研发的移动游戏在海外（包含港澳台市场）发行，获得海外用户付费的业务。游戏出海是我国游戏产业发展的重要驱动力（我国企业自主研发游戏收入的三分之一来自海外市场），在国内游戏版号紧缩的市场趋势下对于行业盈利至关重要。

我国游戏出海市场规模前期高速增长主要得益于海外地区高品质中重度手游市场的空白，在欧洲及美日韩等发达国家游戏市场饱和、东南亚等新兴市场监管趋严、全球经济下行、汇率波动、出海企业大幅增加等多重因素作用下，我国出海游戏下载量和收入增长自2021年起明显趋缓，其中自研类游戏海外市场实际收入从2018年的96亿美元增长至2021年的180亿美元（年复合增长率达23%），在2022年首次下降（173亿美元）。从品类看，策略类游戏、角色扮演类游戏和射击游戏是我国自主研发移动游戏出海营收的主要类型，益智解谜、休闲、模拟等中轻度品类游戏增长潜力较大。从地域看，中东地区以及美国、俄罗斯、日本、韩国、英国、法国、意大利等市场增长放缓，南美（巴西、墨西哥）、东南亚部分国家（印尼、越南、菲律宾、新加坡）和土耳其市场获客量处于高速增长中。游戏出海的市场规模扩大也将不断拉动服务行业收入规模增长。

游戏出海的生态链路为"研发—分发—运维"，研发环节即游戏产品内容的策划制作和技术架构搭建，腾讯、网易等大型游戏制作商一般都在海外设立了游戏研发工作室或由国内专门的工作室负责出海游戏研发。分发环节即开展游戏产品的海外分发与营销，将游戏推广到各个平台。除腾讯、网易、米哈游等具备研发发行一体化能力的企业外，我国出海游戏制作商发行游戏通常采取代理发行模式，也就是将产品代理给国内具有海外发行能力的发行商或海外本土游戏发行商。出海游戏面临的问题主要是：服务器和网络稳定性问题、跨境支付安全便捷性问题以及网络和数据安全问题。而在海南发展此产业的优势和条件是：

一、海南生态软件园、海口复兴城互联网信息产业园集聚了部分头部游戏开发商和发行商

这两个园区吸引了一批头部企业和游戏企业，凭借媲美欧美日澳的生态环境和一系列人才政策吸引数字人才来海南工作生活。考虑到游戏出海的稳定增长、增值服务、技术密集等，海南可依托跨境数据流动的优势，引导已落户的头部互联网企业重点开展游戏研发，引进研发支持服务、技术创新服务、渠道投放服务、营销推广服务、支付服务、数据储存服务、网络安全服务等技术服务商。另外，海口复兴城互联网信息产业园与海口市政府合作设立1亿元数字产业基金，构建了集众创空间、加速器、创投基金、公共服务、商业配套于一体的创新创业生态体系。海南生态软件园与海南省财金集团有

限公司共同发起设立海南数字经济产业投资基金，聚焦区块链等数字科技、数字健康、数字教育、数字文体、数字金融等产业，培育独角兽企业和上市公司，单个项目最高给予5亿元战略投资。

二、海南个人所得税政策和自由贸易港免签入境政策支持企业吸纳国内外游戏研发和技术人才

政策具体内容见附件。

三、海南国际互联网数据专用通道建设逐步落地，提高游戏出海所需数据进出的便利性

海南作为我国面向太平洋、“海上丝绸之路”方向的重要门户，已对国际海缆、国际通信业务出入口局等国际通信领域重要基础设施进行布局，已建成商用海南—香港国际海缆（国内首个16纤对超大容量中继海缆系统），实现海南、香港及珠海三地互联互通，目前正加速推动连接东南亚国家和地区的第二、第三条国际海缆建设；中国移动通信集团有限公司设立海口区域性国际通信业务出入口局，有利于疏导我国国际数据专线业务，提高海南自由贸易港的国际数据通信服务能力。截至2023年，海南已开通国际互联网专线20多条，生态软件园、复兴城互联网信息产业园等9个园区的企业，访问国际互联网的性能明显提升。

四、海南围绕“境外购买、境外消费”探索税收政策创新利于发展游戏出海业务

服务于出海游戏开发和发行的信息技术服务商可能需要进口专利、非专利技术等形式的特许权使用权，为出海企业提供各类增值服务。例如，神州泰岳进口亚马逊云服务特许权使用权后，将该知识产权销售给需要出海的企业，帮助出海企业对在国外产生的数据实现本地存储；数数科技、智齿科技、热力引擎等服务商与亚马逊云合作，打造游戏运营数据和广告数据分析平台；雅基软件与亚马逊云合作推出开源、免费、轻量、高性能的数字内容开发软件Cocos，帮助厂商降低游戏开发成本、精简工作流程。但是，基于对某企业（亚马逊全球云服务代理主体，为国内企业提供亚马逊全球云服务特许权使用权进口服务）以及腾讯、小米等的调研发现，我国内地省区市对于“境外购

买、境外消费”的特许权使用权进口实行的税收制度与我国香港、新加坡相比有明显的劣势，阻碍了信息技术服务商在我国内地省区市开展业务，也在一定程度上限制了游戏出海等企业出海业务开展。

海南自由贸易港作为我国全面深化改革开放的前沿，具备较大的税收制度创新空间。海南积极对标中国香港、新加坡，探索特许权使用权进口贸易税收政策创新，支持游戏出海生态链路中的信息技术服务商业务开展，围绕“境外购买、境外消费”特许权使用权进口贸易，开展税收制度政策创新，为发展此产业提供较好的预期。

企业享受的自由贸易港其他优惠政策、海南省奖补措施，以及企业落地指南等，见附件。

典型企业情况表

企业	企业简介	国内基地
腾讯游戏	腾讯游戏海外收入占比约25%，海外“爆款”包括《王者荣耀》的国际版本*Arena of Valor*等。腾讯游戏拥有四大游戏制作工作室，其中，天美工作室擅长MOBA（多人在线战术竞技游戏）和3A游戏（其中J2、J3、J5工作室正在各自研发一款国际知名IP改编的手游，海外工作室F1与海外知名IP合作研发手游）制作；光子工作室群擅长FPS品类制作，出海成绩斐然，其推出的游戏在全球App Store（苹果应用程序商店）和Google Play Store（谷歌商店）累计收入超70亿美元。腾讯游戏在研发方面投资Supercell、拳头、Krafton（蓝洞）、Epic、动视、CJ、育碧、角川、白金、Voodoo、Roblox、Fatshark、Paradox Interactive、乐游等海外知名游戏公司，这些投资为腾讯提供大量可供“端转手”的国际化IP；在发行方面投资Outspark（美国）、Kakao Games（韩国）、CJ（韩国）、Garena（新加坡）、VNG（越南）等发行商，并自主推出Level Infinite发行品牌；在渠道方面投资Snapchat、Discord、ZAM、Kwai（快手国际版）等社交和游戏、视频应用	深圳、广州、上海、北京、成都
米哈游	米哈游出海较早，推出“HoYoverse”自主发行品牌，海外市场几乎全部由米哈游自主发行。“爆款”出海游戏包括《原神》《崩坏学园》	上海

续表

企业	企业简介	国内基地
三七互娱	三七互娱从2012年开始出海，海外主力产品维持高增速、产品资源储备丰富是业务增长的两大核心因素，公司与CP（研发商）深度绑定（投资了易娱网络、羯磨科技、星合互娱等外部研发商），为海外业务制定了“因地制宜”的发行策略	北京、上海、芜湖、厦门、广州、海口
莉莉丝	公司成功的因素包括游戏品质、超高质量的美术、创新的题材、自主海外发行（拥有全球发行品牌Farlight Games），2018年、2019年推出两款“爆款”出海游戏《万国觉醒》（*Rise of Kingdoms*）、《剑与远征》（*AFK Arena*）	广州
网易游戏	主要海外市场是日本，收入占公司的70%以上。在欧美市场采取与腾讯相似的IP合作策略，与CCP Games、暴雪、11bit、Behaviour等游戏公司，以及漫威、华纳、美泰等影视娱乐和玩具生产公司，基于IP进行手游研发。网易海外的原创IP游戏包括《蛋仔派对》、《最终时刻》（*ZOZ：Final Hoar*）、《萤火突击》、《零号任务》等	广州
北京龙创悦动网络科技有限公司（IM30）	主攻SLG（策略类游戏）制作的游戏开发商，三款策略手游*Last Fortress：Underground*、*Rise of Empires：Ice and Fire*和《守望黎明》的海外收入增长迅速	北京
壳木游戏（神州泰岳子公司）	国内手游研发先驱，拥有一流手游研发团队，是中国为数不多的拥有独立研发世界水准的3D游戏引擎能力的团队，研发的多款手游在全球200多个国家（地区）发行，拥有上千万游戏用户	北京
阿里云	在游戏架构和联机、社交、加速、存储等游戏场景中提供多种解决方案；研发的GA（全球加速）、CDN（内容分发网络）、DCDN（分布式内容分发网络）等产品，帮助游戏行业客户构建面向全球的网络加速访问和静动态内容分发能力，解决跨域跨境游戏登录困难、延时高、经常掉线、下载慢等问题，提高游戏业务的稳定性和使用体验	杭州
厦门雅基软件有限公司	凭借深厚的技术和游戏行业的经验积累，自主研发“Cocos引擎”系列产品，包括第二代游戏编辑器Cocos Creator、全球流行的开源引擎框架Cocos2d-X和第三方SDK快速接入工具AnySDK等产品。采用Cocos引擎开发的游戏覆盖市面全品类，在移动游戏全球市场份额占18%，中国市场占45%	厦门

续表

企业	企业简介	国内基地
广州汇量信息科技有限公司	着力于为全球客户尤其是中国出海客户提供发展移动互联网生态所需要的广告技术和营销技术服务，包括移动营销、统计归因、创意自动化、流量变现、云架构成本优化等	广州、北京
广州米慧信息科技有限公司	成立于2016年，是全球化移动广告与营销平台，专注大数据+人工智能驱动的新营销服务，凭借领先的智能营销技术、全球化的市场布局，提供App Growing、快选品、CC数据、投管家等智能营销数据产品，提供一站式移动营销服务	广州
数数信息科技（上海）有限公司	成立于2015年，是全球先进的游戏大数据服务商，公司在上海、东京、首尔、新加坡设有办公室，致力于从数据意识、数据分析方法和数据分析工具三个层面帮助游戏企业充分挖掘数据价值、实现业务增长，至2022年底已服务超过800家游戏企业，大数据分析平台接入游戏超过4000款	上海
空中云汇（深圳）网络科技有限公司	2015年成立于澳大利亚墨尔本，总部位于中国香港，是构建数字化的全球金融基础设施、提供跨境支付解决方案的金融科技公司，业务范围包括跨境交易中的收款、付款和多货币换汇	深圳
艾克索拉公司	总部位于洛杉矶，服务于出海的游戏开发商和发行商，服务全球1100家游戏公司的1500多款游戏。在帮助中国游戏出海这项事业中，提供接受700多种付款类型和130多种货币、通过10多种方式进行跨境支付的解决方案，提供处理目的地所在国家（地区）的税务、IP、法律等服务	深圳

第五篇　互联网数据中心

互联网数据中心（IDC）是承载数据存储、分析、计算的载体。IDC服务可分为三大类——基础服务、安全防护服务、增值服务。基础服务包括托管服务（网站/服务器/应用托管、IP地址/服务器/虚拟主机出租等）和管理服务（系统配置、数据备份、故障排除等），安全防护服务包括防火墙防护、入侵检测、DDoS服务，增值服务包括负载均衡、流量监控、VPN虚拟专用网络、VPS虚拟专用服务器、DNS域名、CDN内容分发网络、企业电子邮箱、KVM虚拟机远程管理等增值服务。

互联网数据中心（IDC）产业图谱

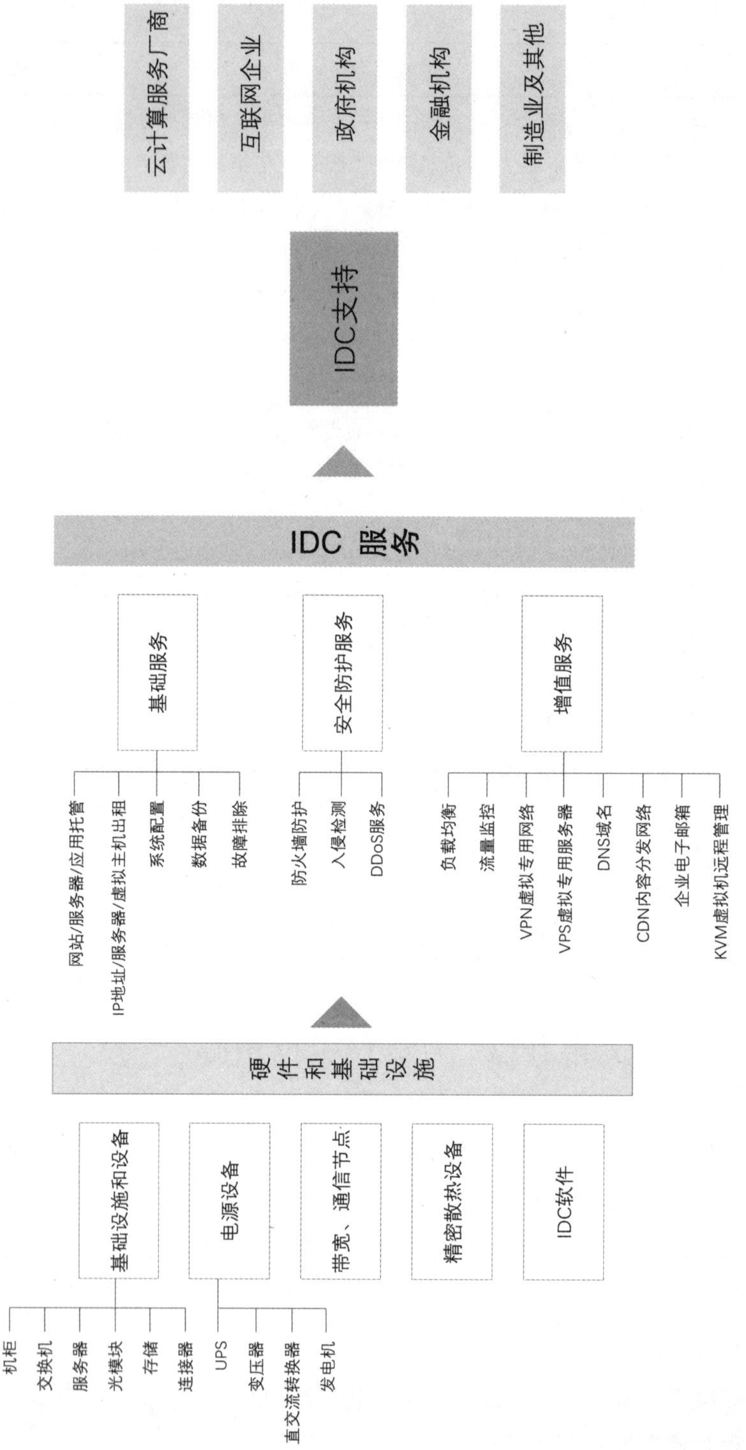

IDC盈利渠道主要为空间租赁与增值服务，以“持有—运营—租赁”为经营方式，主要有三种商业模式：（1）自建机房模式，从选址、土地水电资源对接、评审立项、土建到配套设施安装、项目验收等环节全由IDC服务商主导完成，建设周期在一到两年，毛利率约为50%—60%；（2）租赁机房模式，通过租赁现成的IDC机房或租赁工业园区厂房进行加工改造，毛利率约为30%—40%；（3）大客户需求承接模式，IDC服务商承接互联网巨头等大客户的数据中心高度定制化需求，并提供数据中心运维服务，毛利率约为20%—30%。

一、海南发展互联网数据中心（IDC）的有利条件

（一）海南适宜建设中小型数据中心及海底数据中心

《工业和信息化部 发展改革委 国土资源部 电监会 能源局关于数据中心建设布局的指导意见》（工信部联通〔2013〕13号）定义全国适合数据中心发展的一类、二类、三类地区：新建超大型数据中心（规模大于等于1万个标准机架）仅可在一类、二类地区建设，大型数据中心（规模大于等于3000个标准机架、小于1万个标准机架）可在一类、二类、三类地区建设，新建中小型数据中心（规模小于3000个标准机架）可在靠近用户所在地、能源获取便利的地区，依市场需求灵活部署。其中，一类地区指气候寒冷（最冷月平均温度≤-10℃，日平均温度≤5℃的天数大于等于145天）、能源充足（发电量大于用电量）、地质灾害较少的地区，主要为宁夏、贵州、内蒙古、青海等西部省份；二类地区指气候适宜（最冷月平均温度在-10℃到0℃，日平均温度≤5℃的天数在90到145天，或最冷月平均温度在-13℃到0℃，最热月平均温度在18℃到25℃，日平均温度≤5℃的天数在0到90天）、能源充足（发电量大于用电量）、地质灾害较少的地区，包括新疆南部、甘肃东南部、宁夏南部、陕西中南部、山西中南部、四川西部局部、云南局部、贵州局部；三类地区指气候适宜、靠近能源（紧邻能源富集地区）、地质灾害较少的地区，包括河北南部、北京、天津、河南、山东。截至2022年底，海南省清洁能源装机比重约74%，远超全国平均水平。根据海南清洁能源岛规划，2025年、2035年全省清洁能源装机占比分别达85%、94%。丰富而清洁的电力资源将有助于海南发展IDC产业。

海南不属于该标准下的一类、二类、三类地区。考虑到海南生态环境和

全国新建IDC的绿色低碳化要求，海南适宜建设低PUE值的中小型数据中心，且适宜利用丰富的海洋资源建设海底数据中心，以规避气候条件的限制。2022年底，由深圳海兰云数据中心科技有限公司研制的全球首套商用海底数据中心核心装备“海底数据舱”已开始在海南陵水海域部署，预计2023年底完工并投入使用；中国移动已在海口江东新区建设中型数据中心（建筑面积约3万平方米），预计2023年底投产使用。考虑到《关于加快构建全国一体化大数据中心协同创新体系的指导意见》（发改高技〔2020〕1922号）提出的“引导各省（自治区、直辖市）充分整合利用现有资源，以市场需求为导向，有序发展规模适中、集约绿色的数据中心，服务本地区算力资源需求”要求，以及海南对于互联网数据中心的PUE指标（评价数据中心能源效率的指标）要求较高，海南未来新建IDC仍将以满足本地企业自用为主。

（二）海南拥有国际互联网数据专用通道，有利于互联网数据中心面向全球开展数据服务

海南作为我国面向太平洋、“海上丝绸之路”方向的重要门户，积极布局国际互联网数据专用通道：一是已建成商用海南—香港国际海缆（国内首个16纤对超大容量中继海缆系统），目前正加速推动连接东南亚国家和地区的第二、第三条国际海缆建设。二是中国移动已设立海口区域性国际通信业务出入口局。我国国际互联网访问出口集中度很高，国际访问流量需要经过北、上、广绕转，易造成国际访问流量拥塞。国际互联网数据专用通道建设，将提高海南自由贸易港国际数据通信服务能力，提高数据跨境流动便利性，支持IDC服务商面向国外企业或国内开展数字贸易业务的企业进行数据存储和传输。海南将利用相应的机房设施，通过专用国际通信信道经国际出入口与国际网络直接连接，打造国际离岸数据中心。

（三）海南互联网和云计算产业发展迅速，政府、金融机构等“上云”需求较大，为IDC服务商提供了较多的用户

IDC服务商下游两大核心用户互联网、云计算产业均为“智慧海南”战略规划重点发展方向，海南政府机构数字化程度、海南金融业对外开放程度不断提高，驱动机房运维、数据托管、数据保护等IDC服务需求较多，IDC服务商落位海南将获得充足的下游客户、享受丰富的应用场景。

互联网：数字经济是海南省重点产业之一，“十三五”期间海南省互联网

产业规模从240亿元增长至1260亿元，年均增长38%，企业总数3.6万多家，以海口复兴城互联网信息产业园、海南生态软件园等为核心的数字经济产业园区引入了腾讯、百度、字节跳动、阿里巴巴等互联网龙头企业落户，吸引抖音、映客、淘宝、花椒、芒果TV、爱奇艺、聚美刷宝直播等一批网红直播平台，以及铃空游戏、斗鱼、三七互娱等一批游戏出海企业。

云计算：2019年华为在海南省澄迈县建设华为海南云计算数据中心，为客户提供超70项云服务和10余种业务解决方案，覆盖人工智能、大数据、边缘计算等多种场景。2012年海南省与浪潮集团签署战略合作协议，合作建设我国首个“全生态”云计算产业基地，形成包括云计算数据中心、云计算研发、应用示范、运维服务、灾备的完整云计算产业群，打造企业面向东南亚的云计算服务出口基地。

政府机构：在全国政府数字化转型要求下，海南搭建“海易办”“海政通”两大核心政务服务平台（“海易办”是面向群众、企业服务的总入口，支撑全省政务服务“一网通办”；“海政通”是面向全省各级党政机关工作人员服务的总入口，支撑全省“一网协同”），目前两大平台仍在不断优化。为支持两大平台运转，海南正搭建并优化大数据公共服务平台、数据开放平台、数据共享交换平台等三大数据资源支撑平台，政务区块链基础平台，可信计算、隐私计算等可信服务支撑，以及政府数据中心、电子政务云、电子政务外网等基础设施。

“海易兑”：海南省惠企政策兑现服务系统，依托海南省政务信息化共性基础能力，通过海南行政部门的数据共享、流程再造，形成集政策梳理发布、精准推送、解读解答、申报兑现、评价跟踪于一体的一站式惠企政策兑现服务系统，实现惠企政策服务“一门进入、一站通查、一网通办”，为企业提供“像网购一样便捷”的惠企财政资金兑现服务，让企业充分享受自由贸易港惠企政策红利。

海南自由贸易港一站式政策查询解读平台：平台及时汇集国家和海南省出台的自由贸易港产业政策、操作细则、流程等数据，利用AI等前沿人工智能技术，为投资者、群众等提供智能AI问答、关键词检索等智能高效的综合性政策检索问答服务；可提供政策阐述、配套文件、使用条件、使用流程、政策解读、应用案例、创新互动服务机制；提供自由贸易港政策对应的主责部门的联系人及电话等信息，联动各有关部门配套政策解读专员服务机制，确保企业、群众的诉求得到及时和专业的解决，并对接12345热线提供在线综合服务。

金融机构：《海南省金融业发展“十四五”规划》提出，海南要打造国际金融要素交易市场，培育多层次资本市场；加速金融业全方位对外开放，促进跨境投融资便利化，进一步打通本外币、境内外、在岸离岸市场的对接合作路径。封关运作后，海南将逐步形成以外资、社会资本为主体，由商业银行、消费金融公司、证券投资公司、基金管理公司、期货公司、财产保险公司等金融机构组成的多层次资本市场，外资金融机构有望实现与内资同等标准准入、业务范围进一步放宽，人民币资本项目下兑换限制将逐步放松，金融机构将被鼓励开展跨境融资、投资、贸易结算等离岸金融业务。金融机构需要安全高效的数据库产品，形成IDC服务需求，特别是一些云计算厂商常面向金融机构提供数据中心和云计算一体化服务。

（四）“智慧海南”战略大力支持数据采集、加工、应用发展，为互联网数据中心运营企业提供增值服务机会

《智慧海南总体方案（2020—2025年）》提出海南将聚焦新型工业、热带农业等优势产业数字化、智能化转型升级，培育壮大智慧物流、国际航运、国际金融、智慧会展等外向型高端服务业，做优做强互联网、大数据、区块链、人工智能、信息安全、电子竞技等数字新产业，推动离岸创业创新和数据跨境服务；构建全局视野、精准映射、虚实交互、模拟仿真、智能干预的数字孪生治理体系，实现全岛人流物流资金流、社会生产、市场经营、生态环境、交通运输、海事活动、海关监管等全要素数字化和虚拟化。海南将打造接入和整合全域全量数据资源的数字孪生城市信息模型平台，并探索数据市场化运营，为科研、技术、产业发展提供各类数据应用和治理分析产品。考虑到IDC算力、带宽租赁本身效益较低，“智慧海南”建设将为IDC运营商提供大量数据采集、加工、应用开发等增值服务，保障IDC运营商经济效益。

（五）海南省高度支持互联网数据中心（IDC）布局，并通过产业政策为企业提供多重经营性利好

《海南省高新技术产业“十四五”发展规划》提出，推进算力基础设施建设，在海口、三亚及部分重点园区加快核心数据机房及配套电力保障设施建

设，构建覆盖各市县的IDC机房边缘节点，满足区域信息化应用要求。《智慧海南总体方案（2020—2025年）》提出，探索建设国际数据中心试点，通过国际（离岸）数据中心开展相关信息服务，吸引海外IDC业务向海南迁移，以此增强我国数据服务产业的国际竞争力，提高我国国际性信息基础设施战略地位。

二、基于业务场景的政策综合利好分析

以第三方IDC服务商在海南自主投资建设3000个机架、5万平方米的中型数据中心为例，一般来说，大机电设备（服务器、暖通等）成本占总成本的66%、土地成本占总成本的12%、装修建设成本占总成本的11%、水电网等其他成本占总成本的11%。该第三方IDC服务商的总投资成本约为9亿元（其中大机电设备成本约为4.8亿元、土地成本约为1.4亿元），即固定资产投资约6.2亿元。IDC服务商营收=交付机柜数×上架率×平均单机柜收入MRR×使用月数。假设运营十年间，企业的平均单机柜收入MRR（月度经常性收入）从5000元、10%的年复合增长率发展，上架率从50%开始，以15%的年复合增长率增长，那么该中型数据中心将总共可获取固定资产投资奖励2000万元，运营十年间将总共获取经营规模奖励30万元，若企业在海南设立子公司并开展研发还将获取每年最高100万元的研发奖励。

企业可享受的自由贸易港其他优惠政策、海南省和海口市奖补措施，以及企业落地指南等，见附件。

典型企业情况表

企业	企业简介	国内基地
中国电信	最早开展IDC类业务的电信运营商，凭借雄厚的云网资源和产业数字化领域丰富的技术储备，市场规模常年位居首位。盘活大量分布在城市、街道中的机房资源，构建了广泛分布、贴近用户的边缘数据中心和云节点，这些边缘节点能够满足用户低时延、数据本地化、安全性、差异化服务等需求；同时，利用云边协同优势，中国电信还可满足用户全国级大数据中心、离线计算、容灾备份、AI训练等业务需求，为客户提供云边协同的综合数字化解决方案	北京、广州等

续表

企业	企业简介	国内基地
万国数据	万国数据在国内拥有丰富的数据中心资源，一线城市作为数据中心客户需求最集中的区域，靠近客户的大规模市场供应能力有利于公司提升存量客户份额和开拓新客户占比。截至2020年，万国数据数据中心总签约面积40万平方米，运营中的数据中心总机房面积31.8万平方米。未来万国数据将大力推进下一代数据中心走向全生命周期智能化，引领行业高质量发展。2021年3月，万国数据率先提出数据中心“智能驾驶”的理念	北京、上海、廊坊、深圳、广州、惠州等
世纪互联	成立于1996年，是全球有影响力的网络空间基础设施服务提供商之一，也是科创型数字新基建龙头企业、中国第一家美股IDC上市公司。公司致力于为超大型客户提供业界领先的数据中心一站式解决方案，打造具有核心定制优势、超大规模运营能力、高附加值的基础设施运营平台	北京、上海、广州、成都、深圳、杭州等
数据港	成立于2009年，主营业务为数据中心服务器托管服务及IDC解决方案定制，形成了以批发型为主、零售型为辅的运营模式。按照“先订单，再建设，后运营”的模式提供数据中心全生命周期管理服务，凭借成本、能耗控制等方面的优势获得客户认可。深度绑定大客户阿里，集中定制解决阿里对不同城市区域数据中心的建设及运维需求	张北、房山、南通、河源、乌兰察布等
秦淮数据	亚太新兴市场领先的中立第三方超大规模算力基础设施解决方案运营商，是在中国、印度等国和东南亚市场建造新一代超大规模数据中心的先行者，同时专注于数据中心等信息技术产业生态基础设施规划、投资、设计、建造和运营，为核心客户提供区域内重要国家（地区）的业务部署解决方案	北京、张家口等
光环新网	成立于1999年，是国内第三方零售型IDC龙头，2001年公司自建数据中心，成为北京地区IDC领先企业，主要业务为云计算及相关服务、IDC及增值服务，2019年云计算业务营收占总营收的73.4%，IDC业务营收占总营收的22%。近年受益于云计算持续增长及IDC机柜数量规模的逐渐增加，2015—2019年复合增长率为75%，运营3.6万多个机柜，机柜面积40多万平方米	北京、上海、天津、长沙、杭州等

续表

企业	企业简介	国内基地
奥飞数据	成立于2004年，2015年在新三板挂牌，2018年在创业板上市，以带宽租用业务起家，逐渐扩大至全面IDC业务，实现IDC服务+其他互联网综合服务+系统集成项目三项业务布局。公司扎根华南地区，在广州和深圳两大一线城市形成先发优势，机柜网点逐步布局全国，2019年自建机柜数约7200个，机房总使用面积达到4.65万平方米	广州、深圳、北京、上海、海口、南宁、廊坊等
宝信软件	自有云计算品牌“宝之云”包含IDC和云计算两部分，已投产3万个机柜，位于上海宝山，以大型客户为主，平均上架率超过九成；储备项目主要位于河北、南京、武汉、马鞍山、合肥等二、三线城市，规划到2023年投产达5万个机柜	上海、河北、南京、武汉、马鞍山、合肥等
科华数据	公司核心竞争力为机柜资源禀赋优势与基于储能、液冷等IDC相关硬件技术建立的运营经验优势。采取大客户绑定策略，广州、怀来等地的多个数据中心与腾讯绑定	北京、上海、广州、怀来等
网宿科技	成立于2000年，2009年在创业板首批上市，专注于云分发及边缘计算，业务遍及全球70多个国家和地区，还提供CDN（内容分发网络）、DDoS（分布式拒绝服务）防护、MSP（管理服务提供商）等IDC服务	上海、深圳等
阿里云	服务于制造、金融、政务、交通、医疗、电信、能源等众多领域的领军企业，包括中国联通、12306、中石化、中石油、飞利浦、华大基因等大型企业客户及微博、知乎等互联网公司。致力于在全球各地部署高效节能的绿色数据中心，开服区域包括中国（华北、华东、华南、香港）、新加坡、美国（美东、美西）、澳大利亚、日本等国家及欧洲、中东等地区	杭州、福州、乌兰察布、张北、宣化等
腾讯云	提供云服务、云数据、云运营等整体一站式服务方案，包括云服务器、云存储、云数据库和弹性web引擎等基础云服务，腾讯云分析（MTA）、腾讯云推送（信鸽）等腾讯整体大数据能力，以及QQ互联、QQ空间、微云、微社区等云端链接社交体系，运营多个云数据中心	上海、天津、重庆、惠州等
华为云	提供基础云服务、超算、内容分发与加速、视频托管与发布、企业IT、云电脑、云会议、游戏托管、应用托管等服务和解决方案	贵安、乌兰察布、长春

续表

企业	企业简介	国内基地
Equinix	全球第三方IDC龙头企业，通过全球最大的互联数据中心网络将数字基础设施部署到任何地方，通过位于不同城市的6个数据中心及遍布五大洲的240多家International Business Exchange™ IBX®数据中心进入中国市场	上海

第六篇　区块链

区块链是按时间顺序将数据区块以顺序相连的方式组合的链式数据结构，以密码学方式保证不可篡改和不可伪造的“分布式账本”。数字经济2.0时代，物联网、人工智能、区块链三大技术构成了数据处理的完整链条，其中物联网降低信息采集的成本，区块链降低信息信任和共享的成本，人工智能降低信息处理的成本。

一、海南从顶层设计、产业规划、落地工程等层面推动区块链基础设施建设和应用发展

《海南自由贸易港建设总体方案》提出建设海南国家区块链技术和产业创新发展基地等。《海南省关于加快区块链产业发展的若干政策措施》（琼工信信产〔2020〕89号）提出，组建区块链联合创新平台、设立区块链产业基金、支持区块链基础设施建设、推广旅游消费区块链积分、推动电子政务项目链改、鼓励区块链核心技术研发、实施区块链应用示范揭榜工程、举办世界区块链大会、探索区块链+金融沙箱监管机制、打造区块链产业集群，从产业生态建设、产业主体培育、应用场景建设三方面提出十大支持区块链技术发展和产业创新的路径举措。《海南省创建国家区块链试验区实施方案》提出，打造国内领先、国际一流的区块链技术创新高地、应用高地、人才高地。海南省工业和信息化厅自2021年起，牵头组织全省实施区块链应用示范揭榜工程，已遴选出“海南省不动产电子证照链应用与服务平台”“全域智慧旅游可信服务云平台”等21个区块链应用示范项目。

二、海南围绕多元化特色行业应用场景，探索发展区块链技术的核心优势

在金融服务领域，探索以跨境货物贸易、跨境服务贸易为核心的开放性业务发展，聚焦跨境金融服务和本地产业供应链金融需求，推动区块链技术应用发展。在供应链领域，海南对标国内供应链领域前沿技术，建设以产品溯源追踪为核心的区块链应用，面向货物进出口、港口物流管理、产品质量检验检测。同时，海南将瞄准国外先进技术，制定产品全生命周期、全流程信息的可视化、可追踪的“端到端”供应链流程区块链解决方案。在医疗健康领域，依托健康岛、长寿岛，构建“全周期”健康服务产业创新。在热带特色农业领域，聚焦农业产业链效率提升和种业科研，联合攻关创新区块链技术应用。在新能源领域，依托区块链技术支持新能源生产和交易以及“双碳”目标推进。在旅游消费领域，利用区块链技术推动海南旅游消费管理模式创新和场景革新。

除此之外，海南还将面向空天和深海科技，探索将区块链技术重点应用在卫星发射、卫星通信、对地观测、航空零部件交易等空天领域，以及海运证书无纸化、船舶进出境报告登记、船舶与海洋工程行业数据共享、深海探测信息管理和共享等。企业可围绕这些应用场景进行对接业务。

企业可享受的自由贸易港其他优惠政策、海南省支持产业发展的奖补措施，以及企业落地指南等，见附件。

典型企业情况表

企业	企业简介	国内基地
新晨科技股份有限公司	2016年正式实施区块链项目，2017年上线多家银行间的区块链应用，至今已实施上线10余个金融领域的区块链应用。公司拥有完整的解决方案方法论和技术团队，通过基础和应用级研究、随着金融领域多个企业级应用实施，团队具备链应用（DApp）的快速实施能力，以及原生链平台、链上数据存储、加密算法（含国密和国密CA）、共识算法等链相关基础技术能力，既有行之有效的区块链应用实施方法论，还有已成熟并经过实践验证的自主知识产权区块链服务平台产品（BaaS平台）	北京

续表

企业	企业简介	国内基地
银江技术股份有限公司	中国领先的城市大脑建设运营服务商，依托人工智能、大数据、物联网、元宇宙、区块链等新一代信息技术，为城市管理、城市治理、民生服务等方面打造跨领域、跨区域的数据资源交换和共享平台	北京、杭州、沈阳
广电运通集团股份有限公司	广东较早开展区块链技术研究的单位之一，下属广州广电运通区块链科技有限公司成立于2018年，拥有一支有海外背景及丰富工作经验的博士带领的核心团队，依托广州无线电集团有限公司的智能设备构建国内独有的智能设备公链，赋能便民服务中的激励机制和诚信交易；以支付和供应链为抓手，构建金融行业联盟链，融通产业链信息流、资金流和商流	广州
恒生电子股份有限公司	拥有自主研发的高性能区块链底层平台HSL，并在智能合约、隐私保护、跨链、共识算法等核心技术环节都有较多积累和突破。公司聚焦金融行业，致力于为证券、期货、基金、信托、保险、银行、交易所、私募等机构提供整体解决方案和服务	杭州
杭州趣链科技有限公司	区块链独角兽公司，国际领先的区块链技术及解决方案提供商，致力于为政府及企业加速实现数字化转型。公司拥有全球首个区块链3.0全栈全生态能力体系，涵盖国产自主可控的底层技术能力、开箱即用的运维及研发能力、开放互联的跨链能力及高效的数据共享和隐私计算能力等，助力客户高效率、低成本地布局应用区块链。公司产品在智慧城市、金融科技、能源双碳、企业数字化、数字法治、元宇宙等关键领域均实现广泛应用，已落地200多个典型应用，服务超过300家国家机构及头部企业，支撑业务规模达数万亿人民币。孵化设立了产链数科、泉客科技、聚义岩等，与海尔智家、中企云链、中招集团、中南卡通等行业领军企业合资成立了甘道智能、云趣数科、中招公信链、红洞数藏等公司	杭州

续表

企业	企业简介	国内基地
上海万向区块链股份公司	2015年，万向集团金融板块中国万向控股有限公司在区块链技术领域开始战略性布局，成立万向区块链实验室，以太坊创始人Vitalik Buterin（维塔利克·布特林）担任首席科学家。2017年，在万向区块链实验室成立的基础上，万向集团金融板块整合资源、深化平台建设，成立上海万向区块链股份公司。公司专注于区块链技术研发，针对企业级客户和开发者在数字化转型过程中的实际需求，推出自主可控的高性能联盟链——万纳链，通过分布式认知技术创新，构建数字经济可信底座；聚焦数字金融、乡村振兴、数字城市基础设施、实体资产数字化、元宇宙等重点行业和领域，利用技术和生态优势为各行业客户提供成功的区块链解决方案和产品	上海、江西、南京、苏州
杭州复杂美科技有限公司	成立于2008年，2013年启动区块链、智能合约的研发与创新，2014年申请区块链发明专利钱包找回功能。已申请区块链相关专利600余项，其中已获得授权超100项，2019年发明专利排名位于全球第三，仅次于阿里巴巴和IBM（国际商业机器公司），与多家世界500强企业开展区块链项目合作，在票据、供应链金融、积分、仓单方面有区块链应用落地，去中心化交易、去中心化社交、去中心化电商、去中心化溯源存证、去中心化借贷等系列应用技术在行业位于领先水平	杭州、上海、南京
上海零数科技有限公司	致力于依托领先的区块链及隐私计算技术，深度服务于汽车交通、能源电力、政务监管、文化旅游、金融科技、智慧农业等行业的数字化转型。零数科技区块链底层产品在电标院评测中，TPS（每秒传输的事物处理个数）突破15万，在国内位于领先水平	上海、北京、海南、苏州、青岛
北京星河卓越科技有限公司	中关村软件园的高新技术企业，国家AAA级信用企业、中国信通院数据安全联盟首批会员单位、全国反电信诈骗联盟成员单位、信通院个人信息保护合规审计推进单位、华为云战略合作伙伴、国内较早致力于移动互联网解决方案和区块链行业解决方案制定的团队之一。自主研发的XData数据流通存证平台通过第十一批境内区块链信息服务备案。这是国内数据流通领域首个实现数据交易合规评估及数据要素流转全流程上链的区块链系统，可将数据参与方、平台运营方、监管机构接入，实现法律评估、数据流通合约、数据使用过程等全流程不可篡改的存证，保证全过程监管及问题的可追溯	北京

续表

企业	企业简介	国内基地
西安纸贵互联网科技有限公司	是以区块链赋能实体经济的技术驱动型企业，国家级新型基础设施“星火·链网”核心建设商和生态合作伙伴、工信部“可信区块链推进计划”副理事长单位、中关村区块链产业联盟副理事长单位、超级账本全球首批认证服务商、国家级高新技术企业。具有丰富的区块链底层技术和应用研发经验，服务智慧城市、金融科技、工业互联网、数据治理、产品溯源、司法存证、军事应用等场景。客户包括工信部等部委机关和上海、重庆、西安、厦门、苏州、青岛、天水等地的政府机构，以及工商银行、农业发展银行、人保财险、国家电网、中国联通、中国移动、中国船舶、苏州银行、苏州企业征信、首钢集团、万纬冷链、先锋医药、金山云、清华大学、国防科大等单位	西安
陕西医链区块链集团有限公司	区块链底层技术及大健康行业的应用服务商，致力于对核心用户（药企、医院、医师／药师、患者）建立医链大数据中心，构建共享的智能合约联盟链，促进整个医疗行业的链改升级，共同构建理想的社会治理生态链，再将医疗大数据盘活，应用于精准营销、保险、疾控与预防等领域	西安
深圳四方精创资讯股份有限公司	基于新一代分布式基础平台以及面向BANK4.0的基础架构研发，已具备向各类金融机构提供面向未来的更简单、更敏捷、更安全的产品与解决方案的能力，主要提供基于区块链技术的供应链金融解决方案、跨境汇款解决方案	深圳
百度	百度超级链是百度现已开源、自主研发的区块链底层技术，拥有链内并行技术、可插拔共识机制、一体化智能合约等多项国际领先技术，具备全球化部署能力，推出BaaS、开放网络、可信存证、数据协同平台等标准化产品，服务于司法、版权、金融、政务服务等多个领域	北京、天津、海南
IBM	IBM在重庆市建设区块链联合创新实验室，发挥IBM在区块链以及人工智能领域的技术研究优势，聚焦产业、人才和生态，引进先进技术解决方案和优质科创企业，助力本土企业转型发展	重庆

续表

企业	企业简介	国内基地
腾讯云	腾讯云区块链是中国领先的区块链服务平台和技术提供商，拥有开源底层技术平台，区块链专利申请及授权数排名全国第一，提供区块链+人工智能、大数据、隐私计算、物联网融合技术解决方案，产品及解决方案包括底层引擎、分布式身份服务、跨链服务平台、可信计算、可信数据共享、至信链可信存证、区块链智能计算中心、终端可信上链、可信取证等，服务于金融、政务服务、文娱、工业等多个领域	深圳

第七篇　物联网

物联网是继计算机、互联网之后世界信息产业发展的第三次浪潮，拥有全面感知、信息交互、智能处理三大功能。全面感知即利用RFID（无线射频识别）、条形码、传感器等感知、捕获、测量技术随时随地对物体进行信息采集和获取；信息交互即通过各种通信网络与互联网的融合，将物体接入信息网络，随时随地进行可靠的信息交互和共享；智能处理即利用云计算、模糊识别等各种智能计算技术，对海量的跨地域、跨行业、跨部门的数据和信息进行分析处理，实现智能化的决策和控制。

感知层主要负责采集物理世界数据，即通过RFID、条形码等接受外部指令被动保存信息，或通过智能控制器、传感器、定位模组等主动采集生成信息。感知层的核心技术是边缘计算、RFID，需要通信芯片、传感器、执行器等电子器件支持。相关市场主体主要是芯片和半导体厂商。（相关市场主体：通信芯片厂商包括华为海思、翱捷科技、南京大鱼半导体、广芯微电子、中兴微电子、磐启微电子、联发科、诺领科技、芯象、芯翼科技、移芯科技、智联安、紫光展锐、博通、恩智浦、乐鑫、北京联盛德、泰凌微电子等，传感器厂商包括歌尔股份、士兰微电子、瑞声科技、睿创微纳、汉威科技等，RFID厂商包括远望谷、金溢、高德红外、信达物联、新大陆等，智能控制器厂商包括美国Flex、和而泰、贝仕达克、拓邦、和晶科技、朗特等）

传输层依托以NB-IoT、5G为主的广域蜂窝网络和以Wi-Fi为主的短距离无线通信网络，将感知层捕获的信息传输至指定目的地，需要通信模组支持物联网终端网络接入和数据传输。相关市场主体主要包括蜂窝通信模组厂商、非蜂窝通信模组厂商、电信运营商、通信网关企业、卫星互联技术企业。（相关市场主体：蜂窝通信模组厂商包括广和通、日海等，非蜂窝通信模组厂商包括深圳有方、上海芯讯通、美国SIERRA、瑞士u-blox等，电信运营商包括中国移动、中国联通、中国电信，通信网关企业包括华为、研华科技、美国思科等，卫星互联技术企业包括长光卫星、中国航天科技集团等）

平台层是链接设备到应用场景的桥梁，市场上的平台主要包括互联网厂商云平台、通信厂商平台、传统工业制造业企业自主平台、科技企业平台及其他第三方服务机构平台。（相关市场主体：互联网厂商包括阿里、腾讯、百度、京东、亚马逊等，通信厂商包括中国移动、中国联通、中国电信，传统工业制造业企业包括西门子、海尔、工业富联、三一重工等，科技企业包括小米、华为、IBM、Insper等，第三方服务机构包括机智云、云智易、广云物联等）

应用层包括智能硬件和应用服务，依托平台层的数据处理进行进一步的知识挖掘，在智慧城市、数字乡村、智能交通、智慧农业、智能制造、智能建造、智慧家居等重点领域提供支持，实现实时控制、精准管理、科学决策。市场主体为专业的系统集成及应用服务商或应用领域的终端用户。（相关市场主体：车联网技术服务商包括斑马智行、图森未来、驭势科技、百度Apollo、深圳安途等，智慧家居厂商包括美的、海尔、华为、小米、格力等，工业互联网厂商包括工业富联、西门子、通用电气、施耐德、立达信等）

一、海南基于核心优势发展区别于国内其他集聚区的物联网产业

国内物联网产业发展已形成“北京—天津”“上海—无锡”“深圳—广州”“重庆—成都”四大集聚区。海南在“智慧海南”战略推进下，拥有基础设施前瞻布局、互联网龙头企业集聚、特色应用场景落地等优势。海南物联网产业的市场主体新增量，2022年物联网产业市场主体数量达到近3.8万家，较2017年增长20.27倍，2022年海南省上游感知层企业达到2755家，较2017年增长14.3倍。未来海南发展物联网产业的竞争优势在于特色塑造和技术创新，即围绕海南独有的应用场景打造特色的物联网生态链路，开展平台层和应用

层的技术创新，开展感知层和传输层关键技术攻关，并布局相应的基础设施，形成区别于国内四大产业集聚区的错位优势。

二、海南围绕多元特色应用场景，强化产业模式与前沿技术创新

《智慧海南总体方案（2020—2025年）》中涉及物联网的重大项目，包括城市泛在感知物联网终端建设、车联网新型基础设施建设、“物联网+分级诊疗”服务体系建设、海关智慧监管平台、智慧水网建设等。“智慧海南”重点推动智慧医疗、智慧能源、智慧港口、智慧海洋等特色场景下的物联网应用创新，基于特色应用需求，着重打造物联网产业协同发展模式和物联网相关关键技术及前沿技术突破创新。

企业享受的自由贸易港优惠政策、海南省支持产业发展的奖补措施，以及企业落地指南等，见附件。

典型企业情况表

企业	企业简介	国内基地
华为	华为云的物联网平台提供海量设备连接上云、设备和云端双向消息通信、批量设备管理、远程控制和监控、OTA升级、设备联动规则等能力，并可将设备数据灵活流转到华为云的其他服务，帮助物联网行业用户快速完成设备联网及行业应用集成	上海
阿里云	阿里云提供云端一体高效设备智能化服务，包括面向设备厂商提供云端一体的设备智能化服务、面向行业和政府提供企业数字化IoT（物联网）基础设施，具体服务包括物联网云服务、网络服务、边缘计算服务、设备端服务、物联网安全服务等	杭州
百度	已推出适用于主要物联网接入场景的“设备连接器”，通过技术创新让更多应用集成商在项目中共享设备，从而搭建出更加丰富的业务应用系统，已帮助多个企业成功落地物联网项目，集成商、独立软件开发者可以消除不同硬件设备的复杂差异	北京、天津、海南

续表

企业	企业简介	国内基地
腾讯	腾讯云物联网开发平台（IoT Explorer）是面向智慧生活与产业互联应用的物联网PaaS平台，为基于物联网的各行业设备制造商、方案商及应用开发商提供一站式设备智能化服务，覆盖智能家居、智慧健康、工业物联、智能人居、智慧酒店、智慧消防、减碳节能等场景	深圳
小米	AI+物联网是小米的核心战略，小米IoT平台是面向消费类智能硬件领域的开放合作平台，开发者可以借助小米IoT平台开放的资源、能力和产品智能化解决方案，以低成本快速提升产品智能化水平，满足不同用户对智能产品的使用需求和体验要求	西安（人工智能物联网研发实验室）、佛山（物联网全场景应用研究实验室和智能生态体验中心项目）
京东云	京东云提出了“1+3+N”物联网创新实践，以1个京东物联网平台为核心，结合技术生态链、产业生态链、供应链三大优势，助力智能城市、乡村振兴、智能社区、全屋智能、智能物流等N个产业场景的全链路实践创新。例如，京东在常熟结合智能车技术和成熟的物流场景，打造全球首个无人配送城；与浙江乐清政府在工业制造领域携手搭建乐清物联网综合服务平台；在智能城市领域支撑天津市河西区的消防、环卫、防汛、地下管网、社区、养老等10余个城市精细化管理场景，支持上百种城市感知设备类型和10余万存量设备共享，筑牢“一网统管”的城市数字底座	北京
杭州涂鸦信息技术有限公司	全球化物联网开发平台服务商，连接品牌、OEM厂商、开发者、零售商和各行业的智能化需求。截至2023年6月底，涂鸦IoT开发者平台注册开发者超84.6万人，分布于超200个国家和地区，赋能超7600家品牌客户	杭州
上海移为通信技术股份有限公司	国内头部物联网终端设备和解决方案提供商，成立于2009年，聚焦嵌入式无线M2M终端设备研发、销售业务，主要产品包括车载信息智能终端、资产管理信息智能终端、个人安全智能终端、两轮车智能化终端和动物溯源管理产品	上海

续表

企业	企业简介	国内基地
广州机智云物联网科技有限公司	物联网开发和云服务平台，AIoT全栈（综合）物联网平台服务领导者，聚焦物联网、云计算、大数据和人工智能产业，采用微服务架构，为有IoT需求的企业／团队提供IoT产品全生命周期数字化管理运营，平台开放API支持企业打通内外部经营管理系统，已服务交通物流、新能源、工业互联、医疗健康、消费电子等行业	广州
广州云智易物联网有限公司	智慧空间物联平台和技术服务商，提供以空间AIoT平台为中心的一站式空间智慧化解决方案，致力于通过AIoT技术连接人、设备、空间和服务，实现空间数字化、在线化和智慧化，重新定义空间及设备的运营和管理，提升用户美好生活体验。现已广泛应用于智慧家庭、社区、街道、园区、商业、文旅、地铁站等各类不同空间智慧化场景	广州
深圳达实智能股份有限公司	中国领先的智慧城市建设与服务商，成立于1995年，基于自主创新的物联网、互联网和大数据平台产品，聚焦智慧医疗、智慧建筑、智慧交通三大细分市场提供建设和运营服务。主要产品包括基于云边端架构的AIoT物联网管控平台以及基于SaaS服务的C3物联网身份认证平台、C3云智慧停车平台，物联网智能终端产品包括物联网门禁、物联网门锁、AI人脸识别门禁、人脸考勤、人脸消费等智能终端系列产品以及AI云智慧停车系列、AI视频车位引导系列等独具特色的“AIoT+”行业解决方案产品等	深圳、北京
浙江中控信息产业股份公司	核心业务是智慧城市解决方案及相关信息系统集成服务，现已成为国内领先的智慧城市解决方案供应商，覆盖大交通、大环境、智慧应用（交通大脑、城市交通、公路交通、轨道交通、环境大脑、智慧水务、智慧建筑、智慧文旅、智慧管廊、新型智慧城市等）等众多领域	杭州
天翼物联科技有限公司	中国电信在物联网领域打造的自有核心能力、研发运营一体化的物联网能力中心，立足于粤港澳大湾区、长三角经济圈、京津冀地区开展物联网能力建设，已发布5G智慧园区、美丽乡村、智能烟感、智慧城市、车联网、工业互联网等系列行业应用，并提供了包括“5G未来城”、数字孪生城市、智慧校园等整体解决方案	广州

续表

企业	企业简介	国内基地
北京青云科技股份有限公司	基于自身云平台，构建覆盖广域空间的云、网、边、端一体化架构，为企业用户提供安全、敏捷、低延时、低成本的新一代广义云基础架构平台，为企业用户提供可落地、可迭代、面向场景的综合物联网解决方案，共建覆盖终端设备、传感器、控制器、智能算法、数据分析、行业应用、边缘应用等在内的开放合作生态	北京
厦门南鹏物联科技有限公司	提供物联网通信/采集/控制等标准化产品，如智能井盖传感器、环境监测站、载量监测器、智能用电、通信网关、核心网等，产品广泛应用于智慧市政、智慧农业、智慧工业、智慧社区、智能家居、智慧酒店、智能会议等领域	厦门
天津慧通科技有限责任公司	成立于2014年，是一家从底层软件、物联网云平台、移动应用到物联网硬件都完全拥有自主知识产权的技术创新公司，应用场景覆盖数字化工厂、智慧医疗、智能建筑	天津
云池网络科技（上海）公司	开伦集团旗下物联网技术服务公司，致力于物联网环境下的老龄产业数字化新基建与新生态的搭建，为智慧养老服务运营提供整体解决方案	上海

第八篇　元宇宙

元宇宙是由混合现实和数字建模等技术为基础，以去中心化思想构建的拥有崭新经济、身份、制度体系的数字世界。元宇宙拥有“从数字孪生到数字原生”“从媒介之外到媒介之中”“从相对封闭到逐步开放”等特点。元宇宙是超越Web3.0（以用户为中心的用户互联网）的互联网形态，其去中心化的思想将重构一个以“自由的身份体系、自洽的经济体系、自治的制度体系”为特点的新的社会形态。

全球元宇宙产业发展形势：美国呈现“技术+场景”并行态势，应用场景集中于游戏，娱乐等面向C端消费者的场景，在工业设计等面向B端的场景上也有所延伸，美国政府对于元宇宙仍处于观望偏谨慎的状态，尚未提出明确的元宇宙建设纲要文件；日本围绕VR（虚拟现实）硬件设备及游戏生态展开，加快建设加密资产（虚拟货币）兑换平台，VR开发商Hassilas公司开发了提供虚拟音乐会、虚拟体育场、虚拟发布会等项目的元宇宙平台Mechaverse；韩国态度积极，韩国信息通讯产业振兴院联合25家机构（韩国电子通信研究院、韩国移动产业联合会等）和企业（LG、KBS等）成立"元宇宙联盟"，依托半导体产业优势，在"虚拟数字人"方向技术取得了领先优势。

我国高度重视元宇宙产业发展，工信部等五部门联合印发了《虚拟现实与行业应用融合发展行动计划（2022—2026年）》，提出"推进关键技术融合创新、提升全产业链条供给能力、加速多行业多场景应用落地、加强产业公共服务平台建设、构建融合应用标准体系"等重点任务，提出"到2026年实现关键技术重点突破，终端产品不断丰富，完善产业生态，虚拟现实规模化应用并形成骨干企业和产业集群"目标。我国元宇宙产业目前在C端领跑，B端应用规模增长前景广阔。C端主要是文娱产业，C端的元宇宙应用向社交延伸，将逐渐形成虚拟世界的最终形态（目前主流的游戏社交应用平台包括Rec Room、VR Chat、Roblox、Decentraland等，字节跳动正在打造自己的元宇宙社交平台），预计C端元宇宙应用加快向电商、生活服务领域渗透。B端元宇宙应用通过赋能产业，经历数字孪生、数字伴生、数字原生三大阶段，做到应用场景覆盖。我国B端元宇宙应用场景已覆盖智能制造、城市管理、智慧医疗、环境保护、能源开采等多个领域。

一、海南积极布局元宇宙底层基础设施技术创新，可聚焦重点领域与场景需求打造示范项目

海南支持互联网龙头企业建设元宇宙研发中心，在区块链技术、交互技术、电子游戏技术、人工智能技术及网络运算技术等方面，布局元宇宙底层基础设施技术创新。建议重点聚焦工业、文旅、教育、医疗等领域，打造应用示范项目，如依托海南博鳌乐城国际医疗旅游先行区，支持元宇宙应用于医学影像（三维立体成像、重构组织结构模型、辅助医生病症诊断等）、医学教育（手术培训、解剖学培训、护理培训、患者教育等）、手术辅助（手术规划、术中导航、手术直播等）、远程医疗（远程会诊、远程监控、慢病管理等），并基于元宇宙应用场景需求，持续引进软件开发商布局虚拟人、数字孪

生、NFT、VR/AR内容软件开发主体，打造元宇宙生态圈。

二、海南围绕元宇宙“1+N”产业布局，采用“科研机构+企业联盟”驱动模式推动技术创新

海南可探索“以技术创新为核、多点应用示范推广”的“1+N”产业布局，并在技术创新方面采用“科研机构+企业联盟”驱动模式，工作建议有两点。一是打造“元宇宙应用创新中心”。依托陵水规划组建的“元宇宙高等研究院”整合国内高校、科研机构、龙头企业资源，建立研究院内部类似于产业联盟的合作对接机制，出台相关激励政策，支持研究院在海南生态软件园、海口复兴城互联网信息产业园等园区打造产学研一体化的“元宇宙应用创新中心”。推动元宇宙底层基础设施技术研发和虚拟人、数字孪生、NFT（非同质化通证）、VR/AR内容软件开发创新，全力支持已落户的阿里、腾讯、网易、百度等设立的海南元宇宙研究院/研发中心，布局元宇宙底层技术项目，并以龙头企业项目为核心不断孵化中小企业技术创新项目。二是布局“多点”元宇宙应用示范。依托海口高新区、三亚崖州湾科技城、博鳌乐城国际医疗旅游先行区、三亚中央商务区、陵水黎安国际教育创新试验区等重点园区和产业基地，开展工业、文旅、教育、医疗场景的“多点”元宇宙应用示范，推动元宇宙赋能城市大脑程度不断深化。

企业可享受的自由贸易港政策、海南省支持产业发展的奖补措施，以及企业落地指南等，见附件。

典型企业情况表

企业	企业简介	国内基地
腾讯	腾讯在元宇宙底层架构（没有直接布局XR硬件，但通过投资Epic Games、Snap占据VR/AR生态的有利地位，Unreal Engine（虚幻引擎）帮助渲染虚拟世界、Snap协助打造镜像世界）、后端基建（C端打造全周期云游戏行业解决方案，为用户提供全链路云游戏平台与生态，B端腾讯云布局全场景IDC能力，目标是做新基建的“基建”）、内容与场景（社交、游戏、娱乐内容等领域的优势地位稳固，在智慧零售与企业服务的布局也逐步深化）这三大方向上均着力布局	深圳

续表

企业	企业简介	国内基地
阿里	主要在底层基础设施和元宇宙电商场景进行布局，在底层基础设施方面形成以云为基础的硬件体系（倚天、含光、玄铁系列芯片以及磐久自研服务器系列等）、软件体系（飞天云操作系统、面向磐久服务器的龙蜥操作系统、自研数据库PolarDB、集大数据+AI一体化的平台“阿里灵杰”等）和应用体系（钉钉等）；场景方面瞄准AR技术在线上购物的运用，掌握未来元宇宙电商的入口、上线了VR购物Buy+计划、XR实验室与松美术馆合作开发AR艺术展等	杭州
百度	百度元宇宙平台希壤陆续推出一系列功能，包括会议系统、会展艺术中心、共创者空间、数字藏品平台、元宇宙拍卖等，在2022年有120多个元宇宙项目在百度希壤落地，覆盖文旅、艺术、教育、汽车、消费等20多个行业	北京、天津、海口、沈阳、成都、苏州等
华为	华为一是布局元宇宙后端基建，具备网络+芯片+终端的端到端能力，发布了多款5G相关的芯片，为5G提供技术支持。二是布局元宇宙显示硬件，包括VRGlass、MateStation X等。三是布局元宇宙应用，华为和北京首钢园的合作项目“首钢园元宇宙”正式上线	深圳
字节跳动	收购了VR硬件制造商Pico布局元宇宙硬件，收购北京波粒子科技公司布局虚拟人物形象开发，投资光舟半导体等芯片公司、智能音频与光学解决方案提供商聚芯微电子、VR数字孪生云服务商众趣科技等	北京、上海、厦门、海口等
网易	在元宇宙底层架构中以区块链、AI技术系统为基础，参与5G、虚拟交互以及物联网等后端基础建设。网易区块链自研的“天玄”区块链引擎，推出多个明星级产品和区块链方案，包括区块链数字版权与司法服务平台、分布式数字身份等。网易人工智能专注于计算机视觉、自然语言处理、语音交互、模式识别、深度学习、异构计算、数据智能等技术研究领域。网易已开发消费级AR眼镜等元宇宙前端设备，以及多款VR游戏	杭州、成都、南京、海南等
广州华锐互动数字科技有限公司	成立于2008年，三维数字空间搭建的先行者，为元宇宙提供3D场景，专注3D、VR、AR内容制作。用科技赋能企业数字化转型，为企业提供创意营销、互动培训、智慧管理整体解决方案	杭州

续表

企业	企业简介	国内基地
拟仁智能科技（杭州）有限公司	将人工智能与计算机图形学技术相结合的创新型高科技公司，拥有快速构建高质量智能虚拟人应用的各项核心技术，专注打造高仿真、人格化、个性化的智能虚拟人产品和服务，为商业应用场景赋能	杭州
光辉城市（重庆）科技有限公司	行业领先的建筑XR、数字孪生、数字空间技术提供商，自主研发的建筑XR设计平台Mars，为国内国际1500多家设计院、近20万设计师以及全国近400所建筑类高校提供软件云服务，拥有专利（软著）30余项。自主研发的数字孪生系统构建平台DIVA可实现数字孪生应用开发、发布、管理的全流程	重庆
科大讯飞股份有限公司	拥有语音识别、语义理解、语音合成、虚拟形象驱动等核心人工智能技术的深入和积累。近年来在虚拟人领域不断突破，其发布的AI虚拟人交互平台具有多模感知、多维表达、情感贯穿、自主定义四大交互特点，可以在客户的不同业务场景下进行AI虚拟人赋能，提供一站式的AI虚拟人应用服务，夯实人工智能的“技术底座”，面向未来元宇宙大规模的场景需求启动“超脑2030计划”，致力于让虚拟人在更多的专业领域给予人类帮助	合肥
青岛敏诚德信科技有限公司	以AI技术为核心驱动，聚焦元宇宙+产业等数实融合等新产业模式，是国内高科技新锐企业，也是阿里巴巴等众多互联网公司的S级供应商	青岛
北京金恒博远科技股份有限公司	拥有完全自主研发的工业工艺控制核心系统，沉淀了大量工业机理模型，在虚拟现实、数字孪生、大数据、自动控制实时通信等方面有长期技术积累和实践，对制造设备生产流程有深入认知，实现从虚拟仿真操作到数字孪生工厂	北京
山东经世智能科技有限公司	专注于数字孪生技术研发与应用，形成了具备核心自主知识产权的数字孪生平台产品，产品涵盖数字孪生仿真、数字孪生可视化等多个应用方向，并构建了以客户需求为导向的定制化服务能力，在智能制造、智能仓储、智慧物流、高教实验实训等多个领域具备丰富的项目实施经验	烟台
湖南快乐阳光互动娱乐传媒有限公司	通过“互动+虚拟+云渲染”构建元宇宙基础架构，参与并发布互动视频标准，推出包括虚拟主持人YAOYAO、AR合拍互动系统、互动视频平台、IMGO超高清视频修复和增强平台等在内的一系列技术创新成果	长沙

续表

企业	企业简介	国内基地
视觉（中国）文化发展股份有限公司	国内最早将互联网技术应用于视觉内容数字版权交易的平台型文化科技企业，依托大数据、人工智能、云计算、区块链等技术，通过“优质内容+技术创新”建设两大交易服务平台：一是为B端客户服务的数字版权交易平台，二是基于区块链智能合约技术为C端用户提供服务的数字藏品交易平台（元视觉）	常州
NFT中国	国内规模最大的数字藏品交易平台，拥有7项高科技技术专利，率先推出实物芯片chips、私人VR藏品室、元宇宙画廊、开放API元宇宙接口等方案，拥有3D作品上传与AR展示功能，走在全网科技前沿	杭州
中科创达软件股份有限公司	全球领先的智能操作系统产品和技术提供商，面向移动智能终端、智能物联网、智能网联汽车推出系列解决方案、智能平台和工具产品	深圳
厦门锦图科技公司	专业从事IT软硬件、机器视觉、大数据处理，Web以及App应用等技术的应用和研发，长期致力于为企事业单位提供IT相关方面的规划与提案以及定制开发服务	厦门
惠州市德赛西威汽车电子股份有限公司	德赛西威深度聚焦智能座舱、智能驾驶和网联服务三大领域的高效融合，持续开发高度集成的智能硬件和领先的软件算法，为全球客户提供安全、舒适、高效的移动出行整体解决方案和服务	惠州
宁波均胜电子股份有限公司	全球汽车电子与汽车安全顶级供应商，主要致力于智能座舱、智能驾驶、新能源管理和汽车安全系统等的研发与制造，现有产品覆盖与驾驶有关的人机交互、行车安全（主动、被动安全）、车载信息娱乐、新能源汽车电池管理系统和5G车载互联等领域	宁波
商汤集团有限公司	公司长期投入于原创技术研究，不断增强行业领先的全栈式人工智能技术，产品涵盖感知智能、决策智能、智能内容生成和智能内容增强等关键技术领域，同时包含AI芯片、AI传感器及AI算力基础设施在内的关键能力。前瞻性打造新型人工智能基础设施SenseCore商汤AI大装置，打通算力、算法和平台	北京
云从科技集团股份有限公司	孵化于中国科学院，依托全球领先的人机协同操作系统，将感知、认知、决策的核心技术闭环运用于跨场景、跨行业的智慧解决方案，全面提升生产效率和品质。先后布局智慧金融、智慧治理、智慧出行及智慧商业等四大业务领域	广州

续表

企业	企业简介	国内基地
北京华捷艾米科技有限公司	自主研发的国内首款3D AI/MR芯片已实现量产，支持在制造业、建筑、工程医学、国防和新零售等六大行业以及远程协助、培训教育、生产、空间设计、IoT等五大场景中落地应用	北京
视辰信息科技（上海）有限公司	国内AR行业的技术领导者，自主研发国内首个可以投入应用的AR引擎	上海
深圳华氧科技有限公司	创立于深圳的技术初创公司，获顶级投资机构投资，致力于使用AIGC（生成式人工智能）技术一站式生产3D内容，赋能短视频、直播电商、流量运营等领域。通过整合大模型、云原生、WebGL等技术红利打造下一代3D内容生产工具，极大地降低3D内容制作门槛	深圳
东方智谷科技有限公司	以区块链技术赋能城市服务，提供成熟的电子政务、智慧民生和智慧产业等整体解决方案	西安
四块科技（深圳）有限公司	以DSFS分布式数据安全存储生态体系为原点，构建集区块链技术、互联网、大数据、人工智能等于一体的多维度、多产业聚合集群，为5G时代提供安全、稳定、便捷、高效的基于区块链技术的大数据存储应用解决方案	深圳
南京道熵信息技术有限公司	拥有具有自主知识产权的SVM（支持向量机）存储虚拟化软件系统，该产品已成功用于数字教育、智慧化城市、智能电网、广电非编、数字点播、石油勘探、数字医疗等多个领域	南京

第九篇　数据要素产业链

数据要素指需要新处理模式才能具有决策力、洞察发现力和流程优化能力，适应海量的、高增长率和多样化的信息资产，与劳动力、资本、技术均紧密交叉关联，价值溢出效应显著。数据要素的挖掘和处理必须依赖云计算分布式架构。随着我国数据战略布局不断深入，数据作为关键生产资料的地位进一步明确，政策持续密集释放。“十四五”规划和二〇三五年远景目标建议对完善数据要素产权性质、建立数据资源产权相关基础制度和标准、培育数据交易平台和市场主体等作出战略部署。2020年《关于构建更加完善的要素市场化配置体制机制的意见》将数据正式列为新型生产要素。2021年1月《建设高标准市场体系行动方案》首次提出建设数据资源产权。2021年10月《国家标准化发展纲要》指出要“建立数据资源产权、交易流通、跨境传输和安全保护等标准规范”。2022年4月《中共中央 国务院关于加快建设全国统一大市场的意见》指出加快培育数据要素市场，建立健全数据安全、权利保护、跨境传输管理、交易流通、开放共享、安全认证等基础制度和标准规范。2022年12月中央全面深化改革委员会审议通过《关于构建数据基础制度更好发挥数据要素作用的意见》（“数据二十条”），从数据产权、流通交易、收益分配、安全治理四个方面搭建我国数据基础制度体系，正式拉开了我国的数据制度从宏观政策主张到具体实践的序幕。

《智慧海南总体方案（2020—2025年）》提出了以“智慧大脑和能力中台建设工程”“优势产业数字化转型工程”为核心的数据要素产业链建设方向：采集储存环节要建设统筹整合省、市、县各方数据资源的基础数据库、主题数据库，建立跨层级、跨地域、跨部门、跨业务、跨系统的数据中台，打造接入和整合全域全量数据资源、物理和数字空间一一映射的数字孪生城市信息模型平台。治理分析环节要建设“空天地海”一体化物联感知底座，面向全省提供物联网设备管理、数据汇聚、应用开发和业务分析服务；搭建关键共性技术赋能平台，面向数据挖掘、分析和应用提供各类大数据基础组件、共性应用、基础工具和模型算法；打造海南省级智慧大脑。在数据应用方面要推动基于数字孪生的智慧园区试点建设，推动政企数据双向流通共享和大数据应用的推广，探索数据市场化运营；提升南繁科技城与南繁科研育种基地信息基础设施和配套大数据公共服务能力，支撑（南繁）种业创新实验室等一批重大科研平台建设，推动涉农数据资源共享和智能分析，拓展海洋产业基于大数据的勘察设计、模拟仿真、机组运维、装备智能制造等新业态；鼓励市场化探索会展大数据应用；整合建设基于大数据、区块链的智慧金融综合服务平台；积极探索推进基于大数据、人工智能、5G、车联网和区块链等新一代信息技术的智慧交通融合应用。基于“智慧海南”建设要求，海南在数据收集储存、治理分析、流通交易环节已奠定了良好的发展基础，数据应用（特别是产业应用）还处于初步发展阶段。

一、逐步完善以数据中心和数据中台为核心的数据采集存储和治理分析能力建设

一是海南积极推进数据中心建设，包括高算力的陵水海底数据中心（全球首个商用海底数据中心）、中国移动（海南海口）自由贸易港数据中心、华为云海南数据中心，支持数据感知、传输、加工、存储、挖掘分析等大数据产业全产业链全面发展。二是已初步建成海南省政务数据中台，支持完善了人口基础库、法人基础库、电子证照库、信用基础库、空间地理库五大基础库数据，数据中台数据架构包括数据归集、数据存储、数据计算、数据清洗融合、数据分析、数据资产管理、数据服务管理、数据安全管理、数据可视化服务等全流程能力已构建完成。三是海口和三亚正积极推进以城市级信息化公共能力底座为基础，以服务社会民生、城市管理、产业发展为主题应用的“城市大脑”建设。

二、大力发展以数据产品超市为核心，以公共数据产品“供给、使用、开发利用”规则为支撑的数据交易体系

海南建设大数据产品超市，针对经政务数据和社会数据融合汇聚、清洗、加工处理后的产品进行供需对接。为支持大数据产品超市数据交易，《海南省公共数据产品开发利用暂行管理办法》提出由省大数据管理机构编制数据产品购买指导性目录，引导购买方编制数据产品购买需求计划，会同数据资源提供方对公共数据产品、开发场景及数据服务等进行合规性审查，进行数据产品确权。数据产品购买方在年度计划审核通过、立项批复及预算下达后，由省大数据管理机构统一在数据产品超市上发布，服务商可根据发布的产品自主选择进行数据产品开发。市场主体通过省政府数据统一开放平台在线向数据资源提供方提出使用申请，经定价、授权后使用。要求管理方建立健全数据产品开发利用安全防护体系，充分利用可信交换、隐私计算等技术保障公共数据资源在开发和产品应用各环节的安全可控。海南基于“大数据产品超市”已初步打通数据要素产业链数据权利归属、数据流通变现壁垒。

三、数字政府、智慧水利、智慧交通等公共领域的数据要素应用发展迅速

海南打造“海易办”“海政通”“海南自由贸易港一站式政策查询解读平台”等，支持政府管理；推进海南智慧水网平台建设，先行开发上线水旱灾害防御、水资源优化配置、河湖生态保护治理等业务模块；在陵水打造智慧交通示范基地，展示城市智能交通、智慧公路、智能水运、智慧物流、能源补给等交通建设领域的新技术、新产品，引领智能网联汽车产业落地。未来海南还将在智慧社区、数字乡村、智慧园区、智慧港口、智慧医疗，以及农业、深海等领域大力推广数据应用技术。投资者可围绕这些应用场景开发业务，培育新型业态和模式。

四、围绕公共数据要素全生命周期发展原则和发展方向，出台大数据开发应用条例

一是支持公共数据采集存储、共享开放、开发利用，《海南省大数据开发应用条例》明确政务信息资源实行目录管理和负面清单审核制度，推进公共信息资源应共享尽共享，促进政府数据社会化利用。二是鼓励数据流通交易，从可交易的数据类型、基本原则、市场相关规范、鼓励和引导数据交易主体等方面作出规定。三是鼓励数据应用，未来海南将针对数据确权以及数据交易流通市场运营体系作出具体规则制定。

企业可享受的自由贸易港政策、海南省支持产业发展的奖补措施以及企业落地指南等，见附件。

典型企业情况表

企业	企业简介	国内基地
北京亿信华辰软件有限责任公司	数据治理和数据分析产品与服务提供商，基于核心大数据分析和数据治理产品服务政务、银行、租赁、制造、能源、卫生、教育等行业	北京、武汉
北京百分点科技集团股份有限公司	数据科学基础平台及数据智能应用提供商，形成数据科学基础平台和数据智能应用两大产品体系，拥有近500项知识产权，积淀了丰富的数据中台及领域知识图谱构建经验，拥有丰富的海外国家级和国内省市级数字政府建设经验	北京

续表

企业	企业简介	国内基地
广州市海捷计算机科技有限公司	数据仓库建设企业，致力于为金融服务、交通物流、多元化集团等提供数据基建及分析服务，在数据平台规划、数据平台建设、行业数据模型、数据治理、管理决策应用、客户管理与市场营销分析应用、信用风险与反欺诈分析应用、数据挖掘服务、自然语言处理与知识图谱等方面具有丰富的实施经验与自主研发产品	广州
阿里巴巴集团	大力布局隐私计算技术领域研发，研究领域包括应用密码学、数据安全与隐私、差分隐私、机器学习、安全计算、同态加密、隔离计算	杭州
中国电子系统技术有限公司	聚焦数字政府与高科技产业工程核心主业，为政企客户提供内生安全、技术领先、持续进化的产品、技术、解决方案与综合服务，入选IDC中国数字政府IT解决方案核心提供商、中国政务服务平台市场主要厂商、中国数据治理平台市场和数字政府大数据管理平台市场头部企业	北京
科大讯飞股份有限公司	讯飞大数据研究院拥有高水平的数据挖掘研究团队，针对计算广告、个性化推荐、智慧交通、个性化学习、政府征信领域开展数据挖掘分析产品开发	广州
安徽智成长科技有限公司	数据标注服务提供商，拥有大规模的标注专家团队与强大的技术实力，提供图像标注、语音标注、文本标注、视频标注、点云标注等全案例数据标注服务	宿州
南京星云科技有限公司	依托AIoT和人工智能等技术，专注于未来校园、园区和监狱等空间的数智化转型升级，通过自主研发的AIoT一体化平台，打造集智慧通行、智慧管控、智慧安全、智慧服务、智慧治理等全场景的智慧应用，构建“有温度、善感知、智生长”的数智世界，提供更有价值、更有品质的软件产品和信息服务	南京
陕西聚合数据科技有限公司	综合数字化解决方案服务商，在数据应用方面以大数据清洗、分析、挖掘等技术为手段，基于特定应用场景，针对各类企业级客户在数据分析、决策支持、营销等方面的需求，提供数据应用系统或定制化的数据分析成果	西安

续表

企业	企业简介	国内基地
北京华宇软件股份有限公司	智能数据作为华宇业务板块之一，面向金融、财税、医疗卫生、应急、政务行业提供专业咨询规划与技术支持服务，打造数十个行业智能数据解决方案，旨在解决客户数字化转型过程中的痛点，为客户提供值得信赖、智慧的信息化服务	北京
北京赛思信安技术有限公司	专注于海量数据存储优化，与中国科学院联合建立了国内第一家海量数据存储优化实验室，围绕存储消冗（重复数据删除）等关键技术持续创新，推出了一系列高效绿色存储产品，产品与服务已成功应用于政府、电信、军队、教育、互联网企业等各个领域	北京
神州数码集团	围绕企业数字化转型，开创性提出“数云融合”战略和技术体系框架，着力在云原生、数字原生、数云融合关键技术和信创产业上架构产品和服务能力，为处在不同数字化转型阶段的快消零售、汽车、金融、医疗、政企、教育、运营商等行业客户提供泛在的敏捷IT能力和融合的数据驱动能力，构建跨界融合创新的数字业务场景和新业务模式	深圳
星环信息科技（上海）股份有限公司	企业级大数据基础软件开发商，主要从事大数据时代核心平台数据库软件的研发与服务	上海

第二章　现代生物医药

第十篇　植入性耗材研发制造

“植入性耗材”是指全部或者部分进入人体，术后长期留在体内或留在体内30日以上的医疗器械。植入性耗材研发制造有三个特点。一是市场大。随着我国老龄化越来越严重、生活水平不断提高、基本医疗保险覆盖面扩大等，介入类手术大幅增加。二是国家支持。医疗器械科技创新、国产健康器械优先采购等政策，促进了国产器械替代进口。三是分级诊疗等政策，推动了植入性耗材资源下沉，医疗器械注册人制度促进产业精细化分工，为植入性耗材研发制造企业带来更大发展空间。我国植入性耗材市场从2015年的602亿元，增长到2020年的1350亿元，年复合增长17%。其中血管介入耗材、口腔植入性耗材市场近5年来年复合增长20%以上。

一、海口国家高新技术产业开发区具备初步的规模优势

截至2023年6月，已入驻医疗器械类企业21家，其中美安科技新城的国际医疗器械园占地300亩，打造集医疗器械生产研发、技术孵化、专业检测、交易展示、行业交流等功能于一体的现代化工业园区。围绕打造千亿级生物医药和医疗器械产业集群目标，园区引进国药器械骨科高值耗材研发生产基地、海南首家外商独资医疗器械生产企业香港新科以仁医疗器械公司。

二、海南博鳌乐城国际医疗旅游先行区具有独特优势的应用政策和应用场景

该园区定位高端医学研发和转化基地，拥有“特许医疗”优惠政策：允许进口使用尚未在国内注册审批的药械，并通过临床真实世界数据研究应用场景，支持特许进口药械产品境内注册。这是其他省市不具备的独特优势。

植入性耗材产业图谱

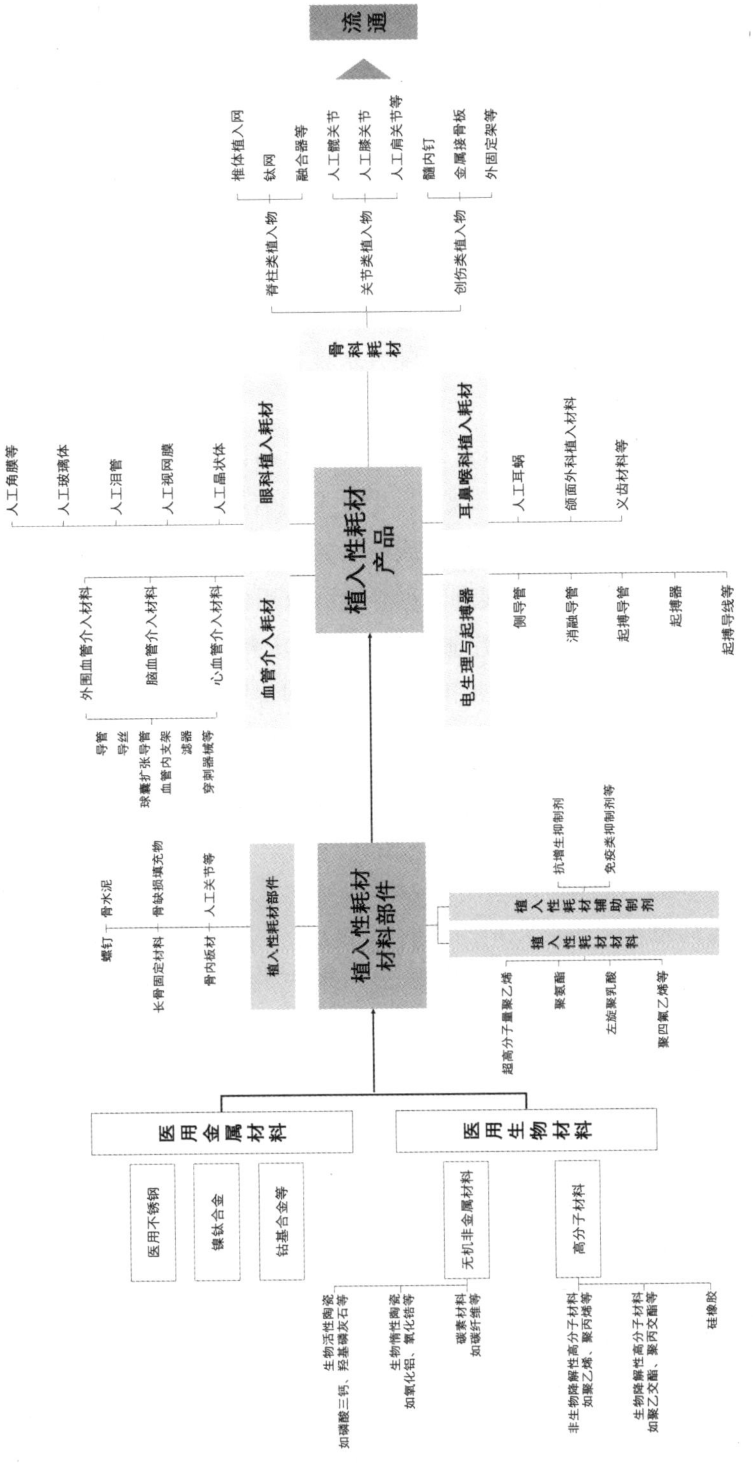
医用金属材料
医用不锈钢
镍钛合金
钴基合金等
医用生物材料
无机非金属材料
生物活性陶瓷 如磷酸三钙、羟基磷灰石等
生物惰性陶瓷 如氧化铝、氧化锆等
碳素材料 如碳纤维等
高分子材料
非生物降解性高分子材料 如聚乙烯、聚丙烯等
生物降解性高分子材料 如聚乙交酯、聚丙交酯等
硅橡胶
植入性耗材材料部件
植入性耗材部件
螺钉
骨水泥
长骨固定材料
骨缺损填充物
骨内板材
人工关节等
植入性耗材材料
超高分子量聚乙烯
聚氨酯
左旋聚乳酸
聚四氟乙烯等
植入性耗材辅助制剂
抗增生抑制剂
免疫类抑制剂等
植入性耗材产品
血管介入耗材
外周血管介入材料
脑血管介入材料
心血管介入材料
导管
导丝
球囊扩张导管
血管内支架
滤器
穿刺器械等
眼科植入耗材
人工角膜等
人工玻璃体
人工泪管
人工视网膜
人工晶状体
骨科耗材
脊柱类植入物
椎体植入网
钛网
融合器等
关节类植入物
人工髋关节
人工膝关节
人工肩关节等
创伤类植入物
髓内钉
金属接骨板
外固定架等
耳鼻喉科植入耗材
人工耳蜗
颌面外科植入材料
义齿材料等
电生理与起搏器
侧导管
消融导管
起搏导管
起搏器
起搏导线等
流通

（一）支持特许进口产品国内上市和生产

《海南自由贸易港博鳌乐城国际医疗旅游先行区临床急需进口医疗器械管理规定》允许乐城的医疗机构进口临床急需医疗器械，且进口医疗器械经海南省药品监督管理部门评估判定已达到一定使用数量和使用效果的，由海南省药品监督管理部门告知境外生产企业向国家药品监督管理部门申请进口产品注册，并报告国家药品监督管理部门。2021年《海南省药品监督管理局关于进一步优化服务支持生物医药产业高质量发展的通知》明确提出建立乐城先行区与其他园区之间的对接机制，配合乐城特许进口的临床急需进口药械在海南落地生产制造。

（二）真实世界研究应用场景为特许进口产品国内上市提速

"真实世界研究"是在真实环境下，收集与患者有关数据信息，通过分析获得医疗产品的使用价值及潜在获益或风险的临床证据。海南博鳌乐城国际医疗旅游先行区是我国唯一开展真实世界数据应用试点的先行区，根据《海南自由贸易港博鳌乐城国际医疗旅游先行区临床急需进口医疗器械管理规定》，特许进口药械在先行区内使用产生的真实世界数据，符合我国医疗器械注册申报相关要求的，可用于申请进口产品注册，有效缩短产品进入中国市场的时间、降低成本。截至2023年11月，博鳌乐城有31个药械产品开展真实世界数据应用研究，其中药品10个、医疗器械21个；13款临床急需进口药械产品（4款药品、9款医疗器械）通过使用乐城真实世界数据辅助临床评价获得国家药监局批准上市。先声药业的化疗全系骨髓保护创新药注射用盐酸曲拉西利（科赛拉）通过"乐城引进+海口生产"模式即将进入生产环节。2021年6月，科赛拉产品在博鳌乐城国际医疗旅游先行区落地应用，于2021年8月开展真实世界研究，利用真实世界数据进一步加快在我国的注册审评，于2022年在中国注册上市，距离在美国上市仅17个月即在中国获批。该药物落地海口国家高新区，地产化申报于2023年1月获国家药品监督管理局药品审评中心受理，预计2024年第一季度投产，博鳌乐城国际医疗旅游先行区和海口国家高新区通过"飞地经济"实现经济效益共享。

三、海南发展医疗器械研发制造可享受自由贸易港政策

（一）加工增值政策

对鼓励类产业企业生产的不含进口料件或含进口料件在海南自由贸易港

加工增值超过30%（含）的货物，经“二线”进入内地免征进口关税，照章征收进口环节增值税、消费税。植入性耗材生产原料主要包括医用金属材料（如医用镍钛合金等）和医用生物材料（如超高分子量聚乙烯等）。我国植入性耗材的原材料进口依赖度高，医用镍钛合金、超高分子量聚乙烯、生物陶瓷等核心材料仍由国际巨头垄断，进口关税税率为6%—8%，以医用金属材料和医用生物材料为原材料的植入性耗材产品增值潜力高，可享受加工增值政策利好。

植入性耗材用生物材料进口关税及关税减免情况表

分类	主要品类	进口规模（吨）	主要进口国	进口价（万元/吨）	普通税率	最惠国税率	协定/特惠税率	海南可优惠金额（万元）
医用金属材料	医用镍钛合金	1650	美国、英国	约100—200	17%—30%	6%—8%	有协定税率但不适用于主要进口国	9900—19800
	医用不锈钢	450	美国	约5.2	40%	6%		140
医用生物材料	超高分子量聚乙烯、聚醚醚酮、羟基磷灰石生物陶瓷等	677000	美国、英国、德国	约1.5	30%—45%	6.5%		66007

以企业年产2500台心脏封堵器为例，制造一台心脏封堵器约需200克镍钛合金、原材料利用率10%、原材料进口价格以150万元/吨（1500元/千克）计算，则企业每年需进口镍钛合金原材料5吨，镍钛合金进口成本约750万元（含税），若企业落户海南自由贸易港，可免除原料进口关税约60万元。假设产品注册上市后年产量复合增长率为5%，企业10年内进口原材料关税可节省共约755万元。

（二）“零关税”政策

现阶段海南对企业进口自用生产设备实行“零关税”负面清单管理，对企业进口原辅料实行“零关税”正面清单管理。植入性耗材研发和制造设备未被纳入“负面清单”，可免征关税和增值税。植入性耗材制造主要有激光切割、真空热处理、化学抛光、药物涂层等环节。植入性耗材企业进口自用生产设备，免征关税和进口环节增值税，可降低设备投资成本。

主要植入性耗材生产设备进口关税、增值税减免情况表

加工环节	设备种类	进口价格（万元）	主要进口国	进口关税（最惠国税率）	进口增值税税率	海南可优惠金额（万元）
激光切割	数控激光切割机	50—200	美国、德国、日本	0%	13%	6.5—26
真空热处理	真空热处理炉	20—30	德国、日本	0%	13%	2.6—3.9
化学抛光	电化学抛光设备	15—30	美国、日本	12%	13%	4.0—8.0
药物涂层	药物涂覆设备	20—30	德国、日本	0%	13%	2.6—3.9

以企业年产2500台心脏封堵器，建设由国外高端设备组成的心脏封堵器生产线为例：在内地建设生产基地设备投资约1.8亿元，在海南建设生产基地设备投资约需1.5亿元，可节省关税约3000万元，以及设备投资贷款利息成本约52万元（以专项设备贷款利率1.75%、期限3年、设备投资的1/3采取信贷融资计算。设备投资优惠政策见附件）。

四、海南有医疗器械产业支持政策

主要有《海南省促进经济高质量发展若干财政措施》《海口市科学技术工业信息化局关于支持生物医药产业发展若干措施》《海口市做强工业经济二十条措施》等，详情见附件。

以某植入性耗材企业落户海南，初期心脏封堵器产品研发阶段投入1亿元，产品注册上市后年产2500台心脏封堵器、年产量复合增长5%为例，估算研发创新和成果转化奖励。假设企业产品上市前的研发阶段有10年，产品上市后市场价格5万元/台，企业利润率30%，每年将20%利润投入研发，产品上市后第6年纳入国家带量采购。企业研发阶段共可获得设立研发机构奖励50万元、研发增量投入奖励约1000万元，临床前研究奖励最高200万元，以及通过临床试验研究后的产品注册申请补助300万元。产品上市后10年内，产品上市许可持有人可获取一次性奖励最高200万元，研发增量投入奖励1000万元，以及产品销售收入奖励最高400万元。总体测算，企业产品研发阶段（10年）和产品上市后阶段（10年）共可获得研发和成果转化奖补3150万元。

心脏封堵器企业落户海南研发转化奖补预计概算表

单位：万元

	产品研发阶段	产品注册上市并生产阶段									
		第1年	第2年	第3年	第4年	第5年	第6年	第7年	第8年	第9年	第10年
营业收入	—	12500	13125	13781	14470	15194	15954	16751	17589	18468	19392
利润	—	3750	3938	4134	4341	4558	4786	5025	5277	5540	5817
研发投入	10000	750	788	827	868	912	957	1005	1055	1108	1163
研发投入奖励	1050	100	100	100	100	100	100	100	100	100	100
获得临床批件后的临床前研究奖励	200	—	—	—	—	—	—	—	—	—	—
通过临床试验后的产品注册申请补助	300	—	—	—	—	—	—	—	—	—	—
产品上市奖励	—	200	—	—	—	—	—	—	—	—	—
产品销售奖励	—	100	—	—	—	—	300	—	—	—	—
合计奖励	1550	400	100	100	100	100	400	100	100	100	100

参考成熟海外市场医疗器械企业研发投入占总营收比例（15%—20%），以平均数17%计算，海南植入性耗材营收规模达5亿元/年时，研发费用将达0.8亿元/年，若将其中的20%用以支付CRO（医药研发合同外包服务机构）

服务，则海南医疗器械CRO企业共可获取1600万元/年的植入性耗材研发外包服务。医疗器械CRO企业在海南自由贸易港设立子公司，投资500万元以上，可获取投资额30%的补贴。由于国内医疗器械CRO市场份额较分散，企业若获取20%的植入性耗材CRO业务，年营收可达320万元，可获得年度服务金额5%（约16万元）奖励。

典型企业情况表

企业	企业简介	国内基地
乐普（北京）医疗器械股份有限公司	我国最早从事心血管介入医疗器械研发制造的企业之一、科技部授予的唯一国家心脏病植介入诊疗器械及装备工程技术研究中心、在国内高端医疗器械领域可与国外产品形成强有力竞争的少数企业之一，业务涵盖医疗器械、医药产品、医疗服务和新型医疗业态四大板块	北京
上海微创医疗器械（集团）有限公司	创新型高端医疗器械集团，在美国孟菲斯、法国巴黎、意大利米兰和多米尼加共和国等地均有生产（研发）基地，上市产品500余个，覆盖心血管及结构性心脏病、电生理及心律管理系统、骨骼与软组织修复科技、大动脉及外周血管疾病、脑血管与神经调控科学、外科急危重症与机器人、内分泌管理与辅助生殖、泌尿妇科消化呼吸疾病、耳鼻口眼体等塑形医美、体外诊断与体内外影像、体内实体肿瘤治疗科技等	上海、苏州、嘉兴、深圳
山东吉威医疗制品有限公司	隶属柏盛国际集团，主要研发、生产和销售高科技介入医疗产品，是集中外多项投资的国际化企业，其可降解药物涂层心脏支架（是雷帕霉素药物涂层载体的冠状动脉支架，以316L不锈钢为支架平台）已实现产业化，新一代生物可降解涂层心脏支架心跃EXCROSSSAL正式上市	威海
先健科技（深圳）有限公司	业内领先的心脑血管和外周血管微创介入医疗器械企业，具自主知识产权的创新产品布局覆盖结构性心脏病、外周血管病、心脏节律管理等领域，拥有全球首创的铁基可吸收生物材料平台，支架植入量国内排名前三，下一代主动脉支架带来高增长，先心封堵器梯队逐渐完善，目前有13个产品纳入“创新医疗器械特别审查程序”，将逐步开启国产替代进程	深圳

续表

企业	企业简介	国内基地
杭州启明医疗器械股份有限公司	致力于心脏瓣膜疾病微创治疗，拥有全球第一款预装介入瓣膜系统、全球第一款介入自膨胀肺动脉瓣膜系统，自主研发生产的新型介入心脏主动脉瓣膜置换系统已完成200多例临床手术、进入国家药品监督管理局审批绿色通道，已成为唯一在欧洲及中国进入人体临床试验的介入式心脏瓣膜的公司	杭州
上海微创心脉医疗科技（集团）股份有限公司	微创医疗旗下子公司，致力于主动脉及外周血管介入医疗器械的研发、制造和销售，主要产品有胸主和腹主动脉覆膜支架、术中支架、药物球囊扩张导管、外周血管球囊扩张导管等，在主动脉介入领域有5款胸主和腹主动脉覆膜支架产品获批上市，是全球范围内该细分领域产品线较为齐全的企业	上海
蓝帆医疗股份有限公司	中低值耗材和高值耗材完整布局的医疗器械龙头企业，在20多个国家（地区）拥有70多家分、子公司，全球设立了八大研发中心（美国、德国、中国、新加坡等）、六大制造基地，产品销往全球130多个国家（地区）；植入性耗材板块以心脏支架及介入性手术相关器械产品为核心	淄博
烟台正海生物科技股份有限公司	国家重点研发计划承担单位，立足再生医学领域，已上市产品为生物再生材料，其中软组织修复系列产品口腔修复膜、生物膜、皮肤修复膜等已广泛用于口腔科、头颈外科、神经外科等，硬组织修复产品骨修复材料是具有重大临床需求、引导骨损伤修复的功能支架材料，项目技术水平位居行业前列	烟台
北京华医圣杰科技有限公司	北京市中关村高新技术企业，专业从事心脏病介入器械产品的设计、开发、生产和销售，公司自主研发、生产的产品包括房间隔缺损封堵器（ASD）、室间隔缺损封堵器（VSD）、动脉导管未闭封堵器（PDA）、卵圆孔未闭封堵器（PFO）、血管异常通路封堵器（Plug）、封堵器输送系统、网篮导丝、造影导管、导丝、动脉鞘，均已获得国家市场监督管理总局颁发的Ⅲ类医疗器械注册证	北京
威高集团有限公司	国内骨科耗材龙头企业，凭借强大研发实力和核心技术产业化能力，致力于高端耗材类产品的提升及智能化产品的研发生产，设立脊柱、创伤、关节、运动医学和生物材料五大产品线	威海、赣州

续表

企业	企业简介	国内基地
山东维心医疗器械有限公司	由威高集团全资投资设立的控股子公司，主要生产以封堵器为主体的，用于先天性心脏病治疗的介入器械；以电解脱弹簧圈、脑血管支架等产品为主体的，用于脑血管疾病治疗的介入器械；以胆道支架、食道支架等产品为主体的，用于治疗消化道等非血管疾病的介入器械；以大动脉覆膜支架系统、下腔静脉过滤器、周围血管支架为主体的，用于周围血管疾病治疗的介入器械；以标测电极导管、射频消融导管等产品为主体的，用于心脏电生理疾病治疗的介入器械	威海
东莞科威医疗器械有限公司	由解放军第四军医大学与东莞医药总公司合资组建，后被微创医疗收购，主营产品有“体外循环耗材系列”“用于先天性心脏病治疗的封堵器系列”“普外科的聚丙烯疝修补系列”等，销售网络遍布全国各省市的500多家大中型医院，主营产品连续多年在国内同类产品市场占有率排名靠前。主要产品进入俄罗斯、日本、韩国、德国、印度、印尼、巴基斯坦等	东莞
上海普实医疗器械股份有限公司	集研发、制造和销售于一体的心脑血管介入医疗器械供应商，基于微刺一体化加工技术的LACbes左心耳封堵器，在2017年获批国家食品药品监督管理总局“创新医疗器械特别审批”，动脉导管未闭封堵器（PDAO）、房间隔缺损封堵器（ASDO）、室间隔缺损封堵器（VSDO）、封堵器介入输送装置（Delivery System）及抓捕器（Snare）等先天性心脏病介入医疗器械也已广泛应用于国内各大医院	上海
大博医疗科技股份有限公司	主要从事医用高值耗材研发、生产、销售与服务的综合性医疗企业，业务领域涵盖骨科、微创外科、神经外科、创面外科及齿科等，创伤类植入性耗材、脊柱类植入性耗材及神经外科类植入性耗材，三者的营收合计占公司营业收入90%以上，其中骨科创伤类植入性耗材的市场份额在国产品牌中排名第一、骨科脊柱类植入性耗材的市场份额在国产品牌中排名前三，自有园区规模23万平方米	厦门
北京爱康医疗投资控股集团	中国骨科植入物领军企业之一，先后获得国内金属3D打印植入物的NMPA（国家药品监督管理局）注册许可证，将主营业务聚焦于骨科内植入物行业和3D打印技术在骨科中的应用，特别专注于人工关节内植入物产品、辅助器械的研发、生产和销售，在传统人工关节植入物领域已形成髋关节初次置换、严重畸形等全系列产品线，为临床应用提供整体解决方案	北京

续表

企业	企业简介	国内基地
美国美敦力-康辉医疗（CD Horizon）	美敦力集团为全球骨科植入性耗材巨头之一，收购江苏康辉医疗，主导产品是骨科植入材料，广泛用于人体创伤修复、脊柱矫形等治疗领域，产品进入拉丁美洲、中东、非洲、印度、东南亚、欧洲地区	常州
美国雅培（Abbott）	全球骨科植入性耗材制造业巨头之一，专注于改善冠状动脉疾病、心律管理、房颤、心力衰竭、结构性心脏和外周动脉疾病的治疗方案，为血管治疗提供市场领先的创新支架，为心率管理、心力衰竭治疗提供植入式心脏起搏器、心律转复除颤器，为结构性心脏病提供封堵器、心脏瓣膜产品；收购圣犹达医疗后，经营范围几乎囊括心血管市场的每一个重要细分领域，直追美敦力，成为心血管市场第二	上海
美国波士顿科学（Boston Scientific）	全球领先的医疗科技公司之一，在中国的核心业务及产品包括心脏介入、结构性心脏病（左心耳封堵器）、心脏节律管理（植入式心脏起搏器、植入式心律转复除颤器）、内窥镜介入、外周及肿瘤介入、呼吸介入等植入介入器械	无
美国库克医疗（Cook）	已进入中国20余年，产品线从最初的血管介入迅速扩展，涉及主动脉介入、心脏介入、外周血管介入，配送中心位于上海	无
德国贝朗（Braun）	世界上最大的专业医疗设备、医药制品以及手术医疗器械供应商之一，其生产的植入性耗材主要专注于心血管介入（冠脉介入产品）、神经外科介入［脑血管夹、硬脑（脊）膜替代物、颅骨固定系统］、骨科关节置换等	苏州、淄博
美国强生	主要产品为用于微创及开放性手术（如伤口缝合、吻合器、超声刀以及可吸收止血纱）、电生理学（如导管及其相关技术）、骨科（如关节重建、创伤、脊柱、运动医学、颌面以及动力工具）、整形（如乳房假体）等领域的医疗器材	苏州
美国史赛克（Stryker）	全球最大的骨科及医疗科技公司之一，产品涉及关节置换、创伤、颅面、脊柱、神经外科、耳鼻喉等器械	无

续表

企业	企业简介	国内基地
英国 施乐辉	全球运动医学领域龙头企业，在骨科关节重建、先进伤口管理和创伤等领域处于世界领先地位，骨科业务包括髋关节和膝关节用于替换病变、受损或磨损的关节的植入物，用于稳定严重骨折和纠正骨骼畸形的创伤产品	无
英国 理诺珐	全球领先的医疗技术公司之一，专注于心脏外科和神经调控领域，由意大利索林（Sorin）公司（在心血管疾病治疗领域处于行业领先地位）和美国Cyberonics公司（在神经调节领域处于行业领先地位）于2015年合并成立	无
美国生迈	全球三大骨科医疗器械生产厂商之一，产品主要包括重建和固定设备、电动骨骼生长刺激设备、支撑整形设备、关节复制产品、脊柱移植片、骨骼水泥剂、骨骼代替品、头盖上颌骨整形移植片、牙齿重建植片等	上海、金华、常州
美国 捷迈邦美	全球肌肉骨骼健康领域领导者，主要致力于研发设计、生产并向市场提供骨科关节重建产品，运动医学、生物型、肩肘及创伤产品，脊柱、骨康复、颅脑颌面外科产品，齿科植入物及相关手术产品	北京、浙江、江苏

第十一篇　生物医药研发制造

生物医药是利用生物体、生物组织、细胞、体液研发制造或改造动物、植物、微生物得到的用于预防、治疗和诊断的生物制品，属于大分子药物，产业分类如下图。生物医药产业具有高投入、高风险、高回报特点，产业链相对简单，通常由企业全面参与研发制造。我国生物医药发展迅速，市场空间将由2019年的3120亿元增至2030年的1.3万亿元左右，年复合增长14%左右。

生物医药产业图谱

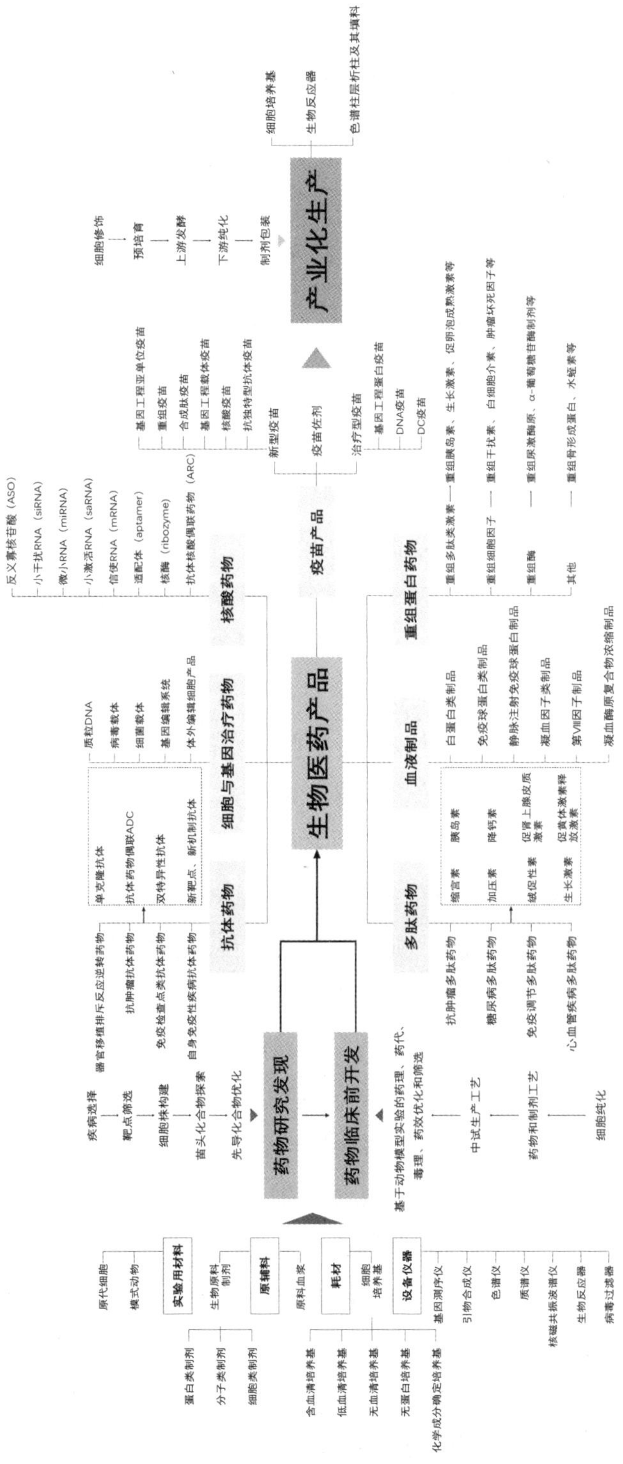
实验用材料
原代细胞
模式动物
原辅料
生物原料制剂
原料血浆
蛋白类制剂
分子类制剂
细胞类制剂
耗材
细胞培养基
含血清培养基
低血清培养基
无血清培养基
无蛋白培养基
化学成分确定培养基
设备仪器
基因测序仪
引物合成仪
色谱仪
质谱仪
核磁共振波谱仪
生物反应器
病毒过滤器
药物研究发现
疾病选择
靶点筛选
细胞株构建
苗头化合物探索
先导化合物优化
药物临床前开发
基于动物模型实验的药理、药代、毒理、药效优化和筛选
中试生产工艺
药物和制剂工艺
细胞纯化
生物医药产品
抗体药物
器官移植排斥反应逆转药物
抗肿瘤抗体药物
免疫检查点类抗体药物
自身免疫性疾病抗体药物
单克隆抗体
抗体药物偶联ADC
双特异性抗体
新靶点、新机制抗体
细胞与基因治疗药物
质粒DNA
病毒载体
细菌载体
基因编辑系统
体外编辑细胞产品
核酸药物
反义寡核苷酸（ASO）
小干扰RNA（siRNA）
微小RNA（miRNA）
小激活RNA（saRNA）
信使RNA（mRNA）
适配体（aptamer）
核酶（ribozyme）
抗体核酸偶联药物（ARC）
疫苗产品
新型疫苗
基因工程亚单位疫苗
重组疫苗
合成肽疫苗
基因工程载体疫苗
核酸疫苗
抗独特型抗体疫苗
疫苗佐剂
治疗型疫苗
基因工程蛋白疫苗
DNA疫苗
DC疫苗
多肽药物
抗肿瘤多肽药物
糖尿病多肽药物
免疫调节多肽药物
心血管疾病多肽药物
缩宫素
胰岛素
加压素
降钙素
绒促性素
促肾上腺皮质激素
生长激素
促黄体激素释放激素
血液制品
白蛋白类制品
免疫球蛋白类制品
静脉注射免疫球蛋白制品
凝血因子类制品
第Ⅷ因子制品
凝血酶原复合物浓缩制品
重组蛋白药物
重组多肽类激素 — 重组胰岛素、生长激素、促卵泡成熟激素等
重组细胞因子 — 重组干扰素、白细胞介素、肿瘤坏死因子等
重组酶 — 重组尿激酶原、α-葡萄糖苷酶制剂等
其他 — 重组骨形成蛋白、水蛭素等
产业化生产
细胞修饰
预培育
上游发酵
下游纯化
制剂包装
细胞培养基
生物反应器
色谱柱层析柱及其填料

一、海南一批国家级重大平台形成生物医药“前端科研—中端开发—后端应用”全产业链资源高效联动

（一）前端科研——全球动植物引进中转基地检验检疫功能全国领先，利好企业开展基于“模式动物”的生物医药基础科研

“模式动物”是生物医药产品研发的必备材料，进口依赖度高，根据《进境动植物检疫审批管理办法》《中华人民共和国进出境动植物检疫法实施条例》，境外动物进入中国须进行检疫审批，获得进境动植物检疫许可证。全球动植物种质资源引进中转基地作为海南自由贸易港先导性项目之一，将打造我国唯一面向国外优质动植物种质资源并提供包括资源搜集、引进、鉴定保存、贸易交换和科研合作等便利化服务的功能特区，为模式动物进出境隔离检验检疫提供便利化支持，有力支持生物医药基础科研活动开展，推动生物医药企业技术突破创新。另外，在海南养殖模式动物有显著的天然优势。海南昼夜温差小、空气质量好、长夏无冬，不容易患感冒等疾病，有利于模式动物的健康生长。不论从境外引进模式动物，还是在本省繁殖饲养，都有天然优势，可以形成基础性、源头性产业，为国内外医疗研发提供高质量的模式动物。

（二）中端开发——海口国家高新区“海口药谷”的产业生态初具规模

“海口药谷”正在转变发展方式，打造海南鑫开源新药创制公共服务平台、海南省药物研究与开发科技园，海南大学药学院落户高新区，建设了新药筛选与评价平台等一批高能级产业公共服务平台，集聚研发、孵化、加速、转化等多种业态，引进CRO、CDMO（合同研发生产组织）头部企业，致力于建设国际化标准药物委托研发生产的“世界代工厂”。目前，海口市正常生产的医药（含医疗器械）企业共119家，其中欧盟和美国食品药品监督管理局（FDA）认证企业7家、规模以上医药生产企业58家、上市企业13家，共有20家企业、123条生产线可承接药品委托生产。据2022年工信部中国电子信息产业发展研究院发布的《2022生物医药产业园区百强榜》，海口高新区在全国386个国家级园区中排名第30位，已成为展生物医药产品研发生产高地。

（三）后端应用——博鳌乐城国际医疗旅游先行区真实世界研究加速境外产品上市成果突出，驱动“乐城引进、海口生产”模式落地

《国务院关于同意设立海南博鳌乐城国际医疗旅游先行区的批复》（国函

〔2013〕33号，即“国九条”）明确提出，对国外依法批准上市、未获得我国注册批准的药品进口注册申请，可按照新药注册特殊审批管理规定的要求，申请实行特殊审批。一般讲进口新药实行“两报两批”制度，分为临床试验申请和进口注册审评两个阶段，上市往往需要3—5年。乐城先行区作为我国首个开展临床真实世界应用试点的区域，可利用特许药械政策，开展临床真实世界数据应用试点工作，探索将未经中国注册、经批准在乐城先行区使用的特许药械临床数据转化为真实世界证据，大大加快进口药品的注册审批速度。自2019年6月启动临床真实世界数据应用试点工作以来，截至2022年底已有20多个国外创新药械纳入试点，其中9个产品通过利用真实世界数据辅助支持在中国加速获批上市。乐城真实世界数据应用试点下，“乐城先行区引进、海口高新区生产”的“前区后厂”合作模式发展前景广阔。

二、海南自由贸易港政策为生物医药企业中端开发环节落位提供全国独有的成本优势

（一）加工增值政策

生物医药研发制造中的实验用材料和原料进口依赖度在60%—80%，主要包括原代细胞、生物原料试剂（如重组蛋白、抗体等蛋白类试剂，核酸、载体、酶等分子类试剂，细胞系等细胞类试剂）、原料血浆（主要是人血白蛋白）等。生物医药产品增值潜力高，可享受加工增值政策利好。

生物医药原料进口关税及关税减免情况表

分类	主要品类	进口价格	主要进口国	进口关税	进口增值税	进口规模	海南可优惠金额
生物医药原料	重组蛋白、抗体等蛋白类试剂	0.3万元/套	美国、德国、日本	4.5%	13%	50亿元	9.04亿元
	核酸、载体、酶等分子类试剂	0.35万元/套		4.5%	13%	40亿元	7.23亿元
	细胞系等细胞类试剂	1.12万元/套		0%	13%	90亿元	11.70亿元
	原料血浆（主要是人血白蛋白）	110元/千克	美国	10%	13%	170亿元	41.31亿元

以企业生产年产值2500万元的生物医药人源蛋白制剂产品和年产值2亿元的生物医药原料项目为例。生物医药生产毛利率约40%，其成本中原料成本占比70%。生物医药上游原料（如色谱填料和层析介质）生产毛利率约55%，其成本中原料占比90%，则企业原料成本约为9150万元/年。以进口60%—80%计算，企业落户海南与国内其他地区相比，可减免约3900万—5200万元的原料进口关税。若年复合增长率10%，企业10年内可节省进口原料关税约7.3亿元。

（二）“零关税”政策

生物医药研发、制造用耗材和仪器设备专业化程度高，难以替代，我国进口依赖度在70%—80%。耗材和仪器主要有细胞培养基、基因测序仪、引物合成仪、色谱仪、质谱仪、核磁共振波谱仪、一次性生物反应器、病毒过滤器等。生物医药产业化生产中，上游发酵用细胞培养基、生物反应器和下游纯化用色谱柱层析柱依赖进口，制剂罐装设备基本国产化。生物医药企业进口耗材和设备可享受“零关税”政策下进口关税、增值税减免利好。

生物医药耗材设备进口关税、增值税减免情况表

分类	耗材设备种类	进口价格	主要进口国	进口关税	进口增值税	进口规模	海南可优惠金额
耗材	细胞培养基	250元/千克	美国、澳大利亚	2%	13%	65亿元	9.92亿元
设备仪器	基因测序仪	500万元/台	美国	0%	13%	40亿元	5.20亿元
	引物合成仪	50万元/台	美国、英国、德国	0%	13%	55亿元	7.15亿元
	色谱仪	300万元/台	新加坡、美国	0%	13%	45亿元	5.85亿元
	质谱仪	120万元/台	美国、日本	0%	13%	105亿元	13.65亿元
	核磁共振波谱仪	400万元/台	美国	0%	13%	7亿元	0.91亿元
	一次性生物反应器	100万元/台	美国、德国、瑞士	0%	13%	50亿元	6.50亿元
	病毒过滤器	差距较大	美国、日本	0%	13%	28亿元	3.66亿元

生物医药企业通常须拥有先进的研发场地设施、具备中试和大规模生产能力的GMP（药品生产质量管理规范）实验室和标准生产工厂，单个GMP产线建设成本5000万元以上，年产值2亿元生物医药原辅料、2500万元人源蛋白制剂产品项目需6条生产线，以进口依赖度60%—80%计算，企业落户海南自由贸易港可节省设备进口增值税约2730万元。

三、海南生物医药产业政策为全国企业入驻并开展药品研发制造活动提供准入和资金扶持

《海南省药品监督管理局关于进一步优化服务支持生物医药产业高质量发展的通知》《海南省促进经济高质量发展若干财政措施》《海口市科学技术工业信息化局关于支持生物医药产业发展若干措施》《海口市做强工业经济二十条措施》等，全力支持生物医药企业落地发展。企业可通过“海易兑”网上不见面申请财政奖补，十分方便，详细情况见附件。

以某生物医药生产企业进行生物医药人源蛋白制剂产品新药研发，产品上市后年产值为2500万元为例，估算研发创新和成果转化奖励。生物医药新药研发中，临床前药物发现阶段周期一般约3年、早期（Ⅰ期、Ⅱ期）临床开发周期一般约3年、后期（Ⅲ期）临床开发周期一般约4年，新药研发一般需投入约60亿元。企业研发阶段共可获取设立研发机构奖励50万元，研发增量投入奖励约1000万元，获得临床批件后的临床前研究奖励200万元，完成Ⅰ期、Ⅱ期、Ⅲ期临床试验研究后的产品注册人临床试验补助1000万元。产品上市后10年内，可获取产品上市许可持有人一次性奖励最高600万元，研发增量投入奖励1000万元，以及产品销售收入奖励300万元。总体测算，企业产品研发阶段（10年）和产品上市后阶段（10年）共可获得研发和成果转化奖补4150万元。

我国生物医药研发制造集聚区成都对一类生物制品企业给予完成Ⅰ期临床试验最高300万元、完成Ⅱ期临床试验最高500万元、完成Ⅲ期临床试验最高1000万元，每个企业最高不超过2000万元的研发阶段奖励；对二类至五类生物制品企业给予完成Ⅰ期临床试验最高100万元、完成Ⅱ期临床试验最高200万元、完成Ⅲ期临床试验最高300万元，每个机构最高不超过800万元的研发阶段奖励，对获得药品注册批件的给予不超过500万元奖励。对销售收入首

次突破1亿元、3亿元、5亿元、10亿元的药品，分别给予10万元、20万元、30万元、50万元奖励。成都市不提供企业临床前研究奖励、设立研发机构奖励、产品上市后持续研发奖励等奖励措施，所以，总体上看医药研发创新和产业化奖补力度小于海南。

委托生产奖励。根据《海口市科学技术工业信息化局关于支持生物医药产业发展若干措施》(海科工信法规〔2022〕1号)，对于持有药品生产许可证（B证）的企业委托海口企业进行生产并将产值纳入海口统计的，给予当年每个品种100万元落地奖励，开始生产的次年，以该产品次年销售收入的2%给予委托方企业奖励。单品种奖励最高不超过1500万元，单个企业当年奖励最高不超过3000万元。以某生物医药生产企业年产值2亿元生物医药原辅料、2500万元人源蛋白制剂产品，营收年增长率为10%为例，估算企业物流、能耗补贴和固定资产投资奖励。生物医药原辅料一般采取冷链空运，各地进口的物流成本相差不大。企业每年进口原辅料约500吨，而海南对原材料国际空运补贴0.7元至1.1元/公斤，约可获取物流补贴45万元。企业6条生产线年耗电量总计约1600万千瓦时，可获取能耗补贴最高500万元。企业生产线设备投资约2.7亿元，可获取固定资产投资奖励1350万元。

生物医药企业落户海南生产制造奖励估算表

单位：万元

年　限	第1年	第2年	第3年	第4年	第5年	第6年	第7年	第8年	第9年	第10年
营业收入	22500	24750	27225	29948	32942	36236	39860	43846	48231	53054
物流成本	2250	2475	2723	2995	3294	3624	3986	4385	4823	5305
产值扩大奖励	—	—	—	—	30	—	—	—	—	50
物流补贴	45	50	54	60	66	72	80	88	96	106
能耗补贴	500	500	500	500	500	500	500	500	500	500
合计奖补	545	550	554	560	596	572	580	588	596	656

典型企业情况表

企业	企业简介	国内基地
江苏恒瑞医药股份有限公司	成立于1970年，从事创新和高品质药品研制及推广的国际化企业，已成国内知名的抗肿瘤药供应商，拥有5000多人的全球研发团队，有12个创新药获批上市，另有60多个创新药正在临床开发。恒瑞医药产品已进入超过40个国家，已在欧美日获得包括注射剂、口服制剂和吸入性麻醉剂在内的20多个注册批件	连云港、上海、成都
中国生物制药有限公司	在肿瘤、肝病、心脑血管病、骨科、消化系统、抗感染及呼吸系统疾病等多个极具潜力的治疗领域处于优势地位。连续四年荣登美国权威杂志《制药经理人》发布的“全球制药企业TOP 50”。研发经费投入强度连续多年达10%—12%，拥有5个企业技术中心、15个升级工程技术中心和实验室、2个院士工作站、16个已建成的研究技术平台、7个已建成的生物大分子药物研发技术平台	连云港、南京、上海、青岛
上海复星医药（集团）股份有限公司	围绕肿瘤及免疫调节、代谢及消化系统、中枢神经系统等重点疾病领域，已搭建和形成抗体药物、细胞治疗技术平台，并积极探索RNA、基因治疗、ADC（抗体偶联药物）、靶向蛋白降解等前沿技术领域，在抗肿瘤和免疫调节、抗感染、代谢及消化系统、中枢神经系统、心血管系统等领域拥有多个优势产品	上海、成都
石药集团百克（山东）生物制药股份有限公司	专门从事生物制品研发、生产、销售的国家级高新技术企业，公司已上市产品“津优力”是我国第一个拥有自主知识产权的长效重组人粒细胞刺激因子注射液，在非髓性恶性肿瘤治疗方面具有显著疗效，被列入国家重大新药创制专项	烟台
科伦集团	年销售收入超过400亿元的高度专业化创新型医药集团，下辖四川科伦药业股份有限公司、四川科伦药物研究院有限公司、Klus Pharma Inc.（美国科伦）、科伦KAZ药业有限责任公司（哈萨克斯坦科伦）等100余家企业，截至2021年6月底，科伦创新管线在研项目85项（创新小分子38项、生物技术药47项），以肿瘤为主，同时布局了肝病、心血管、麻醉镇痛、自身免疫等疾病领域	成都

续表

企业	企业简介	国内基地
华兰生物工程股份有限公司	始建于1992年，从事血液制品、疫苗、重组蛋白等生物制品研发、生产和销售的国家级高新技术企业、国家创新型试点企业，在血液制品领域拥有人血白蛋白、静注人免疫球蛋白、人免疫球蛋白、人凝血酶原复合物、外科用冻干人纤维蛋白胶等领先产品，在重组蛋白领域积极布局单抗的研发，目前多个单克隆抗体药物已进入临床试验阶段	新乡、北京
北京天坛生物制品股份有限公司	总部位于北京，主营业务为血液制品的研发、制造、销售及咨询服务，血液制品处于国内领先地位，拥有人血白蛋白、人免疫球蛋白、人凝血因子三大类产品72个生产文号	北京、成都、兰州、上海、武汉、贵州
上海莱士血液制品股份有限公司	商务部批准的外商投资公司，国内血液制品的龙头企业之一，产品价格高于同行业内平均水平，占据血液制品消费高端市场。主要产品包括人血白蛋白、人免疫球蛋白、静注人免疫球蛋白、乙型肝炎人免疫球蛋白、破伤风人免疫球蛋白、狂犬病人免疫球蛋白、人凝血酶原复合物、人凝血因子Ⅷ、冻干人凝血酶、人纤维蛋白原、外用冻干人纤维蛋白黏合剂	上海
百奥赛图（北京）医药科技股份有限公司	一家创新技术驱动新药研发的国际性医药科技公司，专注技术创新、持续新药产出。将单细胞抗体发现技术平台、高效的基因编辑模型开发平台、规模化动物模型供应平台、快速的动物体内外药效评价平台、强大的临床开发能力有机整合在一起，形成了独具特色、涵盖药物研发全流程的新药研发体系	北京、海门
赛业（广州）生物科技有限公司	基于模式动物药物研发的国际化创新性CRO平台，员工900多名，总规模4万多平方米，致力于为科研机构及医药产业提供综合的动物模型制备、保种、生产以及基于动物模型的药物研发等服务	广州、苏州、固安
上海药明生物技术有限公司	全球领先的合同研究、开发和生产（CRDMO）公司，提供全方位的端到端服务，帮助合作伙伴发现、开发及生产生物药，实现从概念到商业化生产的全过程。拥有横跨从药物发现到生产过程的技术平台，包括行业领先的连续流生产、细胞系开发、双特异性抗体和抗体偶联药物。目前国内的医药合同研发外包服务行业中，药明生物占据了绝对龙头地位	无锡、苏州、上海

续表

企业	企业简介	国内基地
和元生物技术（上海）股份有限公司	聚焦于基因治疗领域的生物科技公司，主要为基因治疗药物，包括重组病毒载体药物、溶瘤病毒、CAR-T（嵌合抗原受体T细胞免疫治疗）细胞治疗产品等的研发提供工艺开发及测试、IND-CMC（临床申报—化学成分生产和控制）药学研究、临床样品GMP生产等CDMO服务，以及为基因治疗的基础研究提供基因治疗载体研制、基因功能研究等CRO服务	上海
康日百奥生物科技（苏州）有限公司	一站式生物药CDMO服务提供商，成立于2019年，服务范围包括细胞株开发、原液和制剂工艺开发、分析方法开发、制剂处方开发及原液和成品cGMP（动态药品生产管理规范）生产，帮助多个合作伙伴拿到了包括美国、中国、澳大利亚在内的多个临床批件。公司成员均为经验丰富的生物医药行业资深人士，对生物药CMC技术以及法规有着深刻的理解，致力于将康日百奥打造成为一家国际标准的CDMO	苏州
上海奥浦迈生物科技股份有限公司	成立于2013年，是细胞培养解决方案和端到端CDMO的整合服务平台，加速创新药从基因到临床申报（IND）再到临床样品生产的进程，通过优化培养基产品和工艺降低生物医药生产成本，是培养基国产替代的领头羊	上海

第十二篇　再生医学技术研发和产品制造

再生医学是利用生命科学、工程学、计算机科学等多学科理论和方法，融合材料科学、细胞技术、组织工程技术、基因工程技术等多项现代生物工程技术，实现修复、替代和增强人体内受损、病变或有缺陷的组织和器官的技术。再生医学是继药物治疗和手术治疗后的第三次医学革命，属于产业化初级阶段的高精尖生命科学领域，主要分为干细胞技术、再生材料等两大基础支撑技术，以及组织工程和再生器官技术。

美国《国家生物技术和生物制造计划》提出推进再生医学等相关生物制品市场转化的行动目标；“地平线欧洲”计划在2023—2024年重点布局以类器官、微生理系统等技术为核心的应用研究；日本《综合创新战略2022》指出重点开发高分化效率或低免疫原性的下一代诱导多能干细胞、可用于个性化药物疗效评估的类器官等革命性新技术的重要性；我国发展改革委《“十四五”生物经济发展规划》支持发展干细胞治疗等新技术，推动形成再生医学治疗新模式。所以，从全球看，再生医学发展前景十分广阔。

一、全球动植物种质资源引进中转基地提供模式动物进境检疫便利，支持企业干细胞治疗产品研发所需的动物疾病模型开发和临床试验

干细胞治疗技术和产品研发，须经历临床前动物实验才可进入人体临床试验阶段。当前研发仍以小动物为主，大动物疾病模型验证的可操作性和有效性成为干细胞治疗产品研发临床试验的核心瓶颈（非人灵长类动物成本高、操作难度大且面临严重的伦理壁垒，兔、狗、羊、猪等常见大动物在疾病种类的覆盖性上严重不足），是干细胞技术研发临床转化链条中必须补齐的一环，未来各种单一靶向因素控制的人造大动物疾病模型的开发迫在眉睫。

海南全球动植物种质资源引进中转基地，为大动物疾病模型以及小动物疾病模型的开发运用提供了丰富的原材料选择和优于国内其他地区的科研环境。海南全球动植物种质资源引进中转基地是我国唯一面向国外优秀动植物种质资源，提供优质种质资源搜集引进、鉴定保存、贸易交换、科研合作等便利化服务的功能特区，作为生物安全风险防控基地，未来不仅能实现高水平检疫和隔离，还有希望实现“边隔离边实验”。企业和科研院所依托全球动植物种质资源引进中转基地，一方面可以大幅缩短利用模式动物开展临床试验的周期（模式动物检疫流程一般需要2个月，但在海南只需半个月），另一方面可以利用基地生物安全风险防控设施创造的环境，开展包括基因设计等高风险活动在内的大动物疾病模型开发。另外，由于海南昼夜温差小、空气质量好、长夏无冬，在海南养殖的模式动物不易生病，各项生理指标更标准。目前海南已在本土模式动物五指山猪的培育方面取得了重要突破，医学模式猪的价格比进口的便宜一半，对干细胞等试验所需的大动物疾病模型开发形成利好。

二、海南自由贸易港政策和产业扶持政策对再生医学企业产品研发制造形成利好

（一）加工增值政策

目前我国再生材料制造依赖进口聚乳酸复合材料（进口关税税率为6.5%），企业在海南自由贸易港建设生产线，进口聚乳酸并进行骨科、医美、皮肤修复等领域的再生材料制品制造，产品经“二线”销往内地，可获得原材料关税减免，与在内地生产相比相当于实现了原材料成本降低。以年产10万片口腔修复膜并以可吸收聚乳酸为核心原料为例。企业口腔修复膜价格约为800元/片，营收约为8000万元，原材料成本约1440万元（口腔修复膜毛利率约90%、材料成本占比约20%计算）。若企业在海南进口原材料并开展生产，可在加工增值政策下获取约90万元的原材料进口关税减免。

（二）“零关税”政策

海南自由贸易港对企业进口的自用生产设备实行“零关税”负面清单管理。骨科、医美、皮肤修复等领域的再生材料制品生产设备，干细胞治疗产品所需的诱导培养设备和生产系统，以及生物3D打印设备进口依赖度较高，且未纳入《海南自由贸易港“零关税”自用生产设备负面清单》，企业在海南发展不用缴纳进口关税和增值税，与在内地进口相比实现投资成本降低。

再生材料制品生产设备进口关税、增值税减免情况表

<table>
<tr><th>产品名称</th><th>设备种类</th><th>进口价格（万元）</th><th>主要进口国</th><th>最惠国税率</th><th>进口增值税</th><th>海南可优惠金额（万元）</th></tr>
<tr><td rowspan="2">干细胞治疗产品</td><td>干细胞诱导培养设备</td><td>30—50</td><td rowspan="4">美国、德国、日本</td><td>0%</td><td>13%</td><td>3.9—6.5</td></tr>
<tr><td>干细胞培养生产系统/生产线</td><td>100—200</td><td>0%</td><td>13%</td><td>13.0—26.0</td></tr>
<tr><td rowspan="2">再生材料制品</td><td>数控激光切割机</td><td>50—200</td><td>0%</td><td>13%</td><td>6.5—26</td></tr>
<tr><td>真空热处理炉</td><td>20—30</td><td>0%</td><td>13%</td><td>2.6—3.9</td></tr>
</table>

续表

产品名称	设备种类	进口价格（万元）	主要进口国	最惠国税率	进口增值税	海南可优惠金额（万元）
再生材料制品	电化学抛光设备	15—30	美国、德国、日本	12%	13%	4.0—8.0
	药物涂覆设备	20—30		0%	13%	2.6—3.9
组织工程和再生器官	生物3D打印设备	100—200		5%	13%	18.7—37.3

（三）产业扶持政策

再生医学制品属于生物医药和植入性医疗器械领域，企业开展技术研发和产品制造可享受《海南省药品监督管理局关于进一步优化服务支持生物医药产业高质量发展的通知》《海南省促进经济高质量发展若干财政措施》《海口市科学技术工业信息化局关于支持生物医药产业发展若干措施》等产业扶持政策。企业可通过“海易兑”网上不见面申请财政奖补，十分方便。详细情况见附件。

三、博鳌乐城国际医疗旅游先行区再生医学科研资源相对集聚，为企业提供国际前沿的技术平台和应用场景

（一）乐城先行区已集聚一批前沿技术平台，推动再生医学科研和产业化发展

《海南自由贸易港博鳌乐城国际医疗旅游先行区条例》明确提出，乐城先行区医疗机构可以在先行区进行干细胞、免疫细胞治疗、单抗药物、基因治疗、组织工程等新技术研究和转化应用，再生医学是乐城先行区作为尖端医学研发和转化基地的重点攻克方向之一。截至2023年，乐城先行区已有全国领先的再生医学科研平台、技术研发平台以及支持基础科研和技术、产品研发的干细胞库落地——博鳌国际医院成立再生医学研究中心，其中包含了肿瘤精准治疗、再生医学、基因治疗等临床研究与技术转化中心和大型仪器共享技术服务平台，支持开展皮肤组织再生修复、神经系统损伤修复及功能恢

复、牙龈组织再生等领域的临床研究；中国干细胞集团联合上海交通大学医学院附属同仁医院在博鳌乐城国际医疗旅游先行区建成国内唯一的干细胞医院，设有院士工作站并建设GMP标准实验室、干细胞库，搭建国内最高等级集产、学、研、用一体化干细胞产业化平台；海南博鳌金域医学与上海市东方医院、上海干细胞临床转化研究院、海南博鳌乐城干细胞工程中心有限公司合作建设海南省干细胞研发中心、上海干细胞临床转化研究院海南研究中心，推动国家干细胞转化资源库海南分库建设，促进干细胞产品及衍生产品的临床转化与应用。

（二）乐城先行区真实世界研究应用场景加速国外再生医学产品在我国的注册上市速度，国外再生医学企业可将前沿产品在海南实现“注册上市—落地生产”全流程

一般来讲，进口新药械产品在我国注册实行“两报两批”制度，分为“临床试验”申请和“进口注册”审评两个阶段，上市往往需要3—5年。海南博鳌乐城国际医疗旅游先行区是我国唯一开展真实世界数据应用试点的先行区，根据《海南自由贸易港博鳌乐城国际医疗旅游先行区临床急需进口医疗器械管理规定》，特许进口药械在先行区内使用产生的真实世界数据，符合我国医疗器械注册申报相关要求的，可用于申请进口产品注册，有效缩短产品进入中国市场的时间、降低产品进入中国市场的成本。在乐城先行区真实世界数据应用试点支持下，国外再生医学“乐城先行区引进、海口高新区生产”的“前区后厂”合作模式发展前景广阔。截至2023年7月底，海口高新区已有一批生物医药和医疗器械生产企业落地，包括海南苏生生物科技有限公司再生人工软骨产线和可吸收螺钉产业化项目，华熙生物科技（海南）有限公司与乐敦制药株式会社、BioMimetics Sympathies合资公司再生医学细胞培养基研究开发项目等。

企业可享受的自由贸易港其他优惠政策、海南省和海口市支持产业发展的奖补措施，以及企业落地指南等，见附件。

典型企业情况表

企业	企业简介	国内基地
烟台正海生物科技股份有限公司	成立于2003年，立足于再生医学领域，上市了软组织修复材料和硬组织修复材料两大系列产品，广泛应用于口腔科、头颈外科、神经外科等领域。其自主创新的核心技术开发出的口腔修复膜、可吸收硬脑（脊）膜补片、骨修复材料等生物再生材料已成为公司业绩的最主要来源	烟台
中国再生医学国际有限公司	专门从事组织工程与再生医学产品研发、生产和销售的高新技术企业，于2001年7月18日在香港联合交易所上市，业务涉及组织工程以及细胞储存、制备及治疗	西安、深圳、苏州、天津、常州、香港
广东冠昊生物科技股份有限公司	成立于1999年，是再生医学、拓展生命健康领域的高新技术企业，已上市的自主研发产品有生物型硬脑（脊）膜补片、B型硬脑膜补片、胸普外科修补膜（B/P）、无菌生物护创膜、艾瑞欧乳房补片、优得清脱细胞角膜植片，以及珠海祥乐代理的人工晶体产品，可广泛应用于神经外科、胸普外科、眼科、皮肤科、骨科、整形美容科等。在干细胞领域涉足自体软骨组织细胞移植技术、免疫细胞存储技术，在免疫细胞治疗技术研发领域持续布局	广州
广州迈普再生医学科技股份有限公司	成立于2008年，致力于结合人工合成材料特性，高性能植入医疗器械，利用以生物3D打印为基础的再生医学技术，制造出用于人体组织修复的新型植入式医疗器械，对患者因疾病和创伤而受损的部位进行修复、替代及再生。公司拥有覆盖开颅手术所需的关键植入医疗器械，包括人工硬脑（脊）膜补片、颅颌面修补产品、可吸收再生氧化纤维素止血产品等	广州
北京佰仁医疗科技股份有限公司	成立于2005年，是专注于动物源性植介入医疗器械研发与生产的高新技术企业，产品应用于心脏瓣膜置换与修复、先天性心脏病植介入治疗以及外科软组织修复。公司获准注册15个Ⅲ类医疗器械产品，其中人工生物心脏瓣膜（牛心包瓣、猪主动脉瓣）、肺动脉带瓣管道、瓣膜成形环、心胸外科生物补片等5项产品为国内首个获准注册的同类产品，填补了国内空白	北京

续表

企业	企业简介	国内基地
诺一迈尔（苏州）医学科技有限公司	成立于2017年，是再生型植入医疗器械研发商，布局覆盖口腔、眼科、耳鼻、咽喉、外科、医美、生殖医学、运动医学等十多个系列，产品线涵盖3D静电纺丝、常规静电纺丝、3D生物打印、化学合成、物理合成等，有膜、胶、剂、（微）球等产品形态，布局了10多项植入医疗器械产品，致力于牙周软组织增量、软骨与骨组织再生、颅颌面修复等复杂组织再生	苏州
苏州血霁生物科技有限公司	由斯坦福大学、哈佛大学、北京大学等国内外著名高校海归专家创立的干细胞生物医药公司，通过干细胞定向再生血液细胞，用于各类疾病的细胞治疗以及开展相关药物研发。基于全球领先的干细胞定向诱导分化体系，以体外产生的血小板为先导产品，解决癌症、肝病、急危重症、血液疾病等急缺的血小板需求，并开发各类血小板异常相关疾病的创新药物	苏州
南京艾尔普再生医学科技有限公司	创立于2016年，心血管创新疗法开发企业，围绕心血管系统等退行性疾病持续创新治疗产品，用于治疗中重度心衰的人iPSC来源再生心肌细胞，新药临床试验申请已在中国获批，凭借其细胞培养溶液独家专利技术，提升分化效率，降低细胞生产上游成本，结合Help Cell-foundry量产平台，打造安全有效、质量可控、患者可负担的创新治疗产品	南京
士泽生物医药（苏州）有限公司	核心团队来自海内外著名高校或细胞治疗业界知名公司，致力于为以帕金森病为代表的尚无实质临床解决方案的重大疾病提供规模化、低成本的干细胞治疗方案。士泽生物iPS衍生细胞创新药管线处于临床前研究阶段，核心管线预计2024年进入临床阶段。已完成多轮数亿元融资	苏州
华卫恒源（北京）生物医药科技有限公司	成立于2018年，核心技术和团队源自清华大学，公司立足国际首创、具有完全自主知识产权的人源免疫豁免细胞技术，聚焦自身免疫病、再生医学领域、辅助生殖领域创新细胞药物和检测技术的研发。现有类风湿关节炎细胞注射液、免疫豁免人工胰腺和辅助生殖检测系统等项目，相关产品已进入临床前动物试验和人体临床试验备案阶段	北京

续表

企业	企业简介	国内基地
苏州 智新浩正再生医学科技有限公司	成立于2019年，由中国科学院分子细胞科学卓越创新中心（原生化与细胞所）程新研究员领衔，研发团队在干细胞体外定向分化、组织器官体外再生领域拥有丰富的经验和二十余年的技术积累，专注于人体组织器官体外再造，首要管线为可用于移植治疗糖尿病的再生胰岛。聚焦干细胞的体外胰向分化体系的技术创新，以独特的基础理论为指导，在体外规模化制备体内不成瘤、具备完整体内功能的再生胰岛组织，从底层逻辑上降低干细胞衍生细胞/组织的体内成瘤风险，为再生组织的临床应用提供安全保障	苏州
深圳 华源再生医学有限公司	成立于2018年，基于人源干细胞技术与组织工程技术制造可代替供体器官的生物人造脏器，致力于研发、生产和销售临床级和科研级的干细胞、生物组织工程产品、生物制造设备、耗材和生物合成器官等产品。目前华源再生医学的人工胰腺已经进入动物实验阶段，预计2—3年内进入临床试验阶段，5—6年登陆市场，在研的人工肾脏预计7—10年后登陆市场	深圳
深圳 兰度生物材料有限公司	致力于创面、口腔、神经、消化等领域高端生物医用材料的研发及产业化，获得国内外专利授权68项。兰度双层人工真皮修复材料历经8年研发，于2017年8月获批Ⅲ类医疗器械注册证，填补了国内空白，在数百家三甲医院应用。2021年兰度口腔可吸收生物膜产品获Ⅲ类医疗器械注册证，具有国际领先水平；多个细分领域的核心产品进入临床试验阶段	深圳
杭州 捷诺飞生物科技股份有限公司	国际领先的生物医学领域3D打印技术综合解决方案供应商，具备从生物3D打印设备、生物材料和器械到类组织器官研发与生产的完整技术体系，为科学研究、药物开发、再生医学和个性化医疗等研究与临床应用领域提供系统化产品和服务	杭州
深圳 明澳生物科技有限公司	以类器官技术研发为核心、产品转化与应用为导向的科技型企业。公司现已完成类器官培养及应用相关产品的开发，实现了部分培养试剂及耗材的国产化替代。公司还建立了标准化的类器官培养技术服务体系，实现了从培养、鉴定、存储、数据挖掘以及药物测试的全流程可追溯管理，已为多家国内顶尖临床医疗机构和科研机构提供了高标准的一站式类器官科研服务、类器官建库服务以及药敏检测技术服务	深圳

续表

企业	企业简介	国内基地
陕西瑞盛生物科技有限公司	成立于2008年，专注于人体组织器官修复与再生医学产品研发、生产、销售和服务的高新技术企业。拥有万级洁净生产车间1000平方米，产品及研发涉及口腔、皮肤、肛肠、美容、整形、普外等多个临床领域	西安
领博生物科技（杭州）有限公司	再生修复材料与再生人工器官研发平台，我国生物型人工血管产品的先锋，在研的Skeletal Acellular Vessels骨架脱细胞人工血管（SAV）有望成为中国首个上市的生物型人工血管产品，公司特有的“聚合物脱细胞结合”技术，有望应用于包括人工食道、人工角膜、人工尿道、组织修补、医学整形等领域	杭州
陕西佰傲再生医学有限公司	成立于2011年，以研制、生产生物医用新材料为方向，以人体组织工程器官修复为目标的国家高新技术产业公司，团队研制国内第一款含有活细胞的组织工程皮肤成果可应用于化妆品、化学品、卫生用品、药品以及医疗器械等与皮肤直接接触产品的安全性与功效性检测	西安
美国强生公司	2020年强生公司宣布与Fate Therapeutics达成1亿美元交易，以开发CAR-NK和CAR-T产品。2022年，南京传奇生物与强生联合开发的CAR-T产品西达基奥仑赛在美国获批上市，这是第一个成功上市的国产CAR-T产品、也是全球第二款基于BCMA靶点的CAR-T产品，将用于治疗复发/难治性多发性骨髓瘤成人患者	上海
瑞士盖氏制药有限公司（Geistlich）	瑞士盖氏制药有限公司是一家专业生产骨、软骨以及组织再生领域生物材料的企业，专注于口腔再生领域。1996年盖氏Bio-Gide®成为第一个用于口腔组织再生的可吸收胶原膜；目前，盖式产品主要包括骨填充材料（Geistlich Bio-Oss，Geistlich Bio-Oss Collagen）和可吸收生物膜（Geistlich Bio-Gide），均为Ⅲ类医疗器械产品，主要应用于牙齿种植领域，起到骨再生引导和组织再生引导的作用	无

第十三篇　医美产品研发制造

医疗美容是运用手术、药物、医疗器械以及具有创伤性、侵入性的医学技术方法对人的容貌（部位形态）进行修复与再塑，可分为手术类与非手术类，须由经注册的专业医师及医疗专家进行。手术类医美属于外科诊疗，由执业整容医生实施，操作较难、创伤大、恢复期长、风险较高，消费者心理压力及决策成本高。非手术类也称轻医美，使用无创或微创医学疗法，主要包括注射疗法和光电疗法。注射疗法主要通过注射玻尿酸、肉毒素、胶原蛋白等达到消除面部皱纹、塑形的目的；光电疗法是使用激光、射频等技术收紧深层皮肤、去除色素和重塑肌肤表层。

医美行业上游主要包括各类医美原材料、医美产品、医美药械的研发、生产和销售。其中，医美原料主要有透明质酸、肉毒素、胶原蛋白等产品，医美药械包括激光、强脉冲光、射频、超声波类的医美器械，以及医美专用注射器、医美专用抽吸器等。相比于Ⅰ、Ⅱ类医疗器械，整形填充器材、整形用注射填充物等Ⅲ类医疗器械和药品存在更高风险，相比于海外一般1—2年即可拿证，国内则需要2—3年，因此，对于公司的研发能力、资金能力及前瞻性判断要求极高，注册证数量有利于头部企业高筑竞争壁垒。以药品类型的爱美客A型肉毒素的研发、审批、上市为例，预计耗时5年以上，投资预算约1.2亿元（不同公司、不同产品研发存在差异）。

全球医美行业处于相对平稳发展阶段。美国是全球第一医美大国，2020年手术与非手术合计疗程466.8万例，占全球的19%；巴西2020年手术疗程449万例，位列第二。全球轻医美疗程数量前五位的项目依次是肉毒素、玻尿酸、脱毛、溶脂、光子嫩肤，占比90%以上，其中肉毒素和玻尿酸占比就超70%。预计2023—2030年，非手术类将成为行业增速的核心推动力。

一、海南有良好的医美产品应用前景

海南省响应“健康中国2030”号召，制定《海南省健康产业发展规划（2019—2025年）》，打造“世界健康岛”“世界长寿岛”，培育“前端健康管理—中端医疗服务—后端康复疗养”的全周期健康服务产业链。博鳌乐城国际医疗旅游先行区作为主要承载地，从降低市场主体准入壁垒、国际前沿产品应用壁垒、国际医美人才行医壁垒三大方面大力发展高端医美产业。国家发展改革委、商务部《关于支持海南自由贸易港建设放宽市场准入若干特别措施的意见》，鼓励美容医疗机构落户乐城，优化医疗美容行业机构设立审批流程简化、医生多点执业（包括支持国外高水平医疗美容医生依法依规在海南行医）、药品医疗器械与化妆品进口流程简化等各个准入环节，推动医疗美容旅游发展。截至2023年，已有博鳌国际医院医学美容中心、博鳌超级医院整形外科、华韩（海南）国际整形美容医院、海南启研干细胞抗衰老医院等医美医院和机构落地乐城先行区，有730多例医美产品在乐城实现特许应用。例如：VOLUX作为临床急需医疗器械获得海南省药监局和海南省卫健委批准，通过上海九院团队完成其在内地的首例改善下颏和颌部面部注射；韩国宝奥普乐（BioPlus）与济民医疗在博鳌国际医院合作，推动HyalDew（整形用皮下填充材料）、InterBlock（可吸收防黏连剂）、HyalSyno（关节组织修复生物材料）、Blad-Care（膀胱组织修复生物材料）在乐城应用；法国菲欧曼实验室旗下交联透明质酸钠凝胶、透明质酸钠溶液、注射用透明质酸钠复合溶液3款医美注射产品依托海南启研医院在乐城完成首例注射。

二、博鳌乐城国际医疗旅游先行区真实世界研究加快医美产品在国内获批上市速度，支持医美企业实现前沿产品“注册上市—落地生产”全流程

国家发展改革委、商务部《关于支持海南自由贸易港建设放宽市场准入若干特别措施的意见》指出，鼓励知名美容医疗机构落户乐城先行区，在乐城先行区的美容机构可批量使用在美国、欧盟、日本等国家或地区上市的医美产品。乐城先行区作为我国首个临床真实世界数据应用试点的区域，正在探索将未经中国注册、经批准在乐城先行区使用的特许药械临床数据转化为真实世界证据，可大大加快医美药械产品的注册审批速度。自2019年6月启动临床真实世界数据应用试点以来，截至2022年底，有20多个国外创新药械纳入试点，其中9个产品通过利用真实世界数据辅助支持在中国加速获批上市。

在海南可发挥乐城的应用优势和海口的生物医药生产优势，形成“乐城应用—海口生产”联动模式。海口高新区作为医疗器械生产制造集聚区，已

有一批医美项目落地。海南依托博鳌乐城高端医美机构集聚，以及前沿产品应用和真实数据监测，加快医美药械在国内获批上市速度，缩短医美研发制造产品企业的上市周期。这是在海南发展医美产业重大而独特的利好。

三、海南搭建高层级的国际前沿交流平台，为医美研发制造企业提供推广与合作机遇

《关于支持海南自由贸易港建设放宽市场准入若干特别措施的意见》提出，在海南依托博鳌乐城引进、组织国际性、专业化的医美展会、峰会、论坛。目前已举办多场高层级的国内外前沿医美交流活动，如博鳌乐城“永不落幕”国际创新药械展、海南国际健康产业博览会、中国（海南）医美产业之都高峰论坛暨博览会、博鳌全球健康医疗与美业发展论坛、海南医疗美容旅游发展战略研讨会、美容博览会等。这些活动旨在促进国内外前沿药械参展商与国内健康需求有效衔接，将为落户海南的医美产品研发制造企业提供与国际前沿产品和技术对接合作的重要平台，促进企业间科研技术合作和委托生产。例如，全国医美龙头企业——华熙生物科技（海南）有限公司与博鳌一龄生命养护中心合作，共同发展医美产品、医美设备、医美技术等。

四、海南自由贸易港提供模式动物进境检疫便利，支持企业轻医美产品研发所需的动物疾病模型开发和临床试验

轻医美产品中肉毒素、溶脂针等轻医美产品研发，须经历动物前临床验证才可进入人体临床试验，研发以小动物为主要模式动物。海南全球动植物种质资源引进中转基地为动物疾病模型的开发运用提供了丰富的原材料选择和优于国内其他地区的科研环境。全球动植物种质资源引进中转基地是我国唯一面向国外优秀动植物种质资源，提供优质种质资源搜集引进、鉴定保存、贸易交换和科研合作等便利化服务的种质服务功能特区，作为生物安全风险防控基地，未来不仅能实现高水平检疫和隔离，甚至有希望实现“边隔离边实验”。企业和科研院所依托全球动植物种质资源引进中转基地，可以大幅缩短利用模式动物开展试验的周期（模式动物检疫流程一般需要2个月，但在海南只需半个月）。

五、海南自由贸易港政策和产业扶持政策对医美产品研发制造形成利好

目前我国轻医美产品中的注射类产品，如童颜针所涉及的聚乳酸复合材料（进口关税为6.5%）与少女针的内酯复合材料（进口关税税率为6.5%）高度依赖进口，光电类产品激光、强脉冲光、射频等设备及其所需的超声探头、探测等材料及核心零部件也依赖进口。企业在海南建设生产线，进口这些材料可免征关税。以企业年产10万针童颜针并以聚乳酸复合材料为核心原料为例，企业童颜针价格约5000元/针，营收约为5亿元，原材料成本约6000万元（按照童颜针毛利率约80%、材料成本占比约60%计算）。若企业在海南进口原材料并开展生产，可在加工增值政策下获取约390万元的原材料关税减免。

企业可享受的自由贸易港其他政策、海南省和海口市支持产业发展的奖补措施，以及企业落地指南等，见附件。

典型企业情况表

企业	企业简介	国内基地
华东医药股份有限公司	创建于1993年，总部位于杭州，深耕医美10余年，通过在注射类和能量源类产品的前瞻性布局，华东医药全球医美业务已拥有无创+微创医美领域产品36款，其中海内外已上市产品达22款，在研全球创新产品14款，产品组合覆盖面部填充、面部清洁、埋线等非手术类主流医美领域	杭州
武汉奇致激光技术股份有限公司	成立于2001年，武汉·中国光谷的骨干企业，中国最大的以生产和经营激光、强光类医疗及美容设备为主营业务的高科技企业，2015年挂牌新三板	武汉
上海复星医药（集团）股份有限公司	旗下子公司复锐医疗通过对以色列飞顿医疗激光公司（Alma Laser）的收购正式进军医美领域，已实现光电产品、肉毒素、塑形产品、整形外科医院、牙科医疗体系平台全覆盖	徐州、淮安、上海
上海昊海生物科技股份有限公司	成立于2007年，是中国首家“H+科创板”生物医药企业。公司通过收购欧华美科，医美业务发展迅速，医美产品线覆盖玻尿酸、皮肤旋切设备、激光、射频类皮肤护理光电设备及肉毒素等领域，贯通医疗美容、生活美容及家用美容三大应用场景	上海

续表

企业	企业简介	国内基地
广州创尔生物技术股份有限公司	掌握生物医用活性胶原材料关键技术，深耕活性胶原原料、医疗器械及生物护肤品领域，集研发、生产、销售于一体的高新技术企业，公司作为我国胶原贴敷料产品的开创者，拥有全国首款无菌Ⅲ类胶原贴敷料，拥有28项专利，胶原技术国内领先	广州
西安巨子生物基因技术股份有限公司	首家上市的重组胶原蛋白公司，产品矩阵丰富，现有可丽金、可复美、可痕等八大主要品牌，产品组合包括105项SKU，可满足抗初老、易敏感肌肤、问题肌肤及术后修护等不同人群多样化的护肤需求，拥有10.88吨重组胶原蛋白产能及212.5吨在建产能，是唯一可以大规模应用大肠杆菌技术生产重组胶原蛋白的企业	西安
深圳半岛医疗集团股份有限公司	集研产销一体的国家级专精特新“重点小巨人”企业，中国医疗美容、产后康复美容、个人医疗美容领域的领跑者。截至2022年底，获得FDA、CE、NMPA等70余项全球认证，申请国内外专利500余项，其中已获授权专利300余项。主要产品有半岛超声炮、半岛阿是点雕、半岛黄金微针4.0、半岛第五代黄金微雕、半岛AI温控射频治疗仪、半岛私蜜、半岛舒敏治疗仪等一系列产品	深圳、重庆、长沙
长春圣博玛生物材料有限公司	以可控高分子聚合技术和多因子高分子物理改性技术为核心能力，规模化制备医用超高性能生物活性聚乳酸，作为全球最大的医用级聚乳酸原材料生产商之一，圣博玛打造出国内首款“童颜针”，推动行业从“填充时代”进入“再生时代”。圣博玛拥有中国科学院院士2位，博士15位，硕士30余位，汇聚高分子化学与物理、医学、材料、金属、生物学、动物学等多领域人才	长春
兰州生物制品研究所有限责任公司	从事生物制品的生产、研发和经营，是国家生物制品行业的骨干企业，是国内唯一经政府认证批准的肉毒素生产商，国内市场占有率达到71%，产品出口20多个国家和地区	兰州
爱美客技术发展股份有限公司	医疗美容产品提供商，成功实现基于透明质酸钠的系列皮肤填充剂、基于聚乳酸的皮肤填充剂以及聚对二氧环已酮面部埋植线的产业化。积累了多项行业领先的核心技术，包括固液渐变互穿交联技术、组织液仿生技术、水密型微球悬浮制备技术、悬浮分散两亲性微球技术等，直接应用于已上市产品及在研产品，形成了针对竞争对手的长期技术壁垒	北京

续表

企业	企业简介	国内基地
深圳吉斯迪科技有限公司	1995年成立，国际化美业综合运营服务商，向120多个国家和地区提供领先的308nm准分子光、激光、射频、光子、超声及化妆品等项目研发、生产、销售和服务于一体的医疗美容、生活美容系统解决方案和终端机构运营服务。每年将营业收入的15%投入研发中，创建一大批海内外研发中心及实验室，拥有众多技术发明专利，处于皮肤医学美容业领先地位	深圳
韩国 Hugel	Hugel成立于2001年，旗下多个医美产品占据韩国市场份额第一，并获得了全球35个国家和地区的市场准入。是首家获得中国肉毒素上市许可的韩国制造商，四环医药是Hugel集团A型肉毒素及玻尿酸产品在中国的独家代理商	无
以色列 赛诺龙 （Syneron）	老牌医美设备公司，成立于2000年（2004纳斯达克上市），拥有全面的医学美容解决方案，包括塑身、脱毛、除皱、祛除文身、改善皮肤外观等。公司陆续收购包括Primaeva（开发了针对皮肤皱纹和松弛的专利微创技术的美国医美公司）、UltraShape（聚焦于超声技术领域的以色列公司）、Cooltouch（新型激光产品开发制造商）等在内的多家医美器械领域的知名企业	无
美国 艾尔建 （Allergan）	致力于研发、生产和销售一系列先进的美学品牌和产品。产品覆盖面部美学、身体塑形、整形、皮肤护理等。其Botox于1989年首次被美国FDA批准上市，是世界上第一款肉毒素产品，连年保持全球市场份额第一，全球占有率曾经高达90%	无
德国 欧洲之星 （Fotona）	成立于1964年，总部位于德国，全球最悠久的激光公司之一，生产基地在斯洛文尼亚、丹麦等，中国区总部2008年在北京成立，在广州、上海有办事处。公司拥有多项欧盟注册的独家专利技术，拥有丰富的激光医美产品线，主要产品包括：FotonaQX Max祛斑王、“飞梭”点阵铒激光、蕊丽私密激光、Fotona 4D极塑提拉系统、双点阵超级平台、Tightlase减脂激光、红色先锋（血管治疗）等，多项产品为全球首创，并获得了美国FDA、欧洲CE和中国NMPA全面认证	北京

续表

企业	企业简介	国内基地
美国科医人（Lumenis）	激光与强光的开发者和生产者，为皮肤美容和眼科等医学领域提供先进的激光技术和设备，产品主要涉及美容和眼科领域。1966年创立于美国，于1991年开始进入中国市场，并逐渐发展壮大，在中国设立8个分公司（香港、北京、广州、上海、成都、沈阳、武汉、西安），生产的美容医疗设备主要有：Stellar M22™、Lumenis One、Light Sheer、Light Sheer Duet、Ultra-Pulse CO2 Encore等激光美容设备；OptiLight、Vision One等眼科激光设备	上海

第十四篇　医药CMO

CMO是接受制药公司合同委托，提供药品生产所需工艺开发、配方设计、临床试验用药、原料药、中间体、制剂生产、包装等服务机构的统称。CMO的核心业务是为具有药品上市许可的机构提供生产服务外包。随着生物医药产业的细化分工，CMO已成为全球生物医药产业格局的重要业态，属于海南重点发展的四大主导产业之一的“现代服务业”。

我国MAH制度（药品上市许可持有人制度）为CMO的产业发展提供了制度保障。2016年国务院《药品上市许可持有人制度试点方案》发布之后，药品上市许可持有人制度在北京、上海、广东等10个省市推广实施，2019年《关于扩大医疗器械注册人制度试点工作的通知》发布后，医疗器械注册人制度已在北京、上海、天津、广东等21个省市实施。基于MAH制度，药械生产企业、研发机构或科研人员等均可成为药械产品上市许可持有人，直接委托第三方专业CMO企业进行代工生产。

海口高新区在CMO领域具备一定的产业基础，有海南海药、皇隆制药、葫芦娃药业、海神同州等多家企业开展CMO业务，除固体、液体制剂外，也有Ⅱ类器械等委托生产加工服务。

一、海南将依托海口高新区打造具有自由贸易港特色的CMO产业发展高地

海南自由贸易港建设赋予海口高新区特殊发展机遇，结合自由贸易港“非禁即入”“零关税”“加工增值”等一系列利好政策，海口高新区CMO产业能享受到国内最开放便利的环境。海南省相关部门争取将《海南自由贸易港“零关税”原辅料清单》扩大并覆盖至生物医药原辅包，提升外向型制药企业的吸引力。根据《中华人民共和国进出口税则（2021）》中有机化学品、药品、蛋白类物质等章节内容，结合我国生物医药原辅料进口及税率执行情况，海南将重点关注心血管类、氨基酸类、抗感染类、头孢菌素类和抗癌类等我国进口数量较大、进口税率较高的医药，将相关原辅料纳入“零关税”原辅料清单。

二、探索特色药械产品CMO试点

探索进口医疗器械CMO试点。向国家药品监督管理部门提请在海口高新区开展进口医疗器械委托生产试点，探索允许进口医疗器械的境外注册人，可直接或通过其在境内设立的外商投资企业，委托海口高新区CMO企业生产已获进口医疗器械注册证的第二类、第三类医疗器械产品。从而在国内普遍实施医疗器械注册人制度及进口医疗器械产品转国内生产相关制度的基础上，形成放宽进口医疗器械产品委托生产限制的实践探索，加快国际前沿医疗器械产品的引进和国产化生产。

培育进口药品CMO业务。发挥博鳌乐城国际医疗旅游先行区真实世界数据应用试点以及《关于支持海南自由贸易港建设放宽市场准入若干特别措施的意见》关于“加大对药品市场准入支持”“鼓励国内外药企和药品研制机构在海南开发各类创新药和改良型新药”“对注册地为海南的药企，在中国境内完成Ⅰ—Ⅲ期临床试验并获得上市许可的创新药，鼓励海南具备相应条件的医疗机构按照‘随批随进’的原则直接使用，有关部门不得额外设置市场准入要求”等政策对进口药品上市加速的利好，结合贷款贴息、融资支持、认证奖励、股权投资、风险保障等方面的具有竞争力的专项政策支持，吸引具有国际水准的进口药品CMO企业在海南投资建设生产基地，并逐步借鉴并导

入美国食品药品监督管理局（FDA）、欧洲药品管理局（EMA）、欧洲统一（CE）、日本药品医疗器械局（PMDA）、世界卫生组织（WHO）等国际先进体系认证相关标准和要求，形成与国际接轨的行业标准制度。同时，结合海南自贸港人员、资金、货物的便利化流通条件及成本优势，海南将重点关注并加大力度吸引原料依赖进口、产品面向出口或者原料和市场“两头在外”以及面向海外市场提供代工服务的药品CMO企业入驻。

三、海南发展CMO生态的预期

一是加快探索建设共享CMO平台。围绕药械在临床试验阶段及上市后商业化阶段的生产需求，探索联合行业优质企业打造CMO共享制造平台，建立符合美国、欧盟等GMP要求的生物医药高标准生产厂房及配套设施，形成共享型CMO生产基地，为海口高新区有需求的企业提供分时段的共享工厂租用服务，促进CRO和生物科技企业进行成果本地化、产业化生产。

二是研究设立生物医药创新转化股权投资基金。推动园区管委会牵头，探索设立生物医药产业创新转化股权投资基金，面向省内外药品上市许可持有人、医疗器械注册人，对其成果转化、产业化需求以股权投资方式开展资金扶助。适应制药企业转型升级需求，针对其投资新建CMO产线、技术改造、收购兼并等活动，以股权投资方式给予资金支持。聚焦生物医药创新领域早期投资，借助产业基金扶持具有发展潜力的生物科技公司，吸引其入驻海口高新区并实现后期成果本地转化，打通上下游产业链。

三是完善CMO产业鼓励政策体系。贯彻落实国家、海南省关于生物医药产业发展的规划及政策部署，调研CMO企业的需求和痛点，学习国内外先进经验做法，组织专业力量研究制定面向海口高新区CMO产业发展的专项鼓励政策体系，全面覆盖多维度的评价、奖励及政策兑现方式，为CMO产业的发展构建良好、有竞争力的政策环境。

企业可享受的自由贸易港其他政策、海南省和海口市支持产业发展的奖补措施，以及企业落地指南等，见附件。

典型企业情况表

企业	企业简介	国内基地
凯莱英医药集团（天津）股份有限公司	1998年成立，中国医药研发生产服务外包（CRO/CMO）领军企业，主要从事临床研究阶段的新药和新上市药物原料药和cGMP标准中间体的研究开发，致力于为包括世界前十大制药公司在内的多家大型制药公司以及中小型制药及生物技术公司提供化学、生产和控制解决方案的一体化服务	天津、敦化、阜新、北京、泰兴、苏州、上海
重庆博腾制药科技股份有限公司	总部在重庆，医药合同定制研发及生产企业（CDMO），2014年在深交所上市，通过NMPA、FDA、PMDA（日本医药品和医疗器械局）、WHO（世界卫生组织）、EMA（欧洲药品管理局）认证，为全球药企、新药研发机构等提供从临床前研究直至药品上市全生命周期所需的化学药（包括起始物料、中间体、原料药、制剂）和生物药（包括质粒、病毒载体、细胞治疗、基因治疗）定制研发和生产服务，涉及抗艾滋病、肝炎、糖尿病、肿瘤、镇痛、抗心衰、降血脂、失眠、癫痫、抗流感、抗过敏等疾病治疗领域	重庆、成都、上海、宜春、应城、苏州
南京药石科技股份有限公司	全球医药研发和制造领域一站式创新产品和服务供应商，以其新颖、独特的分子砌块及相关化合物库筛选技术助力药物发现；搭建一体化CMC平台，为创新药研发及商业化项目提供高效、高品质的中间体、原料药和药物制剂的工艺开发和生产服务；整合多年来在连续流化学、微填充床技术、催化技术、智能制造等前沿技术的积累，探索绿色、安全和智能化的先进制造及服务模式	南京、德州、上虞
浙江九洲药业股份有限公司	国内较早进入CDMO领域的企业之一，2008年进入创新药CDMO领域，积极构建CDMO一站式服务的业务模式，为全球药企提供新药临床前CMC，临床Ⅰ、Ⅱ、Ⅲ期，NDA至上市全产业链的一站式优质服务，CDMO涉及抗肿瘤、抗心衰、抗抑郁、抗帕金森、抗肺癌、抗病毒、抗糖尿病、抗呼吸系统感染等治疗领域	台州、杭州，盐城、苏州
康龙化成（北京）新药技术有限公司	国际领先的生命科学研发服务企业，为包括小分子、大分子和细胞与基因治疗药物在内的多疗法药物研发打造贯穿药物发现，临床前及临床开发全流程的研发生产服务体系，与日本、中国及北美、欧洲的合作伙伴保持良好的合作关系	北京

续表

企业	企业简介	国内基地
浙江天宇药业股份有限公司	成立于2003年，专业研发、制造和销售制剂、原料药以及医药中间体的股份制制药上市企业，主要产品涵盖降血压类、降血糖类、抗血栓类、抗哮喘类、抗病毒类药物等医药中间体和原料药，是全球大型沙坦类药物原料药及中间体生产企业之一	台州、昆山
浙江海翔药业股份有限公司	公司医药板块主要从事特色中间体、原料药及相关制剂的生产，提供国际制药CDMO/CMO专业服务，涵盖抗感染、心血管类、精神疾病领域、代谢类和免疫类等多个领域	台州
上海皓元医药股份有限公司	提供专业高效的小分子及新分子类型药物CRO&CDMO服务的平台型高新技术企业，主要业务包括小分子及新分子类型药物发现领域的分子砌块和工具化合物的研发，原料药、中间体的工艺开发和生产技术改进，以及制剂的药学研发、注册及生产	上海
睿智医药科技股份有限公司	为全球大中型制药企业、生物技术公司以及科研院校等提供涵盖生物药、化学药从药物早期发现到药物开发与规模化生产阶段的一体化服务以及实现微生态医疗的标准化、精准化和人体微生态健康管理。致力于成为全球领先的CRO&CDMO合作伙伴以及全球医药创新的全生命周期一体化解决方案服务商	上海、广州、成都、江门
无锡药明康德新药开发股份有限公司	为全球生物医药行业提供一体化、端到端的新药研发和生产服务，通过独特的CRDMO（合同研究、开发与生产）和CTDMO（合同测试、研发与生产）业务模式，不断降低研发门槛，助力客户提升研发效率，为患者带来更多突破性的治疗方案，服务范围涵盖化学药研发和生产、生物学研究、临床前测试和临床试验研发、细胞及基因疗法研发、测试和生产等领域	上海

第十五篇　高端康复器械制造

康复器械是医疗机构、居家康复、养老机构等各级康复医疗机构开展诊疗活动的必备设备。康复器械市场中发展较快的是电刺激器械、磁刺激器械、电生理器械、康复机器人等。其中，电刺激器械主要用于盆底及产后康复、神经康复领域，其中发展最快的是盆底及产后康复领域，市场规模从2018年的3.9亿元增长至2023年的13.1亿元，年均增长27.4%。伴随计算机技术、微电子技术的进步以及医学信号处理技术的发展，电生理技术的精确性、可信度大大提高，电生理类技术在医疗器械中的应用愈发广泛，主要包括表面肌电分析、新生儿脑电分析及生物反馈仪等，广泛应用于神经康复、精神康复、新生儿科等领域。我国电生理康复器械市场规模持续增长，预计2023年市场规模将达到8.5亿元，2018—2023年期间年均复合增长8%。磁刺激技术是继电刺激技术之后发展起来并逐步得到应用的新型康复医疗技术，器械以经颅磁刺激仪、盆底功能磁刺激仪为主，主要应用于精神康复、神经康复和盆底及产后康复领域。我国磁刺激康复治疗的渗透率仍处于较低水平，预计市场规模将在2023年达到17.8亿元。康复机器人涉及康复医学、生物力学、机械学、机械力学、电子学、材料学、计算机科学以及机器人学等诸多领域，已成为国际机器人领域的研究热点。预计我国康复医疗机器人市场规模保持高速增长，2023年突破20亿元。

我国有约2.67亿60周岁及以上老年人，8500多万残疾人，50%以上老人和残疾人需要康复服务，近3亿慢性病患者中的80%需要康复治疗，康复服务需求很大。我国康复器械市场从2018年的280亿元，预计增长至2026年的940亿元，预计年复合增长16%左右。考虑到我国康复医疗渗透率在全球处于较低水平（美国人均康复治疗费用为54美元，我国为5.5美元），未来康复医疗市场规模及康复器械市场规模均有较大发展空间。

我国康复器械的国产率较高，但产品档次不高，高端产品仍然被外资品牌占据。2020年国内康复专科医院设备数量中95%以上价格是低于50万元的，100万元以上设备数量约占2.5%。高端康复器械（特别是康复评定器械和康复理疗器械高端设备）仍以进口为主导。全球高端康复器械被欧美厂商垄断（主要是美国康复器械及医疗设备制造商DJO、英国康复医疗设备及美容设备制造商BTL、瑞士疼痛治疗系统制造商Storz Medical三大企业以及意大利康复健康健身产品和系统开发制造商TecnoBody、德国预防和康复的医学测试和训练设备开发制造商Proxomed、荷兰理疗和康复设备商Enraf-Nonius等）。

一、依托RCEP区内区外的优势，引进国外高端康复器械生产并将产品销往国内和东南亚市场

我国和东南亚地区不仅是快速发展中的医疗器械市场，也是欧美医疗器械厂商的产品“外包生产”的基地。大型欧美医疗器械选择在我国和东南亚国家建设生产线并销往亚太市场，其中新加坡、马来西亚是欧美企业主要“离岸生产基地”。康复器械与影像设备、治疗设备等三类医疗器械相比，工艺和产地要求相对较宽，适合开展“外包生产”，目前欧美主要的康复器械设备商还未在亚太地区设立生产基地。随着我国和东南亚国家康复医疗市场规模不断扩张，我国应抢占欧美高端康复器械亚太基地布局先机。东盟国家健康服务市场正快速增长，其中新加坡、泰国、马来西亚已经拥有成熟的医疗旅游产业，对高端康复器械需求较大，欧美医疗设备品牌商已将东南亚作为新兴医疗科技市场布局前沿；日本、韩国康复医疗和康复养老体系完善，市场规模稳定增长，围绕康复机器人集聚了众多专业力量，形成了完整的产业链，在全球康复市场中占据领先地位，也在积极布局海外新兴市场。

海南是RCEP（《区域全面经济伙伴关系协定》）区内区外的关键节点，RCEP成员国以外的国家（如欧美国家）进入RCEP区域进行投资和贸易活动仍将受到关税、要素流动限制，海南拥有境外货物进出海关通关程序简单的优点和“零关税”、低税率、简税制的优惠政策，欧美、日韩医疗器械厂商在推进新兴市场布局中选择海南作为生产基地，可以同时连接我国和东南亚两大市场，与选择新加坡生产相比具有更强的成本优势，与马来西亚等其他东南亚国家生产相比将获得高效对接我国内地市场的优势。因此，海南是欧美、日韩高端康复器械厂商布局我国和东南亚康复医疗市场的最优选择。

二、海南自由贸易港政策对面向我国内地市场的高端康复器械制造形成成本利好

我国高端康复器械制造配套工业还不够完善，中高端康复器械中的传感器、高性能碳纤维、生物医用钛合金材料、医用高分子材料等部件以及高端设备和核心系统大都依赖进口，供应商议价权大，且进口关税税率较高，大幅抬升我国高端康复器械制造的原材料成本。

高端康复器械部分零部件进口关税及关税减免情况表

零部件/材料类型	进口价格	主要进口国	进口关税（%）	进口增值税（%）	海南可优惠金额
传感器	1—3（万元/台）	美国、日本	10	13	2300—6900元
高性能碳纤维	150—600（元/千克）	美国、日本	17	13	45—180元
生物医用钛合金材料	130—500（元/千克）	美国	8	13	27—105元
医用高分子材料	300—1000（元/千克）	美国	5	13	54—180元

目前我国外骨骼康复机器人等高端设备及关键技术比较依赖进口（Lokomat几乎垄断中国高端康复机器人市场）。企业在海南进口所需零部件并开展高端康复器械组装制造，成品销往内地市场，将享受加工增值政策带来的原材料进口关税减免优惠（关税税率约8%）。

若企业年产50台高端外骨骼康复机器人（其中40台销往内地、10台在海南本地销售），高端外骨骼康复机器人国内定价为100万元，毛利率约为45%，50台制造成本约为2750万元，其中零部件成本约占1/4（687.5万元），企业零部件约有2/3从国外进口（458.3万元），进口关税税率取平均值8%，可减免关税、增值税共计约48.58万元（40台销往内地的设备减免零部件进口关税，10台在海南本地销售的设备减免零部件进口关税、增值税）。

三、海南“候鸟老人”群体庞大、康复疗养设施集聚，为高端康复器械制造提供广阔的应用空间

海南候鸟人口由2015年的115万增至2022年的175万左右，“候鸟群体”以国有企业、行政事业单位退休人员为主，消费能力较强，有慢性病治疗和康复的需求。

四、海南拥有高能级药械国际前沿交流平台，为高端康复器械制造企业及产品提供推广与合作交流机会

《海南省人民政府办公厅关于加快发展康复辅助器具产业的实施意见》支持通过线上线下相结合的方式，举办高层次、高水平、高品质的康复辅助器具展览会、博鳌国际药械真实世界研究大会等，助推康复辅助器具产品走出海南。海南已成功举办多场展会、论坛交流活动，如海南博鳌乐城举办的“永不落幕”国际创新药械展，为我国未上市的医疗器械展览展示提供了平台，并吸引阿斯利康、强生、波士顿科学、美敦力等国际创新药械厂商参加，展出近千种创新药械，其中400余种尚未在我国上市。海南还举办多届国际健康产业博览会、康复设备展、医疗器械展览会、肌肉骨骼运动康复论坛等。高端康复器械制造商落户海南建设生产基地，将获得多渠道、高层级的产品推广和合作交流平台。

企业可享受的自由贸易港其他政策、海南省和海口市支持产业发展的奖补措施，以及企业落地指南等，见附件。

典型企业情况表

企业	企业简介	国内基地
河南翔宇医疗设备股份有限公司	国内少数具有全系列康复器械研发、生产能力的企业之一。成立于2002年，主营产品涵盖声疗、光疗、电疗、磁疗、物理治疗（PT）、作业治疗（OT）及康复评定产品等，服务范围涵盖疼痛康复、神经康复、骨科康复、中医康复、产后康复、加速康复外科、心肺康复、老年康复、慢性病康复、残疾人康复、ICU重症康复、儿童康复、烧伤康复、脑卒中康复、脊髓损伤康复、运动损伤康复等专病专科领域，产品拥有二十大系列，有400多种自有产品，收入超1000万元的单款产品数量超过10个	安阳
南京伟思医疗科技股份有限公司	中国康复器械行业的技术创新驱动型企业，成立于2001年，致力于在盆底及产后康复、神经康复、精神康复等细分领域为医疗及专业机构提供安全、有效的康复产品及整体解决方案。公司坚持研发创新，在电刺激、磁刺激、电生理等技术平台上掌握了具有自主知识产权的核心技术	南京

续表

企业	企业简介	国内基地
深圳普门科技股份有限公司	成立于2008年，主要从事医疗器械的研发、制造、营销及服务，专注于治疗与康复设备和体外诊断设备和配套检测试剂的开发及技术创新。公司在免疫比浊、液相色谱、免疫荧光、血凝力学测试、分子诊断等检测技术平台，自主开发特色化、专业化的体外诊断设备与配套试剂	深圳
广州龙之杰科技有限公司	成立于2000年，主要从事康复理疗医疗器械的研发、生产和销售，主营产品为功能评定、运动训练、物理因子等系列，涵盖神经康复、疼痛康复、骨科康复、重症康复、老年康复及孕产康复等领域	广州等
南京麦澜德医疗科技股份有限公司	主要从事盆底及产后康复领域相关产品的研发、生产、销售和服务，相关产品主要有盆底及产后康复设备、耗材及配件、信息化产品等，广泛应用于医疗机构的妇产科、妇保科、妇科、盆底康复中心以及月子中心、产后恢复中心、母婴中心等专业机构	南京
美国DJO	美国最大的非手术矫形康复器械公司，拥有多种康复、疼痛治疗和物理治疗的产品，为肌肉骨骼健康、血管健康和疼痛管理提供解决方案，主要产品覆盖预防、术前、术后、临床和家庭康复护理等康复医疗领域的各个阶段，其中理疗设备包括冲击波、电疗、光疗、冷热疗等方面。DJO产品系列主要通过位于美国、欧洲、加拿大、澳大利亚和日本的全资子公司或独立经销商销往全球50多个国家和地区	无
英国BTL	欧洲规模较大的康复医疗设备及美容设备制造商之一，成立于1993年，总部位于英国，在50多个国家设有分公司，产品覆盖理疗设备、心肺监测系统和医疗美容设备三大产品线；其中，BTL理疗产品包含基础理疗的电疗、超声、激光和磁疗设备，还包含先进的牵引疗法、短波、冲击波、微波等重要的理疗设备	无

续表

企业	企业简介	国内基地
意大利 TecnoBody	1994年成立，总部位于意大利，致力于从评估、康复和训练方案的科学研究开始，研发生产高运动性能、高级康复、健康健身产品和系统，主要产品包括本体感觉训练系统、心脏姿势分析、功能增强、机器人康复、疼痛治疗系统等产品	无
德国 Proxomed	开发、生产和销售用于预防和康复的医学测试和训练设备领域的领先公司之一，1986年成立，总部位于德国，主要产品包括力量训练、耐力训练、协调和灵活性训练、背部疗法、神经康复、运动诊断、步态分析和跑步治疗、负压疗法、功能医学训练疗法等康复器械；此外，提供咨询、融资、营销、空间规划、培训和技术等服务	无
荷兰 Enraf-Nonius	全球性理疗和康复领域的市场领导者，产品包括高中低频设备、超声波、肌电图、冲击波和激光治疗设备，治疗台、牵引、悬挂、运动和测量设备以及热疗设备	无
美国 Ekso Bionics	应用机器外骨骼提高人类运动能力方面的先锋者，2012年开始投身研究如何帮助下身瘫痪者。旗下产品EksoGT是一款外骨骼机器人，该产品利用仿生原理，使下肢瘫痪的人能站起来，并借由重量支撑及其四点相互补偿的步伐在地面行走。用户可根据自身的情况和康复进度选择3种不同的康复模式：FirstStep（康复治疗师辅助进行）、ActiveStep（用户自主控制模式）和ProStep（自动感应用户身体动作触发每一步）	无
日本 Cyberdyne	专注于外骨骼康复机器人，被日本政府视为创新之重器，已开发出世界上首款电子人型机器人，在日本已售出400多套，在欧洲也售出了约50套，美国FDA也已经正式批准了Cyberdyne HAL外骨骼用于医疗复健领域	无
瑞士 Hocoma	成立于1996年，是国际知名的医疗康复机器人公司，旗下的Lokomat是能够提供即时反馈与评估的步态训练机器人，应用于中风、脊髓损伤、创伤性脑损伤、多发性硬化症等神经系统疾病患者上，能达到良好的康复效果。Lokomat几乎垄断中国高端康复机器人市场	无

续表

企业	企业简介	国内基地
以色列 ReWalk	成立于2001年，致力于帮助腰部以下瘫痪者，可定制化采购。2012年获得欧盟认证，2014年其主要产品可穿戴外骨骼动力设备通过美国FDA审批。旗下两款主要产品为：ReWalk Personal和ReWalk Rehabilitation	无
以色列BrainsWay	精神健康障碍无创神经刺激治疗的全球领导者，使用特有的深经颅磁刺激技术开发和销售无创神经刺激产品	武汉
日本 OG Wellness	日本领先的康复医疗设备制造商之一，成立于1966年，主要从事医疗器械、康复设备的生产及销售。公司主要产品包括物理疗法器械、运动疗法器械及入浴护理设备三大类，其理疗设备涵盖电疗、热疗、水疗、按摩疗法等方面	上海

第三章　南繁产业

第十六篇　种业CRO

种业CRO是育种科研全流程的研发外包服务的总称。以育种为核心的种业科研包括需求分析、品种选育、亲本培育、品种审定四个阶段。

种业科研全链条表

阶段	需求分析	品种选育	亲本培育	品种审定
细分流程	产地条件调研 市场需求调研 育种方向分析	品种性状确定 种质材料选择 基因技术改进	F1代杂交 F2代杂交 F3代杂交等	区域试验 小面积生产试验 DUS测试审定

以育种（包括引种后南繁制种）为核心的种业科研部分环节相对独立，具有相对明确的业务内涵和技术规范，且研发过程可对育种材料相关商业秘密进行保护，具备发展CRO的基础条件。

一、热带自然生态条件赋予种业CRO发展独特优势

海南是热带岛屿，年均气温23—26℃，年光照时数1832—2558小时，年均降雨量1600毫米，光热条件可极大缩短作物制种育种周期、提高育种研发效率，海南热带自然生态条件和26.8万亩南繁科研育种基地珍贵资源赋予田间制种CRO业务天然优势，海南具备发展种业CRO业务的广阔空间。

二、南繁种业深厚积淀形成种业CRO发展基础

三亚崖州湾科技城已引入中国农科院、中国热科院、中国水科院等科研机构，先正达、中种集团、隆平高科等龙头种企，科沃施（KWS）种业、荷兰科因（KEYGENE）公司等外资种企，山东舜丰等种业CRO服务企业和一知

农业咨询公司等服务企业上百家。此外，每年来自全国29个省份的800多家科研单位和企业、近8000名科研人员到海南参与南繁工作。

三、自由贸易港政策制度环境助力种业CRO发展

现阶段企业进口自用生产设备“零关税”负面清单、原辅料“零关税”正面清单已正式对外发布。种业科研设备未被纳入“负面清单”，可享受“零关税”政策。其他优惠政策、奖补措施以及企业落地的办事程序等见附件。以下是《三亚崖州湾科技城产业发展优惠政策实施细则（修订版）》针对种业CRO的专项政策。

租房补贴。针对三亚崖州湾科技城注册的种业农科、深海科技及相关领域企业、科研机构在三亚崖州湾科技城设有省级（含）以上重点实验室、工程研究中心、工程技术研究中心、企业技术中心的，根据房屋租赁合同金额（若实际租赁价格高于房屋租金市场指导价的，则按市场指导价计算租房补贴）给予5年租金补贴，前2年补贴年度租金的100%，后3年补贴年度租金的50%。

设备使用补贴。针对三亚崖州湾科技城注册种业农科及相关领域企业、科研机构，使用崖州湾科技城种业农科设施的费用，按实际发生额的25%补贴，每家每年最高不超过50万元。针对三亚崖州湾科技城注册的种业农科、深海科技及相关领域企业在三亚崖州湾科技城设有国家级重点实验室、工程研究中心、工程技术研究中心、企业技术中心等科研平台的，按科研平台研发设备投入的40%给予一次性补贴，最高不超过500万元，设有省级点实验室、工程研究中心、工程技术研究中心、企业技术中心等科研平台的，按科研平台研发设备投入的30%给予一次性补贴，最高不超过200万元。

科研活动补贴。针对三亚崖州湾科技城注册企业、科研机构，在三亚崖州湾科技城开展农业科研项目且获得国家、省级专项资金补贴的，按1：1比例额外给予一次性补助（补助不可用于招待费支出），补助资金支付节奏与国家、海南省涉农专项资金资助节奏一致。针对三亚崖州湾科技城注册种业农科、深海科技及相关领域企业、科研机构，与境外研究机构合作研发且成果在三亚崖州湾科技城落地，按照项目实际合同费用的10%给予补贴，每家每年最高不超过100万元。

纳税贡献奖励。针对三亚崖州湾科技城注册种业农科、深海科技及相关领域科技企业，自注册或迁入日起五年内，按上一年度纳税总额分档按以下标准给予奖励。纳税总额达200万元（含）以上500万元以下的，给予50万元一次性奖励；纳税总额达500万元（含）以上800万元以下的，给予100万元一次性奖励，纳税总额达800万元（含）以上的，给予150万元一次性奖励。

四、南繁科技城生物育种专区支撑种业CRO特色业务发展

《国家南繁科研育种基地（海南）建设规划（2015—2025）》实施，南繁科研育种基地生物育种专区基础设施建设和管理运营机制构建持续推进，提供经国家认定可开展生物育种研究的宝贵土地和空间资源，为以基因编辑、转基因为核心技术手段的生物育种CRO业务发展提供关键要素支撑。舜丰种业、隆平高科、大北农等入驻崖州湾科技城的企业已有相关实验室育种CRO服务业务，为生物育种研发服务突破性发展提供了基础。

五、海南发展种业科研的预期及工作建议

海南可立足长远，前瞻谋划，有序推进基于能力建设的制度创新，形成“人无我有”的制度型开放创新优势。一是推动种业研发业务准入制度创新。探索建立流程统一、管理规范的种业科研公共服务标准体系，逐步放开种业科研公共服务领域市场化主体准入资格，支持受国家部门认可并获取相关资质的市场化主体面向科研单位、种业企业提供品种审定环节DUS测试（植物新品种测试）等服务。二是推动离岸科研业务开展制度创新。依托月亮岛全球动植物种质资源引进中转基地起步区，发挥海关特殊监管区域与生物安全防控特殊区域叠加优势，强化生物安全风险防控能力建设，探索允许种业CRO企业在种质资源未入关的情况下开展种业离岸科研服务贸易。同时，可探索种质资源引进“边检疫、边鉴定、边利用”，在南繁科技城划定特殊物理空间研究建设种质资源安全有序便利进出的监管体系。三是强化种业CRO发展所需的知识产权保障。针对种业CRO业务开展中存在的委托方育种材料合法运用等问题，开展制度创新，引导行业规范发展。一方面，开展种业知识产权保护制度创新。我国现行植物新品种保护规则未与国际先进规则接轨，

缺乏育种材料分享的制度，科研机构和企业无法形成实质性的科研联合攻关，制约了种业CRO发展。在《海南自由贸易港植物新品种保护管理办法（试行）》的基础上，积极探索对标UPOV91（《国际植物新品种保护公约》1991年文本）水平的植物新品种保护制度，支持海南自由贸易港选择热带小众作物等物种，对在海南自由贸易港植物新品种审查中心申请的植物新品种权实施高水平保护，争取最高人民法院通过司法解释支持在海南对实质性派生品种追溯效力服务于全国，相关纠纷由海南自由贸易港知识产权法院作为一审法院专属管辖。另一方面，探索建立种质资源惠益分享平台。依托MNP（多核苷酸多态性）标记技术，为种业CRO服务主体提供育种材料第三方存证服务，并通过建设种质资源DNA指纹数据底座与应用系统、创建育种材料惠益分享平台等方式，促进种业CRO委托方和受托方按照惠益分享规则，共享育种材料、开展联合攻关、强化产业联动，服务种业CRO发展。

企业享受的自由贸易港其他政策、海南省支持产业发展的奖补措施，以及企业落地指南等，见附件。

典型企业情况表

企业	企业简介	国内基地
石家庄 博瑞迪生物技术有限公司	专注于动植物分子检测和育种相关技术开发与应用的创新型企业、技术创业公司，致力于为我国种业发展提供高通量、低成本的精准基因型分型和分子检测技术。上游主要和华大智造等基因测序厂商合作，下游主要和科研单位、产业公司合作，正构建我国育种领域的第三方CRO平台	石家庄
北京 康普森生物技术有限公司	成立于2011年，提供基于新型农业基因组技术的动植物分子育种、特色农业基因解决方案。主要为客户提供定制化的基因组检测产品开发、分子育种指导、数据采集系统开发、大数据计算、农业基因数据库开发、动植物品种鉴定等服务，并开展科技课题合作和临床与农业应用项目推广	北京、天津、新疆

续表

企业	企业简介	国内基地
中玉金标记（北京）生物技术股份有限公司	公司在农业农村部的指导下，由重庆国瑞控股集团及国内9家较有影响的种业企业共同持股构成。公司定位“种业公司的技术合作伙伴和科研单位的技术转化渠道”，既不是科研单位，也不是种子公司，而是介于两者之间的桥梁和纽带，拥有分子育种技术中心、种质资源创新中心、品种大田试验和评价中心、种子质量检测和监督中心、生物信息管理和服务中心，业务包括种质资源的技术开发、推广、转让、咨询、服务和培训	北京
武汉古奥基因科技有限公司	以二代和三代高通量测序、生物信息分析、交互分析报告、多组学知识库和基因组选择育种平台研发为技术核心的公司，提供基因大数据分析和解读、知识库和基因组选择育种平台构建的服务，协助分子育种和基因组选择育种研究。2019年以后加大育种平台和育种应用投入，对高经济价值食药用菌和大豆进行定向育种，为分子育种企业和研究单位提供育种方案和定向育种服务	武汉
成都瀚辰光翼科技有限责任公司	以“智造中国基因检测平台，服务中国基因检测事业，跻身全球基因检测市场”为企业使命。公司现代农业板块中将现代生物技术为作物育种工具，为广大育种专家所采用，其中分子标记辅助选择技术弥补了作物育种中传统选择技术效率低的缺点，加快了育种进程	成都
德国拜耳（Bayer）	在转基因作物与现代生物技术领域拥有优势，公司作物科学部门涉及作物保护、种子和性状、数字农业，提供高价值的种子、改良的植物性状、作物保护产品、数字解决方案和客户服务	无

续表

企业	企业简介	国内基地
美国 科迪华农业科技 （Corteva Agriscience）	大型农业科技公司，全球领先的种子和作物保护解决方案供应商，广泛的农业解决方案组合帮助大约140个国家的农民提高了生产力。在育种技术方面，通过开放创新平台等举措在种质资源、转化技术、CRISPR-Cas基因编辑技术、分子标记、表型能力等领域与世界各地科学家开展合作	无
德国 巴斯夫 （BASF）	专注于改善小麦、油菜、大豆、玉米、棉花、水稻以及水果和蔬菜等主要作物产出，持续在种子和性状、种子处理、生物和化学作物保护以及数字农业解决方案方面进行创新	上海、南京、重庆、湛江
荷兰 安莎种业（Enza Zaden）	创立于1938年，专注于先进、领先的科学技术，开发出最具科技含量的20多种蔬菜产品，以番茄、甜椒、生菜、黄瓜、洋葱、甜瓜等为主要开发对象	无

第四章　深海产业

第十七篇　海洋牧场

现代海洋牧场是利用规模化渔业设施和系统化管理体制，利用自然海洋环境，将人工放流的鱼、虾、蟹、贝、藻等进行海上放养。海洋牧场按照功能分为：（1）渔业增养殖型海洋牧场，大多是以近海沿岸海产品增养殖为主的海洋牧场，主要目的是建设自然产卵场、实现水产苗种增殖；（2）生态修复型海洋牧场，以海洋环境生态养护和修复为主；（3）休闲型海洋牧场，即嵌入休闲垂钓、休闲观光功能的海洋牧场；（4）种质保护型海洋牧场，多由科研机构或大型渔业公司投资，进行水产种质资源保护和品种选育。

《国家级海洋牧场示范区建设规划（2017—2025年）》中提到，我国规划到2025年建设178个国家级海洋牧场示范区，其中海南是重点，规划海洋牧场主要分布在三亚的三亚湾、蜈支洲岛、崖州湾海域，陵水近海海域，万宁洲仔岛海域，琼海冯家湾海域，文昌冯家湾海域，临高头洋湾海域，儋州峨蔓、海头、磷枪石岛海域，乐东莺歌海海域，西沙永乐群岛海域等。海洋牧场产业链上游涉及机械设备（包括锚泊、动力、电力、通信、舾装、压载水等常规船舶装备，以及大型网箱、养殖工船、养殖配套设备）、药物、饲料、信息服务等供应，中游为水产育苗、养殖，下游为水产品储存运输、精深加工。

一、海南发展海洋牧场的天然条件好

海南深远海资源丰富，初步形成了以现代海洋渔业、海洋旅游业、海洋交通运输业、海洋科研教育管理服务业为支柱的特色现代海洋产业体系。海南的海洋牧场已建成三亚蜈支洲、海口东海岸、万宁洲仔岛、临高头洋湾、乐东龙栖湾、文昌冯家湾等6个海洋牧场（除文昌冯家湾海洋牧场外均为国

家级海洋牧场），在建三亚崖州湾海洋牧场、儋州峨蔓海洋牧场、琼海潭门海洋牧场、东方四更海洋牧场、澄迈马袅湾海洋牧场等6个海洋牧场，预计2030年在海南岛近岸海域将选址布局海洋牧场50处，其中近岸31处（养护型9处、增殖型9处、休闲型13处）。随着全球海洋环境的变化，未来海南的西部海域、北部湾海域，可能成为海洋牧场的重点。

乐东龙栖湾国家级现代智慧海洋牧场总投资50亿元，投放各类渔船、钢筋混凝土人工渔礁5.5万立方米，海域部分位于乐东黎族自治县九所镇龙栖湾，离岸7.9海里，海域面积350公顷；陆域部分位于千家镇，配套工业用地200亩，2023年1月被评为第八批国家级海洋牧场示范区，着力打造“海洋牧场+海上酒店+休闲渔业+渔业碳汇+海洋能源”综合经济业态。截至2023年11月，已投放约1.5万立方米人工鱼礁；已投产2座半潜式深远海智能养殖旅游平台（普盛海洋牧场1号和3号）和1台大型桁架式抗风浪养殖网箱装备（普网1号）；正在建造豪华版普盛海洋牧场2号、4号，扩大海上娱乐休闲空间。计划在海洋牧场周围投放智能大平台4座、大型桁架式抗风浪数字化生态养殖网箱装备50个。自2022年投产至2023年第一批渔获75万斤，2023年底可捕鱼300万斤，实现约9000万元的收入。

二、海南发展海洋牧场的工作建议

对标全球海洋牧场技术研究前沿。基于海洋牧场产业化需求，推动相关理论研究，支持中国海洋大学三亚海洋研究院、海南海洋热带学院、海南大学三亚南繁研究院等本地高校和科研院所投入海洋牧场生态修复与资源养护机理机制科研项目；依托崖州湾科技城“揭榜挂帅”机制，引进具备海洋牧场理论研究能力的涉海科研院所（如中国科学院南海海洋研究所、中国水产科学研究院南海水产研究所、自然资源部南海局、广州南沙地大滨海研究院、中国水产科学研究院黄海水产研究所、中国海洋大学、山东省海洋科学研究院等）和海洋牧场科研团队；重点推动本地科研院所与日本、韩国开展科研项目合作。

推动海洋牧场机械化、智能化、信息化革新。技术和装备需求趋势包括：生态工程技术方面，新型人工鱼礁及其投放设置技术、不同种类海藻场及海草床大规模营造与维护技术、生态环境与生物资源综合调查评估新技术研发，生态型产卵育幼设施、生境修复设施、资源养护设施、生态采捕设施研发，“草—鱼—虾—贝—参”等复合多营养级食物网结构优化技术开发；精准生产技术方面，鱼贝类群体行为远程监控技术、自然灾害预警防控技术以及智能化生产管控技术研发，基于北斗卫星导航系统精准定位与高分遥感基础服务的浑浊水体机器人自主采收“手眼协同”智能控制设备研制，海洋牧场深水养殖网箱、水面无人船、巡检水下机器人与水下无人采收机器人等装备研发，基于先进环境和资源监测传感器的跨介质资源环境信息在线组网装备研制，基于5G通信平台和实时无线传输系统的水域生态牧场资源环境信息化监测平台开发，机械播苗、自动化监测、精准化计量与智能化采收装备研发等。智能管理技术方面，基于大数据技术的海洋牧场资源环境监测数据收集、生物资源统计分析、采捕策略制定系统，基于人工智能技术的资源环境预警/预报专家决策系统、水域生态牧场中短期灾害预警等安全防护系统开发。

发挥南繁水产种业资源优势，发展基于海洋牧场的“种质保护—苗种繁育—水产养殖”全链条。海南已将水产种业纳入“南繁硅谷”规划，构建“三鱼一虾一螺”（石斑鱼、金鲳鱼、罗非鱼、南美白对虾、东风螺）热带种苗产业体系，石斑鱼、金鲳鱼、罗非鱼、南美白对虾等苗种全国市场占有率不断提升。为支持水产种业全链发展，海南正培育一批具有核心竞争力的“育繁推一体化”种业领军企业，持续推进国家级及省级水产原良种场建设，加强苗种扩繁基地建设。种业是现代海洋牧场高质量发展的“芯片”，现代海洋牧场是建设国家“蓝色粮仓”的重要基础。努力把海洋牧场建设嵌入水产种业“种质保护—苗种繁育—水产养殖”全链条，围绕三亚崖州湾海域、文昌冯家湾海域、陵水近海海域等水产种业企业集中发展区域，建设包含陆基保种和育苗设施、海上增殖放流和养殖设施的海洋牧场，支持产业链各环节企业抱团发展。

联动海上风电场建设和装备制造，推动“海洋牧场+海上风电+X”多元化海上经济业态协同发展。“海洋牧场+海上风电”主要有两种模式：一是利用海上风电场的空闲区域，在海上风电场周边建设养殖平台或者养殖网箱，开展海洋养殖活动，实现海洋资源的多元化利用；二是在海洋牧场周边建设海上风电场，利用海上风电场输电线路，为海洋养殖提供稳定的清洁电力，在提高空间利用率的同时还可以通过共享海上设施和设备节约建设和运营成本，并增加项目收益来源。由于海上风电还可以与电解水制氢耦合，海上风电制氢、海洋牧场、联合开发等融合发展模式将是未来的趋势。2022年底，明阳集团“海上风电+海洋牧场+海水制氢”立体化海洋能源创新开发示范项目动工。未来，海南将持续探索推动核心装备漂浮式海上风电平台技术研发和测试进程，同时可依托现有“海洋牧场+海上风电”示范项目，进一步推动更多海洋经济业态耦合，如深海油气勘探开发、海洋化工、海水淡化、波浪发电等。

挖掘渔港经济和休闲旅游发展空间，打造一批渔旅融合休闲型海洋牧场示范项目。海洋牧场也可以发展海洋休闲旅游业，是海洋牧场建成后资金回流的主要途径。一方面，可将依托崖州中心渔港、陵水新村港、东方八所港、琼海渔港等适合发展文旅项目的渔港经济区发展成近岸海湾型海洋牧场，以渔港文化和滨海旅游体验为主线，建设包含休闲渔业、海上运动、滨海度假、体育竞技、高端民宿等业态的休闲海钓旅游场所，打造休闲渔业示范基地、热带观赏鱼育种基地；另一方面，可依托深海型海洋牧场建设，发展海底潜水、休闲海钓、海上观光、海洋餐饮、科普教育等海洋休闲旅游业态。

企业享受的自由贸易港其他政策、海南省支持产业发展的奖补措施，以及企业落地指南等，见附件。

典型企业情况表

企业	企业简介	国内基地
烟台经海海洋渔业有限公司	主营业务包括水产养殖、加工，海洋牧场、人工渔场开发与运营，渔业产业园区、渔港建设与管理，鱼苗培育与销售、饲料加工与销售，预包装食品（含冷藏冷冻食品）、初级农产品、水产品的加工与实体及电子平台销售，渔业休闲项目开发等	烟台

续表

企业	企业简介	国内基地
烟台中集来福士海洋科技集团有限公司	组建于2022年5月，由中集集团和烟台国丰集团共同出资，业务涵盖海洋油气、海洋渔业、海洋清洁能源、特种船、海洋空间利用、资产运营管理等领域，构建海洋资源综合开发的产业格局。集团多年来交付了上百座各种类型的海洋装备，包括全球最新一代超深水半潜式钻井平台“蓝鲸1号”、国内首座海洋牧场平台、国内首座深水智能网箱、全球最大的三文鱼养殖工船、亚洲最大的滚装运输船等	烟台
山东海洋集团有限公司	一家以海洋产业为核心主业的省属大型国有企业，致力于打造山东省海洋产业核心投资运营平台、海洋科技成果转化平台、海洋战略资源整合平台和内河水运项目投融资平台，加快建设现代海洋产业体系，现已布局现代远洋运输物流、现代海洋渔业、海上工程服务、海洋科技、内河港航投资运营、涉海金融服务等产业领域，发展成为一家具有重要行业地位和影响力的综合性海洋产业集团	烟台
青岛国信蓝色硅谷发展有限责任公司	成立于2012年，拥有海洋领域子公司8家、分公司1家，建设以海洋牧场、陆基养殖、深远海养殖、种苗繁育为核心的智慧海洋渔业体系，先后启动30万亩现代海洋牧场规划建设，获评“国家级海洋牧场示范区”和“国家级健康养殖示范场”，投资建设了全球首艘10万吨级智慧渔业大型养殖工船，拥有4万平方米的陆基循环水养殖工厂、3万亩现代海洋生态牧场、400余口抗风浪深水网箱	青岛
山东海洋盛景渔业科技有限公司	一家集研发、设计、生产、安装、服务于一体的高科技海洋装备制造公司，主要产品有海洋休闲平台、近岸养殖渔排、深远海抗风浪网箱及相关配套产品。公司为20多个省份的海洋牧场、养殖用户和各大旅游景点提供创新技术与产品方案	潍坊

续表

企业	企业简介	国内基地
蓝水集团	一家主营海洋油气装备、海洋风能装备、海洋渔业牧场装备、特种高技术海工船舶等业务，提供模块等设计制造服务的集团公司，旗下产业还包括特种起重设备制造、检测技术服务、工程物流服务、渔业产业链、海上运输服务、国际及国内贸易等服务	南通、揭阳、阳江、汕尾、北海
山东海洋牧场工程与技术研究院	由山东蓝色海洋科技股份有限公司与中国科学院海洋研究所、中国水产科学研究院黄海水产研究所、中国海洋大学等联合组建，是全国首家海洋牧场研究院，下设海洋牧场分子生物学实验室、海洋牧场水质分析实验室、海洋牧场病害防治实验室、生境与生物资源修复实验室	莱州
广州南沙地大滨海研究院	设有海洋微藻种质中心，建设生物地质与环境地质国家重点实验室广州分室、自然资源部深部地热资源重点实验室广州分室、自然资源部法治研究重点实验室广州分室等创新平台，导入组建海洋地球演化与观测、深部地热资源、海洋生物与过程、海洋工程与装备、太阳燃料、生物医药矿物材料、增材制造与智能设计、生态文明与自然资源治理等研究团队	广州

第十八篇　深海生物技术开发

深海生物资源指深海生物在生长和代谢过程中产生出的各种具有特殊生理功能的活性物质（某些特异的化学结构类型是陆地生物体内缺乏或罕见的），主要包括物种资源、基因资源和产物资源。深海生物资源是创新药物、功能性保健食品的原料来源和基因资源。深海生物技术是对深海生物资源进行采集、培养、提取，使其能产业化应用的技术。

全球以深海极端微生物及其基因资源为主的深海生物资源开发和应用取得突破性进展，预计未来20年，深海生物资源将在新药开发、工业催化、环境保护、日用化工、绿色农业等领域形成重要应用。利用新技术从深海中开发新的生物资源，从技术和资源源头开展创新研究，成为国际上新资源研究与开发的前沿方向。日本、美国以及欧洲制定了长期资助研究计划，推动深海极端微生物的研究开发。

我国很重视深海生物资源技术开发，原国家海洋局从“十五”时期开始启动深海生物基因资源研究。21世纪初，我国以“追赶者”姿态进入深海生物资源勘探领域，建立了相当规模的深海生物资源库，在深海微生物资源应用方面，在医药、环保、工业、农业等方面有重要应用价值的菌种、基因、酶和化合物实现了资源共享，保障了我国在国际海洋生物资源领域的合法权益和规则制定的话语权，在基因技术、细胞工程、蛋白质工程等领域取得了许多成果。

一、南海生物资源丰富

南海平均水深1212米、最大深度5559米，拥有极为丰富的深海生物资源，包括近2000种鱼类、200多种虾类，数十种蟹类以及其他大量海洋生物、岛礁植物、海水和底泥中蕴藏的海洋微生物。海南师范大学副教授王力军曾于2012年指出，南海海域主要类群运动的物种数目占全国对应物种品类的百分率为鱼类67%、虾蟹类80%、软体动物75%、棘皮动物76%；拥有海洋药用生物资源200多种，主要有鱼类、甲壳类、贝类、藻类、海参类、海星类、海胆类、海绵类、头足类、水母类、珊瑚类、星虫类、肢口类、爬行类、哺乳类等。

二、具备一定科研平台

一是海南有省级海洋药物工程技术中心，升级了海洋生物农药工程技术研究中心，建设了1个国家重点实验室、3个教育部重点实验室、11个省级重点实验室、10个省级工程技术研究中心，初步形成以海洋生物为主的海洋经济产业技术创新体系。二是提供技术服务平台，依托三亚崖州湾科技城建设了三亚深海化合物资源中心，打造了样本采集、分离提纯、样品生产改造及生物活性筛选鉴定等技术平台，促进深海科技与生命科学的交叉融合，将形成产研融合的海洋药物原创策源地。三是提供深海试验平台，自然资源部与海南省共建的国家海洋综合试验场（深海）是面向深海装备，集技术研发、测试试验、成果转化、产品孵化、检验检测于一体的公共服务平台，为深海生物技术所需装备测试、技术成果转化等提供保障。

三、海南有望打造与国际接轨的深海生物资源库

为保护深海生物种质资源，我国初步完成了深海菌种库建设。一是国家海洋局第三海洋研究所组建我国唯一生物大洋基因研究开发基地，专注于深海极端微生物资源及重要养殖动物病毒与抗病机制研究，建立了海洋药源生物资源库，构建国内第一个深海沉积物未培养微生物大片段基因组文库、国内第一个深海微生物菌种及基因资源库，目标是建设国家级的海洋微生物资源保藏中心，推动全国深海生物技术成果的转化。二是海洋微生物菌种保藏管理中心及自然资源部第一二三海洋研究所、中国海洋大学、中国极地研究中心、厦门大学、中国科学院微生物研究所、山东大学、中山大学等10家国内涉海科研院利用所拥有的近海、深海微生物菌种资源，建设了冷冻真空干燥菌种保藏库、液氮冻结菌种保藏库和超低温冰箱冻结菌种保藏库，负责全国海洋微生物菌种资源的收集、整理、鉴定、保藏、供应。

海南于2021年启动南海生物多样性、生物种质资源库和信息数据库建设项目，未来将依托全球动植物种质资源引进基地生物安全防控设施，建设创新型海洋微生物保藏设施和鉴定平台：一方面探索国家管辖外海域生物资源（主要是微生物）引进种类和引进模式，组建全国第一个覆盖全球海域的深海微生物菌种及基因资源库，为深海资源应用研究提供原料支持；另一方面依托科研院所搭建南海海域深海微生物资源开发的科学性框架，构建覆盖南海海域的深海微生物资源和基因库，支持全国基于深海微生物菌种的海洋药物、海洋益生菌、海洋多糖、海洋生物酶制剂等应用方向产业化开发。

四、具备一定的产业发展基础

海南海洋生物产业起步于20世纪80年代，近年来发展迅速，依托海口国家高新技术产业开发区、海口桂林洋经济开发区、海口药谷等布局建设，入驻的生物技术开发企业有150多家，涌现出一批海洋有益微生物制品、海洋生物保健品、美容化妆品、海洋生物医用材料等领域的优秀企业，热带海水养殖微生态制剂、热带作物微生态制剂、热带生物医用材料和功能产品发展

迅速，打造了热带土著芽孢杆菌制剂、热带土著乳酸菌制剂等一批独具特色的热带海洋生物产品，建成了全国最大的热带有益微生物菌种库和产业化基地，形成了以海洋有益生物、海洋药物及海洋功能食品为主，以海洋新材料与活性物质提取为辅的海洋生物产业体系。深海生物技术研发机构落户海南，能够对接下游规模化的产业应用，进而推动技术优化。

企业可享受的自由贸易港政策、地方奖补措施，以及企业落地程序等见附件。

典型企业情况表

企业	企业简介	国内基地
北海国发海洋生物产业股份有限公司	从事海洋生物资源综合开发、加工的上市公司，立足北部湾丰富的海水珍珠、海藻、虾蟹壳等海洋生物资源，依靠清华大学、中国科学院海洋所等机构和技术人才优势，开发具有资源特色，适应国内外市场需求的珍珠首饰、化妆品、药品、寡聚糖海洋生物农药、海藻生物液体肥等绿色环保产品	北海
山东达因海洋生物制药股份有限公司	成立于1994年的高科技生物制药企业，涉及儿童保健、心血管治疗、糖尿病治疗及抗感染治疗等领域。经营范围包括干混悬剂、散剂、口服液体制剂、透皮制剂、外用软膏等。公司产品涉及儿童药品、儿童保健营养食品领域。旗下有明星品牌伊可新［维生素AD滴剂（胶囊型）］	威海
浙江诚意药业股份有限公司	创办于1966年，是专业生产胶囊剂、针剂、片剂、原料药和医药中间体的综合性现代化制药企业，国家重点高新技术企业，公司利用海洋医药领域的优势，建立海洋药物开发平台，推进海洋生物技术研发及产业化	温州
青岛优度海洋生物科技集团有限公司	从事海洋生物化妆品研发，在生物多肽类制剂、纳米和微球包裹剂型、浒苔藻类等自主原材料开发、羧甲基壳聚糖等生物修饰原料开发和冻干工艺方面取得突破性进展，在寡肽类、海洋藻类的新材料、新工艺以及医学临床研究方面取得了众多独特性成果，提供处于科技前沿的生物基因护肤品和海洋生物护肤品	青岛

续表

企业	企业简介	国内基地
正大制药（青岛）科技有限公司	1994年成立，中国首家海洋药物生产企业、中国唯一的国家级海洋药物中试基地、国家级企业技术中心、国家重点高新技术企业。研发的抗肿瘤创新药BG136已完成临床前药学研究，上市之后将成为世界上第17个、中国第3个国际公认的海洋药物。产品包括藻酸双酯钠片（PSS）、甘糖酯片（海通）和海麒舒肝胶囊。其中，藻酸双酯钠片更是中国第1个、世界上第5个被国际学术界和医药界认可的海洋原创药物，甘糖酯片在国内只有青岛正大制药进行生产	青岛
厦门百美特生物材料科技有限公司	“十三五”海洋经济创新发展示范项目“海藻纤维技术创新产业化应用”示范企业，公司目前已建成年产100吨海藻纤维湿法纺丝生产线，研发功能性医用材料“藻酸盐敷料”，产品于2018年4月获得国家药监局注册核准，取得了国家三类医疗器械注册证	厦门
青岛海大生物集团股份有限公司	成立于2000年，从事海洋生物资源开发利用、生产和销售的高新技术企业，已形成“新型海洋生物肥料、功能海洋生物制品、海洋环境保护服务、海洋健康食品供应链”四个业务板块	青岛
青岛蓝宝海洋生物科技有限公司	国家认定的高新技术企业和科技型中小企业、青岛市专精特新企业，专注海洋生物十几年，聚焦低值海洋生物资源的利用与开发，利用低温破壁、双重酶解、酶酵耦合等多项领先技术，开发了海藻提取物、海藻多糖、褐藻寡糖、鱼虾蛋白肽、壳寡糖等系列产品，广泛应用于种植业	青岛
青岛即发集团股份有限公司	拥有国家级企业技术中心和青岛市甲壳素工程中心，自主研发的“海洋生物甲壳质纤维”是全球第一个从自然界提炼并研发成功的抗菌防臭功能纤维。“高吸液型壳聚糖纤维及医用纤维”项目总体技术上达到国际先进水平，其中产品质量达到国际领先水平。公司在甲壳素纤维领域获得6项国家发明专利、2项国外PCT（专利合作条约）专利	青岛

续表

企业	企业简介	国内基地
宁波 希诺亚海洋生物科技有限公司	成立于2013年，国内外知名海洋生物高科技企业，尤其在海洋合成生物学和海洋天然大分子产业化发展领域成果优秀。在海洋多糖、海洋酶制剂和肠道微生态领域处于世界较高水平。公司承担多项国家、省、市级研发课题，通过了ISO22000：2015食品管理体系、ISO9001：2015管理体系、HACCP食品管理体系认证等多项质量体系认证，到2022年申请专利60项以上，获授权专利31项，其中发明专利授权20项	宁波
厦门 蓝湾科技有限公司	成立于2005年，是一家专业从事海洋多糖生物医药、保健食品开发的高新技术企业，与自然资源部第三海洋研究所等科研机构合作开发出蓝湾高纯硫酸氨基葡萄糖、高脱乙酰度壳聚糖、壳寡糖，以及维生素K2、磷脂酰丝氨酸（PS）等产品，销往全国200多个城市，服务近百万国民，广受用户好评	厦门
美国 基因泰克 （Genentech）	创立于1976年，美国历史最久的生物技术公司，也是规模和实力仅次于安进的世界第二大生物技术公司，旗下有多条管线专研海洋生物医药的研究与开发	无
澳大利亚 Marinova	世界顶尖的海洋生化公司，致力于生产与研发有机褐藻制成的医药产品，海洋生物技术行业领先企业	无
美国辉瑞 （Pfizer）	创建于1849年，注重海洋生物医学和海洋药物的研究，涉及广泛的海洋生物技术，至今已推出诸如抗癌、抗生素等多项造福人类的海洋生物医药产品	无

第十九篇　潜水救捞设备研发制造

救捞是海上交通安全的最后一道防线，主要涉及人命救助、船舶和财产救助、沉船沉物打捞、海上消防、清除溢油污染及其他为海上运输、海上资源开发提供的安全保障。

救捞设备涉及水上、水下及深海应急救援装备，主要包括救助船、救助艇（含无人艇）以及应急装备，其中救助船包括海洋救助船、快速救助船（含无人船），应急装备包括深海探测观测设备（如深海拖曳扫测系统、自主式无人潜航器、拖曳式多波束扫声呐等）、潜水装备、无人机设备等，救捞设备中用于水下救援作业的设备可归为潜水救捞装备。基于海上安全事故的多样性及复杂性，伴随救捞装备技术的发展，潜水救捞装备正在逐步向无人化、精细化方向发展。

潜水救捞装备产业链长、涉及面广。上游涉及原材料、硬件供应企业及核心技术系统研发企业，如防水材料、密封材料、钢铁合金等原材料，以及电子元器件、芯片、控制系统、声呐系统、摄像机、单片机、推进器、声呐、姿态传感器、湿度传感器等零部件；中游参与主体主要为设备的生产制造企业；下游涉及潜水救捞装备应用主体，主要包括军队、国家公务力量（如海事、渔政、海警等）和社会需求主体。

国家一直重视发展海上救捞事业，我国在潜水救捞先进装备方面与国际存在差距：关键设备原材料和零部件高度依赖进口，如水下推进器、防水防腐蚀金属合金材料；现有技术水平与国际高水平相差较大，难以造出6000米工作级的水下机器人（目前只有美国、英国、加拿大、挪威等国家有能力生产）。我国正在强化深远海救捞能力建设，突破关键核心技术，提高自主创新能力。一是加快不同水深饱和潜水支持母船和饱和潜水成套装备、大型溢油回收船及配套设备建造配置，强化深远海综合应急处置能力。二是优化救助装备配置，加强深远海搜寻扫测救捞装备配置，推进水下机器人、无人机、无人船等智能救捞装备配置应用。三是加快推进综合救捞保障基地和救助机场建设，完善海陆空立体救捞网络布局。

一、南海对大规模潜水救捞装备的需求较大

国家和海南在南海区域发展海洋渔业、海上风电、海洋旅游业、海洋油气、海洋装备制造、海洋信息、海洋生物医药业、深海科考等产业，已布局多个海上风电等项目。由于海南台风较多，需要对渔民、渔船及其他人员或设施设备开展与台风赛跑的“南海大救援”。伴随海洋环境固有的不确定性因素，安全保障需求也有所提升，进一步激发潜水救捞装备需求。同时，保障

海洋安全对先进潜水救捞装备应用需求较大。南海是连接太平洋和印度洋的重要通道，全球半数以上的超级油船会经过南海（每年经南海运输的石油是苏伊士运河的5倍、巴拿马运河的15倍），事故船只往往需要驻扎在海南的相关救援团队施救。我国积极参与国际海事组织（IMO）、国际海上人命救助联盟（IMRF）、国际救捞联合会（ISU）等，在海南设立救助局。未来随着海洋安全保障的需要，先进的潜水救捞装备应用需求将加大。

二、集聚的海上救捞组织，为设备更新维护带来需求

目前海南省救捞主体由公务力量（如南海救助局、海事、渔政、海警等）、打捞工程企业（如三沙海平救助打捞有限公司、广州打捞局海南分公司）、社会志愿服务团队（如琼海博鳌海上志愿服务队）等专业力量构成，基于潜水救捞过程中海底环境的不可控导致的设备损坏及海水环境侵蚀等影响，各类救捞主体均存在定期更换或采购新的潜水救捞装备的需求，将采购更多的高端前沿救捞设备。

三、海南深海装备科研资源，为潜水救捞装备研发制造提供良好支撑

海南依托三亚崖州湾科技城深海科技城，引进龙头企业研发中心、科研机构，布局科研创新平台，为潜水救捞装备研发提供技术支撑。此外，海南积极推动举办潜水救捞装备展览展示和技术交流活动，强化国内外技术交流，为前沿救捞设备研发制造提供推广平台，例如2022年举办的首届国际深海科技展览会上，海洋应急救捞装备、潜水与打捞器材是重要的展示板块，该展会为潜水救捞装备研发制造企业提供技术交流的平台与合作的机遇。

四、我国潜水救捞装备核心零部件进口依赖度较高，在海南开展加工制造将享受原材料成本利好

目前我国潜水救捞装备制造配套工业还不够完善，如水下推进器、耐蚀合金、传感器及多波束成像声呐等部件几乎都依赖进口，供应商议价权大，且进口关税税率较高，大幅提升我国潜水救捞装备制造的原材料成本。

潜水救捞装备部分零部件进口关税及关税减免情况表

设备类型	进口价格	主要进口国	进口关税（%）	进口增值税（%）	海南可优惠金额（万元）
水下推进器	15—20（万元/台）	美国、德国	10	13	3.45—4.6
耐蚀合金	0.2—1（万元/千克）	美国、德国、奥地利	3	13	0.032—0.16
传感器	1—3（万元/台）	美国、日本	10	13	0.23—0.69
多波束成像声呐	15—100（万元/台）	英国	1	13	2.1—14

根据海南自由贸易港加工增值政策，企业在海南进口所需零部件并开展潜水救捞装备组装制造，成品销往内地市场，享受加工增值带来的原材料进口关税减免优势，原材料进口成本可降低约6%。根据自由贸易港“零关税”政策，若企业组装制造成品直接向海南本地销售，原材料进口成本可降低约19%（减免潜水救捞装备核心零部件进口关税、增值税，关税税率平均约6%、增值税税率为13%）。

假设企业年产1000台水下机器人（其中500台销往内地、500台在海南本地销售），水下机器人国内定价设定为30万元，水下机器人制造毛利率约为30%、水下机器人制造成本约为0.9亿元。其中零部件成本约占1/4即2250万元，零部件约有1/3（675万元）从国外进口，进口关税税率取平均值6%，可减免进口关税、增值税共计约84万元（假设500台销往内地的水下机器人减免零部件进口关税，500台在海南本地销售的水下机器人减免零部件进口关税、增值税）。

企业享受的自由贸易港其他政策、海南省支持产业发展的奖补措施，以及企业落地指南等，见附件。

典型企业情况表

企业	企业简介	国内基地
深之蓝海洋科技股份有限公司	国内首家专业从事全系列水下机器人及相关水下核心部件研发、制造、销售的企业。公司核心团队由天津大学水下研究组和美国佐治亚理工学院的博士组成，提供自主水下航行器（AUV）、水下滑翔机（AUG）以及缆控水下机器人（ROV）等小型水下运动载体的相关技术解决方案和产品，产品适用范围包括潜水娱乐、救援打捞	天津
博雅工道（北京）机器人科技有限公司	成立于2015年，拥有世界领先技术，集研发、生产及销售于一体的水下机器人行业领头企业。2018年，博雅工道已实现盈利。公司在水下机器人整体开发及水下传感器研发等相关技术领域的研发制造均达到国际一流水平	北京
山东未来机器人有限公司	专业从事水下机器人、水下摄像机、消防机器人、网络交互式机器人等集研发、生产、销售于一体的高新技术企业。公司研制出的水下机器人包括：水下悬浮机器人、管道检测机器人、水下履带机器人、深海型水下机器人、水下切割机等主导产品，通过了CE和FCC国际认证。产品远销美国、韩国、俄罗斯、智利、西班牙、拉脱维亚等国家	威海
中国船舶重工集团应急预警与救援装备股份有限公司	创建于1967年，是国家企业技术中心、国家工程技术研究中心。2016年成为第一家整体上市的军工总装企业和第一家应急行业上市公司。专注应急装备事业，积极向应急预警、应急救援、应急保障、应急服务四大板块拓展，产品平灾结合，主导产品应急交通工程装备覆盖公路、铁路、水路、航空四大交通领域，为军队遂行作战、政府保通救灾、企业工程施工提供产品、服务和解决方案	武汉、北京、赤壁
北京臻迪科技股份有限公司	专业提供智能无人系统、大数据分析及可视化系统、虚拟仿真系统等产品及专业服务。在无人系统领域，臻迪科技自主研发的系列企业级无人机产品四旋翼PowerQuad、直升机PowerCopter被逐步应用于农业植物保护、电力、测绘、石油矿产、警用、救援等多个领域	北京

续表

企业	企业简介	国内基地
上海 彩虹鱼海洋科技股份有限公司	从事海洋科学技术开发应用研究，将研究成果进行产业化与市场化发展。公司以深海科技为核心的海洋战略性新兴产业主要包括海洋信息科技、海洋生态环境、海洋装备制造，以及海洋文化旅游4个板块	上海
上海 查湃智能科技有限公司	专注于水下探测技术研发的高科技公司，在水下机器人领域拥有40余项知识产权，产品服务全球33个国家和地区，覆盖水利、水务、交通、油气、执法、国防、测绘、渔业等领域，具备水下机器人产品的ISO9001质量管理体系认证及CE认证	上海
青岛 赶海机器人有限公司	专业开发各种300米以内的水下作业型机器人用于海底取样、勘查、水下考古、水下专项作业等高端领域的公司。主要客户群为海事、海关、海军、核电、水电、科研院所、海洋救助、海洋石油等单位，实现海上救助、海岸警卫、海底巡查、海底找矿和海洋科研等功能，广泛应用于水下打捞、水下摄影、渔业养殖等	青岛
天津 蓝鳍海洋工程有限公司	围绕海洋资源探测和海洋环境监测两大主题，面向市场提供AUV、AUG、ROV等大、中、小型水下运动载体的相关技术、解决方案和产品。公司拥有18个系列、57款无人水下潜艇、载人水下潜艇、无人水下机器人、载人水下机器人的全套技术资料与产品资料	天津
杭州 鳌海海洋工程技术有限公司	快速发展的创新型海洋科技企业，为海洋技术人员提供先进、可靠、高性价比的产品和系统解决方案。鳌海长期致力于水下机器人（水下无人系统）技术、深海（深渊）探测技术等前沿海洋技术与产品的研发、集成与应用	杭州

续表

企业	企业简介	国内基地
上海 打捞局芜湖潜水装备厂有限公司	公司开发、设计、研制的主要装备和产品：潜水装具、载人压力容器、潜水入出水系统、潜水控制及气源系统、船用散料罐及输送系统、船用压力容器、陆用压力容器。自建厂以来，为我国海上救助、沉船打捞、海洋石油开采、水下勘探、水库电站及桥涵隧道建设等工程，提供了专业、可靠的先进装备	芜湖
法国 ECA集团	Groupe Gorgé的全资子公司，在自主机器人和集成系统行业处于世界领先地位，尤其是在海事应用领域。其中，H2000型大中型工作型ROV，是法国海军2000米水深进行沉船和失事飞机调查和打捞指定用ROV	无

第二十篇　深远海探测装备研发制造

深远海探测装备研发制造是进行海洋开发、控制、综合管理的基础，主要包括海洋观测平台、海洋水文水质观测仪器设备、海洋地球物理勘探仪器设备、海洋遥感测绘设备、海洋通信与传输设备、海洋大数据平台等装备，应用领域主要包括船舶与海洋工程、油气勘探与开发、海洋环境保护、海洋渔业调查、海上救援、深海采矿、海防安全。

深远海探测装备研发制造的上游设备主要包括装备设计、原材料（钢材、铝合金、钛合金等）、涂料（防腐涂料、石墨烯涂料、氟碳涂料、聚硅氧烷涂料、环氧树脂涂料、富锌底漆等）以及对应的配套部件（定位系统、电气设备、电子元器件等），中游设备主要包括海洋声学探测设备（测深仪、侧扫声呐、浅地层剖面仪、单道多道地震设备等）、海洋光学探测设备（如基于飞机平台或者卫星平台探测设备）以及海洋电磁探测设备（如磁力传感器设备等），下游设备主要集中于海洋工程项目、海洋油气资源勘探开采、海洋生态环境监测分析等领域。

当前，国际海洋探测装备的研发制造正向高度信息化与智能化、专业化与模块化、谱系化与强功能、高稳定性与可靠性等趋势发展。美、日等国家及欧洲等地区的海洋无人观测装备及应用走在世界前列，我国海洋探测设备研制起步较晚，但近年在国家政策的支持下，海洋探测仪器自主研发能力不断增强，已研制出与国外技术水平接近的产品，如单波束、多波束、侧扫声呐、海洋重力仪等。在海洋动力环境、生态环境、海底环境调查与资源探测等传感器技术研发方面，取得了一批世界先进水平的成果；海洋观测平台技术方面已初步建立了包括卫星遥感、航空遥感、海洋观测站、雷达、浮（潜）标、海床基观测平台、海洋环境移动观测平台的海洋观测平台技术体系，基本与国际同步。

我国深远海探测装备研发和制造还存在较大的差距。一是关键设备依赖进口，如大型科研探测和观测装备（如无人观测载荷）依赖进口（约80%），水下导航定位设备、浅地层剖面仪、海洋磁力仪等与国外先进设备存在一定技术差异。二是前沿技术研究基本处于空白，我国尚未突破与海洋用钢规格相当的宽幅超厚钛合金板材制备技术，在浮力材料多功能化方面，国际上已开展兼具声学、电磁、绝热功能的浮力材料研制，而国内基本处于空白状态。随着深远海探测装备的国产化，市场规模由十亿级向百亿级迈进。

一、海南有巨大的应用市场

南海海域是我国开展海洋环境研究及科考的重要区域，深远海探测装备产业化需求巨大。南海海域是中国近海面积最大、水域最深的海区，平均水深1212米，最大深度5559米，深海海域相对封闭，具备良好的深海科研条件。目前，海南已促进“探索一号”科考船、“深海勇士”号载人潜水器、“奋斗者”号万米载人潜水器等国家海洋科技重大装备落户海南。此外，每年有中国科学院深海所、中国科学院海洋所、中国科学院声学所、自然资源部第一海洋研究所、自然资源部第二海洋研究所、广州海洋地质调查局、中电科研究院、中国船舶集团有限公司（简称中船集团）、中国海洋大学、海南深科海洋技术服务有限公司、泰和海洋科技集团有限公司等近40家科考团队驻扎海南赴深远海区域开展相关研究（以三亚南山港为例，2022年为相关单位提供科考船服务数量超210艘）。伴随港口服务能级升级、海洋认知面扩大及科考覆盖群体扩大，深远海探测需求也将稳步提升，亟须推动海洋科考船、海洋运载器、海洋潜浮标等科考载运装备以及海洋探测与实验仪器装置等深远海探测装备产业化发展。

南海海域深海资源开发需求巨大，亟须深远海探测装备支持，目前已推动中国海油澄迈油气勘探生产服务基地、中国海油南海油气开发总指挥部基地及海南深海能源项目等项目落地，伴随资源开采需求及技术升级，将加速推动海南海洋油气项目落地，深海钻探装备、海底地震勘探节点采集装备、水下开采装备、浮式生产设施等深海油气勘探开发装备的需求量也将进一步激增。与此同时，伴随海南海上风电项目规划发展，海底电缆冲刷状况的监测已成为保障海上风电运维安全持续的关键，需要声学探测装备支持。在南海海域深海资源开发需求下，企业在海南布局深远海探测装备研发制造将较快实现本地化。

二、海南集聚深海装备专业研发技术力量，初步形成深远海探测装备研发制造基础

海南依托三亚崖州湾科技城，引进深海探测、海洋资源开发利用等领域龙头企业研发中心、科研机构，布局科研创新平台包括国家深海基地南方中心科技创新平台、中国地质调查局南海地质科技创新基地等科研平台、南海海洋资源利用国家重点实验室、中国科学院深海所深海科学仪器公共技术服务平台、哈电集团&哈尔滨工程大学深远海智能无人装备联合保障中心、武汉理工大学海洋光纤传感技术研究中心、德国旭格智能组装中心、山东未来机器人UUV保障基地等，为深远海探测装备研发提供技术支撑。同时，加快深海空间站、国家级深远海综合试验场建设，推动开展深海监测和探测仪器装备、海洋仪器仪表及自动化控制等关键技术研究及成果转化应用，支持智能观测机器人、无人观测艇、载人潜水器、深水滑翔机、海洋生物和化学传感器等设备及关键零部件技术突破和产业化应用。

三、深远海探测装备零部件进口依赖度高，企业可享受加工增值政策

目前，我国深远海探测装备制造配套工业还不够完善，常用的传感器、轻量化浮力材料、多波束测深系统、声学多普勒流速剖面仪等部件几乎靠进口，

供应商议价权大，且进口关税税率较高，增加了深远海探测装备制造的成本。

深远海探测装备部分零部件进口关税及关税减免情况表

设备类型	进口价格	主要进口国	进口关税（%）	进口增值税（%）	海南可优惠金额（万元）
传感器	1—3（万元/台）	美国、日本	10	13	0.23—0.69
轻量化浮力材料	10—30（万元/千克）	美国	15	13	2.8—8.4
多波束测深系统	5—22（万元/台）	美国、加拿大	1	13	0.7—3
声学多普勒流速剖面仪	100—150（万元/台）	美国	0	13	13—19.5

企业在海南进口所需零部件，组装生产深远海探测装备，成品销往内地，可享受加工增值政策的优惠，免征原材料进口关税，原材料进口成本可降低6%左右。若组装制造的成品直接向海南本地销售，可免征原材料进口成本19%左右（深远海探测装备核心零部件进口关税税率6%左右、增值税13%左右）。

假设企业年产100台大型探测设备（其中50台销往内地、50台在海南本地销售），探测设备国内定价设定为150万元，企业探测设备制造毛利率约为25%、探测设备制造成本约为1.125亿元，其中零部件成本约占1/4，企业零部件约有1/3从国外进口（843.75万元），进口关税平均税率约6%，可减免关税、增值税共计约105万元（50台销往内地的探测设备减免零部件进口关税，50台在海南本地销售的探测设备减免零部件进口关税、增值税）。

企业享受的自由贸易港其他政策、海南省支持产业发展的奖补措施，以及企业落地指南等，见附件。

典型企业情况表

企业	企业简介	国内基地
嘉兴中科声学科技有限公司	依托中国科学院声学所技术和人才，致力于海洋声学信息技术与电声检测技术的研发及相关仪器设备的研制、生产和服务。公司的水声产品覆盖海洋通信、定位、导航、探测、信息获取等处理技术，应用于海洋开发、海洋工程、国防、石油勘探、水下安防、测绘、渔业和船舶制造等	嘉兴

续表

企业	企业简介	国内基地
江苏 中海达海洋信息技术有限公司	产品主要用于海洋施工定位、打桩系统、水下管道铺排、内河航运、水利工程、水文监测、海洋测绘、海洋环境监测、海洋工程、海洋地球物理勘探、海洋生物、海洋可再生能源、水下考古打捞、海事海监等领域，公司以卫星导航技术为核心，融合声呐、光电、激光雷达、UWB（超宽带）、惯导等多种技术，形成“海陆空天、室内外”全方位的精准定位布局	南京
北京 海卓同创科技有限公司	专注于海洋勘测领域，是以研究和开发为核心职能的国家级高新技术企业，公司对所有自研产品、相关核心技术及相关品牌拥有自主知识产权。作为国内第一家实现高端水下勘测系统产品化、市场化的公司，海卓同创的浅水多波束测深产品——“海卓MS400”一经问世，销量就保持国产占有率领先的地位	北京
北京 星天科技有限公司、	以海洋信息化系统研发与水下探测装备研制为主营业务的高新技术企业，围绕海洋信息和水下探测两大领域，致力于提高海洋综合感知能力，链接海洋信息化产业中的感知层、数据层、应用层和服务层等，解决海洋防务、海洋测绘、海洋环境大数据等领域的技术难题。公司自主研发了一系列海洋信息化系统软件及多款高性能国产化水下探测装备，推出具有自主知识产权的GeoBeam系列浅水多波束测深系统，测深深度、分辨率、测深精度、整机性能等指标都达到了国际同类产品的先进水平	北京、嘉兴、天津
湖北中南鹏力海洋探测系统工程有限公司	成立于2009年，由中船集团、宜昌国投集团等参股的我国专业从事海洋与大气探测仪器设备研发及海洋信息服务的科技研发型龙头企业。拥有海洋探测及信息技术5个创新研发平台。公司产品主要用于海上航行线路安全规划、海洋防灾减灾、海洋资源及渔业服务、生态环境保护等海洋国防及海洋经济建设领域	宜昌
北京蓝创海洋科技有限公司	具备15年以上水声行业经验的专业团队，专注从事水下高端声呐装备的研究、开发、生产及测试。拥有博士和研究员组成的算法研究团队、有40多年机械设计经验的结构设计专家和行业内经验丰富的软、硬件设计团队，以及研制、生产各类换能器的实验室及车间。以市场客户需求为导向，开发研制出便携、易用及高性价比的创新型产品，满足水下勘查及探测的多类需求	北京

续表

企业	企业简介	国内基地
中国船舶重工集团第七一五研究所	我国专业从事声学、光学、磁学探测设备研制的骨干研究所，建有声呐技术重点实验室、水声一级计量站、水声产品检测中心、杭州无线电计量二级站等重要技术机构，拥有大型室内消声水池、变温变压声学测试装置和国内一流的湖上试验基地，具备一流的总装总成科研生产条件，是国际标准化组织声学技术委员会水声分委会（ISO/TC43/SC3）和国际电工委员会第87分委会（IEC/TC87）在国内的技术对口单位。研制了GB-6A型拖曳式海洋氦光泵磁力仪，CSCC-1型船载三分量地磁测量系统，2018年研制的GB-6B型海洋磁力仪通过严格测试，主要性能达到国外同类产品水平，灵敏度优于0.01nT，数据采样率可调，全球适用	杭州
广州点深软件有限公司	根据市场需求相继开发了亿点通多波束测量软件和多波束后处理软件，可接入市场上所有类型的定位、姿态仪、罗经和多波束等设备，通过三维立体和二维平面，可辅助测量人员和舵手完成各种地形测量和海底调查任务，并极大地提高多波束外业数据采集的效率	广州
美国海鸟科技公司（Sea-Bird Scientific）	成立于1974年，是海洋CTD（温盐深仪）产品制造商，产品测量参数包括温度、盐度、深度、溶解氧以及其他相关的海洋参数。客户涵盖全球的各大海洋研究所、国家和地方政府机构、工程公司和海军等。为推进海洋观测学科发展，Sea-bird Scientific在工程技术、计量、校准、软件开发、科学分析等方面投入了大笔资金，以使产品更精确、可靠并且能够得到广泛应用	无
美国德立达RD仪器（Teledyne RD Instruments）	公司简称RDI，从事研究和生产与海洋、湖泊、河流以及人工水体的科研与调查有关的仪器。RDI的ADCP（多普勒流量计）产品系列成为全球科学家及工程技术人员用以测量水流的通用标准仪器。RDI公司为用户提供精确、快捷、周全和收费合理的服务。德立达RD仪器公司成立于1982年，是尖端电子元件、仪器、通信产品的引领者，产品包括国防电子仪器、航空数据获取与传输产品、工业和环境监控仪器、无线及卫星通信子系统等，还提供国防、太空及环境应用领域工程系统解决方案及信息技术服务，航空发动机及元件，以及现场供气及发电系统	无

续表

企业	企业简介	国内基地
美国哈希（Hach）	成立于1947年，产品包括实验室分析仪、便携式分析仪、在线分析仪、水质自动采样器、流量计等。公司在美洲、欧洲和亚洲有强大的研发团队，获得专利527项，覆盖130多个专利家族。旗下产品电导率传感器Polymetron提供包括在线分析仪表和传感器的水质监测系统，特色产品有在线硅表/磷表、溶解氧仪等。Polymetron系列水质监测仪器广泛应用于电力、化工等行业的水质在线监测	上海
上海连航机电科技有限公司	设计和制造用于海洋学研究和监测的科学仪器，专注于海洋仪器的三个领域：中性浮力、自主漂流器和轮廓仪、自主水下滑翔器和系泊水下声源。研制的APEX型剖面浮标占Argo全球海洋观测网中浮标总数的57%	上海

第二十一篇　游艇制造维修

游艇是高端消费品，随着我国居民消费升级，游艇市场有望快速增长。游艇按大小分为：小型游艇（长度在11米以下，价格一般为20万—50万元人民币）、中型游艇（长度为11—18米，价格一般为60万—200万元人民币）、大型游艇（长度为18—24米）和超级型游艇（长度为24米以上），大型游艇和超大型游艇价格差距很大，国内价格一般在几百万元人民币、国外一般在几百万元到上亿元人民币。美洲每千人游艇拥有量为15.3艘、欧洲为13.4艘，我国仅为0.18艘，美洲、欧洲两大市场占世界游艇份额的90%以上，全球24米以上的大型和超级型游艇主要在欧美澳等国家及地区。

游艇制造是技术密集型、知识密集型、资本密集型、设计密集型产业。目前我国游艇制造、设计在全球分工体系中总体还处于中低端，国产游艇制造业所需的零部件30%左右依靠进口。由于国内游艇消费市场（包括私人购买和散客租赁）处于培育和起步阶段，许多游艇生产企业的经营状况不佳。因此，我国游艇制造业健康可持续发展的主要任务是激活下游消费市场、生产性价比高的游艇以及配套建设相关设施。

游艇制造维修产业图谱

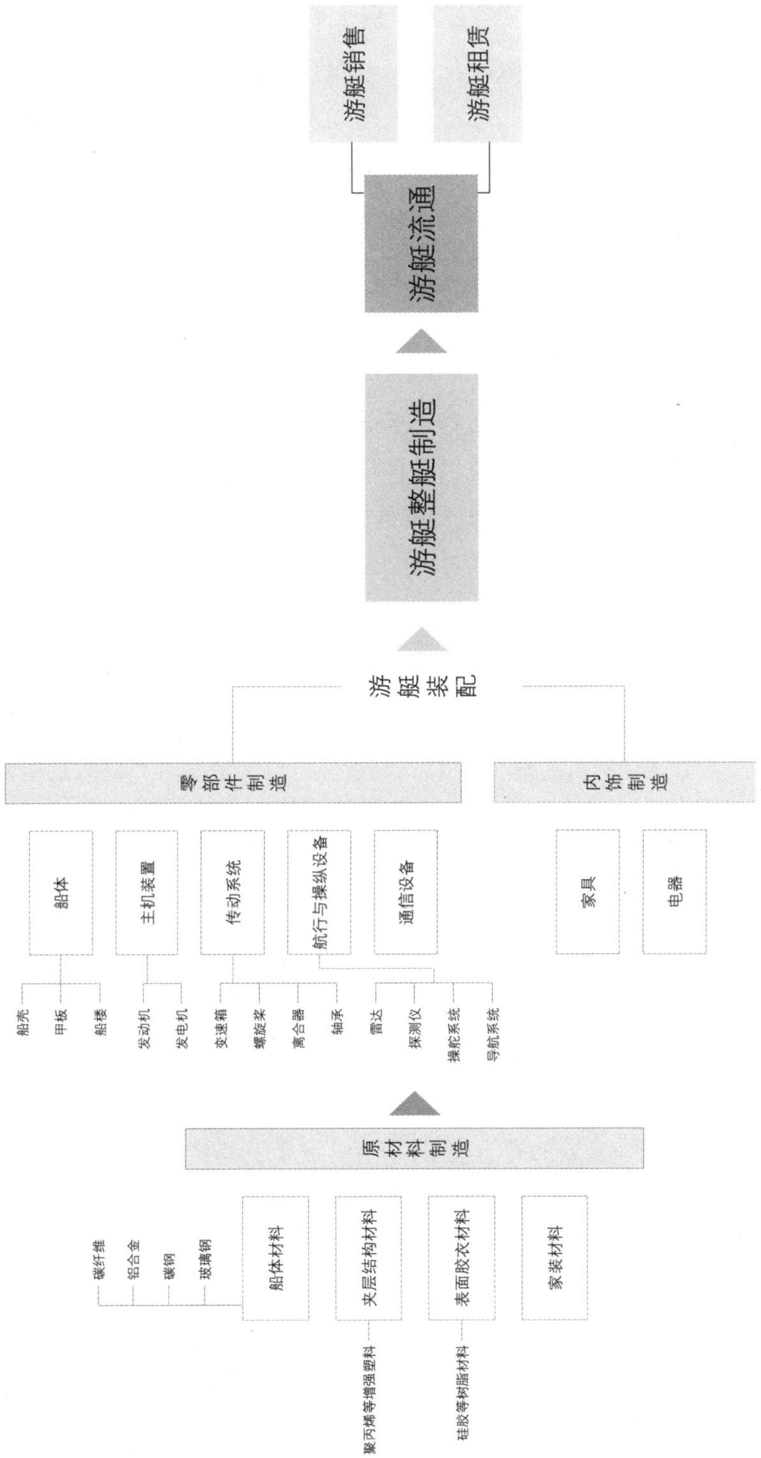
游艇销售
游艇租赁
游艇流通
游艇整艇制造
游艇装配
零部件制造
内饰制造
船体
主机装置
传动系统
航行与操纵设备
通信设备
家具
电器
船壳
甲板
船楼
发动机
发电机
变速箱
螺旋桨
离合器
轴承
雷达
探测仪
操舵系统
导航系统
原材料制造
船体材料
夹层结构材料
表面胶衣材料
家装材料
碳纤维
铝合金
碳钢
玻璃钢
聚丙烯等增强塑料
硅胶等树脂材料

游艇消费市场的发展水平与经济发展水平密切相关，地区人均GDP 3000美元时游艇消费开始起步，地区人均GDP 5000—6000美元时游艇消费进入快速发展阶段。我国有20多个沿海城市人均GDP达8000美元以上，游艇消费处于快速发展阶段。目前游艇消费市场未规模化发展的主要壁垒是：（1）文化观念限制，美澳新等国的游艇消费文化起源于海洋、“亲水时尚”，我国基本是农耕文明，明朝晚期的“海禁”等制约了海洋文化的发展，但随着改革开放的深入，新型消费观念正在形成；（2）游艇消费限制，我国私人购买家庭用游艇数量极少，大部分游艇为游艇俱乐部所有，国家禁止游艇消费的散客售票体验模式，非私人游艇所有人的社会大众，必须以整船租赁的形式向俱乐部提出游艇租赁，而我国游艇俱乐部以“会所型”为主（主要依赖出售会籍且价格较高），目标客群为精英富豪群体，面向普通消费者的单次游艇租赁价格较高，这强化了游艇消费的奢侈定位和排他性；（3）游艇公共设施比较欠缺，面临游艇码头功能布局不合理不规范，水上加油站等站点数量不足，分布不合理等。

按中国居民的收入分析，未来10年我国游艇俱乐部等企业类游艇购买量约5万艘，若能逐步降低游艇消费的三大壁垒，游艇消费会有更大的空间。

一、海南是我国培育游艇文化、拉动游艇消费的先行区

海南地处热带、四面环海，授权管辖200多万平方公里海域，有1944公里的环岛海岸线、68个优质自然港湾以及国际热带滨海旅游城市群，建设游艇码头、扩大游艇（帆船）消费的自然条件极佳。海南拥有天然的“亲水文化”，旅游业海洋文化属性突出，具有培育游艇文化的先天优势。随着“Z世代”逐渐成为主流消费群体，海南正将游艇出海塑造成为滨海旅游的亮丽“名片”，培育年轻人喜爱的游艇文化。

为支持以游艇租赁为核心的游艇消费市场发展，海南引进游艇俱乐部，采取直接租赁的商业模式经营俱乐部，游艇消费的门槛较低。海南已有超过15家游艇俱乐部落，建成并运营13个游艇码头（大部分由游艇俱乐部投资建设），共2289个泊位，游艇水上泊位、下水坡道、干仓、会所、维修保养车间等基础配套设施完善。到2025年，海南游艇码头泊位计划达3394个。

海南主要游艇俱乐部情况表

名称	地区	游艇俱乐部特点和商业模式	泊位数量
华彩·杰鹏游艇会	海口	高端度假型游艇会及社交平台，业务包括游艇码头管理、游艇俱乐部会籍、游艇托管维保、游艇销售租赁、游艇展示中心、游艇会场地活动。海域开阔、坡缓水清，200米海域内水深不过2米，海水达国家一类水质，最大停泊183尺①的超级游艇。游客不需购买会籍即可直接租赁游艇：价格为4500元/小时	68
海南美源国际游艇会有限公司	海口	全国邮轮游艇协会副理事长单位，提供游艇展示销售、游艇停泊、游艇维修保养等服务。游客不需购买会籍即可直接租赁游艇：包船1小时（最多容纳5人）3000元，美源游艇会包船1小时（最多容纳19人）1万元，美源游艇会包船1天（最多容纳5人）1.5万元，美源游艇会包船1天（最多容纳19人）8万元	112
海南司南环岛游艇俱乐部有限公司	海口	海南海峡航运股份的全资子公司，主要提供游艇停泊、租赁、入籍检验、维修、交易等服务。游客无须购买会籍即可直接租赁游艇：最低3小时，价格分别为6800元、8800元、1.58万元、1.68万元、2.38万元、2.8万元	13
半山半岛帆船港	三亚	坐落在三亚鹿回头半岛（得天独厚的天然避风港湾），港池面积10公顷，最大可停靠200尺的船只，提供包括游艇会籍、游艇出海、船舶维修、赛事承办、餐饮酒店等多元化服务，被国际游艇码头协会授予“国际白金五金锚认证游艇码头”证书。游客不需购买会籍即可直接租赁游艇：最低3小时，价格3000元左右	325
鸿洲国际游艇会	三亚	提供游艇租赁、游艇销售、游艇停泊、航海文化赛事运营、游艇售后等服务，目前拥有纯进口游艇船队共12艘可供对外出海体验。游客不需购买会籍即可直接租赁游艇：最低3小时，价格在2500—3000元	72

①英尺、尺为国际标准游艇规格单位，故书中游艇、船只等的计量单位为此，1尺≈0.33米，1英尺≈0.3米。

海南游艇消费以游艇旅游为核心，正从“小众、高端”走向“大众、休闲”。截至2022年6月底，全省登记游艇保有量超1200艘（约占全国的18%），其中2022年海南销售进口游艇25艘、国产游艇40艘（国内共销售进口游艇45艘、国产游艇300艘，海南分别占全国的55.6%、13.3%）。根据《海南游艇产业改革发展创新试验区建设实施方案》，到2025年全岛注册游艇数量在2500艘左右，全年游艇旅游人数达到136万人次，按照每5人租赁一艘游艇，单次租赁消费平均为5000元计算，海南每年游艇租赁消费市场规模在13.6亿元左右。

水域开放政策：《中国（海南）自由贸易试验区琼港澳游艇自由行实施方案》明确，港澳游艇选择海南游艇口岸办理入境手续后，可就近停靠游艇开放码头或沿规定的航行路线到指定的未对外开放的游艇码头停泊，港澳游艇可进入海南省东营、博鳌、石梅湾、海棠湾、南山、龙沐湾、棋子湾和临高角等8个海上景区活动。海南对港澳游艇出入境口岸及活动水域的开放将提升海南游艇入境数量，带动游艇维修业务需求快速增长。

关税保证保险政策：海南在全国率先实施境外游艇入境关税保证保险制度，境外游艇入境后，只需向保险公司支付较低的保费即可入境，可大幅降低境外游艇入境成本，扩大游艇建造和维修的业务量。

境外融资政策：海南自由贸易港取消包括游艇在内的船舶境外融资限制，将解决国内对企业成立SPV公司引进境外游艇的融资租赁金额限制问题，叠加自由贸易港跨境资金流动便利政策，将大幅提升游艇企业跨境融资能力，更有利于境外高端游艇引进，为游艇产业链生态圈创造更大利益空间。

融资租赁政策：海南自由贸易港允许包括游艇在内的船舶采取以保险方式取代保证金的方式开展融资租赁业务，游艇承租企业可以保单作为保证金对租赁进行担保。考虑到目前我国游艇企业以融资租赁方式租赁游艇通常需要缴纳的保证金为游艇总价的10%—30%，海南游艇融资租赁政策可盘活游艇承租企业现金流，吸引更多具有游艇融资租赁业务的相关企业落户海南，带动游艇产业发展。

二、海南有条件依托临高和洋浦游艇船舶基础，打造制造业集聚发展平台

海南洋浦开发区和临高县金牌港具备一定的船舶工业基础，拥有洋浦昌顺造船厂、安丰海运船舶制造基地、洋浦南海船业有限公司临高造船厂、海南南海现代修造船有限公司等修造船厂。《海南省游艇产业发展规划纲要（2021—2025年）》《海南省促进游艇修造产业高质量发展行动计划（2022—2024年）》提出，到2024年培育3—5家技术专业度高、国际化程度高的游艇总装制造“链主”企业。目前，湖南海荃游艇有限公司、海南嘉信游艇集团等落户临高金牌港，海南康和船业有限公司、华托歌洋金属船舶制造（海南）有限公司落户洋浦开发区，海南康和船业收购澳大利亚游艇品牌Commodore（康麦德）并将生产基地整体搬迁至洋浦保税港区，已在2021年实现产品的成功交付。

三、游艇零部件进口依赖度较高，企业在海南开展游艇组装制造可享受加工增值政策利好

我国高端游艇常用的发动机、发电机、稳定器、变速箱、推进器等核心部件主要靠进口。

游艇主要零部件进口关税及关税减免情况表

设备类型	进口价格（万元/台）	主要进口国	进口关税（%）	进口增值税（%）	海南可优惠金额（万元）
发动机	5—780	瑞典、美国	6	13	1.0—193.0
发电机	2—12	美国	5	13	0.4—2.2
陀螺仪、稳定器	5—160	美国	0	13	0.7—20.8
推进器	0.5—5	日本	6	13	0.1—1.0

企业在海南进口所需的游艇零部件组装制造，成品销往内地市场或海南本地市场，享受原材料免征关税。原材料进口成本可降低约6%；若组装制造的成品销往海南本地，原材料进口成本可降低约20%（免征游艇核心零部件进口关税、增值税，关税税率平均约为6%、增值税税率为13%）。

假设企业年产200艘游艇（100艘销往内地、100艘在海南本地销售），按70万元/艘、毛利率约25%、游艇制造成本约1.05亿元，其中零部件成本约1/3，即3500万元，企业零部件约1/3从国外进口（1200万元），进口关税税率取平均值6%匡算，可减免关税、增值税约145万元（100艘销往内地的游艇减免零部件进口关税，100艘在海南本地销售的游艇减免零部件进口关税、增值税）。

四、海南出台税收优惠政策和产业扶持政策，支持游艇制造基地投资和运营

假设企业年产200艘国内定价为70万元的玻璃钢游艇，年复合增长率为10%，建生产线的固定资产投资为5000万元。企业在经营的10年内，在省级层面可获取生产规模奖励30万元、固定资产投资奖励250万元及贴息约70万元（按固定资产投资的1/3采取信贷融资、利率为1.75%、期限为5年），企业若设立研发设计部门还可获取每年最高200万元的研发投入奖励。

企业享受的自由贸易港其他政策、海南省支持产业发展的奖补措施，以及企业落地指南等，见附件。

典型企业情况表

企业	企业简介	所在地
江门市海星游艇制造有限公司	成立于2004年，总部设于香港，由游艇业界海归精英创立，创始人和管理层拥有丰富、专业的游艇研发、设计以及建造经验。公司拥有优秀的研发设计团队和资历深厚的专业技术工人，有设施及设备完善的厂房、下水滑道和停泊码头等	香港、江门
珠海先歌游艇制造股份有限公司	是先歌国际影音有限公司下属的独立子公司，从起步开始就着眼于打造世界一流豪华游艇品牌。游艇产地毗邻香港、澳门，便于欧美乃至世界各地先进设备及其技术的输入	珠海
厦门瀚盛游艇有限公司	厦门瀚盛游艇公司始创于1984年，是中国帆船游艇及赛艇的最大生产商，美国著名豪华帆船游艇品牌Stevens Custom Yachts、Passport Yachts的独家OEM生产伙伴，公司正积极建设船艇国内市场售后服务团队，已经推出针对游艇各种材质的表面养护专用产品，致力于为客户提供更加全面到位的维修保养	厦门

续表

企业	企业简介	所在地
上海红双喜游艇有限公司	成立于2000年，集游艇设计、游艇建造、游艇营销、游艇维护于一体的游艇建造公司，完成了200余艘豪华游艇的建造，产品远销欧洲、美洲、大洋洲等地区。专注豪华游艇生产，获得了多项国家级游艇专利，制造产品全部获得相关国际船级社认证证书，通过意大利船级社（RINA）、英国劳氏船级社、法国船级社（BV）等相关的CE、RCD、MCA认证	上海
福建毅宏游艇股份有限公司	营业务包括中小型游艇、豪华游艇、商务艇、游船的研发、生产与销售，为客户提供与游艇相关的方案设计、产品制造和维修服务。产品包括Sea-Stella（希仕德徕）38尺无界之星、Sea-Stella 46尺水上超跑、Sea-Stella 53尺水晶宫殿、Sea-Stella 55尺飞桥系列、Sea-Stella 63尺总裁尊驾系列豪华游艇，以及Aquitalia（水神游艇）85尺、Aquitalia 95尺顶级全定制游艇	漳州
法拉帝集团	成立于1968年，总部位于意大利北部城市弗利（Forlì），是全球豪华游艇业的领军企业，专业从事8—90米休闲船艇的设计、制造及销售，旗下拥有法拉帝游艇（Ferretti Yachts）、丽娃（Riva）、博星（Pershing）、意达马（Itama）、CRN、定制法拉帝（Custom Line）、沃利（Wally）等七大游艇品牌，以及海上防务艇平台FSD（Ferretti Security Division）	珠海
重庆帝力游艇制造有限公司	是洋世达集团旗下的现代游艇、公务艇制造企业，具备纤维增强塑料船舶一级Ⅰ类、钢质一般船舶二级Ⅲ类、铝质一般船舶二级的船舶生产资质，已通过ISO质量、环境、职业健康安全的三体系认证，并通过售后五星及七星企业认证，是高新技术和安全生产达标企业。公司专业设计、制造、销售、维修各种纤维增强塑料船舶、钢质船舶、铝质船舶以及钢-玻、钢-铝、铝-玻等复合船舶，品种涵盖游艇、钓鱼艇、客船、商务船、接待艇、巡逻船、消防艇、救助艇、冲锋舟及画舫等	重庆
广东宝达游艇制造有限公司	成立于1998年，集游艇开发、游艇设计、游艇制造、游艇出售于一体的现代化游艇制造企业，一直致力于高性能船舶以及出口大型豪华游艇的开发和生产，拥有自主游艇制造品牌并通过了ISO9001质量体系认证	珠海
深圳市泊莱游艇股份有限公司	从事高性能铝合金游艇设计、研发、生产、销售及服务，可提供方案设计、产品制造到维修服务等个性化解决方案。产品包括休闲钓鱼艇、动力艇、高速艇、旅游运输艇、豪华游艇、双体游艇、小型游艇、海上别墅、水上家园等，同时公司致力于打造适合休闲运动的大众消费艇	深圳

续表

企业	企业简介	所在地
苏州星瑞游艇有限公司	成立于2007年，拥有1万多平方米的生产厂房和60米自用岸线，专业生产豪华游艇及高速、高性能复合材料巡逻艇。每年可生产各类高性能船艇约100条，年产值达1亿多元	苏州
深圳市莫阿娜游艇有限公司	专注于新时代高品质双体动力游艇设计、建造及维修保养。公司设计研发及运营总部位于深圳，建造及维修基地坐落于湛江。凭借多项划时代创新设计与卓越可靠的产品质量，构建大中华地区经销商网点布局、海外市场辐射扩展的整体格局	深圳、广州
波兰安缇拉（Antila）	波兰著名的游艇制造及维修厂商，专门生产和维修聚酯玻璃板帆船。生产的船只大多有个性化的配置，长度、大小各异，包含排水量在内的船体类型等非常独特	无
波兰德尔菲亚（Delphia）	波兰最大的游艇制造及维修商，生产7—15米长游艇，是中东欧最大的造船厂之一，制造了2.5万多艘远洋和内陆船舶，开发了40多个型号的船只，在30多个国家派有销售代表，所造船只的95%用于出口	无
波兰胜勒弗（Sunreef）	波兰豪华帆船、动力双体船和超级游艇的设计、建造和维修商，制造60—200英尺船只，旗下创新度极高的豪华双体船Sunreef 74于2003年下水，作为世界上第一艘远洋双体船亮相，该双体船的驾驶桥配备了一个中央舵机站，增加了甲板高度，大大扩展了生活空间	无
波兰泰斯（TES Yacht）	波兰知名游艇制造与维修商，产品可满足巡航人员最苛刻的要求，符合人体工程学的设计和适航性，在水上出色的操控性、速度，出奇宽敞的船舱，让其跻身快速巡洋舰之列	无
诺瓦帝（Novatec）	Novatec是巨星造船公司旗下品牌，成立于1983年，在中国台湾游艇界中堪称“巨星”，品牌延揽国内外一流造船及维修人才，从当初生产36尺游艇配80HP的单体游艇发展到如今能生产82尺1850HP双体（共3700HP总马力）豪华大型游艇	桃园
波兰卡帝尔（Galeon）	波兰Galeon游艇成立于1982年，专注于制造25米的半定制机动艇，产品已被世界奢侈品协会（WLA）认定为品牌奢侈品	无
海上亚历山大（Ocean Alexander）	1978年在台湾高雄成立，提供制造、行销、售后服务、财务、保险、假日计划一条龙服务。该厂在全世界共有17个办公点为艇主提供售后服务，每个办公点都有资深员工为艇主解决难题	高雄

第五章　航空航天产业

第二十二篇　飞机拆解—零部件维修再制造—航材交易产业链

“飞机拆解—零部件维修再制造—航材交易”是把使用达到一定年限或运营维护成本、盈利状况、航线变化、机型特征等条件不再适用的二手飞机进行拆解，将发动机、辅助动力装置、飞控系统等高价值零部件进行维修或再制造后转售，以实现零部件循环使用和价值最大化。

“飞机拆解—零部件再制造—航材交易”在欧美是成熟的产业链，我国在该方面还处于起步阶段，90%以上退役飞机飞往国外开展拆解与零部件维修再制造。此产业在我国的发展目前存在三大壁垒：（1）国外机源受限，即对于国外二手飞机到中国进行拆解，海关将二手飞机视为“洋垃圾”禁止进口，如果仅是国内退役飞机下的机源，则机源不连续，无法持续支撑这一业态。（2）海关规定保税区内企业不得通过保税维修方式开展进口货物的拆解、报废等业务。（3）市场主体数量受限，在正式获得我国飞机拆解资质的11家单位中，仅哈尔滨“中龙欧飞”飞机维修工程有限公司聚焦飞机拆解业务，其余公司均以飞机维修为主营业务，飞机拆解业务对营收的贡献有限。

用发展的眼光看，我国“飞机拆解—零部件再制造—航材交易”具有广阔的市场空间。一是机源增长空间大，预计未来20年内，全球平均每年有1500多架飞机退役，考虑一段时间内国外退役飞机存量和增量均高于国内，若我国放宽国外二手飞机进口（包括放宽二手飞机进口限制和保税区进口飞机拆解业务），将大大拓宽这个产业的原料来源。二是国内外经维修和再制造的二手航材交易市场空间巨大，全球飞机报废零部件的比例逐步下降，再利用比例已由80%增长到90%以上。目前国际二手航材市场估值约为60亿美元，预计2030年达到百亿美元。考虑到已具备某机型飞机机体维修能力的单位通过该机型飞机拆解资质认证概率极大，而企业开展飞机拆解业务的核心驱动力是下游二手航材租赁和买卖带来的巨大增值空间，国内外二手航材交易市场增长将驱动“飞机拆解—零部件维修再制造—航材交易”产业链整体发展。

一、海南开放第七航权，可吸引境外航司落地海南建设运营基地，催生航材需求和交易

第七航权又被称为“完全第三国运输权”，指某国或地区注册的航空公司完全在注册国或地区领域以外经营独立的航线的权利（如德国汉莎航空承运英国伦敦—法国巴黎的航线）。目前经停我国内地地区的国际航班仅享受第三、第四、第五航权。海南开放第七航权，意味着境外航司可开通海南往返第三国（地区）且最终不用返回该航司所在国的航线，可吸引境外航司在海南建设运营基地。未来，在境外航司海南运营基地落位的境外飞机将产生大量的航材需求，考虑到境外航司对二手航材的接受度较高，企业在海南开展飞机拆解、零部件再制造后得到的二手航材，将具备重要的下游交易市场优势。

二、自由贸易港“双税退还”政策下，企业拆解境内旧飞机、零部件维修再制造后出口二手航材可节省大量成本

《中华人民共和国海南自由贸易港法》明确“货物由内地进入海南自由贸易港，按照国务院有关规定退还已征收的增值税、消费税”，内地货物进入海南自由贸易港视为“出口”，而根据我国出口货物退税制度，企业在货物报关出口环节（货物报关离境或进入我国出口加工区）才可退还之前在国内生产环节、流转环节所缴纳的税款。

若企业落户海南，从内地购入原料货物（待拆解的飞机）并开展飞机拆解和零部件维修与再制造，在原料货物进入海南时即可享受货物增值税退还；若企业在除出口加工区外的内地地区购入原料货物（待拆解的飞机或拆解后的二手零部件）并开展飞机拆解和零部件维修与再制造，须等到二手航材出口时方可获取原料货物增值税退还。自由贸易港“双税退还”政策实现出口退税环节提前，有利于缩短企业退税周期，提高企业资金周转率。

飞机拆解—零部件维修再制造—航材交易产业图谱

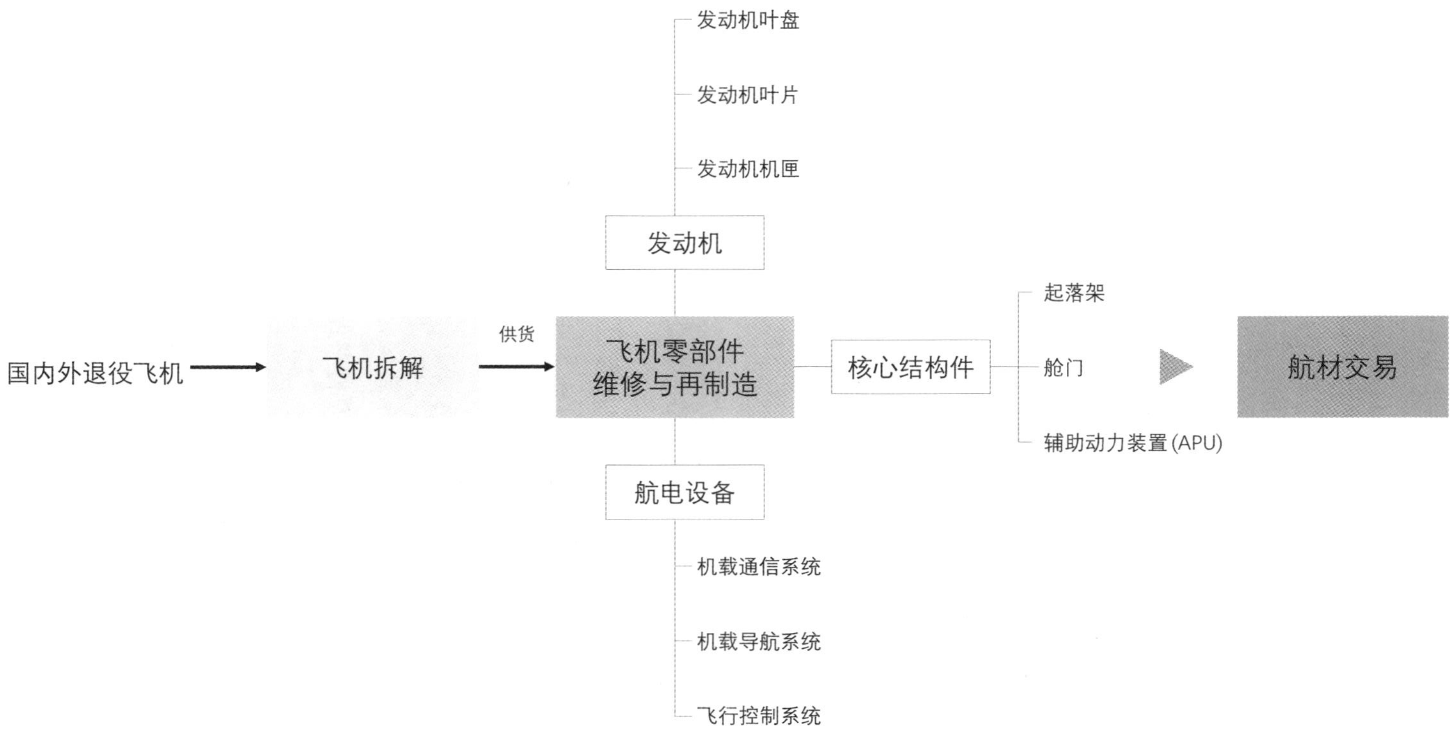

以国内航空零部件再制造企业落户海南自由贸易港，购买国内二手飞机，进行飞机拆解，再制造为成品向国外出口为例。假设企业每年拆解3架飞机，回收每架飞机的价格为3000万元人民币，零部件经再制造后出口的价格为6000万元/套；每架飞机拆解并进行航空零部件再制造出口，平均用时3个月（其中航空零部件再制造到出口平均用时1.5个月）；企业每年的融资利率为7%。无论企业直接购入待拆解飞机后进行拆解和零部件维修再制造，还是购入内地拆解后的零部件直接开展再制造，均可提前获得可观的退税金额，实现降低资金成本。

企业直接购入待拆解飞机模式。企业获取退税额：待拆解飞机销售价格3000万元/套×退税率13%×拆解3架飞机=1170万元。企业节约资金成本：退税额1170万元×融资利率7%×提前时间（90/365）年=20万元。企业每年可提前获退税额为1170万元，每年可节省资金成本约20万元。

企业购入内地拆解后的零部件模式。企业获取退税额二手零部件销售价格6000万元/套×退税率13%×拆解3架飞机=2340万元。企业节约资金成本：退税额2340万元×融资利率7%×提前时间（45/365）年=20万元。企业每年可提前获退税额为2340万元，每年可节省资金成本约20万元。

三、产业链前端飞机拆解业务已在海口江东新区落位，支持产业链下游零部件再制造、航材交易主体集聚

海口江东新区拥有国际航空枢纽美兰国际机场，园区定位之一是承载航空维修与临空加工制造。目前我国第8家获取飞机拆解资质的企业大新华飞机维修服务有限公司已落户海口江东新区，顺利开展了首都航空飞机拆解业务，为飞机零部件再制造业务提供原材料保障，带动飞机零部件再制造、二手航材交易产业链上下游主体集聚。

四、海南自由贸易港突破二手飞机零部件进口限制的预期，开展进口二手飞机零部件保税维修与再制造试点

商务部、海关总署、生态环境部《关于支持综合保税区内企业开展维修业务的公告》（2020年第16号公告）、《关于发布综合保税区维修产品增列目录的公告》（2021年第45号公告）中的两批目录规定，企业在综合保税区内

可针对进口飞机及其内燃引擎、推进器、水平旋翼、起落架开展保税维修业务，但是区内企业不得通过维修方式开展拆解（包括再制造）、报废等业务。根据我国固体废物污染环境防治法，目前海关一般参照《禁止进口固体废物目录》中的废弃机电产品，对拆解用的境外旧飞机及零部件进行管理，禁止企业进口境外旧飞机进行拆解并开展零部件再制造，或直接进口旧飞机零部件进行再制造。

海南自由贸易港实行“一线”放开、“二线”管住，海关监管制度创新空间大。国务院印发《关于在有条件的自由贸易试验区和自由贸易港试点对接国际高标准推进制度型开放若干措施的通知》（国发〔2023〕9号），明确支持海南自由贸易港作为试点地区开展重点行业再制造产品进口试点，要求海南自由贸易港根据自身实际提出试点方案，明确相关进口产品清单及适用的具体标准、要求、合格评定程序和监管措施。在国家政策支持下，境外二手航材和飞机零部件进口再制造有望成为海南自由贸易港再制造产品进口试点的重要领域，作为无须申请进口许可证的产品类别，由海南自由贸易港在安全环保的前提下自行管理，开展进口飞机零部件维修再制造试点，对飞机零部件保税维修与再制造及二手航材交易市场主体均形成业务规模利好。未来，除境外二手飞机进口保税维修外，海南自由贸易港还将依托二手航材和零部件进口壁垒突破，支持飞机零部件维修与再制造企业大幅拓宽原料来源，实现业务量增长；二手航材交易市场主体将维修与再制造后的国外飞机零部件销往对二手航材较为认可的境外航司，将大幅扩大二手航材交易规模。

五、自由贸易港政策叠加海南高新技术产业支持政策赋予飞机维修与再制造企业经营成本优势

（一）“零关税”政策

飞机拆解、零部件维修与再制造所需生产设备未被纳入“负面清单”，企业将享受自由贸易港“零关税”政策下设备进口成本降低利好。以企业每年拆解3架飞机并针对回收价值较高的零部件进行再制造为例。企业基地总投资20亿元，其中设备若在内地进口需投资5亿元，若落户海南并全部选择进口设备，可减免设备进口增值税约6500万元。

（二）高新技术产业支持政策

《海南省促进经济高质量发展若干财政措施》（琼府办〔2021〕65号）、《海南省支持航空维修业发展奖补措施实施细则》（琼发改规〔2022〕8号）、《海南省关于促进通用航空发展的若干支持措施》（琼交民航〔2022〕465号）等政策，对飞机拆解企业和飞机零部件维修与再制造企业给予一系列财政奖补。企业可通过“海易兑”在网上进行不见面申请，十分方便。通用奖补措施见本书的附件，这里主要列举针对通用航空发展的优惠政策。

企业研发成果转化奖励：根据《海南省关于促进通用航空发展的若干支持措施》，支持属于先进制造业的通用航空首台（套）重大技术装备关键技术的研发制造，试点示范项目最高给予1000万元奖励、推广应用项目最高给予300万元奖励或补贴、量产扩能项目最高给予500万元补贴；享受原辅料“零关税”或自用生产设备“零关税”、加工增值税收政策的，再给予最高30万元叠加奖励。

以企业每年拆解3架飞机并针对回收价值较高的零部件进行再制造为例。基地固定资产投资约20亿元，零部件经再制造后出口的价格为6000万元/套，年营收约1.8亿元。企业可获取固定资产投资补贴共计最高1亿元（由于年度奖励最高2000万元，企业获得1亿元奖励至少需分5年进行固定资产投资）。开展业务10年内，若企业营收年复合增长率为10%，企业可获取生产规模扩大奖励130万元；若企业在海南设立研发部门并实现通用航空首台（套）重大技术装备关键技术推广，还可获取每年最高200万元的研发投入奖励和最高约1800万元的成果推广奖励。

企业享受的海南自由贸易港其他政策、海南省和海口市支持产业发展的奖补措施，以及企业落地指南等，见附件。

典型企业情况表

企业	企业简介	国内基地
赛峰集团	法国航材再制造企业，世界一流的航空零部件制造商，生产业务主要包括飞机起落架、航空座椅、发动机等，并为其提供维修和大修服务	无

续表

企业	企业简介	国内基地
罗罗公司	英国OEM航材再制造企业，英国著名的发动机制造公司，也是欧洲最大的航空发动机企业，同时开展其零部件维修业务，并在全球范围回收航空发动机并进行循环再制造	无
通用公司	美国OEM航材再制造企业，总部位于美国波士顿，主要从事飞机发动机制造，同时开展维修服务、航空发动机及零部件再制造业务	无
普惠公司	美国OEM航材再制造企业，拥有成熟的发动机产品组合，包括发动机制造、维修与资产管理解决方案，同时提供航材翻新、二手航材供应等服务	无
柯林斯航空航天公司	美国OEM航材再制造企业，柯林斯是全球著名的航空电子设备供应商，是波音、空客等航空企业的长期供应商，同时对航空电子设备提供维修、回收再制造等服务	无
泰雷兹	法国OEM航材再制造企业，公司为全球主要飞机制造商提供航电系统、导航、通信等航电设备的研发、生产、维修及再制造，公司在我国为国航、南航、东航和海航以及其他支线航空公司提供航电解决方案，在北京设有维护中心	北京
Universal Avionics	美国OEM航材再制造企业，公司是为通用飞机、公务机、直升机提供显示系统、通信系统、视觉强化系统等多种航电设备的美国OEM厂商，并为其产品提供检测、维修、再制造等服务	北京
霍尼韦尔	美国OEM航材再制造企业，主要研发驾驶舱和客舱电子设备、空中无线网络连接等技术和产品，为航空市场提供辅助动力装置、航空零部件、航空电子产品及机轮与刹车产品等维修服务	无
Mid-Continent Instruments and Avionics	美国OEM航材再制造企业，主要从事飞机结构、航电设备、动力解决方案等方面的设计、制造、评估、维修，以及提供动力解决方案等	无

续表

企业	企业简介	国内基地
美捷特集团（Meggitt）	英国OEM航材再制造企业，与波音、空客、中国商飞、庞巴迪等飞机制造商联系紧密，为飞机制造商供应航空数据系统、飞行视觉显示系统等航电设备，并针对其产品提供检测维修服务	无
柯蒂斯-莱特公司（Curtiss-Wright）	美国OEM航材再制造企业，公司主要为波音、空客等飞机制造商提供传感器、发动机控制系统、辅助动力系统等方面的产品供应、检测、维修等	无
中航西安飞机工业集团股份有限公司	我国OEM航材再制造企业，上市企业，为波音、空客、中国商飞等企业的民用飞机提供零部件，具有整机维修、部附件维修、定检、航材供应等全面的航空维修保障体系	西安
中国航发航空科技股份有限公司	我国OEM航材再制造企业，有发动机机匣、叶片、钣金、轴承等制造平台，是罗罗、霍尼韦尔、GE、中国商飞等国内外航空企业的供应商，还提供发动机与燃气轮机及其零部件的维修服务	成都
中航航空电子系统股份有限公司	我国OEM航材再制造企业，A股上市OEM航电公司，主要针对显示系统、气象系统、综合监视系统、通用民航计算机等航电设备进行研发、生产、维修及再制造	北京、上海
TARMAC Aerosave	法国知名第三方MRO（飞机维修公司）再制造企业，美国联邦航空管理局（FAA）与欧盟航空安全局（EASA）批准的MRO厂商，是世界第一大专注于航材绿色循环再制造企业，拥有飞机拆解与发动机拆解资质，主要提供航材仓储、维修及循环再制造服务	无
新加坡科技宇航有限公司	新加坡知名第三方MRO再制造企业，新加坡科技工程公司的子公司，也是世界上最大的航空MRO企业之一，公司专注于发动机导航器和复合面板等部件的维修服务，同时提供航材租赁、销售等服务	无
法-荷航空维修公司	欧洲知名第三方MRO再制造企业，专业的航空维修公司，主要进行波音和空客系列的飞机维护、维修和大修业务，提供飞机及其零部件的拆解、再制造、重新认证、转售等二手航材服务	无

续表

企业	企业简介	国内基地
Liebherr Aerospace	德国第三方MRO再制造企业，与全球多个OEM厂商合作，服务涵盖航线定检、普通维修、飞机大修、零部件维修等领域，并提供航材的仓储、交易、循环供应等航材服务	无
Air Salvage International	英国第三方MRO再制造企业，全球拥有800多个拆解服务项目经验，主要开展飞机维修拆解、航材再循环等业务，是美国飞机回收协会（AFRA）会员之一	无
汉莎技术	德国第三方MRO再制造企业，技术基地位于汉堡机场、法兰克福机场和慕尼黑机场，公司主要提供民用飞机的维修业务，同时提供航材租赁、仓储、运输、交易等服务	无
Aero Instruments and Avionics	美国第三方MRO再制造企业，已获得CAAC（中国民用航空局）、EASA、FAA维修许可证，主要从事飞机自动驾驶系统、灭火系统、照明系统、供电系统等航电设备的测试与维修再制造	无
香港飞机工程有限公司	我国知名第三方MRO再制造企业，为庞巴迪、罗罗、霍尼韦尔等OEM厂商提供拆解、大修、航电及其他零部件等维修服务，旗下港机航材技术管理服务涵盖航材部件运送、库存、交易和供应链管理	上海、厦门
武汉航达航空科技发展有限公司	我国知名第三方MRO再制造企业，主要从事飞机附件研发、制造与维修的高新技术企业，航达拥有7000多项包括起落架、复合材料、发动机、航电维修等在内的维修项目以及表面处理、焊接、NDT（无损检测）等特种工艺能力	武汉
四川海特高新技术股份有限公司	我国知名第三方MRO再制造企业，以成都为中心，在全国布局了多个维修基地，提供飞机大修、喷涂、改装、飞机拆解、航空零部件维修、航材交易及租赁等服务，旗下天津海特飞机工程有限公司具有飞机拆解资质	成都
广州航新航空科技股份有限公司	我国知名第三方MRO再制造企业，被美国航空周刊集团授予“年度亚太区最佳独立MRO供应商”称号，是波音公司在华首批授权维修服务商，在提供航空零部件维修的基础上，提供航材的周转、租赁及销售	广州

续表

企业	企业简介	国内基地
北京安达维尔科技股份有限公司	我国第三方MRO再制造企业，为波音、空客等公司提供航电、机械零部件、飞机加改装等航空维修服务，并配套航材贸易服务，公司已在智能立体航材物流仓库的应用方面取得一定进展	北京
西安鹰之航航空科技股份有限公司	我国第三方MRO再制造企业，专业从事机载设备维修的高科技企业，主要从事机载机械附件、应急滑梯、机轮及刹车的修理，具备针对波音、空客、支线飞机等多种机型的上千项维修能力	西安
湖北蔚蓝通用航空科技股份有限公司	我国第三方MRO再制造企业、新三板企业，总部位于武汉市，持有CCAR-145维修许可证、是Cessna（塞斯纳）飞机公司授权的维修中心和内地发动机公司授权维修站	武汉
中国国际航空股份有限公司	我国知名第三方MRO再制造企业，公司控股北京飞机维修工程有限公司等多个子公司，提供飞机大修、维护、改装、喷涂、零部件维修等服务，同时开展航材储备及供应业务	成都、贵阳
海航航空技术有限公司	我国知名第三方MRO再制造企业，海航集团旗下集飞机及其附件维修、改装、喷涂、航材销售等于一体的综合性航空维修服务企业，负责400多架以波音、空客为主力机队的维修类耗材储备，并为客户提供定制化的航材储备供应方案	海口
北京科荣达航空科技股份有限公司	我国知名第三方MRO再制造企业，公司拥有CAAC、FAA、EASA颁发的维修许可证，是赛峰集团等多个全球OEM厂商授权维修中心，主要提供针对机械部附件、航电设备、机电部附件等零部件的维修及再制造，并提供航材租售服务	北京、重庆、深圳
山东翔宇航空技术服务有限责任公司	我国第三方MRO再制造企业，山东航空旗下公司，持有CAAC、FAA、EASA等认证的多个维修资格，主要针对灯组件、汽滤、电子电气、电子飞行包充电组件等航电设备检测、维修再制造等	济南

续表

企业	企业简介	国内基地
成都华太航空科技股份有限公司	我国第三方MRO再制造企业，为国内外客户提供航电设备及附件维修、航电测试设备研制、零部件设计和制造、航材贸易、通航整机维修及支线飞机加改装、机场和机务地面设备维护与贸易等服务	成都
南京王行航空附件维修工程有限公司	我国第三方MRO再制造企业，公司拥有CAAC认证等飞机维修资质，主要维修飞机液压操纵系统、点火系统、气动系统、机械传动系统、燃油系统、轮毂刹车系统、应急系统（气瓶、滑梯），是国内较早独立从事民用航空部附件维修的企业	南京
西安恒锵航空科技股份有限公司	我国第三方MRO再制造企业，公司拥有CAAC与EASA等多个维修资质，主要针对机械部附件、航电附件等零部件修理检测，并引进美国发动机试车台，对通航发动机进行维修	西安

第二十三篇　商业卫星和配套设备研制及应用技术开发

商业卫星指的是环绕地球，在空间轨道上运行，以商业化方式运营并用于盈利的无人航天器。按照功能分类，商业卫星主要分为通信卫星、遥感卫星、导航卫星三大类（全球在轨卫星中通信卫星占比66%、遥感卫星占比21%、导航卫星占比3%）。(1) 通信卫星主要用于传输电话、电报、传真、数据和电视等信息。(2) 遥感卫星主要提供与地球、其他天体以及空间环境有关的监测信息，其研制由国家资本和科研院所主导，主要服务于卫星遥感图像及以遥感图像为基础的图像分析，在自然资源管理、防灾减灾、粮食安全、城镇可持续发展、公共卫生监测等方面发挥着重要作用，代表型号是高分系列。(3) 导航卫星主要提供时间/空间基准和所有与位置相关的实时动态信息，应用于航空、航海、通信、人员跟踪、消费娱乐、测绘、授时、车辆监控管理、汽车导航与信息服务等领域，代表型号是北斗系列。

商业卫星产业图谱

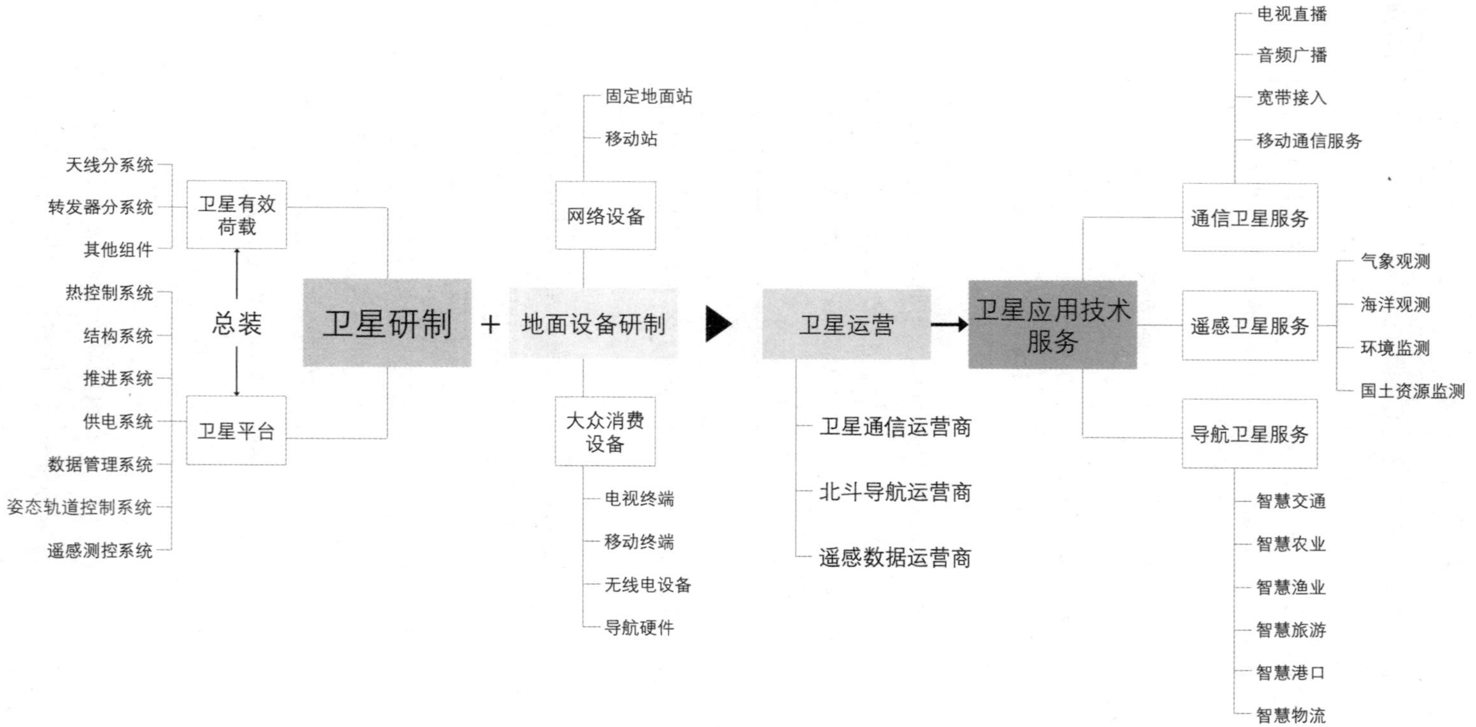
天线分系统
转发器分系统
其他组件
卫星有效荷载
热控制系统
结构系统
推进系统
供电系统
数据管理系统
姿态轨道控制系统
遥感测控系统
卫星平台
总装
卫星研制
+
地面设备研制
网络设备
固定地面站
移动站
大众消费设备
电视终端
移动终端
无线电设备
导航硬件
卫星运营
卫星通信运营商
北斗导航运营商
遥感数据运营商
卫星应用技术服务
通信卫星服务
电视直播
音频广播
宽带接入
移动通信服务
遥感卫星服务
气象观测
海洋观测
环境监测
国土资源监测
导航卫星服务
智慧交通
智慧农业
智慧渔业
智慧旅游
智慧港口
智慧物流

商业卫星和配套设备研制及应用技术开发覆盖了商业卫星产业链上卫星研制、地面设备制造和运营服务三大环节。卫星研制产业产值占整个产业链产值的10%左右，由国企和科研机构主导，民营企业积极参与系统配套。地面配套设备研制产值占整个产业链产值的50%左右，市场参与者多，市场空间广阔。卫星运营服务包括卫星电视、卫星广播、通信服务等，其产值占整个产业链产值的40%左右。自2014年起，我国商业卫星和配套设备研制及应用针对社会资本的开放力度不断增强，为社会资本进入商业卫星和配套设备提供了巨大的市场。

一、文昌商业航天发射场和航天产业公共平台支持“海南研制”商业卫星就地制造并高频次发射

文昌商业航天发射场是我国首个商业航天发射场，也是世界上为数不多的低纬度发射场之一，具有纬度低、射向范围宽、运载效能高、运输限制少、落区安全性好等特点，能够将火箭运载能力提高10%—15%，还可发射多种不同轨道倾角的卫星。文昌2021年建设航天装配及异地协同中心的火箭总装测试厂房和卫星总装测试厂房，陆续搭建航天产业公共平台，加速组建文昌商业航天发射公司。文昌商业航天发射场的发射能力不断增强，支持高频次发射，更加吸引企业在海南研制卫星“出厂即发射”，降低了经营成本，形成了产业生态。

二、文昌具备初步的集群发展基础

当前，文昌已在低轨通信卫星研制、遥感卫星研制和技术服务、卫星导航数据服务等领域引进了一批龙头项目。在低轨通信卫星方面，中国星网规划在文昌建设巨型星座地面站及数据中心，文昌以中国星网卫星需求为牵引，发挥高频次商业发射场景优势和卫星总装总测共享厂房平台优势，引进西工大省级重点实验室以及中国空间技术研究院、中国科学院微小卫星创新研究院卫星研制龙头项目，未来有望带动一批星网卫星研制和发射项目落位。在遥感卫星方面，由海南现代科技集团研制的“文昌超算一号”、由海南现代科技集团与长光卫星技术股份有限公司联合研制的“文昌超算二号”和“文昌超算三号”已在文昌商业航天发射场发射，且已带动商业遥感技术服务项目

落户（天津星通九恒科技有限公司主导的“36天罡星群”项目，将36颗遥感低轨小卫星用于提供自然灾害和城市应急监测预警服务）；同时，文昌国际航天城管理局正逐步完善遥感卫星数据出口相关设施，提升遥感卫星数据服务国际客户的能力。未来，文昌航天超算中心组网、文昌卫星数据接收站建设叠加文昌航天超算数据中心高性能大容量服务器建设，将进一步强化遥感影像采集、制作、存储，支持遥感技术服务开展。

三、海南商业卫星和配套设备研制及应用技术开发的支持政策

除海南自由贸易港“零关税”政策、个人所得税政策外，文昌国际航天城陆续发布《关于鼓励航天航空产业聚集发展的扶持政策》（文航天〔2022〕7号）、《文昌国际航天城产业发展扶持政策（试行）》（文航天〔2022〕8号）、《文昌市支持科技创新企业的若干措施》（文府规〔2020〕343号）等产业扶持政策支持商业卫星研制和配套技术开发项目落位发展。

项目落位奖励。对新注册、迁转入驻航天城的企业实缴注册资本金5000万元（含）以上的企业，经文昌国际航天城管理局批准，按实缴注册资本的3%—5%作为启动资金给予奖励，同一企业最高1000万元。奖励金额按照首次达到上述标准时的实缴注册资本金进行核定，分三年按40%、30%、30%的比例逐年兑现。对文昌国际航天城内新设立的研发中心、科创总部等内外资企业，实缴注册资本或新增实缴注册资本超过500万元人民币的，按企业实缴注册资本金的1%给予最高100万元奖励。该奖励按3年拨付，认定当年拨付40%，第二、三年各拨付30%。

研发投入奖励。对企业获批牵头建设国家重点实验室、国家制造业创新中心、国家技术创新中心、国家工业设计中心、国家工业设计研究院、国家企业技术中心的，给予最高300万元科研经费补助。对国内外知名的科研院所、大学设立的具有独立法人的分支机构，根据研发人员数量、研发经费投入、科研基础建设等给予最高300万元科研经费补助。对国家在航天城设立的整建制科研机构，给予最高500万元科研经费补助。

研发成果转化奖励。对购买技术成果或技术服务的企业，按合同实际发生的技术交易额1%给予单笔最高10万元奖励，单个企业每年最高奖励100万元。

经营规模扩大奖励。(1) 一个会计年度内，对月度营业收入累计达到100万元以上的科技创新服务企业，按照营业收入的2%给予奖励。企业可按月申请，已获得奖励的营收部分不重复计入。(2) 一个会计年度内，对月度营业收入累计达到500万元以上的先进制造、智能制造等制造类企业，按照营业收入的5‰给予奖励。企业可按月申请，已获得奖励的营收部分不重复计入。(3) 一个会计年度内，对年度营业收入1000万元以上的科技创新服务企业，年营业收入额增速超过8%的，每新增200万元奖励1.5万元；年营业收入额增速超过15%的，每新增200万元奖励2万元；年营业收入额增速超过30%的，每新增200万元，奖励2.5万元。(4) 一个会计年度内，对年度营业收入5000万元以上的高端制造等制造类企业，年营业收入额增速超过10%的，每新增500万元，奖励1.5万元；年营业收入额增速超过20%的，每新增500万元，奖励2万元；年营业收入额增速超过30%的，每新增500万元，奖励2.5万元。

固定资产投资奖励。对本年度新开工的固定资产投资占项目总投资的比例不低于60%，且符合航天城产业导向的重大项目，当年固定资产实际投资额达5000万元（含）以上的，按项目实际投资额1%—3%给予奖励，单个项目最高奖励500万元。

科研设备补贴。在航天城注册的卫星研制、火箭研制、卫星应用、航天大数据等重点发展领域的企事业单位，设有国家级重点实验室、技术创新中心、企业技术中心等科研平台的，给予评定后新采购科研平台设备40%的经费补贴，最高为500万元；设有省级重点实验室、技术创新中心、企业技术中心、院士创新平台等科研平台的，给予评定后新采购科研平台设备30%的经费补贴，最高为200万元；鼓励航天城内企事业单位共享科研仪器、设备、设施等，按照年度结算额的5‰给予设备提供方补贴，最高为10万元。

公共平台建设奖励。鼓励社会资本参建或扩建共性技术、重大创新研发、产业创新服务综合体、中试研究基地、技术转移转化服务机构、检验检测、工业设计、供应链服务、知识产权运营服务等专业公共服务平台，软硬件投资500万元以上的，按照投资额的30%给予最高500万元补贴。

金融支持。文昌国际航天城管理局将设立航天产业引导基金，按照政府引导、市场化运作的方式与产业资本、金融资本合作设立子基金，支持火箭、卫星、数据等航天产业以及航空产业和其他高新技术项目研发、产业化发展，对符合条件的企事业单位给予股权投资支持，最高1亿元。

企业享受的自由贸易港其他政策、海南省支持产业发展的奖补措施，以及企业落户指南等，见附件。

典型企业情况表

企业	企业简介	国内基地
中国航天科工集团有限公司	中国航天科工二院下属空间工程总体部门，成功发射我国首颗低轨宽带通信技术验证卫星，建成我国首条小卫星智能生产线，具备独立自主的超低轨卫星星座设计、研发、制造、运营能力。正在开展低轨卫星星座首发星研制，该卫星成功入轨后将对超低轨道飞行技术、高分辨率对地成像技术、星载智能处理、信息直达用户终端等关键技术进行演示验证和应用示范	北京
中国东方红卫星股份有限公司	主营小卫星及微小卫星的研制与生产，集系统开发、系统设计、系统集成和在轨服务于一体，主营业务包括星（船）载导航接收机、高速信息网络产品、星间通信接收单元、太阳能电池片、高端紧固件等卫星组件制造	北京、深圳、西安
浙江铖昌科技股份有限公司	星载相控阵T/R芯片核心企业，深度参与军民用遥感卫星、地轨小卫星的建设	杭州
南京国博电子股份有限公司	中电科55所旗下的上市公司之一，高密度相控阵T/R组件研发生产龙头企业，与母公司形成芯片+组件协同占据第一梯队	南京
北京天银星际科技有限责任公司	依托清华大学20年空间技术积累，目前是国内第一家商业运营的恒星敏感器生产厂商	北京

续表

企业	企业简介	国内基地
浙江臻镭科技股份有限公司	宇航级抗辐照电源芯片、电源管理芯片生产制造的核心企业，业务已经扩展到卫星互联网领域	杭州
成都盟升电子技术股份有限公司	聚焦卫星通信领域，具备车载、机载、舰载动中通和平板卫星接收天线的设计和制造能力	成都
上海沪工焊接集团股份有限公司	公司航天业务分为航天设备制造平台与卫星业务平台两种，航天设备制造平台河北诚航是我国多家航天总装单位的核心供应商，卫星业务平台上海沪航卫星科技公司为商业卫星提供配套产品及服务。主要业务覆盖商业卫星总装集成、航天产品核心部件设计及制造等，具备专业的商业卫星AIT生产能力	上海
长光卫星技术股份有限公司	我国第一家集卫星研发制造、运营管理和遥感信息服务于一体的全产业链商业遥感卫星公司。专注于高性能、低成本卫星的研发与技术创新，建设并不断完善“吉林一号”卫星，通过提供海量、优质遥感数据，促进遥感行业生态发展	长春
二十一世纪空间技术应用股份有限公司	成立于2001年的空间遥感大数据服务商，是中国商业航天卫星遥感的开拓者。自主研发遥感卫星智能观测与获取技术，高效获取对地高质量影像数据，形成标准化遥感影像大数据产品；开发自主算法、模型和软件系统，通过遥感影像规模化自动处理、智能解译分析和产品柔性生产等，形成空间信息综合应用服务能力	北京、南昌、武汉
航天宏图信息技术股份有限公司	成立于2008年，国内领先的遥感和北斗导航卫星应用服务商，致力于卫星应用软件国产化、行业应用产业化，为政府、企业、高校及其他部门提供基础软件产品、系统设计开发和数据分析应用服务等空间信息应用整体解决方案	北京、西安、成都、武汉

续表

企业	企业简介	国内基地
中科星图股份有限公司	创立于2006年，是中国科学院空天信息创新研究院投资的国有控股高新技术企业、国内数字地球产品研发与产业化的先行者和领军企业，将大数据、云计算和人工智能等新一代信息技术、地理信息技术与航空航天产业深度融合，自主研发了覆盖空天大数据获取、处理、承载、可视化和应用等产业链环节的GEOVIS数字地球产品，面向政府、企业、特种及大众领域用户提供软件销售和数据服务、技术开发服务、数字地球一体机和系统集成	北京
珠海欧比特宇航科技股份有限公司	首家登陆中国创业板的IC（集成电路）设计公司，是我国宇航SPARC V8处理器SOC（片上系统）的标杆企业、立体封装（SIP）技术宇航微系统的开拓者、卫星星座运营及卫星大数据应用领航者。主要从事宇航电子、微纳卫星星座及卫星大数据、人工智能技术和产品的研制与生产，服务于航空航天、地理信息、国土资源、农林牧渔、环境保护、交通运输、智慧城市、数字政府、现代金融、个人消费等领域	珠海
上海华测导航技术股份有限公司	致力于高精度数据的采集和应用解决方案，专业从事高精度卫星导航定位相关软硬件技术产品的研发、生产和销售。主要产品包括高精度全球卫星导航系统（GNSS）接收机、地理信息系统（GIS）数据采集器、海洋测绘产品、三维激光产品、无人机遥感产品等数据采集设备，以及位移监测系统、农机自动导航系统、数字施工、精密定位服务系统等数据应用解决方案	上海、武汉、广州
成都振芯科技股份有限公司	主要从事北斗卫星导航应用关键元器件、特种行业高性能集成电路、北斗卫星导航终端的设计、开发、生产和销售，以及北斗卫星导航定位应用系统的开发和建设。公司是国内北斗终端最大供应商，且被列为国家重点支持的北斗系列终端产业化基地，拥有围绕北斗卫星导航应用的“元器件—终端—系统”的完整北斗产业链	成都

续表

企业	企业简介	国内基地
北京华力创通科技股份有限公司	在卫星导航、卫星通信、雷达信号处理、仿真测试、无人系统领域已经形成一定规模的科研生产能力，为精确制导武器、电子对抗、航空电子、信息化作战、指挥控制及先进武器系统的研制提供了先进的器件、终端、系统和解决方案。公司积极面向行业和地方经济发展，在智慧城市、卫星大数据、应急通信、安全监测、海洋工程等领域，提供整套的技术体系及解决方案	北京、昆明、成都

第二十四篇　无人机制造

无人机是利用无线电遥控设备和自备的程序控制装置操纵，或由车载计算机完全地或间歇自主地操作的不载人飞机，分为军用、民用两类，民用无人机可分为消费级、工业级两种。在全球无人机应用中，军用占70%左右、民用占30%左右，预计未来民用无人机的比例会不断提高。

我国民用无人机发展得很快，产品多样、设计领先、性价比高，产值占全球的81.5%，2022年底，我国无人机产业规模突破700亿元，已成为“中国制造”的新名片。当前，地理测绘、农林植保、安防巡检、快递物流应用空间业务营收增长迅速，与5G、人工智能、物联网、云计算、大数据等新一代信息技术融合不断深化。

一、海南谋划通用航空创新验证示范基地，为无人机制造提供先行先试空间

根据《海南省通用航空产业发展“十四五”规划》，以儋州市、海口市为重点谋划布局通用航空创新验证示范基地，为无人机企业发展提供前沿技术研发先行先试平台。推进海口通用航空科技创新中心建设，集聚国内外航空产业创新资源，吸引国内外科研机构、龙头企业等入驻，建设技术创新中心、重点实验室等国家级、省级创新平台，有望支撑无人机制造产业创新发展。在海口、儋州地区建设民用无人驾驶航空器试验区，采取合作研发模式，联

合国内龙头企业建设无人机创新验证示范基地，开展无人机以及电动垂直起降航空器（eVTOL）相关新型航空器的研发、制造与试飞工作。

二、海南有对外开放的区位优势，支持无人机制造企业建设面向全球的生产基地

海南作为国内国际“双循环”的战略节点，是新时代对外开放的鲜明旗帜和重要开放门户，我国是全球第一大民用无人机出口国，其中民用消费级无人机出口量主要来自深圳（占全国的90%），考虑到我国工业级无人机的市场份额逐年上升，海南可重点发展出口导向的工业级无人机制造。目前已有工业级无人机研发和制造项目落位洋浦（如数字鹰无人机制造项目生产警用与消防多旋翼无人机、植保无人机、垂直起降无人机及无人机干扰仪等，销往西班牙、法国、意大利、捷克、泰国、斯里兰卡、土耳其、哥伦比亚、南非、马来西亚等30个国家，海南飞行者科技有限公司在海口建有研发设计中心）。

三、海南拥有“人无我有”的无人机应用场景

民用无人机企业在海南建设生产基地，将获取可观的旅游、农业、安保、物流等下游本地市场。

旅游场景。一是海南沙滩、雨林、悬崖、峭壁等独特且神秘的特色景观均存在难以接近和完整游览的区域，提供了大量新颖的“无人机进景区”场景。目前海南已初步实现无人机进景区（如海南呀诺达雨林文化旅游区与大疆创新合作建设“无人机友好型”景区，无人机航拍平均每月可为景区带来一定的营收），未来可以选择经济创收实力强且与当地政府有合作关系的景区，投资建设VR/AR设施，打造“无人机+VR/AR”沉浸式航拍体验项目。二是海南拥有游泳、沙滩排球、游艇、帆船、帆板、潜水、河谷漂流等丰富的体育旅游场景，既可以将无人机拍摄植入体育旅游项目，又可以做大做强无人机赛事，如2021年已举办的环海南岛飞行大赛（海口站）梦幻地平线无人机竞速大赛。三是海南各地正竞相推出文旅节庆活动，可以依托旅游节庆场景，推广无人机表演（如三亚在城市旅游节当日在鹿回头风景区举办无人机表演）。

农业场景。一是《海南省化学农药化肥减量实施总体方案（2021—2025年）》提出，重点支持飞防组织对种植规模较大的芒果、水稻、火龙果等作物开展病虫害统防统治专业化服务，2025年统防统治面积将达450万亩。二是南繁科技城大力推广智能育种设备，无人机与传感器、摄像头等设备将更加广泛地用于智慧试验田建设，支持育种实时监测、作物表型信息收集并将相关数据上传至数据平台，为育种科研提供决策参考（如三亚崖州湾科技城“南繁物联网展示平台”，利用无人机高效作业技术、人工智能决策技术实现了农作物病虫害监测预警、智能灌溉、水稻播种等农业智能应用；科迪华利用无人机监测作物病态性状生成光电信号，用于表型育种；先正达利用智慧农业遥感技术与无人机监测，尽可能多发现潜在的制种侵权地，提高维权取证效率）。

物流场景。海南大力发展“无人机、无人车、无人仓”应用，开展无人机跨琼州海峡航线运输飞行测试，目前已有京东布局无人机配送站，开展全场景末端无人机配送试验，支持无人机物流标准建设。物流无人机制造企业落户海南，可以与大型物流服务企业合作，获取下游渠道优势。

自由贸易港管控。建设海南自由贸易港的前提是“管得住，才能放得开”，无人机在加强人、船、货等流动监管上，具有独特的优势，无人机灵活机动、滞空时间长、监控范围大，便于开展周边海域及边境地区的全天时侦查监视、目标精确定位、边海防巡逻等。目前海南已建设了无人机控制站并开展了海南岛海上巡视无人机的首飞试验。

四、海南建立低空空域服务保障体系，支持无人机产业高效有序发展

一是打造低空空域空管服务保障示范区。海南通过低空空域空管服务保障示范区建设，成为我国首个完成低空空管服务保障体系建设的地区。通过建成覆盖全省的低空飞行目视航图系统、基于数字身份认证体系的“低慢小”航空器综合管控平台和无人机管理系统，以及较为完善的低空空管服务保障平台和基础设施，可实现通用航空飞行活动的静态和动态监控，并为低空空域管理、目视航线划设及“低慢小”航空安全管控提供有力技术支撑。在全省范围内推动实现通用航空飞行活动“看得见、叫得到、联得上，飞得

安全、飞得顺畅”。二是出台《海南省民用无人机管理办法（暂行）》，建设“无人机综合监管试验平台”，部署低空监视雷达、频谱侦测、光电跟踪识别等设备，对通航合作无人机以及非合作无人机等低空目标进行实时监管，强化重要目标低空安全防护，实现对省内合作目标无人机的实时管控。三是不断完善通用航空立法。2020年5月1日起，海南施行全国首部《海南省民用无人机管理办法（暂行）》，简化飞行计划审批流程。海南正按封关运作要求，起草全国首部“低慢小”航空器综合管理规范性文件。良好的无人机管理与营商环境，为稳定市场需求和推动无人机产业规模化发展奠定了坚实基础。

企业享受的自由贸易港其他政策、海南省和海口市支持产业发展的奖补措施，以及企业落地指南等，见附件。

典型企业情况表

企业	企业简介	国内基地
深圳市大疆创新科技有限公司	成立于2006年，无人机行业的头部企业，技术领先，行业地位和声誉很高，品牌声誉稳居全国第一，国内市场占有率为70%	深圳
中航沈飞股份有限公司	以航空产品制造为核心主业，集科研、生产、试验、试飞、服务保障于一体的大型现代化飞机制造企业，是中国航空工业集团有限公司骨干企业之一。在无人机制造领域，拥有强大的研发制造能力，其产品广泛应用于军事、民用和商业领域，并在各个领域具有良好的市场口碑	沈阳
深圳智航无人机有限公司	成立于2014年的无人机制造商，有自主研发能力和全球领先的自主飞行控制系统，创新意识和放眼全球布局，使其拥有快速扩张的国际化市场份额	深圳
零度智控（北京）智能科技有限公司	致力于无人机自驾仪的研发并为客户提供全方位的行业解决方案，拥有全自主研发的无人机自动驾驶仪及多款无人机飞行器。其中明星产品包括YS09固定翼自驾仪、YS-X6多旋翼自驾仪、“雨燕”系列电动无人飞行器、多轴飞行器等。公司主要客户为部队、政府、国企、高校、科研院所	北京

续表

企业	企业简介	国内基地
顺丰控股股份有限公司	依托物流配送生态圈发展无人机研发及制造，旗下大型无人机丰鸟公司，通过自主研发和对外合作，打造承载150千克至3吨级中大型无人机。与智飞生物科技公司合作开发民用无人机产品、服务及解决方案等。投资打造高端物流无人机制造基地，建设生产八轴多旋翼（方舟）、垂起固定翼（MR）、100千克级垂起固定翼（大垂起）等中小型无人机的智能化生产线，及运5、C42、山河SA60L改装大型无人机生产线	深圳
臻迪科技股份有限公司	在无人系统领域，臻迪科技自主研发的系列企业级无人机产品有四旋翼PowerQuad、直升机PowerCopter和固定翼Power-Eye等，广泛应用于植保、电力、测绘、石油、矿产、警用、救援等领域。水上机器人“小海豚”（PowerDolphin）获得2019年的爱迪生发明奖金奖，是中国企业首次获得有“科技界奥斯卡”之称的爱迪生奖中的最高奖	北京
深圳一电科技有限公司	入选首批国家高新技术企业、中国无人飞行器创新十强企业，拥有运动摄像机、警用拍摄装备、航拍装备及无人飞机四大产品系列，专注于飞行器系统、无人机系统、高端智能光电系统产品的智能制造，产品广泛应用于军用、警用、民用领域，全国各公安系统均采购了该公司开发的AEE警用无人机系统	深圳
广东司马航模实业有限公司	一家集专业设计、研发、生产、销售遥控飞机、无人机、智能飞行器等系列产品的企业，产品销往欧美、南美、非洲等海外市场，生产工艺及技术水平国内领先，年产销居国内前茅，产品技术质量达国内外同类产品领先水平	汕头
广州极飞科技股份有限公司	该公司致力于民用无人飞机和飞行控制系统的研发和制造，获得多项国家及国际技术专利，产品遍布全球，在多旋翼飞机等领域取得重大突破，核心产品XMission——“极侠”全天候多功能无人机系统采用了世界先进工艺去设计及制造，为安防巡视、消防救援、环境保护、低空物流、遥感测绘等领域提供了最优异的解决方案，能够一体化解决行业用户的需求	广州

续表

企业	企业简介	国内基地
深圳哈博森科技有限公司	从事中小型无人机产品设计、研发、生产、销售等服务的新型公司，在实时图像传输、影像处理、云台、GPS精准定位、飞控系统（定高悬停、航点、环绕、跟随）、安全系统等方面，掌握成熟的研发制造技术，产品于2014年在全球消费级无人机市场的占比上升至30%，客户遍布欧洲、北美、南美、东南亚等	深圳
昊翔电能运动科技（昆山）有限公司	成立于2006年，创造出第一架商业上成功的、随时可以飞行的固定机翼的远程控制无人机。目前已获得数百项专利，陆续推出了载人飞机、无人机、无线遥控飞机等	昆山
易瓦特科技有限公司	成立于2010年，自主研发全系列无人机产品，其产品因拥有超大载荷量和超长续航能力被广泛运用于各行业，油动变距多旋翼、共轴双桨多旋翼等新产品获得市场的认可	武汉
广州亿航智能技术股份有限公司	其设计和制造的产品可以通过智能手机应用程序控制。产品能够广泛应用于地理信息测绘、影视航拍、路演展示、应急救灾、侦查与监控，甚至是物流快递等领域	广州
美国Skydio无人机公司	产品包括Skydio 2、Skydio 2+、Skydio X2，均围绕Skydio自动化控制引擎构建，是世界上最先进的无人机飞行人工智能系统	无

第六章　清洁能源产业

第二十五篇　碳纤维—风电叶片—储氢产业链

氢能是终极清洁能源，“绿色氢能”是利用风电等可再生能源发电后电解水制氢，经预测2050年全球70%以上的氢气以“绿氢”方式制取。目前氢能产业链各环节技术正处于上升和突破的窗口期，在海南可发展碳纤维—风电叶片—储氢产业链。

叶片是风电机组的关键部件，叶片材料轻量化成为迭代的卡口，碳纤维可减轻叶片的重量，所以，碳纤维的需求量必然增加。同时，储氢装备中也需要大量的大丝束碳纤维。当前国内正处于Ⅲ型35MPa储氢瓶规模化量产、Ⅲ型70MPa储氢瓶示范应用阶段，Ⅳ型35MPa、70MPa储氢瓶是当前的研发重点。碳纤维是储氢瓶上的“黑色黄金”，大丝束碳纤维缠绕的效率是小丝束的3—4倍，这种缠绕技术是技术发展的方向。

风电是我国仅次于煤电、水电的第三大电力来源，预计2025年风力发电量比2020年翻倍，其中海上风能发电量有望达到60GW，较当前投运水平增长1.5倍左右，对碳纤维的需求量预计从2021年的2.2万吨增长至2025年的3.9万吨，占全球风电领域碳纤维总需求的48%。东南亚风电资源蕴含储量较大，预计到2030年东盟国家风电累计装机总量将达到18.5GW，对风电装备具有迫切需求。从储氢瓶核心应用端氢燃料电池车产量和加氢站看，我国储氢瓶市场主要在国内，预计国内储氢瓶产量将在2025年超11万套、2030年超49万套，碳纤维用量预计将在2025年突破5000吨，2030年突破2万吨。

海南依托石油化工基础和海上风电场，打造乙烯—丙烯腈—碳纤维—风电叶片（除部分海南自用之外，大量出口至东盟市场）—储氢、运氢（存储海上风电制的氢气）全产业链（见下图），可形成贯穿化工新材料、装备制造、新能源的产业链，推动风电制氢储氢的“绿色氢能”发展。

碳纤维—风电叶片—储氢全产业链图

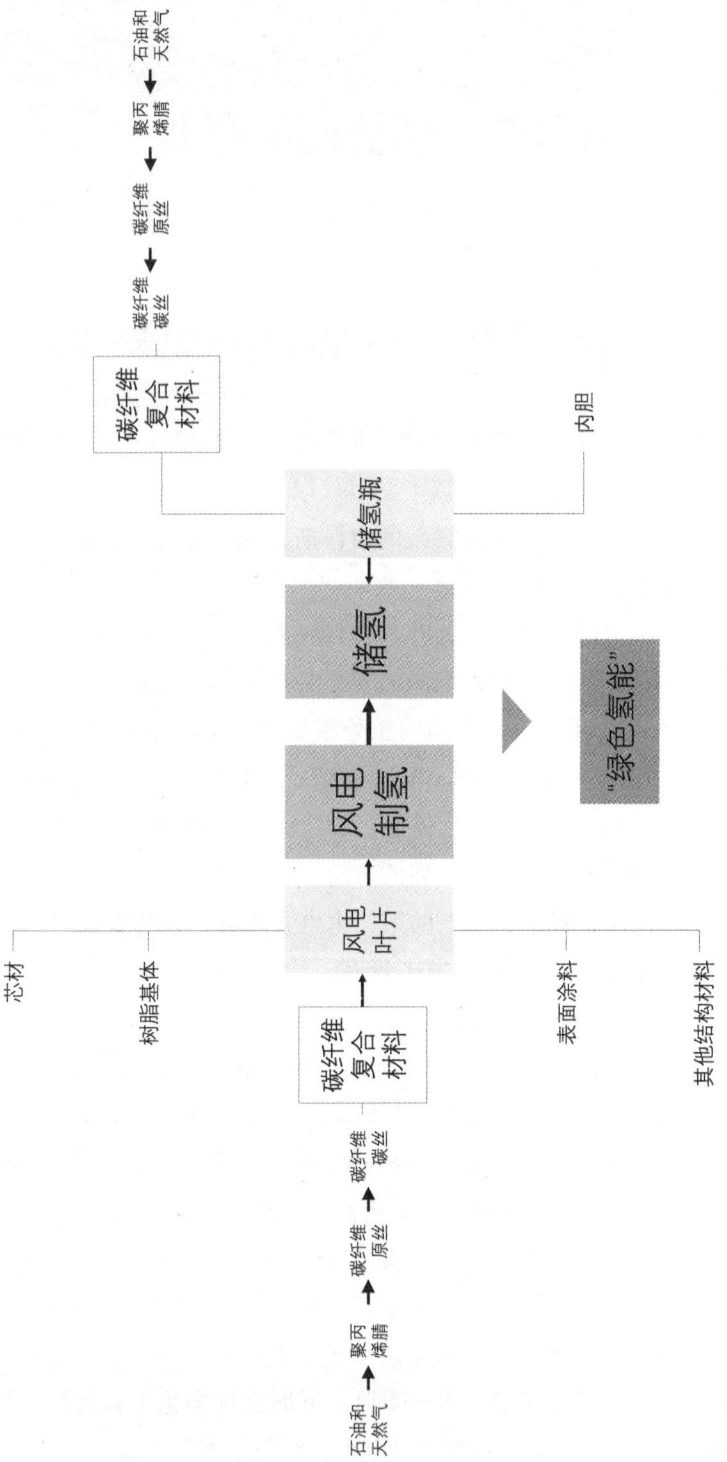

一、洋浦和东方的石油化工可为碳纤维制造提供原料支撑

碳纤维复合材料制造上游原料产业链为原油和天然气—乙烯—丙烯腈—聚丙烯腈纺丝原液—聚丙烯腈原丝—原丝碳化（碳丝），目前海南省初步形成上游勘探开发、中游油气加工及综合利用、下游新材料等初级产业链，其中海南炼化百万吨乙烯项目将拉动千亿级的下游产业，支撑丙烯腈、聚丙烯腈生产，为碳纤维原丝、碳丝及复合材料制造项目提供原料，支持大丝束碳纤维国产化。

二、海南省海上风电资源开发利用潜力大，风电叶片制造有较大的应用空间

海南海上风能资源丰富，规划在临高西北部、儋州西北部、东方西部、乐东西部、万宁东南部海域等建设11个海上风电场，单个场址规划装机容量50万—150万千瓦，总开发容量1230万千瓦。海南支持风电全产业链发展，打造儋州洋浦、东方海上风电装备制造基地，其中包括拉长碳纤维等新材料产业链，实现风电叶片本地化制造。

三、加工增值政策为依托进口碳纤维的风电叶片和储氢瓶制造企业提供原料成本利好

我国风电叶片和储氢瓶部分原材料短期内仍依赖进口，在海南生产可享受加工增值政策带来的原材料成本利好。

风电叶片：目前我国风电叶片生产制造所需大丝束碳纤维主要靠进口，全球大束丝碳纤维市场集中度更高，基本被美国Zoltek、德国SGL等企业控制。2021年我国大丝束碳纤维进口依赖度超过75%。随着兰州蓝星2.5万吨/年50K大丝束碳纤维项目，上海石化2.4万吨/年原丝、1.2万吨/年48K大丝束碳纤维项目及吉林碳谷20万吨原丝产线产能不断成熟，预计2025年大丝束碳纤维国产化率将达25%。此外高性能合成树脂基体材料（风电叶片基体生产制造专用环氧树脂应具备黏度低、适用期长、浸透性好、固化物力学强度高、韧性好等特点，目前多数厂家采用真空灌注环氧树脂，这种材料短期难以替代，全球核心厂商瀚森、欧林、道生天合、上纬、亨斯迈占有约60%的份额，我国主要依靠进口。我国上游基础环氧树脂产业链较为成熟，国内企业道生

天合、上纬新材、惠柏新材、康达新材等企业加快风机叶片基体专用环氧树脂国产化突破)、芯材巴沙木(叶片芯材主要使用的巴沙木生长在赤道附近国家，进口享有的最惠国税率为0%。厄瓜多尔巴沙木供应波动较大，目前我国已开始采用聚氯乙烯PVC、聚对苯二甲酯类塑料PET替代巴沙木)、风电涂料(主要依赖进口，德国美凯威奇Mankiewicz、美国PPG、德国巴斯夫Relius、德国博格林Bergolin、挪威佐敦Jotun、意大利麦加MEGAP&C占据大部分市场份额)主要靠进口。在加工增值政策下，企业落户海南自由贸易港，进口碳纤维原料及其他原料生产风电叶片并销往内地市场，与落户国内其他地区相比，将获取原料进口成本优势。

风电叶片原材料进口关税及关税减免情况表

分类	主要品类	单GW用量(万吨)	总用量(万吨)	主要进口地	进口价(万元/吨)	普通税率	最惠国税率	协定/特惠税率	海南可优惠金额(万元)
基体材料	风电专用环氧树脂	0.6	28.54	中国台湾、韩国	2.5	45%	6.5%	0%	27826
增强材料	碳纤维复材	0.3	14.27	日本、德国	1.2	70%	17%	0%	8733
芯材	巴沙木	2.8	11.97	厄瓜多尔	15.5	14%	0%	0%	0
风电涂料	聚氨酯涂料	0.017	0.81	中国台湾、韩国	5.4	30%	10%	2%	525

企业将生产基地建设在海南的洋浦保税港区，年产300套95米以上海上风电叶片，产品销往国内市场。风电叶片单片平均装机量约10MW，海上风电叶片市场价格约为210万元/片，单片生产成本约为176万元(叶片毛利率约16%)。企业在内地进口原材料成本约为3.17亿元=风电叶片产量300套×单片生产成本176万元×风电叶片原材料成本占比75%×(基体树脂成本占比36%+增强材料成本占比28%+芯材成本占比12%+涂料占比4%)。企业在海南进口四大原材料，可减免原材料进口关税约1843万元=产量300套×单片生产成本176万元×原材料成本占比75%×(基体树脂成本占比36%×基体树脂进口

关税税率6.5%+增强材料碳纤维成本占比28%×碳纤维进口关税税率17%+芯材成本占比12%×芯材进口关税税率0%+涂料成本占比4%×涂料进口关税税率2%），相当于原材料总成本降低约9%。

企业在海南开展风电叶片制造，销往东盟便利。一是风电叶片长而且重，必须采用船舶运输，制造厂建设依赖港口，海南有港口优势。二是大型叶片基本上都用于海上风电，对海上运输、装配、维护的依赖程度高，海南具备较强的风电设备运输作业海上安全保障能力。三是东盟国家也拥有丰富的海上风电资源，如越南、菲律宾、印度尼西亚等东盟国家，但他们的风电叶片等产业制造能力弱，为海南提供了巨大市场，后续还可发展海上风电维护等现代服务业产业链。

储氢装备制造：Ⅲ型、Ⅳ型储氢瓶包括内衬材料、过渡层、纤维缠绕层、外壳保护层（由碳纤维缠绕而成）。我国高压气态储氢瓶碳纤维（包括T700、T800及以上的小丝束碳纤维以及未来技术替代下T700大丝束碳纤维）靠进口，且70MPa Ⅳ型储氢瓶中的塑料内胆往往采用高密度聚乙烯（HDPE）等工艺复杂的特种塑料，这些原料也依赖进口，35MPa Ⅲ型、70MPa Ⅲ型储氢瓶都难以满足燃料电池乘用车及燃料电池重卡的发展需求，70MPa Ⅳ型储氢瓶是技术发展的必然选择。碳纤维缠绕复合材料多年来被美国、日本等国垄断，虽然近年来上海石化、中复神鹰等制造企业已开启碳纤维国产化进程，但产品的整体质量和稳定性仍需提升，储氢领域所需碳纤维目前仍靠进口。Ⅲ型瓶内胆为铝合金，国产化程度高，Ⅳ型瓶内胆多采用的尼龙6、HDPE及PET聚酯塑料等塑料主要靠进口。在海南自由贸易港加工增值政策下，进口碳纤维原料及其他原料，生产储氢瓶并销往内地市场，与落户国内其他地区相比，将获取原料的进口成本优势。

预测2025年我国1.6万辆氢燃料车（约10.8万个储氢瓶）需求下Ⅲ型储氢瓶原材料进口关税及关税减免情况。

分类	主要品类	单瓶用量（千克）	总用量（吨）	主要进口国	进口价（万元/千克）	普通税率	最惠国税率	协定/特惠税率	海南可优惠金额（万元）
外层	碳纤维	70	7560	日本	166	70%	17%	0%	76.5

预测2025年我国1.6万辆氢燃料车（约10.8万个储氢瓶）需求下Ⅳ型储氢瓶原材料进口关税及关税减免情况。

分类	主要品类	单瓶用量（千克）	总用量（吨）	主要进口国	进口价（万元/千克）	普通税率	最惠国税率	协定/特惠税率	海南可优惠金额（万元）
外层	碳纤维	90	9720	日本	166	70%	17%	0%	98.4
内衬	内胆塑料	30	3240		19	45%	6.5%	0%	4.0

企业将生产基地建设在海南自由贸易港洋浦保税港区，年产10万套高压气态储氢瓶（5万套70MPa Ⅲ型储氢瓶、5万套35MPa Ⅳ型储氢瓶），产品销往国内市场。企业原材料进口成本约为2.83亿元=70MPa Ⅲ型储氢瓶产量5万套×70MPa Ⅲ型储氢瓶原材料成本3920元/套×（碳纤维复材成本占比66%+内胆成本占比17%）+35MPa Ⅳ型储氢瓶产量5万套×35MPa Ⅳ型储氢瓶原材料成本2865元/套×（碳纤维复材成本占比78%+内胆成本占比3%）。企业减免原材料进口关税约为4342万元=70MPa Ⅲ型储氢瓶产量5万套×70MPa Ⅲ型储氢瓶原材料成本3920元/套×(碳纤维复材成本占比66%×碳纤维进口关税税率17%+内胆成本占比17%×内胆进口关税税率6.5%)+35MPa Ⅳ型储氢瓶产量5万套×35MPa Ⅳ型储氢瓶原材料成本2865元/套×(碳纤维复材成本占比78%×碳纤维进口关税税率17%+内胆成本占比3%×内胆进口关税税率6.5%)，相当于原材料总成本降低15%左右。

四、自由贸易港政策叠加海南高新技术产业支持政策，赋予“碳纤维—风电叶片—储氢”全产业链成本利好

现阶段海南自由贸易港企业进口自用生产设备“零关税”负面清单、原辅料“零关税”正面清单已正式对外发布。碳纤维、风电叶片、储氢装备制造设备未被纳入“负面清单”且生产设备进口依赖度高，企业进口生产设备能够享受“零关税”政策。

碳纤维制造：我国正加快提升风电叶片、储氢瓶用碳纤维制备技术，目前原丝和碳丝制备的设备和工艺均不够成熟，纺丝机、热压罐、聚合釜、预

氧化炉、低温炭化炉、高温炭化炉等核心设备进口较多。碳纤维原丝、碳丝制造企业可享受“零关税”政策下生产设备进口关税、增值税减免利好。目前碳纤维生产设备投资为每万吨7亿元左右，若均采用进口设备，成本高20%—30%。若企业建设年产1万吨从聚丙烯腈到碳纤维（碳丝）的生产线，在内地建设生产线并全部采购进口设备约需7亿元，而在海南可节省约1.38亿元。

碳纤维原丝、碳丝生产设备进口关税、增值税减免情况表

分类	设备/辅料种类	进口价格（万元/台）	主要进口国	进口关税	进口增值税	海南可优惠金额（万元）
原丝制备	纺丝机	20	日本、美国、德国等	8%	13%	24.4
	热压罐	10		0%	13%	11.3
	聚合釜	25		0%	13%	28.3
碳丝制备	预氧化炉	10		0%	13%	11.3
	低温炭化炉	120		10%	13%	149.2
	高温炭化炉	15		10%	13%	18.6

风电叶片制造：生产设备国产化程度高，设备进口“零关税”政策利好性较弱。

储氢装备制造：高压气态储氢瓶生产工段，主要是内胆成型和缠绕固化，生产技术壁垒较高、工艺技术难度较大。内胆成型中，Ⅲ型瓶内胆多为铝合金，目前基本实现国产化，Ⅳ型瓶采用高分子材料做内胆，一般使用滚塑、吹塑以及注塑成型工艺制备，目前仅丰田、现代掌握量产技术，我国Ⅳ型瓶制造初期仍需进口原材料。纤维缠绕固化工段使用的工艺主要包括湿法缠绕、干法缠绕。国内企业基本均采用湿法缠绕工艺，设备主要包括缠绕机、张力控制设备等，国产化程度较高。国外正逐步向干法缠绕工艺过渡，国内个别企业开始研究和尝试干法工艺，目前我国干法缠绕设备等依赖进口，成本较高。年产10万套高压气态储氢瓶（70MPa Ⅲ型储氢瓶和35MPa Ⅳ型储氢瓶各5万套），在内地建设生产线并全部采购进口设备约需2亿元，在海南进口设备可减免关税、增值税约2600万元。

储氢瓶生产设备进口关税、增值税减免情况表

分类	设备/辅料种类	进口价格（万元/台）	主要进口国	进口关税	进口增值税	海南可优惠金额（万元）
湿法缠绕工艺	湿法缠绕机	15	美国、意大利、日本、瑞士等	0%	13%	2.0
	张力控制设备	20		7%	13%	4.2
干法缠绕工艺	预浸料设备	300		0%	13%	39.0
	干法缠绕机	15		0%	13%	2.0

企业享受的自由贸易港其他优惠政策和地方奖补措施，以及企业落地程序等见附件。

五、利好政策测算

碳纤维制造：以企业落户海南，年产1万吨从聚丙烯腈到碳纤维（碳丝）为例，进口生产线设备约6.62亿元，年营收达12亿元（目前我国大丝束碳纤维产业化生产刚刚起步，产能主要由吉林碳谷碳纤维股份有限公司、中国石油化工集团有限公司供给，国内大丝束碳纤维均价在12.9万元/吨左右）。企业可获得固定资产投资奖励最高3500万元（由于年度奖励最高2000万元，企业获得3500万元奖励至少需分2年完成固定资产投资）；生产制造10年间，若营收年复合增长率按10%计算，企业可获取生产规模奖励150万元；若企业设立研发部门，按行业较高水平将营收的15%投入研发，还可获取研发投入奖励最高200万元/年。

碳纤维（碳丝）生产制造和研发奖补估算表

单位：万元

年限	第1年	第2年	第3年	第4年	第5年	第6年	第7年	第8年	第9年	第10年
营业收入	120000	132000	145200	159720	175692	193261	212587	233846	257231	282954
生产规模奖励	—	—	—	150	—	—	—	—	—	—
研发投入奖励	200	200	200	200	200	200	200	200	200	200
合计奖补	200	200	200	350	200	200	200	200	200	200

风电叶片制造：以企业落户海南，年产300套95米以上大型风电叶片为

例。年营收18.5亿元左右，叶片单片平均装机量约10MW（总装机量可达3GW），企业投资国产化生产线约8亿元。企业设备投资约8亿元，可获得固定资产投资奖励4000万元（年度奖励最高2000万元，企业获得4000万元奖励至少需分2年完成固投）；若营收年复合增长率为5%，生产制造10年间，企业可获取生产规模奖励450万元；若企业在海南自由贸易港设立研发部门，将营收10%投入研发，还可获取研发投入奖励最高200万元/年。

风电叶片生产制造和研发奖补估算表

单位：万元

年限	第1年	第2年	第3年	第4年	第5年	第6年	第7年	第8年	第9年	第10年
营业收入	231250	242813	254953	267701	281086	295140	309897	325392	341662	358745
生产规模奖励	150	—	—	—	—	—	300	—	—	—
研发投入奖励	200	200	200	200	200	200	200	200	200	200
合计奖补	350	200	200	200	200	200	500	200	200	200

储氢装备制造：以企业年产10万套高压气态储氢瓶（70MPa Ⅲ型储氢瓶、35MPa Ⅳ型储氢瓶各5万套）为例。企业在海南进口生产线设备约1.74亿元，年营收25亿元，企业可获得固定资产投资奖励870万元；生产制造10年间，若营收年复合增长率20%，企业可获取生产规模奖励950万元；若企业设立研发部门，按行业较高水平将营收的15%投入研发，还可获取研发投入奖励最高2000万元。

储氢瓶生产制造和研发奖补估算表

单位：万元

年限	第1年	第2年	第3年	第4年	第5年	第6年	第7年	第8年	第9年	第10年
营业收入	250000	275000	302500	332750	366025	402628	442890	487179	535897	589487
生产规模奖励	150	—	300	—	—	—	—	—	500	—
研发投入奖励	200	200	200	200	200	200	200	200	200	200
合计奖补	350	200	500	200	200	200	200	200	700	200

典型企业情况表

企业	企业简介	国内基地
风电叶片研发制造		
中材科技风电叶片股份有限公司	专业的风电叶片设计、研发、制造和服务提供商，拥有完全独立自主设计研发能力，为客户提供定制化的叶片设计和技术服务，产品开发实现了从1MW—14MW平台的系列化推进，拥有全系列八十余款产品，适用于高低温、高海拔、低风速、沿海、海上等不同运行环境，在行业内树立了“中材叶片”品牌	萍乡、白城、酒泉、邯郸、阜宁、锡林郭勒
连云港中复连众复合材料集团有限公司	公司隶属国务院国资委直接管理的中国建材集团，研发风电叶片超过15年，工艺从碳纤维预浸料工艺发展到碳纤维拉挤工艺，已成功研制出全球最长123米风电叶片	连云港、沈阳、酒泉、包头、哈密、玉溪、安阳
株洲时代新材料科技股份有限公司	拥有集材料技术基础性研究和新技术应用研究与新项目孵化器于一体的国家认定企业技术中心，拥有新材料系统结构领域企业博士后科研工作站。公司正处于向大型叶片制造转型的阶段，在陆上90米级别叶片方面，公司通过高模玻纤拉挤板实现高性价比设计，对正在试制110米长的海上大功率叶片，采用碳纤维拉挤板设计，预计未来公司叶片业务中大型叶片制造业务（80—100米）占比将达到60%	天津、湘潭、射阳、鄂尔多斯
艾郎科技股份有限公司	总部位于上海，通过与国际知名叶片设计公司德国Aerodyn、WINDnovation等公司的合作研发，专注生产从1.5MW至6MW各个系列不同风区的MW级风电叶片，为国内外MW级海上和陆地风电整机配套	上海
三一重能股份有限公司	专业从事风电机组的研发、制造与销售，风电场开发运营，提供风电场代维与技术咨询服务，具备独立进行风电场总承包建设和运营的能力，同时拥有适用陆上（常温、低温、高原、低风速）、海上、60Hz地区等不同运行环境的风力发电整机产品，以及增速机、发电机、控制系统等风机关键部件产品	北京、张家口、吉林通榆、韶山

续表

企业	企业简介	国内基地
天津明阳风能叶片技术有限公司	主要生产兆瓦级风电机组叶片，公司前期投资上亿元从国外引进先进的风能叶片成型技术和设备，拥有大型生产厂房、堆场、周转区及办公设施	天津
吉林重通成飞新材料股份公司	主要产品为2MW、2.5/3MW、4MW、5MW、6MW等不同规格型号的陆上与海上风轮叶片，具备年产近2000套风轮叶片的能力，是国内风轮叶片的主要配套企业	大安、锡林浩特、武威、南通
中科宇能科技发展有限公司	成立于2008年，拥有完全自主知识产权的850kW、1.0MW、1.5MW、2.0MW、2.5MW及3.0MW海上风电叶片等多系列叶片制造技术，是国内极少数的全面掌握了从叶片气动设计、结构设计、模芯与模具设计制造、叶片生产及产品检测到售后运维全过程的风电叶片系统解决商	北京、白银、保定、邢台、巴彦淖尔
国电联合动力技术有限公司	旗下的“风电设备及系统技术国家重点实验室”作为风电技术领域一流研发及服务平台为联合动力提供了强大的技术支持，主要客户为国家能源集团、华能集团、大唐集团、华电集团、国家电力投资集团、华润集团、国家电网有限公司、三峡集团、中国电建集团、江苏国信股份有限公司、晋能集团、湖北能源集团等	北京、保定、连云港、赤峰、长春
远景科技集团	全球领先的绿色科技企业，旗下“远景能源”业务板块涵盖智能风机、智慧风场、分布式风电，重点研究与风机叶片生产有关的新工艺、新材料、新技术，并提供技术培训、咨询和服务，叶片全部投产后年产能将达1500支	上海
中国长江三峡集团有限公司	与福建省政府合作引进东方风电、金风科技、中国中车、中国水电四局、LM叶片等5家龙头企业，形成风机、电机、叶片、钢结构件等完整的产业链。公司在福建省福清市兴化湾北部建设国际上首个大功率海上风电样机试验风电场；与福船集团、中铁大桥局共同组建了中铁福船海洋工程有限责任公司，从事海上风电工程安装、救援，海洋工程设备建造、维修、租赁；与福船投资、永福工程、一帆新能源合资成立福建新能海上风电研发中心有限公司，开展福建海域环境、施工技术和海上风电运维研究	武汉、福清

续表

企业	企业简介	国内基地
东方电气（天津）风电叶片工程有限公司	经营兆瓦级风电机组叶片、机舱罩的生产、销售及相关服务。公司从叶片设计、模具生产到叶片制造，已经具备批量化生产制造能力，生产的叶片具有抗风沙、耐低温的特性，可以适应各种恶劣的自然环境，通过国际风电行业的权威认证机构——德国船级社GL的认证，通过ISO9001—2015质量管理体系、安全环境、职业健康安全管理体系认证。截至2017年末，公司累计销售风电机组叶片5000余套，产品分布在全国150多个风电场；公司拥有16项专利技术、8项发明专利、8项实用新型专利	天津
储氢瓶研发制造		
中集安瑞科控股有限公司	成立于2004年，提供运输、储存、加工的关键装备、工程服务及系统解决方案。2006年开始布局氢能业务，可提供氢能全产业链解决方案，业务涵盖氢能制、储、运，及全产业链产品的销售和服务运营。2020年，与挪威Hexagon（海克斯康）合作，涉足Ⅳ型瓶，并将进入中国市场，挪威Hexagon为Ⅳ型储氢瓶领域鼻祖，双方联合成立针对快速增长的中国及东南亚市场的从事高压氢气储运的合营公司，于2021年建设Ⅳ型储氢瓶的生产设施	深圳
中材科技股份有限公司	2008年开始从事高压储氢气瓶设计，与清华大学共同承接了国家的“863”项目，2011年项目完成了验收。率先研发完成国内最大容积320L燃料电池氢气瓶，并将该产品投入市场形成销量；开发取证燃料电池车用及无人机用35MPa氢气瓶20余种规格；成功掌握70MPa铝内胆碳纤维复合氢气瓶关键技术；启动投资氢气瓶生产线技改项目及站用储氢容器生产线项目。与国际、国内众多知名汽车主机厂建立了长期稳固的业务合作关系，提供燃气车CNG（压缩天然气）气瓶及系统应用服务，苏州基地也是德国大众汽车集团亚太地区唯一CNG产品制造基地	北京

续表

企业	企业简介	国内基地
巨化集团公司工程有限公司	公司有30多年的压力容器制造历史，具有美国ASME（美国工程师学会）、美国DOT（美国交通部）和欧盟TPED（移动式压力设备CE认证）国际认证。近年来公司与浙江大学合作开展“863”项目——高压储氢罐的制造，完成了加氢示范站（在北京）三台氢气储存容器的制作交付使用并顺利通过验收；在钢制包装容器方面，分别建有非重复充装钢瓶、可重复充装钢瓶和罐式集装箱生产线	衢州
葛洲坝中科储能技术有限公司	具有大规模压缩空气储能核心技术和产品，致力于储电、储热、储冷、储氢、储气等多种储能领域内的技术开发	北京、武汉
北京京城机电控股有限责任公司	拥有无缝气瓶、缠绕气瓶、车用LNG（液化天然气）气瓶、CNG气瓶、储氢气瓶、低温贮罐、加气站等气体储运装备技术能力，2014年完成70MPa高压氢燃料车用储氢瓶的开发。拥有先进技术水平的铝内胆碳纤维全缠绕复合气瓶的设计测试中心及生产线，可设计制造公称工作压力20MPa—70MPa的各种规格铝内胆碳纤维全缠绕高压储氢瓶及供氢系统。在Ⅳ型瓶方面，已建成了一条柔性化Ⅳ型瓶生产线，可以根据车型的安装空间灵活设计气瓶长度和直径参数，使气瓶使用性能最优化	北京
丰辰氢能（广州）科技有限公司	公司主要专注于引进全球最先进的氢能领域技术并服务于中国快速成长的氢能市场。是美国Steelhead Composites公司在中国的唯一合作伙伴，双方将组建合资公司开拓中国市场。美国Steelhead Composites公司是全球少数掌握Ⅳ型储氢瓶制造核心技术的公司，其在产品设计和生产工艺方面有大量的知识产权	广州
山东奥扬新能源科技股份有限公司	成立于2011年，公司掌握了Ⅳ型瓶制造核心技术，完成多款Ⅳ型瓶产品的研发制造，拥有塑料内胆与金属瓶嘴密封性能专利、碳纤维缠绕技术、产品的一致性等“卡脖子”技术，产品的压力等级涵盖20MPa—70MPa	青岛、诸城

续表

企业	企业简介	国内基地
沈阳斯林达深冷科技有限公司	已研发出无缝不锈钢内胆纤维全缠绕气瓶、铝合金内胆、铝合金无缝气瓶、铝合金内胆碳纤维全缠绕气瓶、铝合金内胆玻璃纤维环向缠绕气瓶、钢质无缝气瓶、车用压缩天然气钢瓶、车用压缩天然气钢质内胆环向缠绕气瓶、车用压缩天然气铝合金内胆碳纤维全缠绕气瓶、车用氢气铝合金内胆纤维全缠绕气瓶、消防气瓶、便携式医用供氧器等13类别280余种规格的产品。2016年70MPa高压储氢瓶通过了国家型式试验，搭载该气瓶的燃料电池汽车可实现400公里的续航	沈阳
亚普汽车部件股份有限公司	成立于1988年，是专业从事汽车储能系统研发、制造和销售的全球化供应商，公司自主研发的Ⅲ型35MPa车载储氢系统正与相关方深度合作，公司自主研发的Ⅳ型70MPa小容积车载储氢瓶已搭载整车台架进行相关性能验证	扬州
江苏国富氢能技术装备股份有限公司	2020年开始布局Ⅳ型储氢瓶技术研发，2021年建设Ⅳ型储氢瓶智能化生产线，2021年车载储氢瓶出货量占我国车载储氢瓶市场的35.63%	张家港、上海
	碳纤维研发制造	
吉林碳谷碳纤维股份有限公司	成立于2008年，主要从事聚丙烯腈基碳纤维原丝研发、生产和销售，大丝束碳纤维原丝行业龙头企业，拥有世界领先的原丝生产工艺。碳纤维原丝产能“十四五”时期扩产到20万吨，国内碳纤维厂商基本需要买吉林碳谷的原丝，公司未来将不断拓展碳纤维原丝业务	吉林
吉林化纤股份有限公司	成立于1988年，主要从事黏胶纤维生产和销售，依托公司百万吨乙烯项目，大规模布局原丝碳化和碳纤维复材，大丝束碳化环节产能领先，并布局下游碳纤维复合材料	吉林
中复神鹰碳纤维股份有限公司	产品广泛应用于航空航天、风电叶片、体育休闲、压力容器、碳碳复材、交通建设等领域。公司掌握了碳纤维T700级、T800级、M30级、M35级千吨级技术和T1000级、M40级百吨级技术，建成了国内首条具有自主知识产权的千吨级干喷湿纺碳纤维产业化生产线	西宁、连云港、上海

续表

企业	企业简介	国内基地
江苏恒神股份有限公司	生产的聚丙烯腈基碳纤维，碳纤维含碳量超过90%，年产5000吨各类型碳纤维。产品型号包括高强碳纤维如HF20系列（T300级）、HF30系列（T700级）、HF40系列（T800级）、HF50系列（T1000级）及高强高模HM系列，产品规格包括1K、3K、6K、12K、24K和50K等	丹阳
威海光威复合材料股份有限公司	是碳纤维全产业链龙头企业，完成了从原丝开始到碳纤维、织物、树脂、预浸料、复合材料制品的完整产业链布局，具备碳纤维生产线及关键设备、预浸料生产线及复合材料成型设备等自主设计与制造能力	威海
中国石化上海石油化工股份有限公司	2022年，上海石化碳纤维事业部实现国内首个万吨级大丝束碳纤维项目生产线投产	上海

第二十六篇　氢燃料电池电堆和膜电极研发制造

氢燃料电池由电堆、氢气供给系统、空气供给系统、增势换热系统及电控系统组装而成，其中电堆是发生电化学反应的核心部件，被称为“行业技术的皇冠”，由双极板与膜电极（MEA）交替叠合后，以单电池串联方式层叠组合，单体之间嵌入密封件。目前我国具备电堆生产技术，但电堆功率、功率密度等核心性能指标与国际水平还有差距。未来氢燃料电池规模化生产的关键在于降低成本，其中电堆核心部件膜电极组件质子交换膜（PEM）、催化剂、扩散层等技术和产业化生产国产化突破是系统成本降低的关键。

我国氢燃料电池装机量增长迅速，预计2025年销售功率超7300MW，年复合增长率160%左右。氢燃料电池市场规模扩张，将带动电堆及上游膜电极行业快速增长，我国电堆出货量由2017年的65MW增长至2021年的757MW，预计产量将从2021年的5.16万平方米增长至2030年的超200万平方米。

一、氢燃料电池属于零排放装置，是海南建设清洁能源岛的重要选项

国家发改委、能源局印发的《氢能产业发展中长期规划（2021—2035年）》明确氢能是我国绿色低碳转型的重要载体。作为“制—储—运—用”最成熟的应用场景，氢燃料电池利用电解水的逆反应，将氢气和氧气的化学能直接转换成电能，不经过发电机热能和机械能的转化，因此不释放COx、NOx、SOx等污染物，发电效率超过50%。如果氢燃料电池使用的氢气通过光伏、风能等可再生能源制取，即可彻底实现氢能使用全过程的零碳排放。海南建设“清洁能源岛”的建设规划中，就包括氢燃料电池研发、制造这个产业规划。

海南省正在制定“海南省氢能产业发展中长期规划（2023—2035年）”，预计到2025年完成氢能产业培育孵化；2030年完成氢能产业试点示范，在交通、航天、化工、能源等领域形成多元应用场景；2035年完成氢能产业的应用推广，产业发展总体达到国内领先水平，氢能关键技术水平与国际先进水平基本同步，可再生能源制氢规模化应用成效显著。

二、海南氢燃料电池车整车研发制造取得突破，对核心部件本地生产提出要求

《海南省清洁能源汽车发展规划》提出，率先开展公共交通、租赁等领域氢燃料电池车示范应用，重点针对社会运营领域以及景区、园区等封闭或半开放式区域示范运营，逐步扩大至其他车用领域。在具备基础条件的海口、三亚以及其他区域建设商业化运营综合示范区，预计未来5—10年能够满足氢燃料电池汽车的示范应用需求，远期大规模商业化应用也有望走在全国前列。在氢燃料电池汽车推广下，整车研发制造在海口初步实现突破。海马汽车研发和生产的国内首台70MPa氢燃料电池汽车正式上市，公司提出“深耕氢能汽车”发展规划，正致力于开发采用更高功率电堆的新一代氢燃料电池汽车，计划“十四五”期间投入约2000台氢燃料电池乘用车进行商业运营，海南氢燃料电池整车制造将驱动上游零部件产业快速发展。

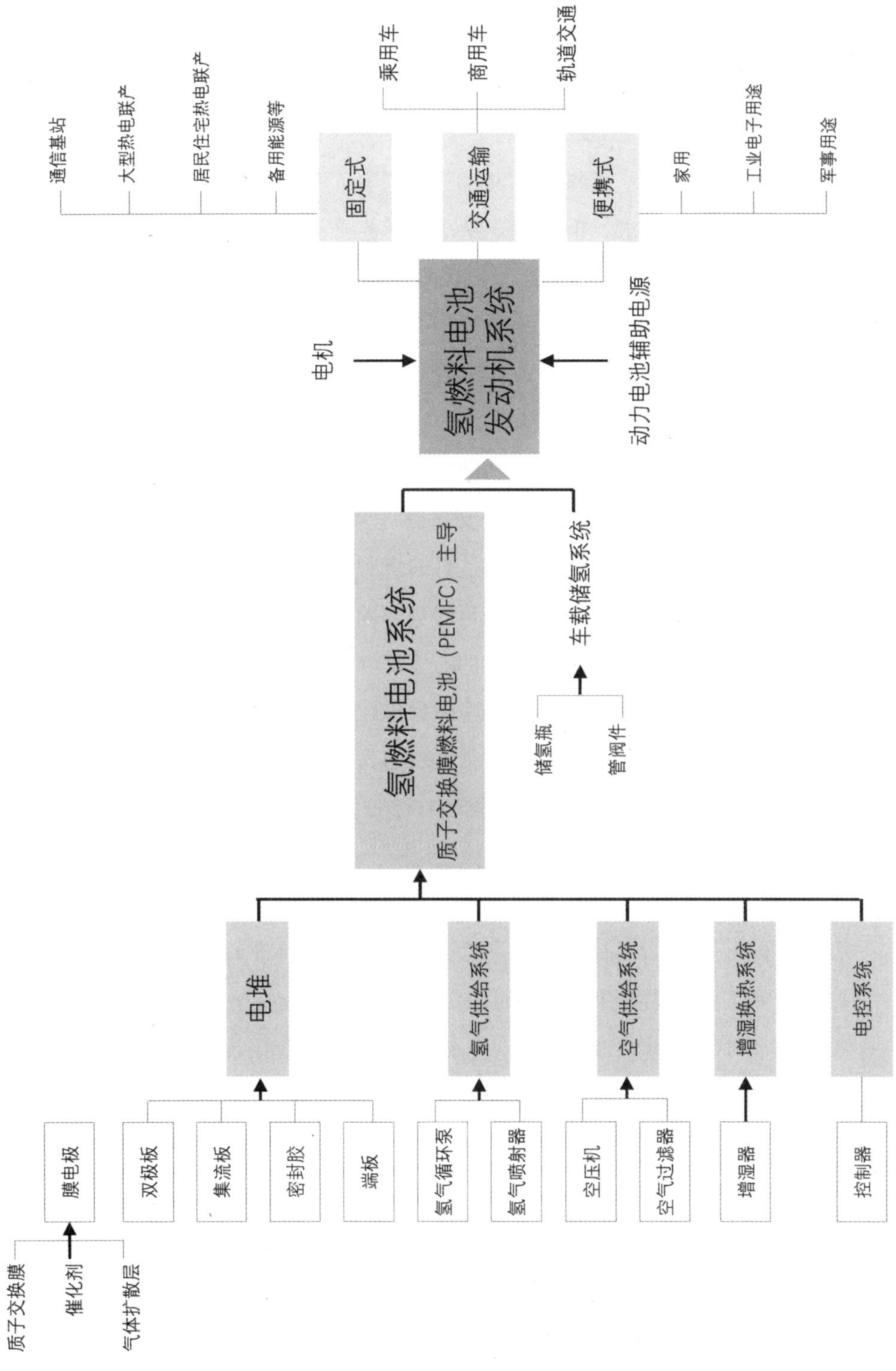
氢燃料电池
发动机系统
电机
动力电池辅助电源
固定式
交通运输
便携式
通信基站
大型热电联产
居民住宅热电联产
备用能源等
乘用车
商用车
轨道交通
家用
工业电子用途
军事用途
氢燃料电池系统
质子交换膜燃料电池（PEMFC）主导
车载储氢系统
储氢瓶
管阀件
电堆
氢气供给系统
空气供给系统
增湿换热系统
电控系统
膜电极
双极板
集流板
密封胶
端板
氢气循环泵
氢气喷射器
空压机
空气过滤器
增湿器
控制器
质子交换膜
催化剂
气体扩散层

氢燃料电池产业图谱

三、氢燃料电池电堆和膜电极研发制造企业落户海南将享受自由贸易港政策带来的成本利好

（一）加工增值政策

燃料电池电堆：燃料电池电堆三大核心原材料中，国产膜电极已达到商业化应用的技术要求，但仍处于从小批量生产到产业化转化的关键阶段，与国外产品相比仍存在技术差距。双极板国内技术与国际先进水平还存在差距。密封胶作为电堆内部的主要承力与传力部件，直接影响燃料电池的电化学性能，国内企业尚处于初步产业化阶段。以进口膜电极、双极板、密封胶为原材料的燃料电池电堆制造可享受加工增值政策利好。

膜电极：膜电极三大核心原材料中，质子交换膜、催化剂、气体扩散层（GDL）基本靠进口。以进口质子交换膜［全氟磺酸型膜为目前主流常用的商业化质子交换膜。全氟磺酸型膜是目前燃料电池主要采用的膜材料，全球全氟磺酸型膜的供应商集中于日本和欧美国家，其中应用最广泛的是美国杜邦公司的Nafion系列膜。复合膜产业化是膜电极材料产业未来的发展方向，中国科学院大连化学物理研究所（简称大连化物所）和武汉理工大学都在研发复合膜技术，亚洲最大的氟化企业山东东岳化工有限公司联合上海交通大学实现了复合膜的产业化，成功开发出DF260膜，并具备规模化生产能力］、催化剂［Pt/C（铂碳）是目前的主流，目前全球燃料电池催化剂主要生产商为美国的明尼苏达矿业及机器制造（3M）公司、戈尔（Gore）公司，英国的庄信万丰（Johnson Matthery）公司，德国的巴斯夫（BASF）股份公司，日本的田中贵金属工业株式会社，比利时的优美科（Umicore）公司等，国内仅大连化物所具备小规模生产的能力］、气体扩散层（目前国内开发的气体扩散层，其原材料多为进口。国内虽有自主开发的材料，但整体的产品状态并不能达到商业化要求）为原材料的燃料电池电堆膜电极制造可享受加工增值政策利好。

氢燃料电池电堆及膜电极原材料进口关税及关税减免情况表

分类	主要品类	进口量	主要进口国	进口价	普通税率	最惠国税率	协定/特惠/暂定税率	海南可优惠金额（万元）
电堆原材料	膜电极	190MW	美国、日本、加拿大	1860元/kW	35%	8%	4%	1414
	双极板	385MW	美国、加拿大、瑞典、德国	500元/kW	30%	8%	4%	770
	密封胶	757MW	美国、日本	310元/kW	90%	10%	9.4%	2206
膜电极材料	质子交换膜	666MW	美国、日本、加拿大	500元/kW	30%	8%	4%	1332
	催化剂	757MW	日本、德国、比利时	800元/kW	35%	6.5%	4%	2422
	气体扩散层	757MW	日本	550元/kW	30%	8%	4%	1665

以企业落户海南自由贸易港，建设年产1000套单堆输出功率50kW—130kW的燃料电池电堆生产基地为例。电堆原材料成本3100元/kW，其中膜电极成本占比60%、双极板成本占比16%、密封胶成本占比10%。企业进口膜电极、双极板、密封胶，每年可获得原材料进口关税减免1110万元=电堆产量1000套×平均单堆输出功率90kW×电堆原材料成本3100元/kW×（膜电极成本占比60%×膜电极进口关税税率4%+双极板成本占比16%×双极板进口关税税率4%+密封胶成本占比10%×密封胶进口关税税率9.4%）。若企业产量年复合增长率10%，10年内最高可获取原材料进口关税减免约1.77亿元。

氢燃料电池电堆企业落户海南原材料关税减免估算表

经营年限	第1年	第2年	第3年	第4年	第5年	第6年	第7年	第8年	第9年	第10年
产量（kW）	90000	99000	108900	119790	131769	144946	159440	175385	192923	212215
内地原材料进口成本（万元）	23994	26393	29033	31936	35130	38643	42507	46758	51433	56577
海南原材料进口成本（万元）	22884	25172	27690	30459	33504	36855	40540	44594	49054	53959

以企业落户海南自由贸易港，建设年产30万—40万片膜电极、适配1000套单堆输出功率50kW—130kW的燃料电池电堆膜电极（一个电堆需300—400片膜电极）生产基地为例。膜电极原材料成本1860元/kW，其中质子交换膜成本占比16%、催化剂成本占比26%、气体扩散层成本占比18%。企业进口质子交换膜、催化剂、气体扩散层，每年可获得原材料进口关税减免402万元=膜电极产量适配电堆1000套×平均单堆输出功率90kW×电堆原材料成本1860元/kW×（质子交换膜成本占比16%×质子交换膜进口关税税率4%+催化剂成本占比26%×催化剂进口关税税率4%+气体扩散层成本占比18%×气体扩散层进口关税税率4%）。若企业产量年均增长20%，10年内最高可获取原材料进口关税减免约7000万元。

氢燃料电池膜电极企业落户海南原材料关税减免估算表

经营年限	第1年	第2年	第3年	第4年	第5年	第6年	第7年	第8年	第9年	第10年
产量(kW)	90000	108000	129600	130680	143748	158123	173935	191329	210461	231508
内地原材料进口成本（万元）	10044	12053	13258	14584	16042	17647	19411	21352	23487	25836
海南原材料进口成本（万元）	9642	11571	12728	14001	15401	16941	18635	20498	22548	24803

（二）“零关税”政策

现阶段企业进口自用生产设备“零关税”负面清单、原辅料“零关税”正面清单已正式对外发布。氢燃料电池电堆封装和膜电极制造设备未被纳入“负面清单”，可享受“零关税”政策。

氢燃料电池电堆生产制造工艺流程包括堆叠和预装配、压缩、紧固、泄漏测试、定型装配、活化和测试等，对制造过程的一致性、密封性要求高，特别是电堆活化、测试等设备较多为进口。企业落户海南进口国外电堆生产线，享受免征进口关税和增值税。氢燃料电池电堆、膜电极生产制造企业落户海南，将享受“零关税”政策下设备进口关税、增值税免征利好。

氢燃料电池电堆主要生产设备进口关税、增值税减免情况表

加工环节	设备种类	进口价格（万元）	主要进口国	进口关税（最惠国税率）	进口增值税	海南可优惠金额（万元）
堆叠	电堆堆叠机	15—20	日本、德国	5%	13%	3.7
压紧	伺服压力机	10—15		9%	13%	3.5
张紧	电堆绑带焊接机	80—100		10%	13%	24.3
活化	电堆活化设备	100—400		0%	13%	52.0
测试	电堆测试设备	400—600		1%	13%	84.8

氢燃料电池膜电极主要生产设备进口关税、增值税减免情况表

加工环节	设备种类	进口价格（万元）	主要进口国	进口关税（最惠国税率）	进口增值税	海南可优惠金额（万元）
涂布	片材涂布机	20	日本、德国	8%	13%	4.4
粘接	热转印设备	10		8%	13%	2.2
贴合	贴合机	10		8%	13%	2.2
气密测试	气密检测设备	25—30		1%	13%	4.2

以企业落户海南，建设年产1000套单堆输出功率50kW—130kW的燃料电池电堆生产基地为例。企业在内地投资生产线，进口设备约需1亿元，在海南进口设备最高可减免关税、增值税约1850万元。

以企业落户海南建设年产30万—40万片膜电极、适配1000套单堆输出功率50kW—130kW的燃料电池电堆膜电极（一个电堆需300—400片膜电极）生产基地为例。企业在内地投资生产线，进口设备约需3亿元，在海南进口设备最高可免征关税、增值税约6600万元。按企业产能年复合增长20%、膜电极价格1500元/kW计算，10年间企业可获取生产规模奖励80万元；若企业在海南设立研发部门，将营收的10%投入研发，10年间还可获取研发投入奖励最高2000万元；进口设备投资2.34亿元，可获得设备投资奖励1170万元。

企业落户海南可享受的自由贸易港政策，以及企业生产规模奖励、企业固定资产投资奖补、企业生产经营补贴、企业研发投入奖励等海南省奖补政策，企业落户程序等见附件。

氢燃料电池电堆研发制造奖补估算表

单位：万元

经营年限	第1年	第2年	第3年	第4年	第5年	第6年	第7年	第8年	第9年	第10年
营业收入	22500	24750	27225	29948	32942	36236	39860	43846	48231	53054
物流成本	2633	2896	3185	3504	3854	4240	4664	5130	5643	6207
生产规模奖励	—	—	—	—	30	—	—	—	—	50
研发投入奖励	200	200	200	200	200	200	200	200	200	200
物流补贴	2430	2673	2940	3234	3558	3914	4305	4735	5209	5730
合计奖补	2630	2873	3140	3434	3758	4114	4505	4935	5409	5930

氢燃料电池膜电极研发制造奖补估算表

单位：万元

经营年限	第1年	第2年	第3年	第4年	第5年	第6年	第7年	第8年	第9年	第10年
营业收入	13500	16200	19440	23328	27994	33592	40311	48373	58048	69657
生产规模奖励	—	—	—	—	—	30	—	—	50	—
研发投入奖励	200	200	200	200	200	200	200	200	200	200
合计奖补	200	200	200	200	200	230	200	200	250	200

我国氢燃料电池及部件制造产业集聚区上海对企业的奖补主要包括“专精特新”企业最高资助金额100万元、高新技术企业认定奖励20万—25万元、工业战略性新兴产业和高技术制造产业项目固定资产投资奖励最高6000万元（需落位临港保税区）及设立研发机构奖励（国家实验室、国家工程实验室、国家重点实验室、国家工程研究中心、国家工程技术研究中心、国家级企业技术中心等国家级研发机构500万元，市级研发机构50万—300万元，区级研发机构5万—40万元）。

氢电池燃料电池电堆、膜电极企业在上海建设生产基地，固定资产投资奖励虽然较高，但仍然低于海南自由贸易港“零关税”政策下设备进口成本降低幅度。企业在上海设立研发机构获取的一次性奖励，低于持续在海南投入研发获取的奖励。

企业落户海南可享受的自由贸易港其他优惠政策、海南省奖补措施，以及企业落户指南等，见附件。

典型企业情况表

企业	企业简介	国内基地
上海捷氢科技股份有限公司	成立于2018年，上汽集团旗下的氢燃料电池研发生产商，生产线覆盖膜电极、燃料电池电堆、燃料电池系统、储氢系统，拥有万台级“卷对卷”膜电极生产线，其膜电极产品已应用于燃料电池电堆（捷氢启源M4H燃料电池电堆）。2022年8月与新能源装备制造商先导智能就实现燃料电池催化剂浆料制备技术、高性能催化剂涂层质子膜（CCM）涂布技术升级达成战略合作	上海、内蒙古
国家电投集团氢能科技发展有限公司	2017年成立，有7家氢能产线子公司，在华东、华中、华南等地建设氢能产业基地，主要生产电堆、膜电极等全套氢燃料电池原料及电解水制氢设备，公司研发的膜电极功率密度1.5W/cm^2，铂载量0.4mg/cm^2，耐久寿命1万小时。2021年，膜电极年产能6万平方米，预计到2025年将达50万平方米	北京、宁波、济南、长春、武汉、佛山
江苏清能新能源技术股份有限公司	成立于2003年，大功率燃料电池电堆和系统供应商，可实现膜电极、双极板、电堆及氢循环系统四大核心零部件自主研发生产。主要研发及生产基地在中国，并在新加坡、美国、澳大利亚等地设有多家子公司。2021年11月，清能股份子公司——广东清能新能源技术有限公司的万台级燃料电池核心零部件与系统制造基地投产	上海、佛山、张家港、如皋、郑州

续表

企业	企业简介	国内基地
东方电气（成都）氢燃料电池科技有限公司	成立于2018年，东方电气旗下的燃料电池供应及服务商，产品包括膜电极、电堆、燃料电池发动机、供氢系统、燃料电池车辆动力总成解决方案等。膜电极方面，采用直接CCM制备技术，可提供3-Layer/5-Layer/7-Layer规格的高性能膜电极系列产品。功率密度超过1.6W/cm^2，动态车况寿命实测超过1万小时。可批量化应用于车用系统、备用电源、长时间发电等多种燃料电池应用领域，目前已小批量应用于一汽、广汽等客户，具备量产基础。2022年，获增资2.49亿元	成都
鸿基创能科技（广州）有限公司	成立于2017年，致力于质子交换膜燃料电池用高性能膜电极（MEA）的产业化和商业化，是我国较早实现膜电极大规模产业化的企业之一。团队以加拿大国家工程院院士叶思宇博士为核心，掌握CCM双面直接涂布、膜电极一体化、膜电极自动化快速封装技术。其膜电极产品在1.5A/cm^{2}的条件运行时，产品功率密度超1W/cm^2。客户以国内客户为主，国外客户占20%。有3条膜电极生产线，高性能催化剂涂层质子膜日产能达3万片，膜电极日产能超过2.4万片。2021年膜电极产能为400万片，出货108万片，位于行业首位。计划2025实现膜电极产能2000万片。2022年6月，鸿基创能膜电极项目在广州投产，年产能500万片	佛山、广州、重庆、北京、上海
上海唐锋能源科技有限公司	创建于2017年，主营业务为燃料电池膜电极研发、生产、测试和销售，自主开发质子膜涂敷工艺、MEA自动封装工艺及膜电极成型工艺，年产能达到100万片，2021年膜电极出货量排名国内第二。产品方面，自主研发的低铂膜电极，铂载量<0.25gPt/kW，功率密度≥1.3W/cm^2，通过1万小时寿命验证和车规级工况验证。合作伙伴包括捷氢科技、雄韬股份等主流燃料电池电堆厂及一汽、潍柴等主机厂	上海
武汉理工氢电科技有限公司	成立于2018年，雄韬股份控股，国内早期开发高性能催化剂涂层质子膜、膜电极的企业之一，主要产品包含车用和电站用燃料电池膜电极及PEM电解水膜电极，其车用膜电极功率密度达1.68W/cm^2，铂载量≤0.5mg/cm^2。产品出口美国、德国、韩国等国，销售超200万片，是全球第五大膜电极生产商，年营收过亿，客户包括东风、北汽福田、宇通、金龙等	武汉

续表

企业	企业简介	国内基地
苏州擎动动力科技有限公司	成立于2016年，是燃料电池核心关键材料制造商，具备自主研发生产催化剂，并批量搭载至膜电极上的能力，最新开发的膜电极性能超过$2W/cm^2$，使用寿命2万小时以上。产品包括Pt/C催化剂、车用和非车用MEA、燃料电池MEA等，目前已有30余款使用擎动催化剂和膜电极的燃料电池车辆入围工信部公告目录，2021年膜电极出货量排名国内第四，累计出售100万片	苏州
上海亿氢科技有限公司	成立于2019年，由亿华通、东岳集团、水木清华联合创立，主要产品为膜电极，目前完成第一代到第三代产品的开发并装车实况运行（单堆实况运行>5万公里，累计超400万公里），最新一代膜电极功率密度超过$1.35W/cm^2$	上海
江苏延长桑莱特新能源有限公司	陕西延长石油集团旗下企业，有氢能利用和智慧光电两个事业部，其中氢能利用事业部聚焦于燃料电池低铂催化剂、膜电极、电堆等关键材料及部件的研发生产、检测和销售，核心技术来自南京大学邹志刚院士团队。主要针对空冷电堆和车用水冷电堆两种用途，可根据客户的需求按需定制，海外客户包括美国普拉格能源公司（Plug Power）、印度DRE、美国Alternative Energy、英国ENOCEll等。2021年膜电极累计出货超2万片，新建厂线将达到年产30万平方米的膜电极、1000千克的催化剂的产能	昆山
未势能源科技有限公司	成立于2019年，燃料电池动力系统及零部件制造商，主要产品涵盖燃料电池发动机、电堆、膜电极、35MPa/70MPa车载氢系统、瓶阀及减压阀等，第一代膜电极产品完成功率密度$\geq 1.2W/cm^2$的开发与测试评价。2021年9月由未势能源自主研发的“卷对卷”膜电极生产线，从小批量试制生产转为大规模量产，产线全面达产后，可年产膜电极百万片以上	常熟
新源动力股份有限公司	成立于2001年，主要从事氢燃料电池膜电极、电堆模块、系统及相关测试设备的设计开发、生产制造和技术服务。由新源动力研发的HYMEA膜电极产品性能功率密度$\geq 1.0W/cm^2$，耐久性5000—10000小时。研发的第二代和第三代车用质子交换膜燃料电池膜电极已投入市场使用。第四代低铂膜电极处于正在开发验证阶段	大连

续表

企业	企业简介	国内基地
浙江锋源氢能科技有限公司	成立于2015年，氢燃料电池以及核心零部件生产制造商，为汽车、发电站等平台提供氢能源解决方案，公司获得清华大学氢燃料电池实验室多项核心专利的转移和授权，自主研发的Lucifer系列膜电极峰值功率1.68W/cm^2，单片电压0.6V，电流密度达到2800mA/cm^2，设计寿命2.5万小时，实测2000小时衰减1%，日产能3000余片	嘉兴、北京、成都
深圳市南科燃料电池有限公司	成立于2016年，由加拿大国家科学院王海江院士团队、南方科技大学、深圳市政府、正道产业投资集团合资设立。产品包括燃料电池电堆、膜电极、双极板等，掌握膜电极批量化生产工艺技术，其膜电极产品可应用于乘用车、商用车和无人机等领域，能量密度最高1.64W/cm^2，寿命超过1万小时	深圳
广东喜玛拉雅氢能科技有限公司	成立于2020年，氢燃料电池及发电机生产企业，核心技术来自清华大学，主要产品为催化剂、膜电极、双极板、电堆、氢燃料电池和发动系统等。由喜玛拉雅研发的专利产品七合一膜电极采用热定型一体化封装技术，和石墨烯热电管理层技术以改善膜电极的性能，目前可日产10台36kW电堆用膜电极	中山
无锡威孚高科技集团股份有限公司	成立于1958年，公司自2018年着手布局氢燃料电池零部件，收购了丹麦老牌燃料电池部件公司IRD和比利时金属双极板供应商Borit，拥有多项膜电极产品专利技术。2022年1月威孚高科公告，成立氢能事业部及氢燃料电池零部件业务合资公司，计划2021—2025年期间，实现膜电极全球产能达800万片	无锡
上海纳尔实业股份有限公司	成立于2002年，精密涂布材料供应商，2021年跨界进入氢电领域，主营产品为高性能燃料电池、膜电极等燃料电池系统零部件。纳尔氢电配套CCM生产线，一期规划产能200万片，处于试生产及测试调试阶段	上海、南通、深圳

第二十七篇 “制氢—储运—应用”氢能产业链

氢气能量密度高、能量转换效率高，没有污染，是理想的新能源和全球推动“碳达峰、碳中和”的重要选择。氢能产业链中上游制氢环节的清洁和降本是氢能大规模发展的基础，中游氢气储运是氢能大规模使用的瓶颈环节，下游应用以化工原料为主并将在未来广泛应用于工业、交通、电力、建筑等领域。

我国将氢能战略地位提升至国家能源体系的重要组成部分。2022年3月，国家发改委和国家能源局联合发布《氢能产业发展中长期规划（2021—2035年）》，提出充分发挥氢能作为可再生能源规模化高效利用的重要载体作用及其大规模、长周期储能优势，推动氢能、电能和热能系统融合，促进形成多元互补融合的现代能源供应体系。国家能源局2023年6月发布《新型电力系统发展蓝皮书》，提出2030—2045年以机械储能、热储能、氢储能等为代表的10小时以上长时储能技术攻关取得突破；2045—2060年储电、储热、储气和储氢等多种类储能设施有机结合，重点发展基于液氢和液氨的化学储能、压缩空气储能等长时储能技术路线。

在“清洁能源岛”建设背景下，海南将发挥海上风电和天然气资源禀赋优势，大力发展氢能产业，布局氢能应用，打造“氢能岛、氢经济、氢社会”。当前海南初步构建“制氢—储运—应用”氢能产业链，上游氢气制取环节目前仅有凯美特气体1家灰氢生产企业，该企业高纯氢产能4吨/天，可满足8个加氢站用氢需求，规模较小。中游储运加注环节，目前海南省建有5座加氢站（中石化海南分公司4座，海马汽车1座光伏制氢及高压加氢一体站）。下游氢能应用主要集中在氢燃料电池汽车的示范应用及技术发展。海马汽车与丰田汽车合作研发的首款搭载丰田二代Mirai电堆系统的氢燃料电池MPV（多用途汽车）于2023年4月底下线。2021年4月博鳌亚洲论坛期间，国家电力投资集团提供了10辆氢燃料电池客车用于接驳工作，起到了较好示范效果。

一、海南打造“制氢—储运—应用”氢能产业链的优势

具备氢能源资源基础。在“清洁能源岛”建设的大背景下，海南具备规

模化制备绿氢的条件，有望大幅降低氢气使用成本。2022年海南全省规模以上工业清洁能源发电量191.66亿千瓦时，占规模以上工业发电总量的50.4%，截至2022年底海南省清洁能源装机占74%，远超全国平均水平。根据海南清洁能源岛规划，2025年、2035年全省清洁能源消费占比分别达到53%、81%，清洁能源装机占比分别达到85%、94%。海上风电发展潜力巨大，“十四五”期间，海南规划建设1230万千瓦海上风场，目前7个风场项目已完成核准，涉及风场指标750万千瓦。预计“十四五”期间海上风电消纳能力约300万千瓦，约450万千瓦无法实现并网，按年利用3120小时计算，总发电量140.4亿千瓦时，如果全部用于电解水制氢，预计氢气产量为25.52万吨，预计可支持氢燃料电池车辆规模为94万辆（可支持乘用车72.91万辆或重卡2.91万辆或冷链车10.41万辆或客车8.1万辆）。此外，洋浦和东方的油气资源和产业基础还可以用于发展“灰氢+碳捕获、利用与封存（CCUS）”。

具备自由贸易港政策优势。自由贸易港加工增值免关税、生产设备“零关税”、个人所得税优惠政策叠加海南先进制造业产业扶持政策，为产业发展提供了优越的营商环境。另外，“直供电、储能、氢能、LNG中转站投资运营”被列入海南自由贸易港新增鼓励类目录，可享受税率为15%的企业所得税优惠，目前在国内其他地区无法享受。“以贵金属及其化合物为活性物的载体催化剂”被列入海南自由贸易港第二批原辅料免税清单内，燃料电池进口铂催化剂用于销往岛内的产品可免除进口关税和增值税。

具备特色化应用场景。一是海南氢燃料电池汽车应用场景丰富，《海南省清洁能源汽车发展规划》提出“率先开展公共交通、租赁等领域氢燃料电池车示范应用，重点针对社会运营领域以及景区、园区等封闭或半开放式区域开展示范运营，并逐步扩大至其他车用领域”，随着海南自由贸易港建设持续推进带动旅游，城际冷链物流配送、基建、原材料运输等人流、物流的增长，海南将打造全岛交通干线氢能汽车运营体系，满足公务用车、租赁用车和共享出行等多场景绿色出行需求。二是海南可探索依托邮轮游艇修造业，发展氢下游绿色甲醇和绿色液氨的生产，以及应用于邮轮游艇的设计研发。三是海南清洁能源发电规模和比例持续增长下催生分布式发电研究和布局需求。四是海南独特的“五高一多”气候条件（高温、高湿、高盐、高辐射、高风、多雨）使全岛成为天然的特殊测试场，可以用于开展加氢站核心设备和燃料电池汽车的安全性能测试，有助于完善在特殊环境下的加氢站和燃料电池汽车技术标准体系。五是海南自由贸易港具有单独立法权，针对目前我国制氢站和加氢站选址、安全监管及建设管理规划存在的堵点问题，可探索出台地方性法规或管理条例从顶层立法角度予以解决，形成先行先试经验并在全国复制推广。

二、海南谋划布局“制氢—储运—应用”氢能产业链，着力实现“三氢岛”目标的工作建议

围绕氢气制取、储运加注、氢能应用三个环节，海南积极谋划布局“制氢—储运—应用”全产业链，推动绿色氢能高效低成本生产，形成规模经济效应，以海上风电制取的“绿氢”作为长期依托资源，促进氢气储运装备业发展，建设海陆氢气运输通道，不断推动绿氢赋能工业、交通、电力领域，在氢燃料电池汽车、绿色化工、氢能船、氢进万家（热电联供）和分布式电源等领域开展示范应用，实现“氢能岛、氢经济、氢社会”的“三氢岛”目标，助力海南自由贸易港高质量发展。

（一）氢气制取——依托海上风电资源禀赋，积极发展基于深远海风电的电解水制氢

未来海南将依托海上风电场建设，推动海上风电龙头企业与科研院所关于海上风电制氢项目的联合攻关，并积极引进海上风电制氢装备研发制造市场主体，进行电解水制氢设施配套。一是加快海上风电全产业链基地建设。聚焦海上风电产业关键环节，推动海上风电技术进步，加快洋浦、东方等产业基地建设，推动产业集聚发展。二是打造海上风电制氢示范项目。加快海上风电制氢项目投产运营，满足岛内应用场景需求的同时，辐射中国广东、日本、韩国以及东南亚等地区，以市场带动产业项目落地，促进风电和氢能装备采购生产本地化、高端化，打造海南高质量发展的新增长极。三是探索建立海上风电制氢产业集群。围绕风电制氢装备制造、研发设计、检测认证、智慧运维与管理等方面，做好延链、补链、强链工作。支持龙头企业实行全产业链总承包模式开发示范项目，加快形成以大企业为核心、相关配套企业聚集发展的海上风电制氢产业集群。四是开展海上风电制氢技术攻关。深度

推进“基于海上风电的氢能制储运关键技术研究与工程示范”等相关课题的研究，加大前沿硬核“空白”技术攻关，形成相关设备样机及相关技术知识产权，包括离网型海上风电与电解水制氢能量匹配管理系统，开发海上高集成度及轻量化千方级PEM电解水制氢产品样机、海上平台用氢液化集成系统、大容量液氢存储装备、兆瓦级燃料电池船用电堆等，同时加强海上风电制氢科研队伍建设。启动一批重大科研项目立项，以省级以上工程实验中心、工程中心和重点实验室为重点，推进国家级创新平台建设，加强核心技术独立创新、联合创新。

（二）氢气制取——发展PEM电解水制氢装备和零部件制造，支持国内绿氢成本降低

质子交换膜电解系统由电解槽和辅助系统组成，电解槽的核心材料包括质子交换膜、双极板、气体扩散层、贵金属催化剂，关键材料质子交换膜生产技术由欧美地区、日本垄断；阴极铂碳催化剂、阳极铱和钌及其氧化物催化剂也以进口为主。加工增值政策下，企业落户海南搭建PEM电解槽制造生产线，可享受质子交换膜、贵金属催化剂进口关税免除的成本利好。国内PEM电解槽整体的价格为7000—12000元/kW，其中质子交换膜成本占比约为5%、进口关税税率6.5%，贵金属催化剂成本占比约为8%、进口关税税率6.5%。加工增值政策下，年产能1GW的企业每年可节省原材料进口成本5915万元至1亿元。海南可探索依托加工增值政策带来的原料进口成本优势，吸引PEM电解槽设备制造龙头企业落户，发展PEM电解槽设备制造，并支持企业设立研发部门，开展质子交换膜和贵金属催化剂技术突破、推动PEM电解槽国产化替代和成本降低。

（三）氢气制取——依托洋浦保税港区和东方临港产业园发展基于CCUS技术的天然气制氢和化工副产物制氢

围绕洋浦保税港区乙烯项目发展乙烷裂解制氢，围绕东方临港产业园天然气生产项目拓展天然气制氢、丙烷脱氢副产制氢。同时，积极布局尾气碳捕集和储运设施设备，将捕集到的二氧化碳运至澄迈CCUS示范基地进行封存，支持“天然气制氢+CCUS技术”发展。

（四）氢气制取——支持有机废弃物、碳氢化合物制氢的“金氢工程”产业化落地

我国每年产生1.46亿吨废弃物，大部分均作填埋或焚烧处理，污染大。利用废弃物制取氢气的“金氢工程”在美国、日本和欧洲各国十分流行。“金氢工程”即利用工业余热、废热、蒸汽和地热等加热源，在特殊催化剂的作用下，将湿垃圾、农业废弃物等有机固体废物中的碳氢化合物（特别是甲烷），在低能耗条件下逐级脱去氢原子，最终裂解生成氢气和碳的过程，该过程不仅能实现废弃物处理零排放，还能通过制氢过程实现二氧化碳零排放。“金氢工程”技术目前处于初步产业化阶段，国内仅有个别产业化项目。海南可围绕正在扩建的生活垃圾焚烧发电厂项目，前瞻布局循环经济产业园区引进有机废弃物、碳氢化合物制氢产业化项目，并对标日本、美国、德国等国家的前沿实践，鼓励开展国内尚未突破的“金氢工程”技术研究和开发。

（五）氢气制取——出台省级层面的绿氢补贴机制和选址限制破除措施的工作建议

目前国家层面尚未出台绿氢补贴机制，仅国家燃料电池示范城市群对于绿氢有一定的补贴；各地出台的绿氢补贴政策主要为生产补贴（如吉林省、河南省濮阳市针对制氢厂采取绿氢的直接生产补贴，普遍补贴15元/千克）、电价优惠（一种是以深圳为代表的电解水制氢用电价格执行蓄冷电价政策，电解水制氢设施峰谷期用电量超过50%免收基本电费，另一种是以成都、攀枝花为代表的针对绿氢制取采用地区低价电政策并给予一定的电费支持），以及配套奖励（如湖北对1000标方/时的绿氢制氢产能奖励50MW风光指标）。同时，目前氢气仍未改变其危险化工品管控属性，规模化制氢站须入驻化工园区，一定程度上限制了制氢（包括海上风电制氢）站的选址。自2022年起，各省市密集出台加氢站直接补贴，单站建设补贴上限约500万元，运营补贴10—30元/千克。同时，国内多地密集发布放宽非化工园区制氢的政策，非化工区制氢加氢管控逐步放开（目前有广东、河北、吉林、湖北、上海已出台政策，将在非化工园区绿氢项目合法化）。海南可借鉴这些做法，支持本地绿氢规模化发展。

（六）储运加注——发展高压气态储氢瓶制造和前沿技术研发突破

我国高压气态储氢瓶碳纤维（包括T700、T800及以上的小丝束碳纤维以及未来技术替代下T700大丝束碳纤维）高度依赖进口，且70MPa Ⅳ型瓶中的

塑料内胆往往采用HDPE等工艺复杂的特种塑料，这也依赖进口。加工增值政策下，企业落户海南自由贸易港，进口碳纤维原料（关税税率为17%）及其他原料，生产储氢瓶并销往内地市场，与落户国内其他地区相比，将获取原料进口成本优势（原材料成本将降低约15%）。海南可探索依托加工增值政策带来的原料进口成本优势，发展高压气态储氢瓶制造产业。

（七）储运加注——瞄准液态和固态储氢，推动技术研发突破和成套装备落地

液态储氢中氢液化装置是核心装置，在我国仍处于初期发展阶段——在系统设计和压缩机方面，仅北京航天101所、北京中科富海低温科技有限公司、杭州中泰深冷技术股份有限公司、江苏国富氢能技术装备股份有限公司，有所突破和开发出相关产品，但技术水平仍有差距；膨胀机的技术壁垒最高，国内企业仅北京中科富海低温科技有限公司、江苏国富氢能技术装备股份有限公司，实现自主制造且技术尚不成熟；在系统集成方面，中科富海首套具有自主知识产权的国产1.5TPD氢液化装置在2022年末调试成功并顺利产出液氢产品，久泰液氢项目、海盐氢能源和工业气体综合项目等设计产量达30TPD的外资参与工程处于审批在建之中；在固态储氢方面，镁基固态储氢技术成熟，能够适应铁路、公路、轮船等不同运输方式的长距离、大规模运输，可以固定存储大量氢能。我国镁基固态储氢技术发展很快，未来除了用于氢运输和固态加氢站建设外，还可以助力冶金、炼钢、燃气轮机发电，在储能、家庭热电联供以及半导体生产等工业场景中都具备广阔的应用前景。海南将谋划瞄准液氢储运，引领氢气储运液化装置国产化进程以及固态前沿技术突破、迭代和适用于不同场景的装置研发。

（八）氢能应用——推动氢燃料电池汽车应用

氢燃料电池汽车主要适用于在固定路线、中长途干线、进行运输的高载重的商用车之类使用场景，国内商用重卡自重较大且对能量密度要求高，且当前受政策补贴倾斜和电堆功率提升以及低碳要求三重因素驱动，已进入快车道，有望成为氢能在交通领域的首发重点应用。随着海南自由贸易港加快建设，氢燃料电池汽车将带动旅游、城际冷链物流配送、基建建设、工业原材料运输等人流、物流的增长。同时，在2030年全面禁售燃油车目标驱动

下，氢燃料电池汽车有着广阔应用前景。海南可在推广氢燃料电池商用车应用场景的基础上，引进国内外氢燃料电池整车和氢燃料电池生产制造企业进行本地多元场景应用配套。

（九）氢能应用——推动分布式发电应用

2021年国家提出构建以新能源为主体的新型电力系统，现阶段电网建设速度难以赶上海上风电发展速度，并网量低成为限制风电发展的瓶颈之一，分布式氢能发电将为新型电力系统的安全低碳建设发挥重要价值（分布式氢能发电可被应用于固定或移动式电站、氢能充电站、备用峰值电站、备用电源、热电联供系统等发电设备）。未来海南将重点研究在岛屿布局分布式氢能发电设施（考虑到群岛无法与主干电网进行有效对接，采用风光氢混合供电系统可为该地提供稳定的电力供应）并引进分布式发电燃料电池生产制造项目。

（十）探索绿色甲醇和绿色液氨应用

绿色甲醇和绿色液氨是船舶领域未来的重要替代燃料。甲醇代替重油，能够让二氧化碳排放减少7%、硫氧化物排放减少99%、氮氧化物排放减少60%，与氢气相比，甲醇更便于存储、易运输；同时，绿色甲醇生产是二氧化碳资源化回收利用的重要途径，每吨绿色甲醇相比于煤制甲醇可以减排近5吨二氧化碳，可以固碳1.5吨，共计减排6.5吨的二氧化碳，支持海南“双碳”目标实现（海南省2021年二氧化碳年排放总量约为5000万吨，按碳排放20%可捕集计算达1000万吨）。液氨拥有易压缩储运且能够以较低成本实现全生命周期零碳排放的特点，成为优于甲醇的船舶领域“终极”绿色替代燃料。绿氢替代煤或天然气制氨具备经济性，经测算，电价为0.15元/千瓦时，绿氨的生产成本为3650元/吨，当电价为0.20元/千瓦时，绿氨的生产成本为4200元/吨；煤制合成氨的碳排放为3.3吨二氧化碳/吨氨，按照300元/吨碳价来计算，可以额外带来990元/吨的收益，则在电价为0.15元/千瓦时，绿氨成本可以控制在2660元/吨，在电价为0.20元/千瓦时，绿氨成本也接近3200元/吨。目前国内液氨售价约3000元/吨，随着未来可再生能源发电成本不断下降，绿氢制氨经济性将不断提高）。绿色甲醇和绿色液氨用于动力船舶，目前在全球正处于技术研发突破的关键时期，可谋划依托客滚运输和游艇行业，基于海上风电制取的“绿氢”和本地供电供热、天然气负碳等源头产生的二氧化碳原料，依托本地石化企业或引进具备专业技术能力的企业开展绿色甲醇生产，推动绿色甲醇用于动力船艇的技术研究和试点，探索开展分布式绿氢制氨生产模式的研究和试点。

三、海南打造“制氢—储运—应用”氢能产业链的利好政策

海南对企业进口自用生产设备“零关税”实行负面清单、原辅料“零关税”实行正面清单管理。制氢、氢气储运设备未在“负面清单”中，企业在海南开展氢能产业链相关生产制造所使用的设备可享受免征设备进口关税、增值税。此外，“以贵金属及其化合物为活性物的载体催化剂”被列入海南自由贸易港第二批原辅料免税清单，燃料电池进口铂催化剂用于销往岛内的产品可免除进口关税和增值税。

企业落地享受的自由贸易港其他优惠政策、海南省奖补措施，以及企业落地指南，见附件。

典型企业情况表

企业	企业简介	国内基地
中国海洋石油集团有限公司	中海油已将发展海上风电绿色制氢加入其战略规划，目前与浙江清华长三角研究院就海上风电制氢项目进行合作，重点推动海上风电制氢相关技术研究和示范项目落地	北京
东方电气（成都）氢燃料电池科技有限公司	东方电气旗下的燃料电池供应及服务商，产品包括膜电极、电堆、燃料电池发动机、供氢系统、燃料电池车辆动力总成解决方案等。膜电极方面，采用直接CCM制备技术，提供3-Layer/5-Layer/7-Layer规格的高性能膜电极系列产品，功率密度超过1.6W/cm^2，动态车况寿命实测超过1万小时，可批量化应用于车用系统、备用电源，目前已小批量应用于一汽、广汽等客户，具备量产基础	成都
华电重工股份有限公司	拥有先进的专用于海上风电施工的船机等设备资源，充分利用子公司海上风电桩基基础、塔筒等装备制造优势和临港出运的便利条件，形成了从设计、装备制造，到安装施工及运维的完整服务范围。公司能提供氢能工程系统整体解决方案，还投入电解水制氢核心材料、关键设备技术研发，目前公司在PEM电解槽材料环节已有突破，开始自研气体扩散层和质子交换膜产品。其中，气体扩散层已通过国内外多家下游企业的检测，产品成功上市	北京、上海、郑州、天津

续表

企业	企业简介	国内基地
金风科技股份有限公司	深入推进风电制氢制氨及氢能产业链、风电装备制造、碳纤维在风电叶片领域应用。2023年4月与内蒙古兴安盟扎赉特旗签订了200万千瓦风电制氢制甲醇项目，项目投产后，每年可生产50万吨甲醇	乌鲁木齐、北京
远景科技集团	2023年，与赤峰国有资本运营（集团）有限公司联合体申报赤峰能源物联网零碳氢氨一体化示范项目，建设风电450MW、光伏50MW、电化学储能75MW/300MWh，制氢能力达24200吨/年。远景科技在赤峰市建设风光制绿氢绿氨一体化示范项目，总投资约为400亿元，预计2028年前建成投产，该项目规划年产152万吨零碳工业气体产品，成为全球首个零碳氢氨项目	上海
明阳智慧能源集团股份公司	公司推进集海上风电、海水制氢、海洋牧场于一体的海上浮式综合能源产业的建设与投资，明阳智能阳江青洲四海上风电场项目是国内首个"海上风电+海洋牧场+海水制氢"融合项目，项目规划装机容量500MW，拟布置包括11MW、12MW和16.6MW漂浮式风机在内的40余台明阳智能海上大型风电机组	中山、北京、上海、深圳
阳光氢能科技有限公司	国内最早布局氢能领域的新能源企业，拥有碱性电解水制氢技术（ALK）和纯水电解制氢系统技术（PEM）两种技术路线，以及配套的兆瓦级专用制氢整流电源、智慧氢能管理系统。公司携手中国科学院建成PEM电解制氢技术联合实验室，绿电制氢系统在吉林、宁夏、内蒙古等多地光伏、风电制氢项目中得到应用。公司第一套200标方PEM制氢系统也已交付客户	合肥
中船（邯郸）派瑞氢能科技有限公司	中船718研究所的全资子公司，公司电解槽产品包括碱性和PEM电解槽，拥有2个省级研发平台，6个调试、机械加工、总装车间，年产PEM纯水制氢装备120台（套）	鄂尔多斯、邯郸
山东赛克赛斯氢能源有限公司	成立于2007年，长期深耕PEM制氢系统研发，是PEM电解槽开业的领军企业，已具备MW级PEM电解槽生产能力。2021年，公司首个单槽1MW产品落地；2022年11月公司生产的国内首套6MW的PEM纯水电解制氢系统发车，氢气生产率1200Nm³/h，将应用于内蒙古风电制氢项目	济南

续表

企业	企业简介	国内基地
北京中电丰业技术开发有限公司	专注于水电解制氢、加氢、储能领域的国家高新技术企业，拥有成熟的PEM纯水制氢产品，单体电解槽达到400 m^3/h（2MW），成功参与200余个制氢、加氢站的设计、生产、安装、调试和技术服务，是国内500千克现场制氢加氢一体站（大同）和兆瓦级PEM制氢燃料电池发电系统示范项目（安徽）的主要供应商	北京
江苏国富氢能技术装备股份有限公司	主营50—1000 Nm^3/h碱水电解槽、4—200Nm^3/h PEM电解槽，10TPD氢液化工厂核心设备及PEM水电解制氢系统成功下线。2020年开始布局Ⅳ型储氢瓶技术研发，2021年建设Ⅳ型储氢瓶智能化生产线，车载储氢瓶出货量占我国市场的35.63%，位居第一。国富氢能10TPD氢气液化工厂采用国际先进的多级预冷氢膨胀制冷技术，核心设备20K氢液化冷箱和多台氢膨胀机采用紧凑高效的结构设计，拥有完全自主知识产权，克服了氢气液化成本高、能耗大的痛点，大幅降低液氢生产成本	张家港
广东卡沃罗氢科技有限公司	致力于水处理领域电解技术和产品开发15年，自主掌握PEM质子交换膜电解水制氢关键和核心技术，与国内多个院校、科研院所合作，研发出多款行业领先的工农业、家用的电解制氢产品。现有0.5—500Nm^3/h全系列工业PEM制氢电解槽	佛山
时代氢源（深圳）科技有限公司	专注于PEM电解水制氢设备的研发生产、项目应用及配套落地，与哈工大重庆研究院联合填补了国产质子交换膜在工业PEM制氢设备领域的空白，产品拥有系列化、标准化、高性价比的核心优势，公司产品出口美国、英国、韩国、日本等10多个国家	深圳
淳华氢能源科技（湖南）有限公司	以PEM水电解制氢设备研发生产为主营的高新技术企业，核心产品为PEM水电解制氢设备，将致力于PEM水电解制氢设备的技术品质的不断升级以及产品的规模化生产供应	株洲
卫星化学股份有限公司	在乙烯生产工艺中，乙烷裂解工艺的乙烯收率高达83%左右，运行成本低，同时大量副产氢气（如连云港年产250万吨乙烷裂解装置氢气副产量约14万吨）。公司年产90万吨丙烷脱氢（PDH）装置的氢气副产量约7.2万吨，氢气纯度高，可直接作为氢能源使用	嘉兴

续表

企业	企业简介	国内基地
广汇能源股份有限公司	2021年公司在新疆出资设立新疆广汇碳科技综合利用有限公司，布局CCUS及驱油项目，首期10万吨/年二氧化碳捕集与利用示范工程已进入实施阶段	宁夏、哈密
甘肃蓝科石化高新装备股份有限公司	公司正在开展CO_2捕获回收装置的技术研究，该技术主要用于液态阳光加氢站内甲醇制氢过程中CO_2的分离和回收，将回收的CO_2进行循环使用，CO_2回收率可在90%以上，但该技术尚处研发阶段	兰州
城康氢碳（湖北）新材料技术有限公司	公司在襄阳市建成全球首个"垃圾制氢+碳资源化"绿氢绿碳工厂，是全球首个采用"城市垃圾资源化制沼气—沼气资源化制氢固碳—加氢站"工艺建设的绿氢绿碳工厂示范项目，该项目将污泥与餐厨垃圾合并处置制沼气，沼气再制氢，制氢过程同步固碳生产炭黑、石墨、石墨烯	襄阳
瀚蓝环境股份有限公司	在佛山南海建设约2200吨/年的餐厨垃圾制氢项目	佛山
中集安瑞科控股有限公司	成立于2004年，提供氢能全产业链的整体解决方案，业务方面涵盖了氢能制、储、运、加全产业链的产品。2020年，与挪威Hexagon合作，涉足Ⅳ型储氢瓶并将其引入中国市场，Hexagon为Ⅳ型储氢瓶领域鼻祖	深圳
中材科技股份有限公司	2008年开始从事高压储氢气瓶设计，公司率先研发国内最大容积320 L燃料电池氢气瓶，开发取证燃料电池车用及无人机用35 MPa氢气瓶20余种规格；成功掌握70MPa铝内胆碳纤维复合氢气瓶制造的关键技术；启动投资氢气瓶生产线技改项目及站用储氢容器生产线项目	北京
巨化集团公司工程有限公司	公司有30多年的压力容器制造历史，具有美国ASME、美国DOT和欧盟TPED国际认证资质。近年来公司与浙江大学合作开展"863"项目——高压储氢罐的制造，完成了加氢示范站（在北京）3台氢气储存容器的制作交付使用并顺利通过验收；在钢制包装容器方面，分别建有非重复充装钢瓶、可重复充装钢瓶和罐式集装箱生产线	衢州

续表

企业	企业简介	国内基地
北京京城机电股份有限公司	拥有无缝气瓶、缠绕气瓶、车用LNG气瓶、CNG气瓶、储氢气瓶、低温贮罐、加气站等多方位的气体储运装备的研发制造能力。拥有先进技术水平的铝内胆碳纤维全缠绕复合气瓶的设计测试中心及生产线，可设计制造公称工作压力达20MPa—70MPa的各种规格铝内胆碳纤维全缠绕高压储氢瓶及供氢系统。在Ⅳ型储氢瓶方面，已建成了一条柔性化Ⅳ型储氢瓶生产线，可以根据车型的安装空间灵活设计气瓶长度和直径参数，使气瓶使用性能最优化	北京
丰辰氢能（广州）科技有限公司	公司专注于全球最先进的氢能领域技术并服务于中国快速成长的氢能市场，是美国Steelhead Composites公司在中国的唯一合作伙伴，全球少数掌握Ⅳ型储氢瓶核心技术的公司，产品设计和生产工艺方面有大量知识产权	广州
山东奥扬新能源科技股份有限公司	成立于2011年，掌握Ⅳ型储氢瓶的核心技术，完成多款Ⅳ型储氢瓶产品的研发制造，突破了塑料内胆与金属瓶嘴密封性能专利、碳纤维缠绕技术、产品的一致性等“卡脖子”技术，产品的压力等级涵盖20MPa—70MPa	青岛、诸城
沈阳 斯林达深冷科技有限公司	已研发出无缝不锈钢内胆纤维全缠绕气瓶、铝合金内胆、铝合金无缝气瓶、铝合金内胆碳纤维全缠绕气瓶、铝合金内胆玻璃纤维环向缠绕气瓶、钢质无缝气瓶、车用压缩天然气钢瓶、车用压缩天然气钢质内胆环向缠绕气瓶、车用压缩天然气铝合金内胆碳纤维全缠绕气瓶、车用氢气铝合金内胆纤维全缠绕气瓶、消防气瓶、便携式医用供氧器等13类别280余种规格的产品。2016年70MPa高压储氢瓶通过了国家型式试验，搭载该气瓶的燃料电池汽车具备400公里的续航能力	沈阳
亚普汽车部件股份有限公司	成立于1988年，专业从事汽车储能系统研发、制造和销售的全球化供应商，自主研发的Ⅲ型35MPa车载储氢系统正与相关方深度合作，公司自主研发的Ⅳ型70MPa小容积车载储氢瓶已搭载整车台架进行相关性能验证	扬州

续表

企业	企业简介	国内基地
北京中科富海低温科技有限公司	实现了多项氢气液化装备的技术突破，参与建设首个国产、民用、获得生产许可的工业应用装置，首套具有自主知识产权的国产化1.5TPD氢液化装置（装置核心部件包含高速气体轴承透平膨胀机、低漏率板翅式换热器、高效螺杆压缩机、精密滤油系统、控制系统等），由该企业自主设计研发和制造，年产液氢450吨左右，解决了国内液氢制造长期被国外“卡脖子”的难题，降低氢气储运成本50%以上。2022年，1.5TPD氢液化器顺利出口加拿大，是国内首套氢液化出口产品	北京
上海氢枫能源技术有限公司	联合上海交通大学氢科学中心在上海汽车会展中心重磅发布第一代吨级镁基固态储运氢车，标志着我国氢气储运环节取得新的突破	上海、宜兴
宇通客车股份有限公司	国内客车领域的领军者，集客车产品研发、制造与销售于一体，产品主要服务于公交、客运、旅游、校车及专用出行等细分市场，公司产品布局中包含8—12米燃料电池客车，并已实现氢燃料电池客车的批量销售	郑州
东风汽车集团有限公司	拥有10款氢燃料电池车，近5年累计销售近3500辆氢燃料电池车，已实现在北京、上海、广州、深圳以及武汉、佛山等城市示范运营。东风公司是国内最早从事燃料电池汽车技术研究的企业之一，在燃料电池技术研发、生产制造与示范运营领域具有较强的科研实力	十堰、襄阳、武汉、广州、上海、柳州、盐城、南充、郑州
韩国现代汽车公司	生产的全球首款量产氢燃料电池重卡XCIENT Fuel Cell，进入瑞士市场后，两年累计行驶超500万公里，成为全球首款达成此里程碑的氢燃料电池重卡车型，还向美国、德国市场供应。现代汽车商用车也已在中国获得了氢燃料电池商用车生产资质，正在积极探讨本地生产计划	无
佛山市飞驰汽车科技有限公司	美锦能源旗下的氢燃料电池整车制造商，已推出FSQ4250SFFCEV6、FSQ4250SFFCEV两款重卡车型，未来将聚焦自动化、氢能化、互联化，为中国以及全球市场提供更智能、更先进的绿色物流解决方案	佛山、云浮、青岛、嘉兴、宁东

续表

企业	企业简介	国内基地
江苏清能新能源技术股份有限公司	全球优秀的大功率燃料电池电堆及系统技术提供商，通过与系统集成商、汽车制造商和加氢基础设施开发商等进行合作，共同推广燃料电池在中大型客车、物流车、中重型卡车及港口设备上的应用	上海、佛山、张家港、如皋、郑州
上海重塑能源集团股份有限公司	专注于燃料电池技术研发，与国内外车企建立了深入合作，燃料电池技术应用覆盖国内长三角、珠三角、华中、华北，及德国、日本、马来西亚等国外市场。旗下电力电子事业部磐动电气在嘉兴港区嘉化能源园区打造兆瓦级氢能分布式发电站，已全部性能考核验收，实现满负荷1MW状态下的持续稳定、安全无故障运行，满足市场规模化商业应用需求	上海
北京亿华通科技股份有限公司	中国领先的燃料电池系统制造商，拥有设计、研发、制造燃料电池系统包括核心零部件燃料电池电堆的能力，产品主要面向商用市场	北京
新源动力股份有限公司	中国第一家致力于燃料电池产业化的股份制企业，主要从事氢燃料电池膜电极、电堆模块、系统及相关测试设备的设计开发、生产制造和技术服务	大连
上海捷氢科技股份有限公司	成立于2018年，上汽集团旗下的氢燃料电池研发生产商，生产线覆盖膜电极、燃料电池电堆、燃料电池系统、储氢系统，拥有万台级“卷对卷”膜电极生产线，其膜电极产品已应用于燃料电池电堆（捷氢启源M4H燃料电池电堆）。2022年8月与新能源装备制造商先导智能就实现燃料电池催化剂浆料制备技术、高性能催化剂涂层CCM涂布技术升级达成战略合作	上海
中车山东风电有限公司	2023年4月主导的新疆奇台智慧能源装备产业园项目正式开工，分三期建成“绿氢绿色甲醇45万吨工程”，计划于2024年下半年完成首批绿氢绿色甲醇的生产	济南
吉林电力股份有限公司	2022年启动大安风光制绿氢合成氨一体化示范项目，总投资接近60亿元，计划安装PEM制氢设备50套、碱液制氢设备36套，制氢能力46000Nm^3/h，储氢装置60000Nm^3，1套制氮20000Nm^3/h空分装置、1套18万吨合成氨装置	长春

续表

企业	企业简介	国内基地
中国氢能有限公司	与盈德集团合作在鄂尔多斯市达拉特旗投资建设绿氢、绿氨项目，签约项目年产能包括0.93万吨绿氢和5万吨绿氨	北京
浙江嘉化能源化工股份有限公司	2022年在嘉兴港区嘉化股份园区内建设1MW氢能分布式发电项目，整体规模为2MW，满足自动调峰等化工场景需求	嘉兴
爱德曼氢能源装备有限公司	发布的分布式发电系统2022年内以超42%的市场占有率占领行业第一，采用公司自研自产的燃料电池电堆、金属双极板及膜电极，以标准集装箱的方式进行集成设计，具有安全性、可靠性及极强的经济性等特性。分布式发电系统用于嘉化能源嘉兴港区1MW氢能分布式发电项目	嘉兴、佛山、上海、北京、淄博、鄂尔多斯
苏州擎动动力科技有限公司	深耕燃料电池关键材料催化剂与膜电极的核心技术的攻关和创新，产品应用拓展至分布式发电站、热电联供与PEM电解水制氢	苏州、常熟
江苏锌德氢能源科技有限公司	成立于2018年，专业从事氢燃料电池热电联产系统、分布式能源设备研发、生产、销售并提供整体解决方案的企业，燃料电池热电联产装置通过了TUV Rheinland的CE认证	张家港

第二十八篇　核电产业链

核电具有占地面积小、年发电小时数高、发电稳定、机组容量大等优势。全球核电技术已从第一代发展至第四代，第三代核电技术是主流，我国新建的核电机组均为三代机型，预计2030年左右将推出能够解决废物处理和防止核扩散问题，同时兼有经济、安全及可持续的第四代核能系统。

2020年我国核电在全国能源结构中占比为4.8%，低于全球9.5%的平均水平，2012—2021年全国核电装机容量从1263万千瓦上升至5328万千瓦，年均增长17.3%。2030年我国的运核电装机规模有望成为世界第一，到2035年在运和在建核电装机容量达2亿千瓦。随着核电站装备国产化率不断接近100%，我国核能发电装机量提升将驱动核能装备需求量快速增长，2023—2030年我国核电设备市场规模年均接近600亿元。

我国核电产业发展政策已由“十二五”阶段的“安全高效发展核电，重点在东部沿海和中部部分地区发展核电”和“十三五”期间的“以沿海核电带为重点，安全建设自主核电示范工程和项目”的相对保守阶段，向“十四五”期间“安全稳妥推进沿海核电建设”相对开放阶段的迈进。核电产业是典型的链式产业，未来核电产业发展必须建立先进完整、自主可控的产业链、创新链，并加速核电技术应用领域研究和产业化落地，提升核电对工业、农业、医疗卫生、深空深海探索等领域的支撑作用。海南作为中国最南端的岛屿经济体，依托昌江核电发展核电相关产业，既是顺应国家政策发展之势，也是在支持生态文明试验区和清洁能源示范岛建设。

一、海南具有发展核电产业的基础优势

昌江核电站第一期由中国核电、华能核电、华能国际共同出资建设及运营管理，采用国产CNP650压水堆核电技术建设两台65万千瓦压水堆核电机组，项目综合国产化率达82%以上，全面投产后实现每年发电量100亿千瓦时左右，供应海南1/3左右的电力；在建第二期工程3、4号机组采用我国具有自主知识产权的“华龙一号”三代核电技术，“玲龙一号”作为全球首个陆上商用小堆已落地昌江，瞄准中小电网或者岛礁供电、海水淡化、园区供汽等特殊电力应用场景，推广小堆示范，预计2026年建造完毕并投入运行后，昌江核电基地是国内唯一大中小核电机组、具有独立自主知识产权的核电基地，年发电量将达300亿千瓦时，提供海南用电的50%，直追世界核电占比最高的法国。昌江县与海南核电共同打造清洁能源产业园，发展以核电及其关联产业为核心的高新技术产业群。一是发展核电生产工业、核电建设安装、核电运营检修、核电技术应用等核电直接关联产业；二是发展电力储能、智能电网等核电延伸产业；三是发展以环境科技、海洋生态技术为应用方向的高端装备以及新型材料制造业；四是发展核电信息技术、核电科普旅游、核电运维检测、环境综合监测等现代服务业。

核电产业图谱

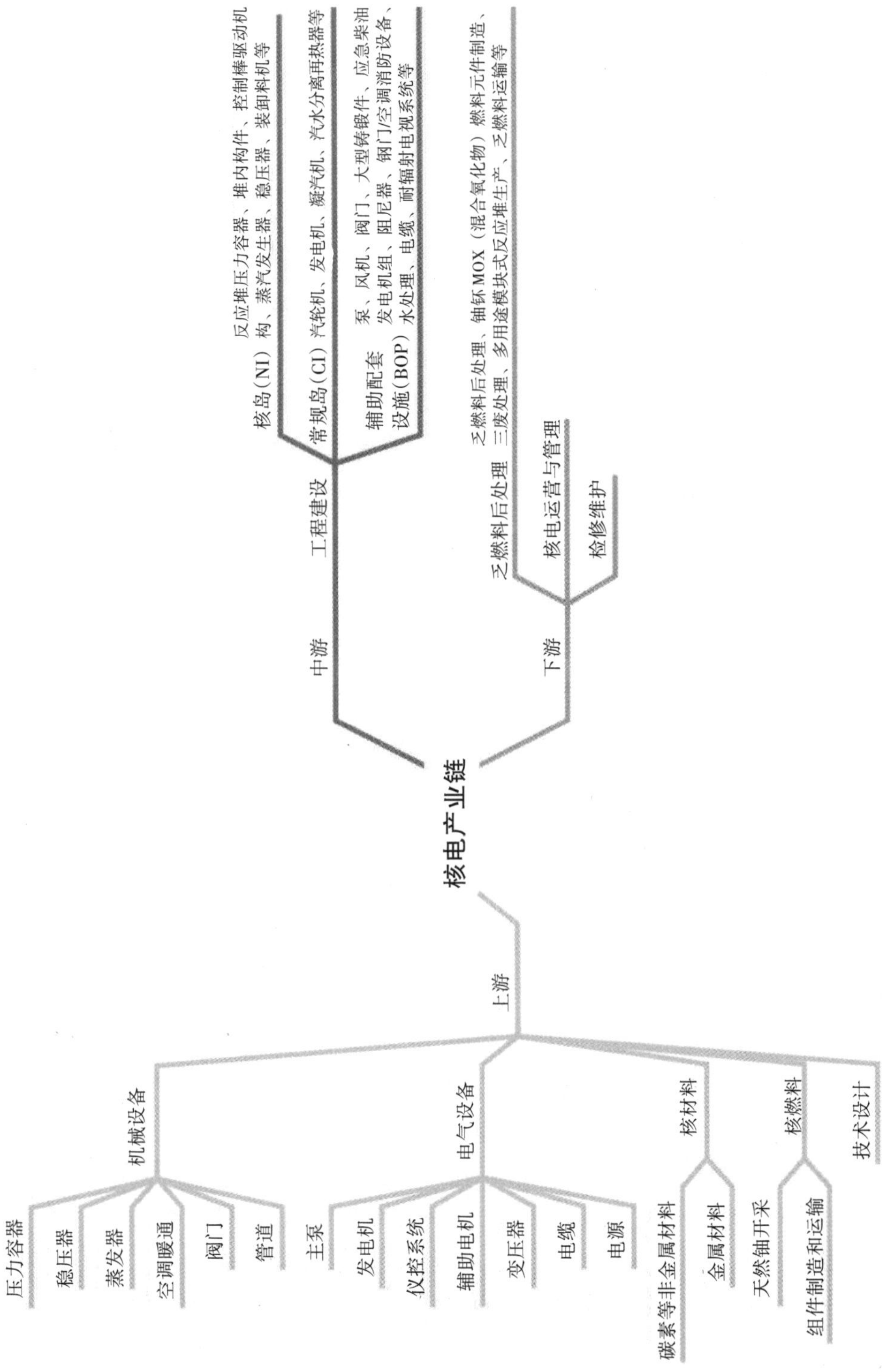
核电产业链
上游
机械设备
压力容器
稳压器
蒸发器
空调暖通
阀门
管道
电气设备
主泵
发电机
仪控系统
辅助电机
变压器
电缆
电源
核材料
碳素等非金属材料
金属材料
核燃料
天然铀开采
组件制造和运输
技术设计
中游
工程建设
核岛（NI）
反应堆压力容器、堆内构件、控制棒驱动机构、蒸汽发生器、稳压器、装卸料机等
常规岛（CI）
汽轮机、发电机、凝汽机、汽水分离再热器等
辅助配套设施（BOP）
泵、风机、阀门、大型铸锻件、应急柴油发电机组、阻尼器、钢门空调消防设备、水处理、电缆、耐辐射电视系统等
下游
乏燃料后处理
乏燃料后处理、铀钚MOX（混合氧化物）燃料元件制造、三废处理、多用途模块式反应堆生产、乏燃料运输等
核电运营与管理
检修维护

二、海南正探索从海水中提取天然铀，为核电提供天然铀资源

我国陆地铀资源对外依赖度极高（2021年我国进口13613.9吨铀资源，进口额13.1亿美元，未来还会增长），海水提铀是解决陆地铀资源短缺的有效途径。2023年5月，中国核工业集团有限公司（简称中核集团）在海南昌江海域建设的海水提铀海试平台正式投用，该平台由8个“8米×8米”的浮动网箱连接组成，集实验、测试、监测等功能于一体，与研究试验中心、国际交流中心共同组成“两个中心，一个平台”的海水提铀科研基地，面向海水提铀技术展开攻关。海南可探索依托中核海水提铀海试平台，引进中核集团与国内31家科研院所共同构成的中国海水提铀技术创新联盟成员，开展海水提铀科研攻关和工程化应用技术攻关（核心是吸附材料的研究和工程化应用），实现海水提铀从实验室走向深海。铀除了作为核电站原料，还广泛被用于民生领域的农业辐照育种、生产人造元素、放射治疗、造影诊断等。

三、核电装备设计制造——海南自由贸易港政策下核电装备组件进口免税优势，利好核反应堆建设和面向内地的核电装备制造

核反应堆的核心是核燃料组件，由燃料棒、上下管座、定位格架以及导向管等组成，是核电站的能量源泉。我国核燃料组件制造厂一般都建设在内蒙古、四川等内陆地区，将未经辐照、未发生核链式反应的核燃料组件、属于一类放射性物品的反应堆核燃料组件运送到海南需要高质量的新燃料运输容器。我国目前仍然从美国、法国、俄罗斯等国进口新燃料运输容器。根据《重大技术装备进口税收政策管理办法》（财关税〔2020〕2号），我国目前仅对《国家支持发展的重大技术装备和产品目录》中的三代核电机组相关设备（反应堆压力容器、蒸汽发生器、稳压器、反应堆堆内构件、核燃料元件、乏燃料处理设备、核主泵等）免征关税和进口环节增值税，不包括核燃料组件运输设备。在海南自由贸易港“零关税”政策下，企业在海南进口新燃料运输容器，可免征进口关税和增值税，与在内地进口相比成本更低。

核电装备研发及制造。核电机组装备中：核岛设备（投资占比约为46%、制造毛利率在40%以上）包括反应堆堆芯、压力容器、堆内构件、控制棒驱

动机构、整齐发生器、主泵、主管道、安注箱、硼注箱和稳压器等，其中反应堆压力容器、主管道及热交换器和蒸汽发生器为三大主要部件；常规岛设备包括汽轮机、发电机、除氧器、凝汽器、汽水分离再热器、高低压加热器、凝结水泵、主变压器和循环水泵；辅助配套设施包括设备冷却系统、余热排出系统以及采暖、通风、空气调节系统等。其中，核岛设备技术壁垒高、质量要求高、资金投入多。自由贸易港加工增值政策下，企业落户海南后进口核岛设备、常规岛设备、辅助系统设备原料（如核电钢材铸锻件部分依赖进口等）并开展装备制造，销往内地，用于内地核电站的核岛设备、常规岛设备和辅助设备，进口原材料可以免征关税。海南可依托海南（昌江）清洁能源高新技术产业园，围绕第四代核电技术需求，引进科研院所，开展核岛设备技术攻关和产业化落地，加速国产化进程；引进国内核电企业核电设计机构（分中心），拓展核电装备研发设计环节。

四、核电站建设及运营服务——重点关注第四代核电站建设、核电运维配套服务

第四代核电站建设：第四代核能的燃料利用率高、废物产生量小，且拥有防扩散和外部侵犯的能力，包括钠冷快堆、铅冷快堆、气冷快堆、超临界水冷堆、超高温气冷堆、熔盐堆六大技术方向。我国选择高温气冷堆、钠冷快堆、钍基熔盐堆作为第四代核电的推广型号，其中高温气冷堆已在山东石岛湾进入商业化运营初期阶段，国产化率达93.4%，已完成并网发电；钠冷快堆正在福建霞浦建设，已进入示范发电阶段；钍基熔盐堆能够避免高温核燃料堆芯和冷却产生的巨量水蒸气对海洋环境产生热污染，有效降低核电站风险等级，能避免核泄漏，能实现铀的“零消耗”，正处于试验阶段，前景可期。

核电运维配套服务包括核电设计、技术咨询和评估服务、核电运营与安全监管服务、故障排除及设备维修与升级服务、员工培训和技术交流服务等。目前，海南围绕核电站建设及运营，在核电配套运维服务方面，已成功引入中核检修、亚信科技、中国核电大修中心等主体。未来伴随海南核电站的扩建与发展，核电运维服务需求也将不断增加。可利用59国免签、个税优惠、人才引进等政策，吸引国内外核电资源向海南集聚，在满足本地核电运维、

安装、检测、培训、科研、宣传、教育等多种产业服务需求基础上，推动岛内服务外延，打造核电运维保障基地。

五、核电技术应用——瞄准国家新型能源体系建设要求，推动核电储能和核动力应用

一是以核电站为中心，在一定范围内实现“风光核储”互联互通、协同调度和智能控制，构建具有自我调节能力的区域智慧能源互联网，打造“风、光、核、储”一体化的智慧能源系统。二是探索核能与制氢耦合发展，重点开展高温气冷堆制氢技术研发和产业化突破。三是可探索海上小型核反应堆或海上（浮动）核电站建设，还可围绕文昌航天城探索核能用于航天器推进技术研发，包括核电推进、热核推进技术，空间站、深空探索核动力电池研发，空间核能推进系统研发等。

六、核能衍生产业——聚焦资源循环利用和能源综合利用，开展核电能量梯级利用

核能发电效率约37%，核能的梯级利用可推动核电运营商成为综合性能源及产品的服务商，提高核电综合效益。一是海水淡化。利用核电站产生的蒸汽和电力作为动力，使用核电站的海水取水、排水设施及其他公用设施，降低海水淡化成本。目前我国核电海水淡化商业化处于探索阶段，海南昌江多用途模块式小堆示范工程已率先进入核岛安装阶段，将有序扩大海水淡化规模。二是核能供汽。从核电机组抽取蒸汽作为工业蒸汽，在昌江核电产业园内发展关联产业，形成特殊的产业集群。目前国内首个核能供应工业供汽项目在江苏田湾核电站开工，海南将探索围绕洋浦推进核电站与石化企业间的供汽协作。三是利用核电调峰能力差的特点发展“热经济”。比如，利用核电在夜间开展电动汽车充电，消化“谷电”；利用核电产生的热能与高能耗、高附加值的产业耦合发展，如石化等传统高耗能产业，新能源汽车制造、互联网数据中心运营、芯片制造、制冷（制冰）等高能耗高科技产业。利用核电发电机组降温所产生的温排水，发展热带养殖产业，形成循环经济（目前海南昌江核电站的温排水区已经成功开展极具经济价值的白蝶贝科研养殖）。

七、核电二三产融合——大力发展“核电+”泛业态，打造核电产业工旅融合特色小镇

结合海南（昌江）清洁能源高新技术产业园发展基础及昌江区域周边生产性配套服务的集聚，提出如下工作建议。一是发展“核电+”泛业态，如核技术环境保护（核技术可精确识别和测量污染物）、核农业（如通过利用辐射诱变技术培育新品种作物）、核医疗健康（如放射性元素用于治疗及诊断、核医药研发）、碳-14同位素自主化生产、食品加工、消毒灭菌、无损探伤、物件在线检测、核材料研究等领域，打造核电配套产业工厂。二是发展核电工业旅游和教育培训，推动支持昌江核电建设花园式厂区，打造海南西部工业旅游示范点和核科普教育和培训基地，建设具备核电科普、核安全教育、核技术应用、核电厂区漫游VR虚拟体验、AI技术展示、世界核电微缩景观、核电站游览参观等功能的核电展览馆、核电瞭望塔等工业旅游分子综合体，宣传核电及科普安全知识，探索打造核技术产品采购及服务博览会。

企业落户享受自由贸易港其他政策、海南省支持产业发展的奖补措施，以及企业的落户指南等，见附件。

典型企业情况表

企业	企业简介	国内基地
上海电气核电集团有限公司	具有核岛主设备及核电大锻件配套能力的临港基地及闵行基地，能制造包括核岛的压力容器、蒸汽发生器、稳压器、堆内构件、控制棒驱动机构、主泵到核二三级泵与核二三级容器、核燃料装卸及输送设备以及大型铸锻件等，具备年产4套百万千瓦级反应堆压力容器、6套百万千瓦级蒸汽发生器、6套燃料装卸与储运系统、8套百万千瓦级堆内构件和控制棒驱动机构、12台核主泵及50台核二三级泵的完整核岛主设备供应链	上海

续表

企业	企业简介	国内基地
中国一重集团有限公司	始建于1954年，国内最早开发生产核能设备的企业、最大的核电锻件供应商，已实现核岛一回路核电设备的全覆盖，是全球少数兼备核岛铸锻件和核岛成套设备制造能力的供应商，是国内唯一承担并完成二代、二代加、三代、四代核电技术装备制造的企业，具备年产5台核岛一回路主设备和5套常规岛转子锻件及汽轮机缸体铸件的生产能力。目前在建核电站80%以上的核电锻件、70%以上的核反应堆压力容器均由中国一重生产	齐齐哈尔、哈尔滨、大连、北京、天津
四川科新机电股份有限公司	2006年开始进入核电领域，2011年取得民用核安全机械设备制造许可证，成为为数不多的拥有核电资质的民营高端压力容器制造企业。先后与数十个涉核电单位合作，完成了数百项核电装置产品的生产制造，近年来成功承制具有四代安全特征的华能石岛湾高温气冷堆核电站示范工程的热气导管、主氦风机冷却器等核电产品，核电产品ANT-12A型新燃料运输容器以优质性能实现替代进口，获得客户赞许	什邡
江苏神通阀门股份有限公司	在核电阀门领域优势突出，2008年以来，在我国新建核电工程用阀门的一系列国际招标中，为核级蝶阀和核级球阀的主要中标企业，获得了这些核电工程已招标核级蝶阀、核级球阀90%以上的订单，实现了核级蝶阀、核级球阀等产品在制造方面的全面国产化。近年来，陆续开发了压水堆核电站地坑过滤器、核级调节阀、核级仪表阀、核级气动膜片、氦气隔离阀、低能耗球阀等新产品，以及核化工用系列产品	启东
兰州兰石重型装备股份有限公司	在核能领域拥有一类放射性物品运输容器制造许可证、民用核安全设备设计许可证（核安全3级）、民用核安全设备制造许可证（核安全2、3级）、制造许可证等多个核级相关资质。是国内首家实现国产替代的民用核级板式换热器设计生产企业，子公司中核嘉华设备制造股份公司在核燃料贮运容器细分领域具有较高的市场占有率，制造了中国首座50吨核乏燃料后处理中间试验厂的绝大多数非标设备。公司产品覆盖上游核化工和核燃料领域设备、中游核电站设备和下游核燃料循环后处理设备，获得了中核集团、中国广核集团有限公司等40余家核电业主单位供应商资格	兰州

续表

企业	企业简介	国内基地
杭州景业智能科技股份有限公司	公司自主研发的核工业系列机器人、核工业智能装备等产品应用于核燃料循环产业链，核燃料循环产业是整个核工业产业链的一环，也是核能发展的大动脉，包括铀矿开采、冶炼、纯化转化、燃料元件制造、乏燃料后处理、放射性废物处理处置等环节。公司核心产品“核工业电随动机械手”和“核工业自动取样系统”连续两年获得了浙江省国内首台（套）产品的认定	杭州
航天晨光股份有限公司	国内首家总包承建核电厂固体废物处理设备的供应商。在放射性废物处理系统关键设备领域掌握多项核心技术并打破国外垄断，成为国内核电放射性废物处理系统设计、制造方面的领先者，已发展成为国内核非标成套装备重要供应商，具备该装备的整体产线的设计和供货能力	南京
国机重型装备集团股份有限公司	中国机械工业集团有限公司的控股子公司，拥有反应堆压力容器、稳压器、主管道、堆芯补水箱等核岛主设备制造资质和能力，实现了核岛主设备核级材料全覆盖	德阳
江苏海鸥冷却塔股份有限公司	成立于1993年，深耕冷却塔的研发、设计、制造及安装，主要产品为工业及民用机力通风冷却塔，积极拓展核电领域增长点	常州
上海电气核电集团有限公司	通过20年来与美国西屋、法国AREVA（阿海珐）、西班牙Ensa（恩萨）、日本三菱重工、韩国斗山重工等国际核电制造巨头展开技术合作，同时建立数字化制造协同管理平台，鼓励全员创新，实现产品智能制造，目前已掌握30万，60万，二代加、三代AP1000、EPR百万级核岛主设备的制造技术，包括全球首台AP1000稳压器、堆芯补水箱，世界首批AP1000反应堆压力容器，国内首批EPR蒸发器以及全球首台四代核电高温堆反应堆压力容器，市场占有率接近40%，完成了对现有核岛主设备技术的全覆盖	上海

第七章　节能环保产业

第二十九篇　全生物降解材料研发制造

全生物降解材料（塑料）是可在细菌、真菌、藻类等自然界微生物作用下降解的高分子材料。按原料成分来源可分为生物基和石油基：生物基降解材料是由天然高分子（如淀粉、纤维素、甲壳质）或农副产品经微生物发酵或合成具有生物降解性的高分子制得，如聚乳酸（PLA）、聚羟基烷酸酯（PHA）、淀粉基降解塑料等。石油基降解塑料是将石化产品单体聚合而成的塑料，如聚对苯二甲酸-己二酸丁二酯（PBAT）、聚丁二酸丁二醇酯（PBS）、聚碳酸亚丙酯（PPC）、聚乙醇酸（PGA）、聚乙烯醇（PVA）等。

全生物降解材料产业链包括上游原料、中游材料和制品加工、下游废弃物回收三大环节。上游原料包括淀粉等生物基原料和石油化工原料，原料生产毛利率较低（一般低于10%）。中游材料和制品毛利率较高（在10%—30%），应用领域包括食品和日用品包装、地膜、医用材料、汽车电子材料、纺织材料等，相关产品材料制造企业毛利率一般比材料制作更高。下游废弃物回收具有两大核心途径：一是生物处理（主要是工业堆肥），二是化学处理（焚烧发电或经过化学反应重新生成塑料或其他有价值的化学品）。

主要全生物降解材料的特性和应用情况表

材料名称	材料特性	主要应用
聚乳酸	由可再生植物资源（主要是玉米）中的淀粉原料制成，可被自然界中微生物完全降解（如食品杯仅需60天就可完全降解），最终生成二氧化碳和水。当前PLA是全球全生物降解材料的主力军，使用比例为45%	食品包装和3D打印

续表

材料名称	材料特性	主要应用
聚羟基烷酸酯	植物油和糖类原料经微生物发酵合成的不同结构的脂肪族共聚聚酯，可在淡水、海水、土壤、堆肥等有机污泥中生物降解。用于医疗、药物、化妆品等高附加值领域的包装材料、喷涂材料、器具类材料。PHA不需要工业条件的堆肥与厌氧发酵将其水解为低聚物就能实现生物降解，可有效解决我国面临堆肥和厌氧发酵设施欠缺的问题，增强生活垃圾处理能力。我国合成PHA的技术处于世界领先水平，市面上主要PHA产品包括：PHB（聚酰胺基丁酸酐，属于结晶型材料，质硬，可用于注塑和纤维，美国公司Newlight使用PHB制造一次性餐饮具、钱包、眼镜框等产品）；P34HB［聚（3-羟基丁酸酯-*co*-4-羟基丁酸酯），无定型P34HB与PLA共混，可以提高共混物韧性，韩国希杰集团正规模化生产］	医用材料、化妆品材料、包装材料、喷涂材料、器具类材料、电子通信材料、农用覆膜、自动化产品材料、化学介质等
淀粉基降解塑料	由淀粉和合成高分子聚合物（如PVA、PLA等）、天然高分子聚合物（如植物纤维、淀粉颗粒、细菌纤维素、壳聚糖等）、其他添加材料（如黏土、石墨烯、滑石粉等）及增塑剂复合而成。主要品类包括热塑改性淀粉基生物降解塑料（以甘油增塑改性玉米淀粉、从小麦秸秆中获取纳米纤维素、利用甘油热塑改性的工业玉米淀粉等为原料），淀粉/PVA生物降解塑料，淀粉/PLA生物降解塑料，等等	包装材料，食品容器，一次性餐具，缓冲包材，儿童玩具，医用材料（缝线、骨科针、支架、伤口敷料等）
聚己二酸/对苯二甲酸丁二醇酯	以1,4-丁二醇（BDO）、己二酸、对苯二甲酸（PTA）或对苯二甲酸二甲酯（DMT）为原料，通过直接酯化或酯交换法而制得的石油基材料，在天然微生物和细菌的帮助下很容易分解，是最重要的可堆肥包装材料。我国PBAT产能水平全球领先，总产能已达30多万吨/年，其中蓝山屯河的产能位居全球第一	全降解包装用薄膜、包装袋（购物袋、连卷垃圾袋、宠物粪便袋），地膜等
聚丁二酸丁二醇酯	PBS以脂肪族丁二酸、丁二醇为主要生产原料，既可通过石油化工原料生产，也可通过淀粉、纤维素、葡萄糖等可再生农作物原料经生物发酵途径生产，只在堆肥、水体等接触特定微生物条件下才发生降解，在正常储存和使用过程中性能非常稳定。除美国和日本外，我国也建成了PBS规模化生产线	餐具、化妆品瓶、药品瓶、一次性医疗用品、农膜、化肥缓释材料、生物医用高分子材料等

续表

材料名称	材料特性	主要应用
聚碳酸亚丙酯	以二氧化碳为单体原料，在双金属配位丙二醇醚（PBM）型催化剂作用下与环氧化物发生共聚反应得到的二氧化碳树脂材料，代表产品是聚碳酸亚丙酯（以二氧化碳、环氧丙烷为原料共聚制得），具有原料来源广泛、生产成本较低等优点。日本、美国一直没有实现二氧化碳共聚物材料工业化生产，我国已建成规模化生产线	包装和医用材料等
聚乙醇酸	由乙醇酸、乙醇酸酯、乙交酯等石油化工原料在催化剂作用下缩聚而成的合成高分子材料，具有良好生物降解性和生物相容性，是目前已知降解性能最好的高分子材料之一（能在海洋环境中快速降解、在人体内可降解成水和二氧化碳），主要应用于医用领域和工业领域	医用缝合线、药物控释载体、骨折固定材料、组织工程支架等，木材、土壤、沙漠绿化的保水材料等
聚乙烯醇	由醋酸乙烯经聚合反应、醇解而制成的水溶性高分子聚合物，可完全降解为CO_2和H_2O，具有很好的成膜性、乳化性。其中，水溶性PVA薄膜是在国际上崭露头角的新型塑料产品，在欧、美、日广泛用于包装，在我国还处于起步阶段，主要用于刺绣及水转印（玻璃、陶瓷、电器外壳等的彩色印刷）两大领域；PVA水溶性纤维是很有价值的功能性差别化纤维，主要应用于仿制、造纸等领域	纺织浆料、维尼纤维、造纸用涂布剂、建筑材料、黏剂、PVA膜、土壤改良剂、聚合悬浮剂和乳化剂、淬火剂等

我国全生物降解材料销量从2016年的15万吨增长至2021年的120万吨（年均增长52%），预计2025年需求量达470万吨，其中快递、外卖、购物袋、地膜等四大主要下游应用领域需求超过200万吨，按均价2.2万元/吨计算，2025年全国全生物降解材料市场规模超1000亿元。对降解材料需求最大的是包装，一次性购物袋占71%、一次性餐具和快递包装占21.5%和4.8%。预计2025年，一次性购物袋对全生物降解材料的需求超100万吨，一次性餐具需求超40万吨，快递包装需求超40万吨，农用地膜需求超20万吨。全生物降解材料中，PBAT、PLA和淀粉基材料是产业化程度最高的三种生物可降解塑料（占比30%、29%、26%）。传统PE（聚乙烯）/PP（聚丙烯）塑料价格在每吨7000—8500元之间，而可降解塑料中生产成本最低的PBAT价格在2万元/吨

左右，PLA价格可达2.8万元/吨。未来，全生物降解材料企业的核心竞争力在于突破技术壁垒的同时优化工艺、降低成本。

一、自由贸易港加工增值政策为进口淀粉、植物油、糖类为原料的生物基可降解材料制造提供利好

全生物降解材料中，生物基的PLA、PHA以及淀粉基降解塑料制造可享受加工增值政策。PLA和淀粉基降解塑料生产一般以玉米淀粉和木薯淀粉为原料，木薯淀粉是我国大量进口的产品（年进口量从2018年的200万吨增长至2021年的350万吨，年均增长20%）；PHA生产一般以棕榈油和葡萄糖为原料，其中棕榈油基本完全依赖进口（年进口量从2018年的540万吨增长至2021年的638万吨，年均增长5%）。PLA、PHA等生物基全生物可降解材料制造企业在海南建设生产基地，从国外进口原料加工后将成品材料或材料下游应用制品（如包装袋、农用地膜等）经“二线”销往内地，将享受加工增值政策下原料进口关税减免利好。

以企业进口棕榈油生产PHA为例：棕榈油生产PHA的理论质量转化率为137.0%，即每生产1吨PHA需消耗棕榈油0.73吨，按照进口市场价格7500元/吨计算，每吨PHA原料成本5475元。若企业在海南进口棕榈油并进行1万吨PHA制造并将成品销往内地，可享受棕榈油进口关税减免约490万元（棕榈油进口关税税率为9%）。

海南依托加工增值政策发展面向内地市场的生物基可降解材料化合物生产，以及除包装、餐具、农用地膜等传统塑料制品外的3D打印材料、医用材料等可降解材料制品制造，可有效改善塑料产品主要依靠省内消费拉动产业发展导致的产业规模偏小等问题。

二、洋浦和东方石化产业链条拓展及澄迈CCUS示范基地将为石油基可降解材料提供丰富的原料

洋浦具备920万吨炼油、160万吨芳烃、100万吨乙烯、210万吨PTA等产能；东方天然气年产能超32亿立方米，重点发展碳二、碳三、碳九产业链上下游产品。洋浦和东方为PBAT（原料包括1，4-丁二醇、己二酸、对苯二甲酸、对苯二甲酸二醇酯等）、PBS（原料包括丁二酸、丁二醇等）、PGA（原料

为乙醇酸、乙醇酸酯、乙交酯等）、PVA（原料为醋酸乙烯）等石油基可降解材料的制造提供石化原料。考虑到石油基可降解材料目前正面临激烈的市场竞争和价格下降压力，能够实现产业链上游原料生产一体化成为企业发展的关键，洋浦和东方石化产业基础将支持企业建设PBAT、PBS材料及上游BDO等核心原料生产一体化项目，培育市场竞争力。此外，澄迈福山油田正在建设碳捕集、利用与封存（CCUS）百万吨示范基地，埋存能力达20万吨，可为聚碳酸亚丙酯（PPC）的制造提供丰富的原料。

三、海南省分拣中心、区域性再生资源集散中心和循环经济产业园建设将为全生物降解材料回收再利用提供试点空间

当前，全生物降解材料回收利用的主要途径是工业堆肥和化学回收：工业堆肥需借助室内堆肥箱或商业堆肥机等专业设施，还需通过可堆肥性测试或获取可堆肥降解塑料产品认证。化学回收指全生物降解材料通过化学反应生成有价值的化合物，甚至实现材料循环再生的技术，已成为研究热点。目前国外PLA的回收循环技术已初步实现产业化（道达尔科碧恩聚乳酸公司推出了世界上第一种化学回收生物塑料产品Luminy PLA），国内科研院所技术研发成效显著（包括中国科学院青岛能源所研发的直接将废弃聚乳酸材料转化为新聚乳酸材料技术，四川大学聚乳酸解聚回收丙交酯技术，北京大学研发的聚乳酸催化胺化制丙氨酸技术等），但仍待商业化落地。国际上除PLA外，全生物降解材料的回收循环技术均处于实验室阶段，我国在PBAT、PBS回收循环领域已实现实验室突破。

企业可与政府联手，在海口、三亚、儋州、东方等地布局再生资源绿色分拣中心和区域再生资源中心，开展不可再生塑料和可再生塑料分拣。目前，海南正推进海口市再生资源综合利用基地、三亚市循环经济产业园区、城市废弃物资源化利用和无害处置基地建设，可支持布局工业堆肥设施，推动全生物降解材料回收再利用试点；海南还可依托生物技术发展迅速的海口国家高新区，重点引进国内前沿的全生物降解材料化学回收技术研发项目，引领全国全生物降解材料回收循环技术发展。

企业落户享受的自由贸易港其他优惠政策、海南产业奖补措施，以及企业的落户指南等，见附件。

典型企业情况表

企业	企业简介	国内基地
浙江海正生物材料股份有限公司	2022年，在上海证券交易所科创板上市，掌握了纯聚乳酸制造和复合改性各关键环节核心技术，是国内为数不多完整掌握“两步法”工艺的企业，完成了较为完整的“乳酸—丙交酯单体—聚乳酸—聚乳酸制品”全工艺流程的开发，2021年公司聚乳酸销量为2.1万吨，其中国内销量为1.64万吨，国内市场占有率为34%	台州
河南金丹乳酸科技股份有限公司	从事乳酸及其系列产品的研发、生产和销售，主要产品包括各类乳酸、乳酸盐和乳酸酯等，产品广泛应用于食品、饲料、生物降解材料、工业、医药等领域，已完成欧盟REACH注册，得到了澳大利亚、德国、美国和奥地利的可堆肥认证，取得了美国FDA的食品接触安全认证	周口
宁波天安生物材料有限公司	国内第一家采用生物发酵工程技术，将完全生物降解材料实现产业化的高新技术企业，生产的聚羟基丁酸酯与聚羟基丁酸戊酸酯（PHBV）是天然高分子材料，也是国际上公认的具有100%生物分解能力的材料。公司正在对PHBV制品生产工艺进行开发，其中注塑工艺已成熟并被用于批量生产，注塑产品有高尔夫球托、一次性餐具（可用微波加热）等，吹塑、制板、涂覆等工艺基本成熟，正在进行批量化生产，制膜等其他工艺正在开发中	宁波
北京蓝晶微生物科技有限公司	致力于设计、开发、制造和销售新型生物基分子和材料，其中包括生物可降解材料PHA、再生医学材料、美妆新功能成分、新型食品添加剂、工程益生菌等，从而帮助消费品、食品、医疗、农业和工业等行业的B端（企业级）客户在行业内开展差异化竞争	北京、深圳、上海、盐城
珠海麦得发生物科技股份有限公司	采用清华大学生命科学学院合成生物学平台技术，进一步自主创新和开发新一代全生物基可降解PHA的工业化生产、应用和市场化，现已完成了千吨级PHA生产线的建设并开始投产供应市场，下游应用开发包括特种纤维、非织造布、3D打印线材、高端包装、水处理等。开发的医疗级PHA也已被应用于Ⅱ类、Ⅲ类可吸收医疗器械的研发	珠海

续表

企业	企业简介	国内基地
新疆蓝山屯河科技股份有限公司	以精细化工和高端化工新材料一体化产业链为主业，建成"BDO-PBS系列生物降解材料/PBT（聚对苯二甲酸丁二酯）/PTMEG（聚四亚甲基醚二醇）/TPEE（热塑性聚酯弹性体）"上下游一体化产业链，产品线涵盖精细化工基础原料、生物降解材料、化工新材料以及新型节能环保建材等	昌吉
内蒙古蒙西高新技术集团有限公司	以水泥窑尾气排出的二氧化碳为原料，在蒙西高新技术科技工业园区成功地建立了年产3000吨二氧化碳共聚物的生产线，是目前国际上投入运行的规模较大的二氧化碳共聚物的生产线	鄂尔多斯
上海浦景化工技术股份有限公司	2010年独立开发"合成气制乙醇酸技术"，煤基合成气制取PGA技术取得突破，使乙醇酸甲酯大规模生产PGA成为可行的工艺路线；2018年以神华包头煤化工有限责任公司的煤制合成气为原料，通过酯化、羰化、精馏、聚合等工序制备PGA，生产规模达1万吨/年	上海、包头
内蒙古久泰新材料科技股份有限公司	主要从事新材料、可降解、新能源产品的研发和生产，正在谋划布局BDO、PBAT、PBS、PTMEG、聚乙醇酸生物可降解塑料的生产基地	呼和浩特、鄂尔多斯、广州、张家港
安徽皖维高新材料股份有限公司	深耕聚乙烯醇行业20多年，国内聚乙烯醇行业领军企业，2016年公司建成世界最大的PVA生产基地，2021年PVA光学膜国产化设备加工完成，已形成PVA—PVA光学薄膜—偏光片，PVA—PVB（聚乙烯醇缩丁醛）树脂—PVB胶片，VAC—VAE乳液—可再分散性胶粉，PVA—PVA纤维—纤维水泥板，生物质酒精—VAC—PVA、生物质肥料、PVA包装膜五大产业链	巢湖
道达尔科碧恩聚乳酸公司	推出了世界上第一种商业化的化学回收生物塑料产品。已与韩国Be Good Friends（BGF）公司就应用开发PLA达成长期合作。公司在泰国建设了PLA工厂	无
意大利Novamont公司	全球最早进行生物降解塑料产业化的企业，其中"Mater-Bi"淀粉/P、rA、淀粉/PCL（聚己内酯）生物降解塑料已有多年历史，主要用于包装材料、堆肥袋、卫生用品、一次性餐具、农用地膜等制品加工，旗下有生物塑料厂Novamont公司	无

第八章　清洁能源汽车

第三十篇　车联网（智能网联汽车）

车联网是依托车载设备和传感器，以车辆为信息感知对象，实现车与云平台、车与车、车与路、车与人、车内等全方位网络链接，依据车辆位置、速度和路线等信息所构建的交互式的无线网络。车联网架构包括采集层、网络层、应用层。采集层是由定位系统和车载传感器完成数据采集（包括车辆实时运行参数、道路环境参数、预测参数等），并将采集到的数据上传到车联网控制中心服务器；网络层是通过信息传输服务，将上传的数据进行汇总、分析、加工和传输；应用层是将处理后的数据导入用户车辆终端设备，终端设备对定位数据进行相应的分析处理后，为用户提供导航、通信、监控、定位等应用服务。车联网（智能网联汽车）是一种跨技术、跨产业的新兴产业体系，全球智能网联汽车还处于发展初期。2021年我国智能网联汽车出货量为1370万辆，预计2025年在2490万辆左右。为加快发展此产业，提出如下建议。

一、以重点园区产学研项目为牵引，吸引车联网（智能网联汽车）硬件端和软件端产业主体集聚

海南依托海南生态软件园、海口复兴城互联网信息产业园、三亚崖州湾科技城等园区互联网信息技术发展基础，或与海口高新区新能源汽车研发制造和集成电路研发设计协同，采取“政府推动、先导项目主导、市场化运作”模式，探索引进院士工作站、高校及国家科研机构科研工作站、车企研究院及研发中心、互联网企业研发中心等重大先导项目，由政府和园区管理部门推动园区企业与各地车联网产业联盟开展产学研合作，重点推动车联网（智能网联汽车）原创性、引领性科技攻关，吸引上下游产业主体集聚。充分发

挥自由贸易港“零关税”政策、企业和个人所得税政策优势以及人才、财税、金融、产业资金等园区优惠政策的作用，进一步吸引智能网联汽车感知系统、动力系统、配件系统和通信系统中前沿细分领域硬件研发制造和应用软件开发企业落户。

二、谋划推动车路协同C-V2X技术发展，打造支持车路协同下具备智慧决策功能的云控平台

一是争取国家支持，建设C-V2X示范区，打造城市出行智慧网联示范项目。考虑到基于C-V2X技术的车路协同属于系统性工程，路侧感知系统等基础设施前期投入高，车企刚启动车端感知系统的产业化，短期内难以实现规模化的商业回报，车路协同示范测试项目难以依赖市场力量开展。二是探索打造为智慧交通提供信息和算力支持的云控平台，支持车路协同发展。引进云服务商和交通平台集成商，打造智能网联汽车具备决策能力的车路协同运营平台，并建设面向交通监管、园区管理、物流路径追踪等需求的“云控”交通服务平台。

三、海南将选取具备海南特色的测试场景，推动多元化封闭场景下商用智能网联汽车商业化进程

目前海南建设了汽车试验场智能网联汽车封闭测试基地和博鳌东屿岛车联网试点示范项目。其中，海南热带汽车试验场于2022年1月正式获授工信部批复的“国家智能网联汽车封闭测试基地（海南）”，有占地25万平方米的城市模拟区、6公里的高速公路模拟区、10公里的乡村和山路模拟区，还有涉及红绿灯十字路口、红绿灯T形路口、高架桥入口及匝道、停车场、行人避让区等模拟区。博鳌东屿岛车联网试点示范项目重点聚焦车路协同，对东屿岛和博鳌机场连线的17公里的道路进行智慧化改造，建设5G和V2X（车用无线通信技术）专用通信网络、路侧感知系统、车路协同云控平台、数字孪生指挥中心、综合交通一体化平台，打造4类自动驾驶无人车应用及感知、决策、控制全闭环自动化管理系统。

在国内外功能性商用车车联网应用落地趋势下，海南将充分发挥国家智能网联汽车封闭测试基地（海南）资质，打造多元化封闭场景下具备特色的

车联网先导项目。一是港口场景。围绕海口综合保税区、海口空港综合保税区、洋浦保税港区等封闭区域，打造包含集装箱码头、堆场仓库等点位的测试路线，重点开展小规模卡车自动驾驶/无人驾驶测试、连续装卸箱循环测试、极端气象运输测试、港区内通行和编队行驶测试、自动导引运输车（AGV）测试等，打造智慧码头管理系统，支持智慧码头建设。二是干线物流场景。探索选取琼州海峡滚装运输港口物流园区与海口综合保税区、海口空港保税区、洋浦保税港区相连路段，开展智能卡车车队公路货运自动驾驶应用试点，大力开展智慧高速系统设计以及关键技术和设备研发。三是文旅会展场景。围绕休闲旅游度假区，海南将规划试运行迷你巴士、无人售卖车、自动驾驶网约车、自动清扫车、无人安防巡逻车、物流车、漫游车测试等，探索打造智慧驾驶体验中心、科技展示中心、教育示范基地等业态。

四、发挥数据跨境流动制度创新优势，探索车联网数据出境安全评估合理范围和标准制定

目前除明确规定禁止出境的数据外，车联网（智能网联汽车）产生的数据均面临评估要求（包括自评估、网信部门组织的监管评估等），尚未明确安全评估的范围和出境合规标准。根据《车联网网络安全和数据安全标准体系建设指南》（工信厅科〔2022〕5号），我国未来会制定“车联网数据跨境流动安全管理要求”及“车联网数据跨境流动安全评估规范”，为车联网企业提供数据出境安全评估的流程、要点与方法指导。

在全国统一标准规范出台前，海南可发挥全国独一无二的数据跨境流动监管规则先试先行优势，探索出台自由贸易港区域性车联网（智能网联汽车）数据出境标准规范。联合高校、科研机构、车企和互联网信息服务商，对车联网（智能网联汽车）数据出境场景进行“地毯式”梳理，按照车辆数据、用户个人数据、应用服务数据、外部环境数据等分类或数据的采集、存储、使用、加工、传输、公开等环节进行数据分级分类，形成数据资产清单，为数据跨境传输提供依据；从数据类型、规模、出境方式、境外接收方身份能力、所在国家（地区）的政策与法律环境、业务需求必要性等维度，明确车联网数据出境安全评估范围，针对不同数据、业务场景等，制定安全评估必要性的判定标准，明确企业安全自评估范围、省级和国家网信部门评估审核

范围，明确是否允许数据出境、是否涉及加密等操作的评判标准；探索针对跨境云端数据存储和传输，制定权属规则、流动规则。

五、海南车联网（智能网联汽车）产业扶持政策

根据《智慧海南建设补助资金管理暂行办法》（琼财建规〔2022〕4号），对纳入《智慧海南总体方案（2020—2025年）》的企业投资项目，提供包括贷款贴息、以奖代补、财政资金注入资本金、政府和社会资本合作等方式的资金补助。通过贷款贴息补助的，对年度实际完成投资1000万元以上并使用银行贷款的项目，按照贷款市场报价利率（LPR）的50%贴息；通过以奖代补方式奖励的，对年度实际完成投资1000万元以上的项目，年度奖励金额不超过项目实际完成投资额的30%；通过财政资金注入资本金、政府和社会资本合作等其他方式补助的，扶持办法“一事一议”。

企业落户海南享受的自由贸易港其他优惠政策、奖补措施，以及企业落户指南等，见附件。

典型企业情况表

企业	企业简介	国内基地
惠州市华阳集团股份有限公司	汽车电子产品及其零部件的系统供应商，核心产品包括智能座舱（抬头显设备、液晶仪表、中控、座舱域控制器）、智能驾驶（车载摄像头、360环视系统、自动泊车辅助系统、自动驾驶域控制器）。该公司研制的V2X产品通过5G+C-V2X技术可以实现车辆与周围车辆、基础设施、行人，以及云端等互联互通，从而获得实时路况、道路信息、行人信息等一系列交通信息，提高驾驶安全性，减少拥堵，提高交通效率	惠州
惠州市德赛西威汽车电子股份有限公司	国际领先的移动出行科技公司，深度聚焦智能座舱、智能驾驶和网联服务三大领域的高效融合，持续开发高度集成的智能硬件和领先的软件算法，为全球客户提供安全、舒适、高效的移动出行整体解决方案和服务	惠州、成都
宁波均胜电子股份有限公司	致力于将人工智能技术与汽车产业深度融合，正在加快L2++至L4级高级辅助驾驶及自动驾驶域控制器和功能模块的研发，将率先在可量产、车规级的智能驾驶域控制器等方面取得突破	宁波

续表

企业	企业简介	国内基地
宁波拓普集团股份有限公司	一家技术领先的汽车零部件企业，致力于汽车动力底盘系统、饰件系统、智能驾驶控制系统等领域的研发，已成为奥迪、宝马、斯特兰蒂斯、通用、吉利、福特、奔驰、大众、高合、理想、蔚来、小鹏、Rivian、Lucid等汽车制造商的全球合作伙伴	宁波
阿波罗智行科技（广州）有限公司	为百度Apollo旗下公司，百度2013年开始布局自动驾驶，2017年推出全球首个自动驾驶开放平台Apollo（阿波罗），已在自动驾驶、智能汽车等领域拥有业内领先的解决方案	广州、上海
华为技术有限公司	华为与赛力斯汽车有限公司合作推出高端智慧汽车品牌AITO，为智能网联汽车提供高阶智能驾驶系统及智能座舱、智能车载光、智能汽车数字平台等一系列智能汽车解决方案、云服务	深圳、武汉、无锡
中信科智联科技有限公司	国内C-V2X车联网产业的领军企业，提供拥有核心知识产权的车路协同解决方案、智能网联汽车前装解决方案，基于智慧高速、城市道路、智慧园区、智慧出行等的一体化解决方案已在全国多个车路协同项目落地应用	重庆
中兴通讯股份有限公司	专注研发汽车操作系统，在车路协同、车内通信等方面也有一定技术积累，目前中兴通讯车载终端产品全球市场累计出货已超百万台，并与多家车企达成战略合作	深圳、长沙
东软睿驰汽车技术（上海）有限公司	创立于2015年，是基础软件、SOA中间件、自动驾驶和跨域融合车云一体技术产品与服务供应商，融合大数据、人工智能、基础软件等关键技术，聚焦自动驾驶、智能网联、出行服务等领域，为车企面向未来技术创新发展，提供可迭代升级的核心技术产品及软件平台产品	上海
蘑菇车联信息科技有限公司	拥有行业领先的“车路云一体化”智慧交通系统方案，具备城市级大规模L4级自动驾驶公共服务车队的运营能力，车型包括自动驾驶公交车、接驳车、出租车、清扫车、巡逻车、物流车、牵引车等，覆盖城市开放道路、园区、景区、港口、机场、高速公路等全场景	北京

续表

企业	企业简介	国内基地
深圳市金溢科技股份有限公司	2004年在深圳成立，2017年5月在深交所中小板上市，是最早从事智慧交通技术研发及产业化的领军企业之一，成为集C-V2X、DSRC（专用短程通信）、RFID三大技术领先的智慧交通解决方案及产品提供商，业务涵盖汽车电子、车路协同、城市数字交通、智慧高速四大领域，拥有面向车路两端各类智慧交通应用需求提供“解决方案设计+核心产品提供+边端系统集成”的全栈服务能力	深圳
北京千方科技股份有限公司	国内领先的交通行业数字化解决方案提供商，业务涵盖智慧交运、智慧交管、智慧高速、智慧路网、智慧民航、智慧轨交、智慧停车、智能网联等领域，累计成功交付中大型智慧交通项目逾6000个	北京
北京四维智联科技有限公司	成立于2018年，由北京四维图新科技股份有限公司原智能网联业务分拆成立，是智能座舱领域的技术方案提供商与软硬一体解决方案提供商和运营服务商	北京
北京图森未来科技有限公司	旗下产品图森未来L4级别无人驾驶卡车以摄像头为主要传感器，融合激光雷达、毫米波雷达等其他传感器，配合自主研发的核心算法，能实现环境感知、定位导航、决策控制等自动驾驶核心功能，可应用于高速公路货运和港内集装箱码头运输及其相似场景	北京
飞驰镁物（北京）信息服务有限公司	专注于提供汽车数字化产品和出行服务的高科技企业，业务涵盖汽车云平台及软件服务、车载智能网联终端、数字化运营、移动出行服务等领域，与多家跨国豪华车企的20多个品牌达成合作	北京
杭州鸿泉物联网技术股份有限公司	以引领商用车智能网联技术的发展为导向，研发、生产和销售智能增强驾驶系统和高级辅助驾驶系统等汽车智能网联设备	杭州
深圳市锐明技术股份有限公司	以人工智能为核心的商用车安全及信息化解决方案提供商，曾成功为北京奥运会、上海世博会、全国两会、北京公交、美国校车、厄瓜多尔综合交通等大型交通安保项目提供安全保障及信息化服务	深圳

续表

企业	企业简介	国内基地
云控智行科技有限公司	成立于2017年，是专注于智能汽车国家云控基础平台开发的网联自动驾驶高科技企业，应用移动互联网、云计算、信息安全等新一代信息技术，打造融合多模通信网络、高精度定位、高精度动态地图等多种技术的云控基础平台与云控基础设施体系	北京、上海
斑马智行网格（杭州）有限公司	协同阿里巴巴集团在语音、视觉、芯片、IoT、云计算、地图、支付、电商等领域的技术和生态优势，面向汽车和交通行业提供智能汽车操作系统、智能汽车解决方案、数字交通解决方案	杭州

第三十一篇　高端电动汽车组装制造

新能源汽车是国家主导产业，国家统筹产业布局，实行窗口指导。海南在现有国家产业政策背景下，结合自由贸易港政策赋能，可以形成以下新能源汽车产业的发展思路：一是利用海南本地新能源汽车厂家的生产资质，与国内车企开展代工合作，同时进口散件，在海南组装生产高端电动汽车并销往国外市场；二是利用自由贸易港加工增值政策，开展定制化的高端房车改装、医疗特种车等新能源专用车制造；三是发展“两头在外”的电动汽车模式。

全球电动汽车市场呈高速增长态势，2030年市场规模将超过8200亿美元。东盟电动汽车市场进入高速发展期，预计电动汽车保有量将从2022年的300万辆增长至2025年的890万辆。本文主要基于面向东盟国家出口的商业成本分析。

一、在海南组装制造高端电动汽车，面向东盟市场的优势较大

根据国家发展改革委、财政部、税务总局印发的《海南自由贸易港鼓励类产业目录（2020年本）》（2020年1月1日起实施），新能源汽车制造被列入鼓励类产业目录。所以，在海南建设生产基地，从原产地进口零部件在海

电动汽车产业图谱

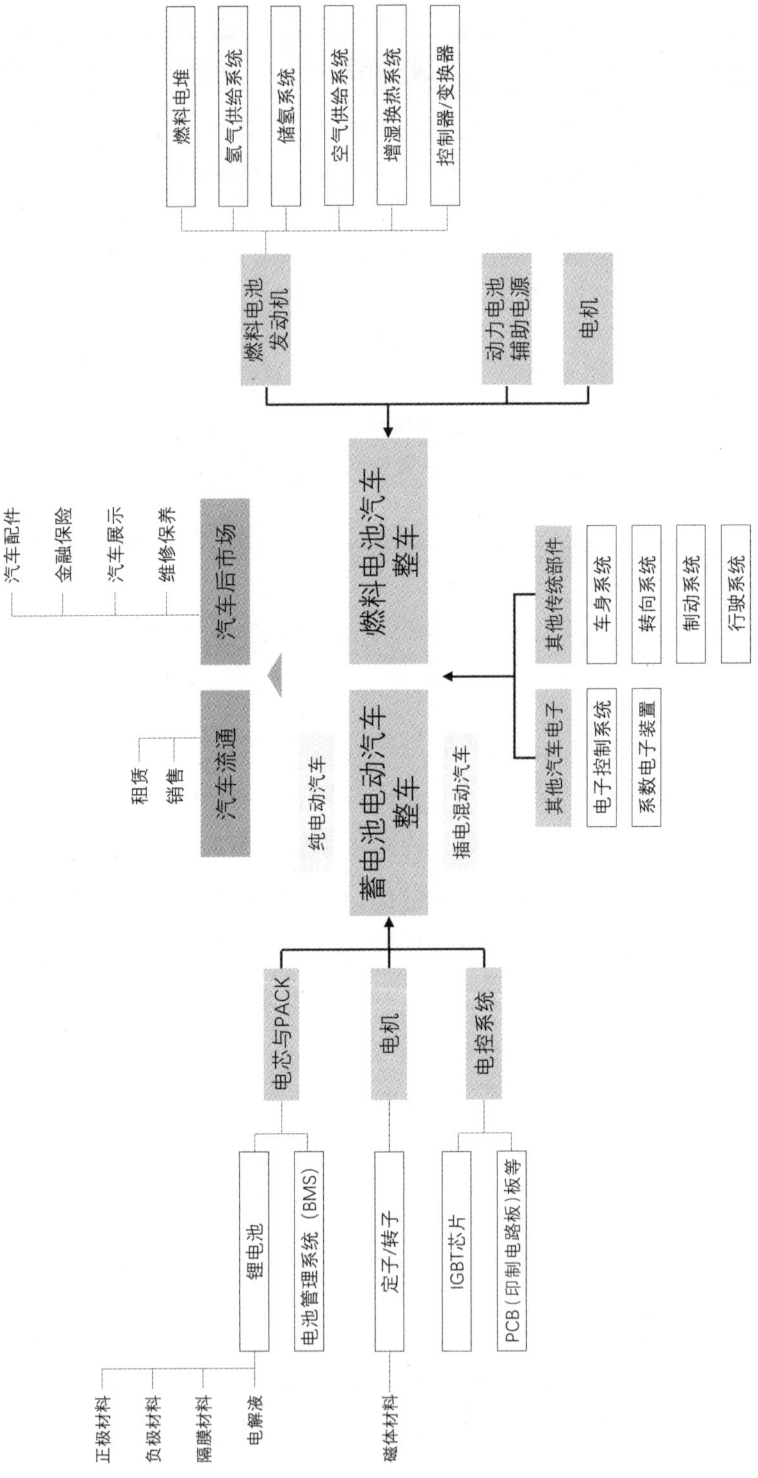
燃料电堆
氢气供给系统
储氢系统
空气供给系统
增湿换热系统
控制器/变换器
燃料电池发动机
动力电池辅助电源
电机
燃料电池汽车整车
其他传统部件
车身系统
转向系统
制动系统
行驶系统
其他汽车电子
电子控制系统
系数电子装置
汽车后市场
汽车配件
金融保险
汽车展示
维修保养
汽车流通
租赁
销售
纯电动汽车
蓄电池电动汽车整车
插电混动汽车
电芯与PACK
电机
电控系统
锂电池
电池管理系统（BMS）
定子/转子
IGBT芯片
PCB（印制电路板）板等
正极材料
负极材料
隔膜材料
电解液
磁体材料

南组装制造，可享受加工增值政策，还可以利用海南区位优势和RCEP等区域协定下的关税优势，扩大在东盟的销售规模。海南自由贸易港是豪华汽车品牌通过在华建设组装生产基地，拓展亚太区域市场的首选之地。

（一）加工增值政策赋予高端电动汽车海南生产基地的优势

以保时捷市场成熟度较高的全电力跑车车型Taycan 4S（原装进口零售价116.8万元人民币）为例，其价格构成为以下三个部分。

（1）到岸价格：出厂价（含品牌商原产地生产毛利）+运输成本+运输保险=89.9万元；

（2）进口环节关税：到岸价格89.9万元×关税税率15%≈13.5万元；（电动汽车进口关税：根据2018年《国务院关税税则委员会关于降低汽车整车及零部件进口关税的公告》，将汽车整车税率为25%的135个税号和税率为20%的4个税号的最惠国进口关税税率降至15%，其中包括电动汽车。）

（3）进口环节增值税：增值税计税价格103.4万元（到岸价格89.9万元+关税13.5万元）×增值税税率13%≈13.4万元。［电动汽车进口增值税：2018年，《财政部 税务总局关于调整增值税税率的通知》（财税〔2018〕32号）规定进口货物原适用17%和11%税率的分别调整为16%、10%；2019年，《关于深化增值税改革有关政策的公告》规定，自2019年4月1日起，进口货物原适用16%增值税税率的调整为13%，原适用10%增值税税率的调整为9%。］

也就是说：116.8万元（原装进口零售价）=（1）+（2）+（3）。

特别说明，进口电动汽车增值税的计税价格是以缴完关税后的价格为基数（电动汽车进口消费税和购置税：根据《中华人民共和国消费税暂行条例》，电动汽车不属于进口环节消费税税目征收范围。根据2020年《财政部 税务总局 工业和信息化部关于新能源汽车免征车辆购置税有关政策的公告》、2022年《财政部 税务总局 工业和信息化部关于延续新能源汽车免征车辆购置税政策的公告》，自2021年1月1日起至2023年12月31日，对购置的新能源汽车免征车辆购置税），并不是以原装出厂价格或到岸价格为基数。进口电动汽车目前不征收消费税、车辆购置税。所以，3项成本之和116.8万元才是销售商的成本价，如果再加上经销商的店租、人工、水电、推广费用等开支，消费者的购买价格还要更高一些。

消费者购买国内生产的电动汽车只需缴纳增值税，高端电动汽车进口的

“关税溢价”约为15%。这说明，如果从国外进口零部件在海南组装，可以消除“关税溢价”（关税税率），大大降低销售价格。

1. 海南组装制造与原装进口相比较

以从德国进口保时捷Taycan 4S的零部件在海南进行组装制造为案例来分析。

海南单车组装制造成本：保时捷Taycan 4S原产地单车制造总成本为74.9万元［由保时捷单车生产毛利率约16.7%可知，Taycan 4S的生产成本约“到岸价格89.9万元×（1-单车毛利率16.7%）”，即约74.9万元。］由于汽车组装制造自动化水平高、对人工成本依赖度较低，可以认为海南生产与原产地生产的成本基本一致。

2. 海南组装制造与国内其他地区组装制造相比较

以从德国进口保时捷Taycan 4S的零部件在国内其他地区（海南自由贸易港以外的中国关境内其他地区，包括自由贸易试验区、综合保税区等）组装制造为案例来分析。

国内其他地区单车制造成本：与海南生产基地相比，保时捷通过国内其他地区生产基地进口零部件，需多缴纳的原材料关税约为“海南单车制造总成本74.9万元×零部件成本占比60%×电动汽车零部件进口平均关税税率6%”，即2.7万元，故国内其他地区单车制造成本约为77.6万元。

（二）RCEP等亚太地区贸易协定赋予高端电动汽车海南生产基地面向东盟市场的竞争优势

东盟国家进口各国电动汽车进口税种税率表

进口国	出口国											
	关税（%）				增值税（%）				消费税及其他（%）			
	中	日	韩	德	中	日	韩	德	中	日	韩	德
泰国	0	20	40	80	—	7	7	7	0	—	—	—
文莱	0	0	0	0	—	—	—	—	20	20	20	20
柬埔寨	0	15	20	35	10	10	10	10	10	10	10	10

续表

进口国	出口国											
	关税（%）				增值税（%）				消费税及其他（%）			
	中	日	韩	德	中	日	韩	德	中	日	韩	德
老挝	0	0	0	0	10	10	10	10	—	—	—	—
马来西亚	5	20	30	30	—	—	—	—	—	—	—	—
新加坡	0	0	0	0	7	7	7	7	7	20	20	20
越南	50	56	70	56.7	10	10	10	10	25	25	25	25
缅甸	1	20	1	20	—	—	—	—	5	5	5	5
菲律宾	30	20	5	30	12	12	12	12	—	—	—	—
印度尼西亚	10	0	0	10	10	10	10	10	—	—	—	—

以上是RCEP中关于新能源汽车的内容，2022年初正式在15个亚太国家生效实施。从表格中加粗的部分可以看出，泰国、柬埔寨、马来西亚、越南、缅甸等5个国家与中国的关税，普遍低于日本、韩国、德国的关税，说明这5个国家从中国进口电动汽车比从日本、韩国、德国进口便宜。德国、日本等国豪华汽车品牌商在海南自由贸易港进行高端电动汽车组装制造并出口至泰国、柬埔寨、马来西亚、越南、缅甸，可获取关税减免，形成竞争优势。

如果保时捷在海南组装制造全电力跑车Taycan 4S，并出口至泰国、柬埔寨、马来西亚、越南、缅甸，到岸价格即经销商采购价格为89.9万元，终端销售价格为“到岸价格+进口环节关税+进口环节消费税或其他税种+进口环节增值税”即分别为96.1万元、107.8万元、94.4万元、181.9万元和95.3万元。同理计算，从德国出口整车至泰国、柬埔寨、马来西亚、越南、缅甸，终端销售价格分别为173.0万元、145.5万元、116.7万元、190.0万元和113.1万元。在海南可分别节省76.9万元、37.7万元、22.3万元、8.1万元、17.8万元。也就是说，在海南组装产品出口至这些东南亚国家，比从德国直接进口更有竞争优势。

参考以上方法，可以算出日本、韩国的高端电动汽车在海南组装和直接出口到东南亚5个国家的差价。

综上所述，海南自由贸易港作为双循环节点，具有毗邻东盟国家的区位优势，是我国辐射东盟国家的前沿。高端电动汽车在海南自由贸易港开展组装制造，在利用量价优势扩大中国大陆市场份额和利润的同时，可利用海南区位优势、关税方面优势拓展东盟市场。豪华汽车品牌商在海南建设高端电动汽车生产基地是高效开拓亚太地区市场的绝佳选择。

二、在海南建设高端电动汽车组装制造基地，可以享受自由贸易港优惠政策和海南财政奖补政策

（一）自由贸易港“零关税”政策

现阶段企业进口自用生产设备“零关税”负面清单、原辅料“零关税”正面清单已正式对外发布。高端电动汽车组装制造设备未被纳入“负面清单”，可享受“零关税”政策。高端电动汽车整车组装制造分为冲压、涂装、焊装、总装四大环节，设备自动化、专业化、订制化要求很高，豪华汽车品牌商进口高端电动汽车自动化冲压线、自动化焊接生产线及各类高端工业机器人设备，可享受“零关税”政策下设备免征进口关税、增值税利好。以保时捷海南生产基地投资50亿元、生产线设备固定资产投资占比约70%、设备又占固定资产投资占比约50%为例，若保时捷完全采用从原产地进口的汽车组装制造生产线设备，与国内其他地区建设生产基地相比，可免除设备进口关税、增值税约3.45亿元。

电动汽车组装制造生产设备进口关税、增值税减免情况表

加工环节	设备种类	进口价格（万元）	主要进口国	进口关税（最惠国税率）	进口增值税	海南可优惠金额（万元）
冲压	自动冲压线	约6000	日本、瑞士等	9%	13%	1390
涂装	自动涂装线	约7500		0%	13%	975
焊装	自动焊装线	约10500		5%	13%	1960
总装	整车装配线	约6000		5%	13%	1120

三、海南自由贸易港是高端电动汽车应用推广的重要市场，也是品牌推广的重要平台

2022年8月，海南省人民政府发布《海南省碳达峰实施方案》，明确到2025年，公共服务领域和社会运营领域新增和更换车辆使用清洁能源比例达100%，到2030年全岛全面禁止销售燃油汽车。海南是全国首个提出所有细分领域车辆清洁能源化目标和路线图的省份，自实施以来，海南的新能源汽车保有率一直领先全国，成为中国推广新能源汽车的风向标。

海南自由贸易港是中国面向全球开放的最前沿，是国内国际双循环相互促进的交点。中国国际消费品博览会、世界新能源汽车大会、博鳌亚洲论坛、中非合作圆桌会议、全球服务业峰会等一系列全球性重大会议活动在海南常态化举办，形成全球影响力、知名度，吸引大量海内外消费者和资本关注。其中，中国国际消费品博览会成为包括高端电动汽车品牌在内的高端品牌推广平台。2022年，60多个国家和地区、1900多家企业、2600多个品牌、24万多名观众、4万多名境内外采购商参展，形成622件新品首发首秀，“人、货、物、钱”集中度高。特斯拉、劳斯莱斯、兰博基尼、雷克萨斯、宝马、保时捷等豪华汽车品牌多款车型展出，实现3.5亿多元的“零关税”汽车销售订单，引发世界惊叹。

企业落户享受的自由贸易港其他优惠政策、海南省和海口市奖补措施，以及企业落户指南等，见附件。

典型企业情况表

企业	企业简介	国内基地
保时捷	保时捷已经进入电动化发展的快车道，预计2025年电动车型销量占比达公司新车销量的一半，包括插电式混合动力和纯电动车型。到2030年，新车销量当中的纯电动车型占比超过80%。中国是保时捷最大的单一市场，保时捷在中国市场将继续围绕产品和用车生态加速电气化进程	无
宝马	宝马2022年在中国市场一共有5款纯电动产品在售，其中包括宝马iX、宝马i4、宝马iX3（国产）、宝马i3。到2030年，宝马50%的销量将来自纯电动车型，宝马集团旗下劳斯莱斯、MINI、BMW Motorrad都市出行系列也将全面迎来电动化	沈阳

续表

企业	企业简介	国内基地
奥迪	奥迪计划到2025年推出20款纯电动车型，包括跨界车、轿车、货车和掀背车。奥迪一汽新能源汽车有限公司是奥迪在华首个纯电动车型的生产基地，引进奥迪PPE平台，打造奥迪A6 e-tron和奥迪Q6 e-tron系列的3款车型，新车将于2024年底投产，规划年产量将达15万辆	长春
梅赛德斯-奔驰	奔驰计划未来数年推出10款纯电动车型，涵盖从新生代至大型豪华车各个级别，到2030年实现电动车型销量占据新车销量一半以上份额。高效插电式混动车型是奔驰电气化战略的重要部分	北京
福特	福特将在2026年前投入500亿美元，陆续在全球布建电动车生产基地、电池模组研发中心等硬件设施，成立全新电动车专责研发部门Modele。目标2026年产200万辆电动车，还将于2024年在欧洲市场推出7款新品电动车。福特旗下豪华品牌林肯计划在2030年实现全面电动化	无
法拉利	法拉利计划投资44亿欧元，开发纯电动车型和插电式混合动力车型，2025年实现问世，计划到2026年法拉利在售车型中混动车型占比达55%，纯电动车占比5%；2030年燃油车占比降至20%，混动和纯电动占比均在40%左右	无
兰博基尼	兰博基尼计划2021—2024年投入超15亿欧元进行研发，推动产品向混合动力转型。到2024年底，所有产品线均将实现电动化，2025年至2030年，兰博基尼将推出首款纯电动超跑车型	无

第九章　特色制造业

第三十二篇　全产业链预制菜产业

预制菜是运用标准化流水作业，经预加工（分切、搅拌、腌制、滚揉、成型、调味等）或预烹调（如炒、炸、烤、煮、蒸等）制成，并进行预包装的成品或半成品菜肴。预制菜是新兴的、高利率的行业（毛利率在20%以上），拥有巨大的蓝海市场。

一、海南食材资源特色突出，有利于面向C端市场培育“琼味预制菜”

新鲜、天然、奇特、丰富是海南食材的特点，文昌鸡、嘉积鸭、东山羊、和乐蟹、临高乳猪、石山壅羊以及十分丰富的海鲜等，为打造海南的预制菜品牌提供了食材基础，海南鸡饭、椰子鸡、陵水酸粉等在国内外具有较大的名气和较多的受众，符合国内预制菜C端市场对“简化做饭流程”“生鲜食材替代性”的要求。海南的特色食材与进口食品相结合，更有利于打造“琼味预制菜”。

二、自由贸易港加工增值政策免除肉类和海鲜进口关税，形成面向国内B端高端餐饮市场的预制菜加工原料成本优势

自由贸易港加工增值政策对鼓励类产业企业生产的不含进口料件或者含进口料件在海南自由贸易港加工增值超过30%（含）的货物，经“二线”进入内地免征进口关税，照章征收进口环节增值税、消费税。我国预制菜市场需求以肉类和水产为主，以鲜、冷、冻畜禽肉类和水产为原料。考虑到预制菜的高附加值属性，自由贸易港加工增值政策下，预制菜加工企业落户海

南，可获得原料进口关税免除带来的成本优势。以企业在海南年加工5000吨进口冻牛肉为例，每年可节约关税“5000吨×93元/千克×进口关税税率12%”即5580万元，比较效益明显。我国鲜、冷、冻的猪肉制品、牛肉制品、海鲜产品进口规模持续增长，且以高端品类为主。我国牛肉进口量由2016年的58万吨增至2021年的233万吨，年均增长32%，主要产品是冷冻牛肉，主要货源地是巴西、阿根廷、澳大利亚、美国、新西兰，预计2035年我国牛肉缺口达300万吨；猪肉制品进口稳定在100万吨以上，主要进口国包括西班牙、美国、巴西、德国、加拿大等；进口水产品主要是鳕鱼、鲑鱼、鲱鱼等鱼类，以及龙虾、南美白对虾等虾类，疫情前2015—2019年我国水产品进口量由约408万吨增至约626万吨，年均增长约8%，主要进口国包括俄罗斯、厄瓜多尔、美国等。

我国主要进口肉类和水产品原料关税税率表

<table>
<tr><th>序号</th><th>品类</th><th>原料品类</th><th>最惠国税率</th><th>预制菜方向</th></tr>
<tr><td>1</td><td rowspan="2">牛肉</td><td>鲜、冷牛肉（带骨肉、去骨肉）</td><td>12%</td><td rowspan="8">即食食品：罐头，如午餐肉；卤货，如鸭脖、鸭掌、夫妻肺片、钵钵鸡；方便肉类，如火腿肠、即食牛肉或鸡肉等

即热食品：速热锅，如煲仔饭、自热火锅等

即烹食品：调味速冻肉品，如调味牛排、奥尔良鸡翅、小酥肉；成品料理包，如黑椒牛柳、麻辣小龙虾；其他速冻饺子、包子等</td></tr>
<tr><td>2</td><td>冻牛肉（带骨肉、去骨肉）</td><td>12%</td></tr>
<tr><td>3</td><td rowspan="2">猪肉</td><td>鲜、冷猪肉（整头及半头乳猪，带骨的前腿、后腿及其肉块）</td><td>20%</td></tr>
<tr><td>4</td><td>冻猪肉（整头及半头乳猪，带骨的前腿、后腿及其肉块）</td><td>12%</td></tr>
<tr><td>5</td><td rowspan="2">三文鱼</td><td>鲜、冷大西洋鲑鱼</td><td>10%</td></tr>
<tr><td>6</td><td>冻大西洋鲑鱼</td><td>7%</td></tr>
<tr><td>7</td><td rowspan="2">金枪鱼</td><td>鲜或冷长鳍金枪鱼、黄鳍金枪鱼、大西洋及太平洋蓝鳍金枪鱼、大眼金枪鱼</td><td>7%</td></tr>
<tr><td>8</td><td>冻长鳍金枪鱼、黄鳍金枪鱼、大西洋及太平洋蓝鳍金枪鱼、大眼金枪鱼</td><td>7%</td></tr>
</table>

续表

序号	品类	原料品类	最惠国税率	预制菜方向
9	鲱鱼	鲜或冷大西洋鲱鱼、太平洋鲱鱼	7%	即配食品：新鲜菜肴配食，如小炒肉、椰子鸡火锅、寿喜锅等
10		冻大西洋鲱鱼、太平洋鲱鱼	7%	
11	鳕鱼	鲜或冷大西洋鳕鱼、格陵兰鳕鱼、太平洋鳕鱼、黑线鳕鱼、绿青鳕鱼、狗鳕鱼、阿拉斯加鳕鱼、蓝鳕鱼	7%	
12		冻大西洋鳕鱼、格陵兰鳕鱼、太平洋鳕鱼、黑线鳕鱼、绿青鳕鱼、狗鳕鱼、阿拉斯加鳕鱼、蓝鳕鱼	7%	
13	鳗鱼	鲜、冷鳗鱼	7%	
14		冻鳗鱼	10%	
15	龙虾	冻龙虾（岩礁虾、螯龙虾，其他龙虾）	7%	
16		活、鲜或冷的龙虾（岩礁虾、螯龙虾，其他龙虾）	7%	
17	对虾	冻对虾	5%	
18		活、鲜或冷的对虾	10%	

海南可依托加工增值政策为企业带来的原料成本优势，重点面向国内B端高端餐饮市场，以及C端用户对高端西餐、日料预制菜的需求。

三、自由贸易港“零关税”政策免除进口预制菜采购、加工、流通环节设备的关税、增值税

企业进口自用生产设备“零关税”负面清单、原辅料“零关税”正面清单已正式对外发布。预制菜加工设备（包括自用生产设备、检验检测设备及冷链运输交通工具等）未被纳入负面清单，可享受“零关税”政策。预制菜原料采购、加工、运输储存等环节对设备性能的要求较高，我国预制菜国产设备自动化、智能化程度较弱，自由贸易港优惠政策可为预制菜产业链上下游企业落户海南减轻前期投资带来的资金压力。

预制菜产业链上下游涉及设备进口关税、增值税减免情况表

环节	设备种类	进口价格（万元/台）	主要进口国	进口关税（最惠国税率）	进口增值税税率	海南可优惠金额（万元）
原料处理	解冻设备	10—15	德国、日本等	8%	13%	2.76
	气泡清洗机	5—10		8%	13%	1.65
	喷淋式清洗机	20—25		8%	13%	4.96
菜品加工	巴氏杀菌机	20—40		0%	13%	3.90
	连续式漂烫机	5—10		10%	13%	1.82
	冷却机	15—20		0%	13%	2.28
	脱水机	5—10		7%	13%	1.57
	包装设备	5—30		8%	13%	3.86

以建设3000平方米的中央厨房为例，投资强度约0.3万—1.0万元/米^2，投资额约1950万元，其中设备投资额占40%即780万元左右。若一半的设备来自进口，进口关税税率按8%、增值税税率按13%，则企业在海南自由贸易港进口这些设备，可获得关税、增值税减免约70万元。

四、海南本地有多元化的消费场景，市场规模达百亿

按海南每年接待4000万名过夜游客、游客平均住宿3天、60%游客选择酒店住宿、游客在酒店餐饮消费频次为3次/人、游客在酒店餐饮消费额度为100元/次计算，酒店餐饮作为传统预制菜B端消费场景，可以拉动的餐饮消费市场规模约为215亿元。酒店餐饮若全部使用预制菜，原材料成本约占40%，相当于每月约有85亿元的预制菜市场。

除酒店外，旅游景区、旅游度假区、乡村民宿、会议会展等渠道驱动了旅游消费运营商和会议会展运营商对高品质、多元化的预制菜需求，按每年接待6000万普通游客、3000万会议会展客群，普通游客在旅游消费场景下的餐饮消费频次为5次/人，会议会展客群在会议会展渠道的餐饮消费频次为3次/人、在旅游消费场景下的餐饮消费频次为3次/人，旅游消费场景下的餐饮消费额度为50元/次、会议会展渠道的餐饮消费额度以200元/次计算，海南每年可拉动团餐、乡厨等餐饮消费市场规模约375亿元。团餐、乡厨等餐饮渠

道若全部使用预制菜，原材料成本约占70%，相当于拉动约260亿元的预制菜市场。经综合计算，海南本地预制菜市场规模超过百亿元。

企业落地享受的自由贸易港其他优惠政策、海南省和海口市财政奖补措施，以及企业落地指南等，见附件。

典型企业情况表

企业	企业简介	国内基地
苏州市味知香食品股份有限公司	2008年成立于苏州，是上市企业及行业领先的半成品菜生产企业之一，专注于半成品菜研发、生产和销售，拥有八大产品线（牛肉类、羊肉类、猪肉类、家禽类、水产类、汤煲类、素菜类、火锅类），超300款产品	苏州
春雪食品集团股份有限公司	专业从事白羽鸡鸡肉食品研发、加工、销售等业务，配套生产饲料和商品肉鸡养殖，是中国鸡肉调理品细分行业的龙头企业，年产鸡肉调理食品8万吨，年宰杀肉鸡5400万只，年产冷冻生鲜鸡肉12万吨。是家家悦、大润发、德克士等超市及快餐连锁品牌的长期供应商，产品出口至日本、韩国、英国、荷兰、法国、中东等地	莱阳
安井食品集团股份有限公司	成立于2001年，主要从事速冻火锅料制品、速冻面米制品和速冻菜肴制品等速冻食品的研发、生产和销售，在预制菜肴方面着重发展水产品预制菜	厦门、无锡、泰州等
上海餐餐乐食品科技有限公司	2020年成立，旗下品牌“珍味小梅园”是基于互联网思维的新锐预制菜品牌，致力于半成品菜的研发、制作、零售服务，以“将餐厅级美味搬进消费者的冰箱”为核心理念，坚持走性价比路线，产品主要为速冻生制品、速冻熟制品	上海
郑州千味央厨食品股份有限公司	成立于2012年，致力于为酒店、团体食堂提供全面供应解决方案，主要有油炸类、烘焙类、蒸煮类、菜肴类四大产品线，是华莱士、赛百味等快餐品牌的供应商	郑州

续表

企业	企业简介	国内基地
湛江国联水产开发股份有限公司	创建于2001年，是水产食品研制行业龙头企业，已成为一家全球化，拥有全产业链和全渠道的跨国企业集团。以“海鲜预制菜精选品牌”为定位，聚焦千禧世代以及“Z世代”目标人群，提供风味十足的海鲜预制菜菜品	湛江
山东龙大美食股份有限公司	产品以肉制品为主，大单品包括酥肉、肥肠、培根、烤肠、预制五花肉等，以屠宰和养殖为支撑，预制菜客户以B端大客户为主	莱阳
山东得利斯食品股份有限公司	以生猪屠宰、冷却肉、低温肉制品、调理食品加工为主的大型食品专营企业，主要产品有低温肉制品、发酵肉制品和冷却肉，还生产速冻米面及即食休闲产品	潍坊、赣州等
正大集团	主要生产生鲜食品、方便食品以及饮品等，涵盖鸡蛋、禽肉、猪肉、水产、方便餐、熟肉制品、休闲小食等	广州、成都、潍坊
山东鲜到家餐饮服务有限公司	专注于速冻调理食品的研发、生产、物流配送及技术服务的现代化速冻食品企业，专业打造新方便菜肴系统、牛排系列、餐饮预制食材系列产品	临沂
苏州市好得睐食品科技有限责任公司	专注于半成品菜的研制、开发、制造和销售，其中好得睐酸菜鱼畅销线下1000多家门店，风靡江、浙、沪等地区	苏州
双汇集团	2019年开始聚焦预制菜的研制，形成预制切割、生制菜肴、熟制菜肴、方便速食、中式熟食五大产品线。大排片、酥肉等切割调理产品，梅菜扣肉、红烧肉、八宝饭等常温菜肴，以及八大碗、家宴等菜肴礼盒产品市场认可度高	漯河
美国西斯科公司	在北美市场占有率达16%，其营销和物流网络遍及全球90多个国家，为餐厅、医院、学校等B端客户提供预制菜配送服务，产品包括鲜冻肉、海鲜、家禽、蔬菜、水果、环保餐具及零食等	无

续表

企业	企业简介	国内基地
山东日冷食品有限公司	产品主要面向校餐、团餐和便利店餐等，针对便利店和小B客户主推性价比较高的鸡肉制品，为酒店客户提供定制化服务，开发中高端产品	烟台
上海盒马网络科技有限公司	深耕鲜食预制菜，一年四季时令品和新品不断，除生产常见预制菜外，还生产“快手菜”，即将所需食材和酱料都配好的半成品。公司已形成全国冷链物流体系，建成48个多温层多功能仓库，包括33个常温和低温仓、11个加工中心和4个海鲜水产暂养中心	上海
京东集团	依托其强大的供应链体系，发挥资源、生产、品牌、流量四大优势，拓展C端市场，主打各省份招牌菜、礼盒套餐以及适合单身人群的“一人食”家常菜等C端产品。京东在贵州省修文县打造预制菜产业园，依托贵阳农产品物流园及贵阳禽蛋市场、贵阳生猪屠宰肉食加工项目等提供原料，打造风味特色鲜明、可持续发展的预制菜产业园。京东也具备冷链仓储网、冷链运输网、冷链配送网“三位一体”的综合冷链服务能力	贵州、汕头、宿迁等
广州顺丰冷运供应链有限公司	为生鲜食品行业提供冷运仓储、冷运干线、冷运宅配、生鲜食品销售、供应链金融等一站式解决方案，主要客户包括食品企业、生鲜食材市场、餐饮企业、生鲜电商等	广州
广东太古冷链物流有限公司	由广东省食品进出口集团公司与澳大利亚的John Swire &Sons Pty Ltd.合资兴建的中外合资企业	广州

第三十三篇　高端体育器材制造

体育器材分为体育用品及器材、运动车船及航空运动器材、体育相关用品和设备三大类：（1）体育用品及器材，包括球类、冰雪运动器材装备及配件、健身器材、运动防护用具、武术、散打等特殊体育器械及配件；（2）运动车船及航空运动器材，包括运动汽车、摩托车、运动船艇、航空运动器材等；（3）体育相关用品和设备，包括运动服装、鞋帽、体育场馆用设备（如计分系统设备、塑料座椅、灯光、音响、电子屏幕等）、体育智能与可穿戴装备、运动饮料与运动营养品、体育游艺娱乐用品设备、运动休闲车、运动康复训练和恢复按摩器材、户外运动器材等。

随着我国全面建成小康社会，体育健身的需求增多，体育器材市场稳步扩大，制造产值从2018年的1.32万亿元增长至2020年的1.41万亿元（年均增长3%），目前主要通过低端代工模式生产产品，高端产品的生产制造被外资品牌垄断，我国体育器材制造业亟须以技术和品牌为核心向高端化转型。

一、海南建设国家体育旅游示范区，利好体育器材研发制造

《体育强国建设纲要》提出“加快在海南建设国家体育训练南方基地”，《中共中央 国务院关于支持海南全面深化改革开放的指导意见》也明确“鼓励发展沙滩运动、水上运动、赛马运动等项目，支持打造国家体育旅游示范区”。《海南省国家体育旅游示范区发展规划（2020—2025）》为海南建设国家体育旅游示范区明确了方向。一是依托海南特色滨海资源和雨林山地资源，重点发展沙滩运动、水上运动、户外运动三大体育旅游项目。二是打造体育项目训练基地，包括提升已建成的帆船训练基地、足球训练基地、沙滩排球训练基地、冲浪培训基地及体育综合训练基地的硬件设施与服务水平，建设一批国家体育运动项目的冬训基地、训练场馆、体育俱乐部、运动员康复休养基地。三是加大对帆船、帆板、冲浪、高尔夫、拳击、跆拳道、举重、沙滩排球、田径、游泳、足球、篮球、排球、网球等的投入。

《海南省国家体育旅游示范区发展规划（2020—2025）》提出发展体育旅游装备制造业，重点发展帆船、帆板、冲浪板、潜水装备、运动自行车（包括山地车、公路车、折叠车等）、船艇（包括游艇、汽艇、快艇、摩托艇）、登山露营装备、高尔夫装备、低空飞行装备等。

二、海南依托RCEP区内区外关键节点战略位势，引进海外品牌高端体育器械组装制造基地并将终端产品销往国内其他地区和东南亚市场

海南是RCEP区内区外的关键节点，RCEP成员国外的其他国家（如欧美

国家）进入RCEP规定的区域进行投资和贸易活动仍将受到关税、要素流动限制，而海南拥有境外货物进出海关通关程序简单的优点和“零关税”、低税率、简税制的优惠政策，欧美的高端体育器材厂商在推进新兴市场布局中选择海南作为生产基地，可以同时连接我国和东南亚两大市场。欧美体育器材厂商在海南建设生产基地，从海外进口原材料、零部件在海南组装制造后销往内地或海南免税城，与原装进口相比，可以免征关税，并获得更低的人力成本，降低增值税、消费税、购置税的税基。海南可重点发展：（1）跑步机、动感单车、踏步机、美腰机、划船机等大型健身器械组装制造；（2）吞咽神经和肌肉电刺激仪、吞咽喉肌评估训练仪、智能反馈康复训练系统、上肢协调功能练习器、多关节主被动训练仪、四肢联动康复训练仪、全身功能康复训练器等运动康复器械组装制造；（3）山地车、公路车、折叠车等运动自行车组装制造；（4）高尔夫装备组装制造。

三、发挥加工增值政策和“零关税”政策优势，发展面向内地市场的体育器材原材料进口加工制造

我国体育器材在制作时使用的部分高端塑料、金属材料、碳纤维材料、聚酯纤维材料、尼龙材料依赖进口，关税税率为5%—17%。企业在海南建设生产基地，产品销往内地，可免征原材料进口关税，降低成本；如果销往海南本地市场（本地居民或体育旅游项目、训练基地），可以依托“零关税”政策，免除原材料进口关税、增值税。重点推荐发展方向：（1）帆板（板体原材料聚酯纤维、碳纤维、玻璃纤维等依赖进口，帆的原材料聚酯纤维、尼龙材料依赖进口）；（2）潜水服、渔猎服、气瓶、潜水镜、呼吸管等潜水运动装备（丙烯腈-丁二烯-苯乙烯树脂、聚碳酸酯、聚氯乙烯等材料依赖进口）；（3）露营帐篷、餐垫、折叠桌椅、睡袋、天幕、登山杖、羊毛毡垫、记忆海绵充气床等登山露营装备。

四、谋划本地体育旅游项目和重点训练基地所需特色体育器材定制化加工制造，拓展内地和国外市场

发展沙滩运动、水上运动、低空运动三大海南特色体育旅游项目所需体育器材的定制加工，如帆船、帆板、潜水、水上飞行、滑水、汽艇、游艇、

快艇、摩托艇、漂流、龙舟、皮划艇、赛艇等水上运动的器材；沙滩足球、沙滩排球、沙滩汽车、沙滩摩托等沙滩运动的器材；低空飞行、跳伞、滑翔等低空运动的装备。目前可从以上体育器材的维修业务开始做起，逐步培育生产制造产业。

企业享受的自由贸易港其他政策、海南财政奖补措施，以及企业落地指南等，见附件。

典型企业情况表

企业	企业简介	国内基地
意大利泰诺健（Technogym）	全球领先的健身器材品牌，以高质量、先进科技和创新设计著称，拥有“健身器械中的法拉利”的美誉，生产跑步机、动感单车、踏步机、划船机、力量训练器械等健身设备，有健身房、家庭与康复三大产品系列，涵盖酒店、美容院、SPA馆、康复中心、健身俱乐部、公司健身房、家庭、军队、大学以及体育队的健身中心等各个市场层面	无
美国力健（Life Fitness）	公司专注健身器械制造，以所生产产品的可靠性、耐用性和先进的健身科技而闻名，产品包括跑步机、动感单车、踏步机、划船机等	无
美国 BTE Technologies	公司专注康复设备制造，提供各类康复训练器械，如吞咽神经和肌肉电刺激仪、上肢协调功能练习器、多关节主被动训练仪等，具有创新的设计和高度个性化的康复解决方案	无
瑞士Hocoma AG公司	全球领先的康复技术公司，专注开发和制造运动康复设备，如智能反馈康复训练系统、四肢联动康复训练仪等。公司以创新的技术和科学的训练方法帮助患者康复	无
意大利梅花自行车（Colnago）	意大利顶级自行车制造厂商，意大利国宝级公路车专家，致力于改进竞赛用自行车，通过与法拉利公司和米兰理工大学的合作，开发了碳纤维自行车	无

续表

企业	企业简介	国内基地
美国崔克自行车（Trek Bikes）	全球著名自行车制造商，生产各类运动自行车，包括山地车、公路车、折叠车等，以高性能、轻量化和先进的制造工艺闻名	无
捷安特（中国）有限公司	全球著名自行车制造商，产品常用于公路竞赛、耐力赛、都市通勤等，产品包括适用于平实路面的车款、混合路面车款、专为青少年开发的款式、适合山野林道的车款。产品所用的碳纤维、顶级铝合金车架在台湾台中生产	台中
日本红马（Honma）	成立于1959年的高尔夫球杆制造品牌，利用碳素物料制作高尔夫球杆杆身，在多年的发展历程中，专注打造艺术美感，市场认可度高	无
日本住友橡胶工业集团	为用户提供高尔夫球杆、高尔夫球等系列产品的大型跨国公司，因其高性能的运动产品而受到全球职业选手的认可	无
鲟龙	公司专业生产销售帆板、鱼鳞防晒衣、游泳手套、冲浪鞋、矶钓鞋、潜水料、潜水脚蹼、蛙鞋、脚蹼、游泳艇、潜水面镜、冲浪服、划水掌、冲浪衣、手蹼、潜水帽、浮潜服、拉链潜水服、呼吸管、潜水衣等产品	杭州
探路者控股集团股份有限公司	为户外活动提供安全舒适的装备，产品覆盖多个运动类目，包括极限、徒步、跑步、旅行、滑雪等，曾获得中国纺织工业联合会科学技术进步奖、全球体育及户外用品博览会（ISPO）设计奖、全球体育及户外用品博览会功能性纺织品趋势大奖等奖项	北京
广州小海龟商贸有限公司	中国的专业浮潜厂商，专注高端浮潜商品的研发、设计、生产和销售	广州
深圳市网人科技有限公司	公司专注游泳、潜水、滑雪运动类产品的研发、设计、生产和销售	深圳

续表

企业	企业简介	国内基地
澳大利亚 HaydenShapes	全世界销售最好的冲浪板品牌之一	无
美国Lib Tech	美国板类运动生产厂商，产品包括滑雪板、冲浪板、滑板等，设计独特，致力于研发新技术并追求环境可持续性	无
德国狼爪运动用品公司（Jack Wolfskin）	公司产品包括户外运动、旅游和休闲专门设计的功能性服装、用具以及鞋品，分为“户外登山”“旅行远足”“都市户外”“休闲野趣”等系列，帐篷、背包、服装等产品进军中国	无
科越思（Cressi）	品牌产品涵盖潜水服、潜水镜、潜水包等，其中潜水面镜是其主打产品之一	无
意大利Mares	意大利顶级潜水品牌，被公认为世界上最好的生产调节器技术的公司之一；电脑表使用微机芯片程式计算，可以进行更精准的指示；脚蹼技术不断发展	无
力腾实业有限公司（AQUATEC）	中国台湾潜水器材领导品牌，自主研发的专业潜水器材领先全球，如水上蜂鸣器、水下蜂鸣器三用动力阀、调节器过滤器、深度计、残压表、指北针、分叉蛙鞋、潜水刀、LED潜水手电筒、潜水面镜、呼吸管、侧挂式浮力装置等	新北
捷克 Sky Paragliders 滑翔伞公司	公司始创于1988年，专业生产滑翔伞、救生伞以及滑翔伞相关产品	无
韩国 Gin Gliders 有限公司	公司成立于1998年，是知名滑翔伞制作厂商，主要产品包括滑翔伞、动力伞、速降伞及其配件产品	无
德国SKYWALK股份有限公司	公司成立于2001年，是通过欧洲EN国际标准认证的滑翔伞企业，主要产品包括SKYWALK滑翔伞、FLYSURFER冲浪风筝以及X-GLOO充气帐篷等	无

续表

企业	企业简介	国内基地
德国U-TURN股份有限公司	成立于2002年，是国际知名的滑翔伞生产厂商，专业设计和制造特技飞行滑翔伞，提供从安全带、救援降落伞、配件到头盔的全系列产品	无
西班牙Niviuk公司	公司成立于2005年，现已成为专业或业余使用的滑翔伞、安全带、降落伞、安全气囊、高性能服装和技术背包的领先制造商，其产品可以适应各种天气和飞行环境，深受国际选手的信赖	无
奥地利NOVA公司	公司成立于1989年，专注于制造安全且高性能的滑翔伞产品，主要包含伞翼、座袋、副伞等多种运动产品，产品通过了欧洲EN、德国LTF等相关的国际标准认证，在全球数十个国家拥有经销商和测试中心	无
法国博纳多（Bereteau）	世界领先的帆船制造商之一，在上海设立了亚太区总部，致力于促进中国帆船和动力艇运动的普及并宣传博纳多集团旗下诸多品牌，其旗下的博纳多、蓝高品牌拥有20—60英尺的60多种不同型号的帆船及动力艇产品	上海
湖北三江船艇科技有限公司	是国内知名的综合性游艇生产企业，专业从事摩托艇、游艇、公务用艇等系列产品的研发、生产和销售	孝感
威海新大方户外用品有限公司	一家专业生产各种充气游艇的公司，产品包括冲浪板、运动艇、高速艇、漂流艇、钓鱼艇以及香蕉艇等，主营产品是冲浪板和铝合金底充气艇。所有产品均通过欧洲CE认证，远销俄罗斯、美国、澳大利亚、韩国等30多个国家	威海
威海朝阳船艇开发有限公司	是一家集研发、制造于一体的企业，主要产品有RIB游艇、冲锋舟、钓鱼船、漂流船及救生衣、舷外机、帐篷、充气泵等100多种，船体材料全部采用1100D高密度PVC材料制成，产品远销欧美地区及俄罗斯、韩国、日本、澳大利亚等国	威海

续表

企业	企业简介	国内基地
青岛信光游艇有限公司	公司拥有国内一流的先进生产设备和标准化的生产车间，生产各类型PVC（聚氯乙烯）、HYPALON（氯磺化聚乙烯）和TPU（热塑性聚氨酯弹性体）材质的充气式橡皮艇、救生艇、漂流艇以及铝合金充气艇和玻璃钢充气艇。目前各类船艇的年产能达2万条，常年有流动库存3000余条	青岛

第三十四篇　腕表组装制造

腕表按档次分为超级腕表、Ⅰ类、Ⅱ类、Ⅲ类、Ⅳ类、Ⅴ类，具有投资价值的世界级超级腕表及Ⅰ类、Ⅱ类腕表制作技术含量高、制作难度大，被瑞士品牌垄断，依赖原产地制造，产业外迁可能性小。但是Ⅲ类、Ⅳ类、Ⅴ类腕表一般使用ETA机芯，对原产地依赖度相对较低，海南可凭借自由贸易港政策带来的成本优势和免税销售优势，吸引具备生产转移可行性的国际Ⅲ类、Ⅳ类、Ⅴ类腕表制造商落户。同时，抓住国内腕表品牌向高端化延伸的难得机遇，加大招商引资力度，吸引广深地区的国内知名腕表制造商到海南发展组装制造。

一、消费趋势的变化为海南带来新机遇

腕表正向时尚化、装饰化、个性化发展，尤其是“90后”“00后”的年轻消费者，对瑞士老品牌的忠诚度并不高，更加钟情于价格亲民、装饰性强的腕表，这为我国腕表品牌商占领新生代消费市场提供了机遇，而叠加海南建设国际旅游消费中心的目标后，海南更有条件培育这个产业。目前，国产腕表除小部分型号采用自主研发的高端机芯外，其他头部品牌及独立制表品牌的高端型号普遍使用日本或瑞士进口机芯。考虑到很多腕表并没有改变机芯，只在表盘、外壳、表带等部位镶钻、镀金，价格就能增长2—10倍，国产制表业的发展可参照此，以避免机芯竞争为方向，通过整体设计所展现出的文化内涵打开市场。海南可凭借自由贸易港政策带来的成本优势和免税消费市场优势发展依赖进口机芯、注重设计感和文化内涵的国产高端型号腕表制造。

国外中高端腕表产业图谱

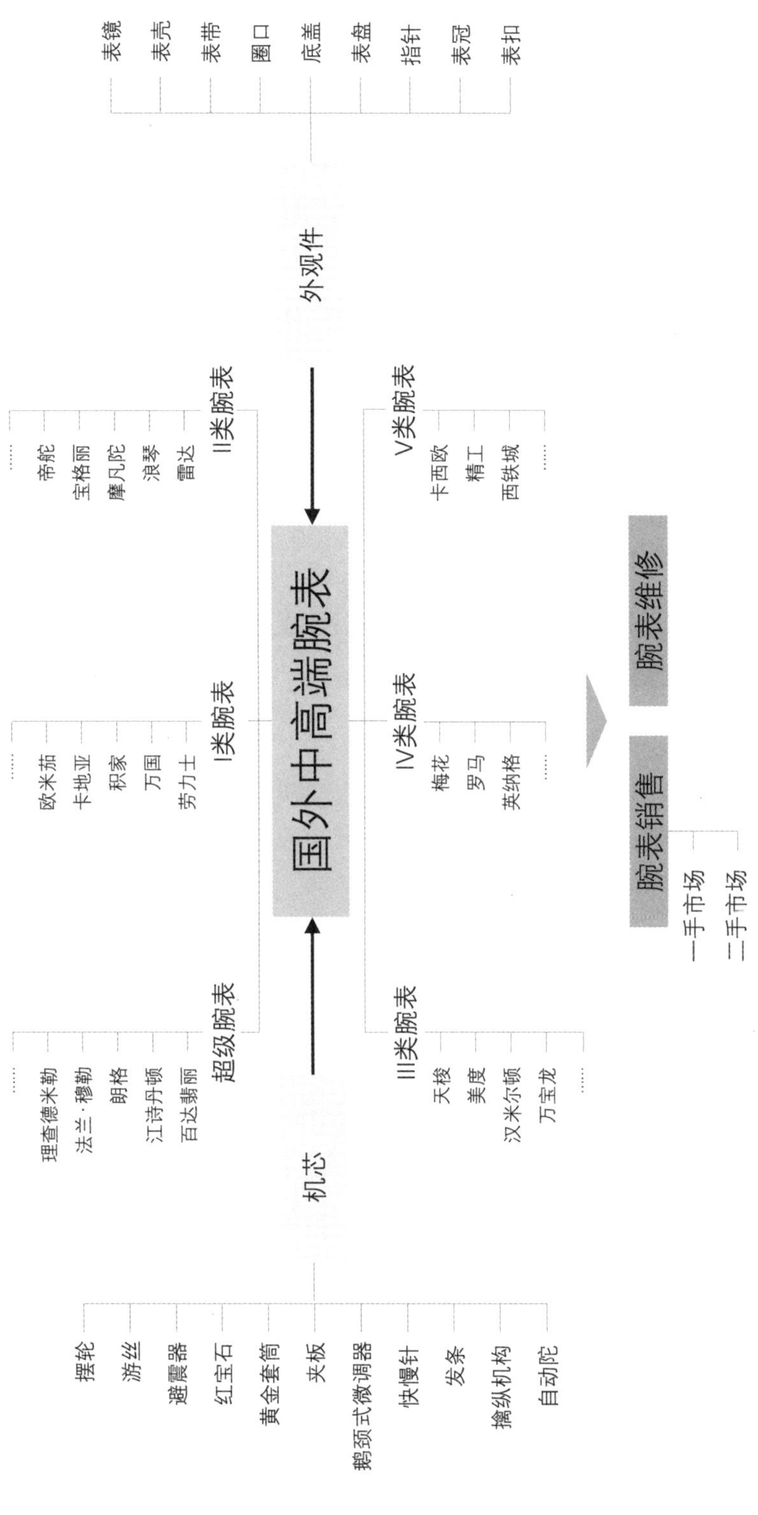

二、海南有吸引腕表组装制造厂商的综合优势

腕表制造业几乎无污染、产业链长、设计元素含量高、技能要求高、国际化程度高，十分符合海南自由贸易港精密仪器制造产业发展方向，国内外品牌商落户发展的路径较多。一是吸引广深地区制造企业落户。目前，广深地区腕表制造技术工艺已达到一定水平，产业集中度高，拥有大量专业技术人才，但是缺乏自有品牌。海南可依托地处泛珠三角区的区位特征建立区域合作机制，与广深地区共同开展组装制造。二是目前一些国际腕表品牌商具有品牌出售意向，可通过民营为主、国资入股、政策帮扶等举措，收购国际腕表公司，建设生产基地。三是随着腕表私人订制成为趋势，海南作为国际旅游消费中心，适宜开发订制婚表、毕业纪念表、礼品表等场景，国内外品牌商可在海南探索规模化订制业态。

三、腕表品牌商在海南建设组装制造基地，可利用加工增值政策使利益最大化

Ⅲ类、Ⅳ类、Ⅴ类腕表及国内腕表依赖进口机芯，可在海南建生产企业，产品销往内地，一方面钟表及其零件可免征关税（税率在15%—20%），另一方面在海南组装的人工成本低于在欧美地区的国家，可以充分享受加工增值政策的红利，使利益最大化。

四、海南支持打造国产腕表品牌

当前新生代消费者成为社会消费主力，个性化、订制化消费群体正在扩大，可充分利用海南较高的美誉度和消费中心建设政策，鼓励中国的腕表生产企业打造国潮新品。以国内腕表头部某品牌生产一款国内终端零售价为1.38万元的高端机械男表（机芯从日本等境外进口）为例。

该品牌在深圳生产，单只腕表营收为“终端销售价格1.38万元÷（1+增值税税率13%+消费税税率20%）”，即10375元；单表生产成本约为6745元（按毛利率约35%计算），其中原材料成本占比为89%（约6000元）、机芯成本占比又约占原材料成本的四分之三（4500元）。

若该品牌在海南建组装基地，与其他基地（除海南自由贸易港外中国关境内其他地区，包括自由贸易试验区、综合保税区等）相比，由于机芯进口

不需缴纳16%关税，机芯成本为“国内组装制造机芯成本4500元÷（1+机芯进口关税税率16%）”，约3880元，单只腕表可获取原材料进口关税减免约620元。该腕表在海南进行组装制造成本约为6125元，与国内其他基地组装制造成本6745元相比可实现约9%的下降。

产品销往内地市场情境下某品牌海南基地利润提升优势表

	海南基地	国内其他基地
单表营收	10375元	10375元
原材料成本	5380元	6000元
单表生产成本	6125元	6745元
产品生产毛利率	41%	35%
销量	8000只	8000只
利润	3400万元	2900万元

五、腕表品牌商在海南发展保税加工转离岛免税的“前店后厂”模式，将获取全国独有的销售渠道优势

海南离岛免税政策指对乘飞机、火车、轮船离岛（不包括离境）旅客实行限值、限量、限品种免进口税购物，免税税种为关税、进口环节增值税和消费税。离岛免税购物额度从每年每人3万元提高至10万元且不限次数，免税商品由38种增至45种，取消了单件商品8000元免税限额规定。目前，腕表销售额位居免税城销售额第二，销售额占总销售额的25%左右。

以某品牌从日本进口机芯并在海南进行组装制造并将成品直接销往免税城为例，由于离岛免税商品免除关税、增值税、消费税，该品牌可以“国内终端零售价格1.38万元÷（1+增值税税率13%+消费税税率10%）”，即1.12万元的价格通过免税消费渠道集中售出该款腕表。海南利用“前店后厂”模式组装制造的腕表可实现用更低的终端零售价格获得免税消费销售渠道优势，销售速度更快、品牌推广效应更强。

企业享受的自由贸易港其他优惠政策、海南省和海口市奖补措施，以及企业落地指南等，见附件。

典型企业情况表

企业	企业简介	国内基地
日本精工集团（SEIKO）	日本知名腕表制造商，精工机芯由日本国内生产，组装地由型号后缀标明，目前主要有三个产地：J1为日本，主要生产极少数高端型号，以及部分机械表；K1为韩国，生产绝大部分机械表；P1为中国大陆，生产此外的所有型号，占精工表中的绝大多数，包括所有型号的石英表以及万元以下的人动电能表	广州
卡西欧计算机株式会社	卡西欧为日本品牌，属于五类手表，具有活力、年轻、时尚、多功能的品牌形象。PROTREK（登山表）系列适合25—45岁户外运动专业人士及户外运动爱好者，SHEEN（电波）系列商务与女人味并重，适合25—45岁的时尚女性，EDIFICE（艾迪斐斯）系列适合25—45岁的时尚、运动商务人士，OCEANUS（欧申纳斯）系列适合35岁以上的高消费成熟商务人士。目前仅在中国设有一处工厂，主要生产高科技腕式电子手表，高端芯片在日本生产、广州经济技术开发区生产低端零件	广州
西铁城时针株式会社	西铁城在中国的销售网点覆盖所有一级、二级和大部分三级市场，拥有忠实而稳定的消费群体	无
深圳市瑞辉钟表有限公司	其所生产的宝时捷手表于1997年诞生于中国钟表之都深圳，品牌特点是高端限定，由瑞辉钟表集团旗下子公司深圳迈尔格表业有限公司所创，获得深圳知名品牌、广东省著名商标、广东省名牌产品、中国驰名商标、中国500强最具价值品牌等荣誉	深圳
飞亚达（集团）股份有限公司	我国腕表行业龙头企业，所生产的飞亚达手表为世界三大航天表之一，其大师系列、摄影师系列、极限系列等价格相对较高，机芯采用瑞产、日产、国产机芯，其中采用ETA机芯的产品被作为高端产品销售。2017年，飞亚达携艺系列、印系列新品及全新时尚女表Young+系列等腕表出展瑞士巴塞尔国际钟表与珠宝展览会	深圳
天津海鸥表业集团有限公司	中国腕表老品牌，曾生产出国产第一块手表，先后引进瑞士加工中心、日本数控自动车和投影仪等先进设备，组建新品柔性生产线，企业研发能力和关键技术保持世界先进和国内领先水平，公司曾代表中国手表品牌出现在巴塞尔钟表展上，以其精湛的陀飞轮技术享誉国际，是集手表机芯的研发、生产、组装、销售于一体的手表品牌商	天津

续表

企业	企业简介	国内基地
珠海罗西尼表业有限公司	公司前身是瑞士钟表商在新加坡开设的表壳制造工厂，1984年迁至珠海，成立中国钟表业第一家中外合资企业，从瑞士引进生产设备，现在是中国表业唯一的“亚洲品牌500强”企业，并向国际化、多元化的时尚精品集团发展	珠海
天王电子（深圳）有限公司	公司生产的天王手表年销量200多万只，拥有成熟的系统设计及研发技术、优秀的设计队伍、先进的计算机设计软件和具备国际先进水平的精密加工设备，拥有较强的腕表研发和设计、生产能力	深圳
深圳市玺佳（CIGA Design）创新有限公司	中国原创设计师腕表品牌，CIGA Design获得2项德国iF产品设计奖、8项德国红点设计奖，是国内腕表领域德国红点至尊奖、德国iF设计奖金奖双料得主。公司致力于用原创方式、简约设计将腕表定义为时尚饰品，用与众不同的视角展现生活品位，满足时下新一代年轻消费人群对自我个性的表达	深圳
深圳市贝伦斯智能穿戴科技有限公司	我国独立制表品牌，由来自中国香港、内地和德国的钟表爱好者组成，专注于设计、开发和改装机械手表机芯，设计理念全部原创，借助年轻的工程团队、熟练的制表师和高科技机械，创建机械模块并将其构建到机械机芯上，每只手表都提供了独特的机制，定义腕表新理念。2020年，贝伦斯推出“转子”“无极”两款腕表，同年9月这两款表以其独特的指时方式和复杂的设计，入围第20届日内瓦高级钟表大赏，是当年唯一入围的中国腕表品牌	深圳
广州市鼎唐钟表有限公司	中国智造高端手表品牌，以高级腕表为载体，将中华文化与世界高级制表技术和工艺结合，产品涵盖五大系列——丝路系列、长城系列、五行系列、领航系列、霓裳系列，拥有全球领先的设计理念及完整的核心技术，立足中国香港，拥有超过15年的设计经验，品牌从成立至今已经拥有4项外观设计专利	广州

第三十五篇　高端摩托车组装制造

高端摩托车指动力充足、速度上限高，主要用于休闲娱乐的250CC以上大排量跨骑式摩托车（价格一般在10万元以上），以其个性展示、社交功能、情感体验等方面社会属性成为摩托车行业的高速增长点。截至2023年6月，我国高端摩托车进口占比达67%，由于进口大排量摩托车关税税率较高，外资品牌虽然具备性能优势，但竞争力有限。

随着我国居民收入增长、休闲经济规模壮大以及消费者偏好转变，250CC以上高端摩托车销量由2010年的1.7万辆增长至2021年的32.5万辆，年均增长30%以上。预计2025年达到93万辆。考虑到我国大排量摩托车人均消费量为1辆/（万人·年），而日本、美国等发达国家大排量摩托车消费量为7—11辆/（万人·年）。据此匡算，随着市场渗透率不断提高，中国的高端摩托车市场在100万—150万辆左右，以20万元人民币/辆计算，市场规模达两三百亿元人民币。

一、摩托车高关税，有利于通过加工增值打开市场

中国消费者购买进口摩托车需承担进口环节关税、增值税、消费税、购置税。以某高端品牌摩托车在我国热卖的车型R 1250 GS（原装进口的终端零售价格为22.01万元人民币）为例，其价格构成为以下5个部分：

（1）到岸价格：出厂价（含品牌商原产地生产毛利）+运输成本+运输保险=11.1万元；

（2）进口环节关税：到岸价格11.1万元×关税税率45%=5万元（摩托车进口关税：排量150CC至800CC的摩托车进口最惠国关税税率为45%，排量超过800CC的摩托车进口最惠国关税税率为30%）；

（3）进口环节增值税：增值税计税价格17.89万元×增值税税率13%=2.33万元（摩托车进口增值税：2018年，《财政部 税务总局关于调整增值税税率的通知》［财税〔2018〕32号］规定进口货物原适用17%和11%税率的，税率分别调整为16%、10%；2019年，《财政部 税务总局 海关总署关于深化增

摩托车产业图谱

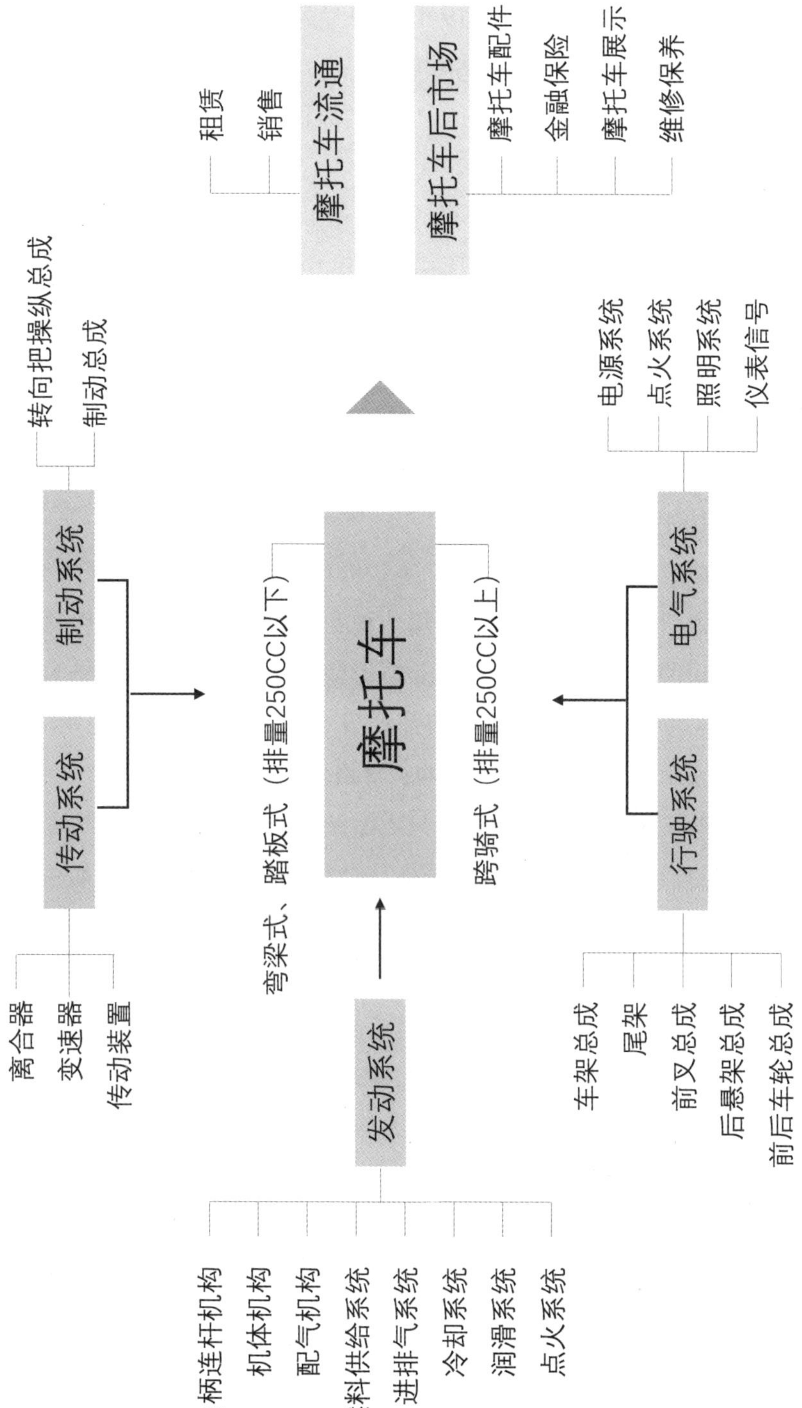
摩托车
弯梁式、踏板式（排量250CC以下）
跨骑式（排量250CC以上）
传动系统
离合器
变速器
传动装置
制动系统
转向把操纵总成
制动总成
发动系统
曲柄连杆机构
机体机构
配气机构
燃料供给系统
进排气系统
冷却系统
润滑系统
点火系统
行驶系统
车架总成
尾架
前叉总成
后悬架总成
前后车轮总成
电气系统
电源系统
点火系统
照明系统
仪表信号
摩托车流通
租赁
销售
摩托车后市场
摩托车配件
金融保险
摩托车展示
维修保养

值税改革有关政策的公告》〔2019年第39号公告〕规定，自2019年4月1日起，进口货物原适用16%增值税税率的，税率调整为13%，原适用10%增值税税率的，税率调整为9%。摩托车原定增值税税率17%，目前按13%征收增值税）；

（4）进口环节消费税：消费税计税价格17.89万元×消费税税率10%=1.79万元（摩托车进口消费税：根据《中华人民共和国消费税暂行条例》，排气量大于250CC的摩托车进口消费税税率为10%）；

（5）购置税：购置税计税价格17.89万元×购置税税率10%=1.79万元（摩托车购置税：根据《中华人民共和国车辆购置税法》，以购买、进口、自产、受赠、获奖或者其他方式取得排气量超过150CC的摩托车应缴纳购置税，购置税税率为10%）。

也就是说：22.01万元（原装进口零售价）=（1）+（2）+（3）+（4）+（5）

需特别说明的是，进口摩托车增值税、消费税、购置税的计税价格均是以缴完关税后的价格为基数，并不是以原装出厂价格或到岸价格为基数。以上5项成本之和22.01万元才是销售商的成本价，如果再加上经销商的店租、人工、水电等开支，消费者的实际购买价格会更高。

消费者购买国内生产的摩托车只需缴纳消费税、增值税、购置税，高端摩托车进口的“关税溢价”（关税税率）约为45%。这也说明，如果从国外进口零部件，在海南组装，可以消除“关税溢价”，大大降低销售价格。

（一）海南组装制造与原装进口相比较的量、价优势

R 1250 GS在德国的单车组装制造毛利率为19.7%，单车组装制造成本约为8.91万元，其中原材料成本约为5.79万元（占比约65%）、人工成本约为1.78万元（占比约20%）、其他生产成本约为1.34万元（占比约15%）。

高端摩托车生产制造属于海南鼓励类产业，可以享受加工增值免关税政策。以从德国进口R 1250 GS的零部件在海南组装制造为例分析：

海南单车组装制造成本：原材料成本5.79万元（进口零部件免征关税）+人工成本0.36万元（约为德国原产地的1/5）+其他生产成本1.34万元（与德国原产地基本相同）=7.49万元；

终端零售价格：如果保持R 1250 GS单车生产毛利率19.7%不变，终端零

售价格为“海南单车组装制造总成本7.49万元÷（1−单车毛利率19.7%）×（1+消费税税率10%+购置税税率10%+增值税税率13%）”，即12.41万元。

若选择保持R 1250 GS的国内终端零售价格22.01万元不变，可在稳定市场价格、维持市场份额的基础上，将单车生产的营收从原装进口下的到岸价格11.10万元提升至16.53万元，将单车生产的毛利率从19.7%提升至近55%，即可获得巨大的利润。

（二）海南组装制造与国内组装制造比较的量、价优势

以从德国进口R 1250 GS的零部件在国内（除海南自由贸易港外中国关境内其他地区，包括自由贸易试验区、综合保税区等）组装制造为例分析：

国内单车组装制造成本：原材料成本6.31万元［原产地原材料成本5.79万元×（1+摩托车部件进口平均关税税率9%）］+人工成本0.36万元（约为德国原产地的1/5）+其他生产成本1.34万元（与德国原产地基本相同）=8.01万元；

终端零售价格：选择保持R 1250 GS单车生产毛利率19.7%不变的终端零售价格为“国内单车组装总成本8.01万元÷（1−单车毛利率19.7%）×（1+消费税税率10%+购置税税率10%+增值税税率13%）”，即13.27万元。

若选择保持R 1250 GS的单车原毛利率19.7%不变，可实现以13.27万元的终端零售价进行销售，终端销售价格降低幅度即“量”的优势不及海南基地。

若选择保持目前国内R 1250 GS的终端零售价22.01万元不变，可在稳定市场价格、维持市场份额的基础上，将单车生产的营收从原装进口下的到岸价格11.10万元提升至16.53万元，但毛利率仅能提高至51.5%，“价”的优势不及海南基地。

以该品牌在海南基地组装2500辆R 1250 GS、2500辆R 1250 GS ADV、2500辆R 1250 RT摩托车，并全部售至中国大陆市场为例。与原装进口相比，海南基地拥有显著的“量”和“价”两方面优势：如保持单车生产毛利率不变，利润与原装进口比提升16%；如保持终端售价不变，利润是原装进口的4.2倍。国内其他生产基地的“量”和“价”总体优势不如海南。

某品牌建设高端摩托车海南组装制造基地的量、价优势表

	原装进口			海南基地						国内其他基地					
	R 1250 GS	R 1250 GS ADV	R 1250 RT	R 1250 GS		R 1250 GS ADV		R 1250 RT		R 1250 GS		R 1250 GS ADV		R 1250 RT	
单车成本	8.91万元	10.25万元	12.72万元	7.49万元		8.20万元		10.18万元		8.01万元		8.80万元		10.92万元	
国内消费者承担的终端零售价格	22.01万元	25.29万元	31.4万元	毛利率不变	售价不变	毛利率不变	售价不变	毛利率不变	售价不变	毛利率不变	售价不变	毛利率不变	售价不变	毛利率不变	售价不变
				12.41万元	22.01万元	13.58万元	25.29万元	16.86万元	31.40万元	13.27万元	22.01万元	14.58万元	25.29万元	18.09万元	31.40万元
单车营收	11.1万元	12.76万元	15.85万元	9.33万元	16.53万元	10.21万元	19.02万元	12.68万元	23.61万元	9.98万元	16.53万元	10.96万元	19.02万元	13.60万元	23.61万元
单车生产毛利率	19.7%			19.7%	55%	19.7%	57%	19.7%	57%	19.7%	51.5%	19.7%	53.7%	19.7%	53.7%
销量	2500辆	2500辆	2500辆	3606辆	2500辆	3171辆	2500辆	3870辆	2500辆	3262辆	2500辆	2771辆	2500辆	3378辆	2500辆
营收	2.78亿元	3.19亿元	3.96亿元	3.36亿元	4.13亿元	3.24亿元	4.75亿元	4.91亿元	5.90亿元	3.26亿元	4.13亿元	3.04亿元	4.75亿元	4.59亿元	5.90亿元
利润	0.55亿元	0.63亿元	0.78亿元	0.66亿元	2.26亿元	0.64亿元	2.70亿元	0.97亿元	3.36亿元	0.64亿元	2.13亿元	0.60亿元	2.55亿元	0.91亿元	3.17亿元
总利润	1.96亿元			保持毛利率不变：2.27亿元（与原装进口比提高16%）； 保持终端售价不变：8.23亿元（是原装进口的4.2倍）						保持毛利率不变：2.14亿元（与原装进口比高9%）； 保持终端售价不变：7.84亿元（是原装进口的4.0倍）					

综上所述，高端摩托车品牌商将零部件从原产地进口至海南自由贸易港、在海南组装并将整车经“二线”销至中国大陆市场，利润空间巨大，可引进宝马、本田、雅马哈、川崎、哈雷、杜卡迪、皇家恩菲尔德等豪华品牌，最大限度地享受关税溢价豁免和利用人工成本优势，实现利润最大化提升。

二、海南自由贸易港将成为高端摩托车品牌商面向全球推广的重要平台

在国际旅游消费中心建设背景下，海南可利用摩托车爱好者协会、销售企业等机构，举办海南机车节、海口创新EV大汇等摩托车大型赛事演艺活动，开展大排量摩托车、越野摩托车、特种摩托车、改装定制摩托车、三轮摩托车、四轮摩托车等高端摩托车海岛骑行活动、场地赛事、骑行竞速活动，吸引哈雷、宝马、本田、川崎、KTM、比亚乔等国际品牌齐聚。同时，中国国际消费品博览会、博鳌亚洲论坛、中非合作圆桌会议等一系列全球性重大会议活动在海南常态化举办，形成全球影响力、知名度，吸引大量海内外消费者和资本关注，将成为高端摩托车品牌产品及海南生产基地的重要推广平台。另外，海南环岛旅游公路规划有40个驿站，可以与高端摩托车的组装生产结合起来，形成“组装+展示+维护+科普+培训+交易”一体化商业模式。高端摩托车进口品牌组装制造基地可以被培育成海南自由贸易港的亮点项目，获取丰富的品牌推广渠道。

企业享受的自由贸易港其他优惠政策、海南省和海口市奖补措施，以及落地指南等，见附件。

典型企业情况表

企业	企业简介	国内基地
宝马摩托车（BMW MOTORRAD）	宝马摩托车2021年在中国市场售出14309辆，销量同比增长约21%，中国是其亚洲市场里增长较为强劲、增幅达两位数的市场之一。宝马摩托车在设计、发动机、车架、环保责任和安全方面占据全球领先地位	无
本田技研工业株式会社	2021年本田摩托车销量1680万辆，在华与新大洲、五羊合资设有两家公司（本田股份占比均为50%，新大洲本田属于中外合资民营企业，主要生产跨骑和弯梁车型，五羊本田属于国有控股企业，主要生产踏板车型）。目前本田500CC—1800CC的大排量车型基本均为进口，新大洲、五羊主要生产小排量中低端车型，主要用于通勤	上海、天津、广州
杜卡迪	意大利摩托车制造商，主要产地在意大利总部，目前引进中国的产品很大一部分产自泰国（采用相同的设备、原材料和工艺标准），未来考虑在中国建厂	无
宗申·比亚乔佛山摩托车企业有限公司	意大利比亚乔集团是欧洲最大的摩托车制造商，2004年与中国宗申产业集团合资成立“宗申·比亚乔佛山摩托车企业有限公司”，众所周知的古兹摩托车和阿普利亚摩托车均为比亚乔旗下品牌	佛山
川崎重工业株式会社	川崎摩托车具有产量小、车型少、质量好、价格高的特点，川崎公司摩托车的生产仅在日本明石工厂进行，对于在海外建厂比较保守	无
雅马哈发动机株式会社	公司主要走高端路线，在机车赛车领域曾取得辉煌成绩，目前国内生产基地主要生产中低端通勤车型，高端摩托车车型主要在日本生产	株洲、重庆

续表

企业	企业简介	国内基地
皇家恩菲尔德摩托车生产公司	公司目前还未有车型进入中国，2019年其与泰国本地制造商GPX一起创建泰国新工厂，组装Himalayan、Interceptor 650、Continental GT 650等热销车型，供应韩国、澳大利亚、新西兰等亚太国家	无
凯旋摩托车生产公司	英国老牌摩托车制造商，目前产能大部分外移，仅在英国的欣克利工厂每年生产高端的Triumph Factory Custom车型和其他特殊版本，未来主要生产力转移至泰国	无
哈雷·戴维森	美国老牌摩托车制造商，旗下拥有Touring（旅行车系）、Softail®（软尾车系）、Dyna®（戴纳车系）和Sportster®（运动者车系），原装进口的摩托车国内零售价格在9万—30万元人民币	无

第三十六篇　基础服装（胚衣）加工

“胚衣”是相对“成衣”的概念，又称“基础服装”，是专供印花绣花后制成成品服装的纯色半成品服装。基础服装（胚衣）的价值主要在于材料和缝制工艺，处于服装价值链的低端。基础服装（胚衣）主要通过印花，加工成为儿童服装、休闲服装、运动服装等。

基础服装（胚衣）加工产业：上游为基础服装制造企业，主要有美国Gildan（吉尔丹）、德国BYB、日本TOMS等企业（他们凭借引领全球的服装款式和雄厚的资金实力，为全球提供高品质、低成本、海量的基础服装）；下游为具有服饰设计能力和印花能力的服装设计加工企业、服装定制企业。

基础服装加工业20年前发端于欧美发达国家，主要是为适应服装产业链向外转移而形成的新业态，其优势是：超大规模生产，超大规模、全球现货仓储，任意数量即时发货。

传统针织服装国际生产链与基础服装供应链（胚衣）对比表

	传统针织服装国际生产链	基础服装供应链（胚衣）
订单起订量	10万件起发	1件可发
打样时间	10—20天	当天
生产时间	45天起	当天
运输时间	海运30天左右	2—6天
资金占用	客户占用资金量大，占用周期长	客户占用周期最少2天
产品质量	不同生产批次的产品之间会有差异，很难做到品质一致	长期连续大批量生产、品质一致
综合成本	生产成本高，客户资金成本高，时间成本高	综合成本低

一、海南打造国际旅游消费中心，有利于培育基础服装加工业

2022年，海南省接待旅游人数6000多万人（新冠疫情发生前年均增幅一般在10%以上）。海南相对发达的旅游业、会展业等能创造较多的T恤穿着场景。59国免签政策吸引国际游客来琼，为国际游客提供体验海南特色T恤的机会。纽约、东京、迈阿密、洛杉矶等“旅游+文化”“旅游+体育”“旅游+会展”旅游消费集聚区均有巨大的T恤等服饰销售空间。同时，T恤凭借新奇的图案设计、大胆的文字表现和独特的印花风格，具备一定的收藏价值。按海南每年客流量8000万人、每10人消费1件T恤、T恤平均价格为50元/件测算，海南的市场规模在4亿元/年。

服装纺织产业图谱

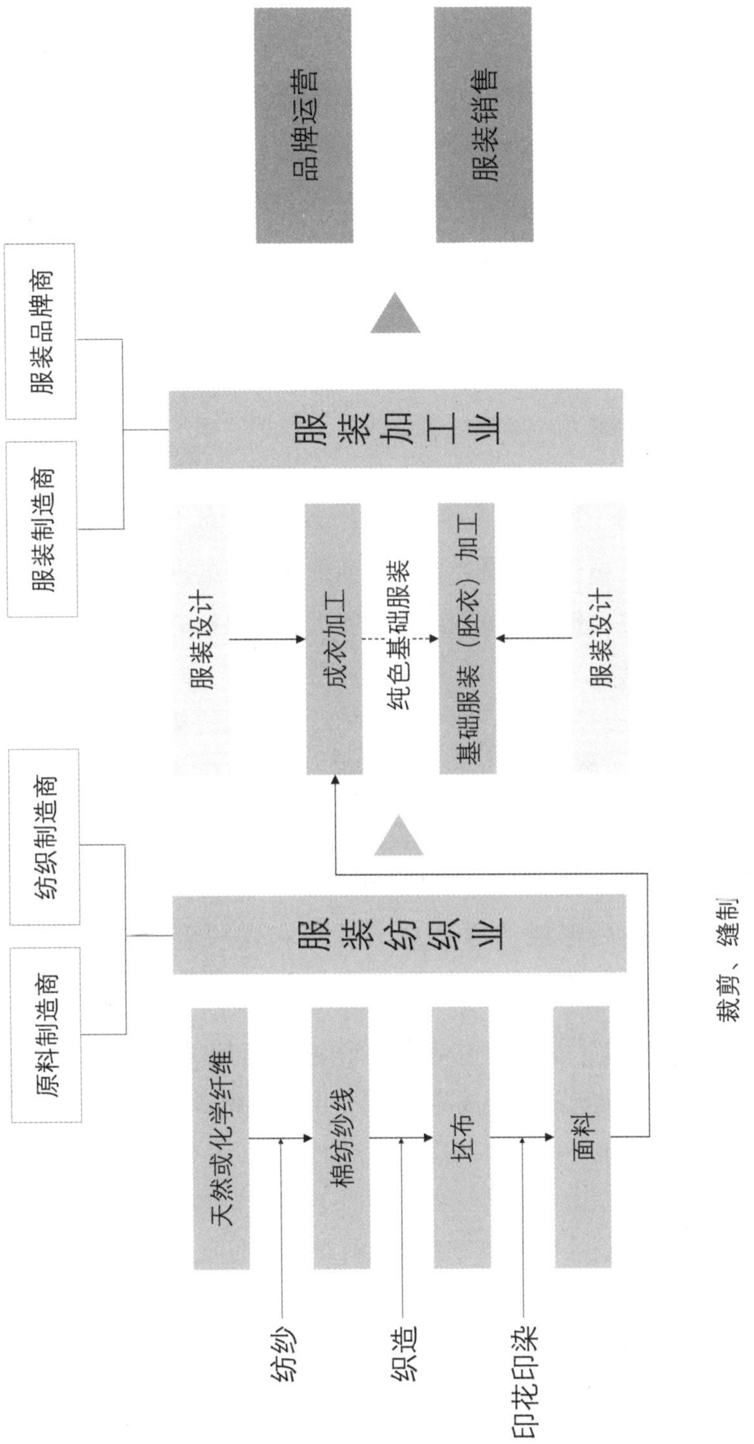
原料制造商
纺织制造商
服装纺织业
服装制造商
服装品牌商
服装加工业
品牌运营
服装销售
天然或化学纤维
棉纺纱线
坯布
面料
纺纱
织造
印花印染
裁剪、缝制
服装设计
成衣加工
纯色基础服装
基础服装（胚衣）加工
服装设计

二、海南省T恤穿着周期长，本地市场较大

海南长夏无冬，T恤穿着期长，是海南消费量最大的服饰。按每人每年消费2件计算，海南本地居民每年将消费2000万件以上的T恤，若10%为高附加值（平均价格为50元/件），海南T恤市场规模可达1亿元/年。

三、海南独特的黎锦历史和艺术，为开发T恤提供了特色原料和创意源泉

海南是我国棉纺织业的发祥地之一，黎族人民在漫长的社会生活中学会了纺、染、织、绣等技艺。黎锦以波浪线、三角形、星形等简洁抽象的写意手段呈现山川景物、日月星辰、花草树木、虫鱼鸟兽等160余种纹样，由本地木棉纤维纺织而成。染料来自本地植物，经蒸煮上色。黎锦具备独特的艺术底蕴和民族特色，蕴含了黎族先民朴素的生态哲学思想，2009年，黎族传统纺染织绣技艺被联合国教科文组织列入首批急需保护的非物质文化遗产名录，已成为海南的传统文化符号。服装企业落户海南，一方面融入黎锦原材料种植基地和黎锦纺织工作坊，对本地木棉纤维纺织的基础服饰开展设计加工（印花、印染等），塑造品牌“绿色、环保、自然、健康”的销售亮点，另一方面可与本地黎锦设计工作室或黎锦技艺传承人合作，打造承载黎族文化IP的服饰，开发富有设计内涵、附加值高的服饰品牌。

四、海南封关后形成的原料成本优势和保税仓储优势，有利于打造全球基础服装加工中心

全球服装纺织业总体趋势是从我国向东南亚和印度转移，转移的主要环节是成衣制造（面料裁剪缝制成成品服装），由于从我国进口服装面料再加工成衣，与直接利用本地纺织面料制造成衣相比，至少需要增加30天，延长了欧美订单交货周期，东南亚服装厂商更倾向于利用本地的面料，这也进一步导致制衣环节上游的纺纱、织布等服装原料纺织环节向外转移。目前东南亚服装原料纺织、成衣制造主要集中在越南、柬埔寨、孟加拉国、印度等地。

企业从国外进口基础服装，在海南开展印花、个性化设计等加工活动，再将成衣销往内地，不必补缴原料胚衣关税。考虑到我国对东盟国家生产的成衣实施零进口关税，企业从孟加拉国、印度进口基础服装才有一定的优势。

我国针对全球基础服装主要出口国实施的进口关税税率表

进口产品品类		关税税率			
		越南	柬埔寨	孟加拉国	印度
针织或钩编的男/女衬衫	棉制	0%	0%	3.9%（男） 2.4%（女）	3.9%
	化纤制	0%	0%	0%	5.2%
针织或钩编的T恤衫、汗衫及其他背心	棉制	0%	0%	3.9%	3.9%
	丝及绢丝制	0%	0%	0%	3.9%
针织或钩编的套头衫、开襟衫、背心及类似品	棉制	0%	0%	2.4%	3.9%
	化纤制	0%	0%	0%	3.9%
	羊毛制	0%	0%	0%	3.9%

以企业每年加工100万件胚衣T恤，其中50万件销往国内其他市场、50万件在海南本地销售，胚衣T恤从孟加拉国采购为例。采购价格为12元/件，从孟加拉国进口胚衣的关税税率适用亚太贸易协定税率3.9%，企业每年可节省约23.4万元的进口关税（关税减免对象为50万件销往国内市场的成衣的原料）。

2025年全岛封关后，海南岛成为一个巨大的“境内关外”保税仓，实施全岛“零关税”（在简并税制后对进口征税商品目录以外、允许海南自由贸易港进口的商品，全部免征进口关税、增值税、消费税），来自国外的基础服装可以“零关税”自由进出海南自由贸易港，并可在岛内自由选择存放地点，且不设存储期限，可更好满足基础服装加工企业批量订单需求，有助于将海南自由贸易港培育成我国面向全球市场的基础服装加工和仓储中心。

五、自由贸易港“零关税”和企业所得税政策叠加财政奖补政策为基础服装加工企业带来投资和经营成本优势

基础服装加工（主要是印花工艺）涉及的生产设备未被纳入“负面清单”，可享受“零关税”政策。传统的服装印花技术会产生废水等污染，但随着新技术的应用，污染问题基本被解决，如数码丝网印花（在欧美受到鼓励、

推荐的主流工艺技术）、数码直喷印花、彩色激光转印印花、微波远红外染色、超声波印染、无纸热转移印花、天然糊料印花、电化学染色、光敏和热敏变色印花等先进印花印染技术，呈现无水化、电脑化、离子化特点，这些技术几乎没有污染，可满足自由贸易港对生态环境保护的高要求。目前先进的印花设备，如数码直喷印花机、定型机、汽液染色机等设备一般需要进口（主要从意大利、美国、日本、德国进口）。企业落户海南自由贸易港，可享受“零关税”政策下国外设备进口关税、增值税减免利好，降低投资成本。

基础服装印花设备进口关税、增值税减免情况表

设备种类	进口价格（万元）	主要进口国	进口关税最惠国税率	进口增值税	海南可优惠金额（万元）
数码喷墨印花机	25—300	意大利、美国、日本、德国	0%	13%	3—39
激光转印印花设备	50		0%	13%	7
染色机	35		8%	13%	8
定型机	150		8%	13%	33

以企业年加工100万件胚衣T恤为例，企业投资建设印花生产线大约需要60台设备，其中约20台需要从国外进口，设备进口价格按照平均50万元/台计算。企业在海南进口设备，可获取关税、增值税减免约175万元。

企业享受的自由贸易港其他优惠政策、海南省和海口市奖补措施，以及落地指南等，见附件。

典型企业情况表

企业	企业简介	国内基地
申洲国际集团控股有限公司	中国具规模的纵向一体化针织服装代工企业，T恤衫印花的生产量在60万件/天以上，集织布、染整、印绣花、裁剪与缝制四个完整工序于一体，拥有耐克、阿迪达斯、彪马、斐乐等国际知名运动品牌及休闲品牌客户，主要市场在中国、日本、欧美等	宁波

续表

企业	企业简介	国内基地
盛虹控股集团有限公司	公司从纺织业最下游的印染工序起家，通过并购、租赁、合作经营等方式发展壮大，拥有19家印染厂，加工能力超过24亿米/年，各分厂分工不同，形成了专业化、规模化、标准化的生产格局，是迪士尼、飒拉、H&M、M&S、李宁等国际国内知名品牌的指定加工企业，位列中国印染行业十强榜首，2020年中国民营企业500强第22位，印染板块已实现国家级"绿色工厂"，开发智慧印染工业互联网平台	苏州
三元控股集团有限公司	公司始创于1981年，连续多年入选中国印染行业十佳、20强企业，旗下集美、天瑞、新生、华仑、欣元、天宇、集锦、三印、天成等印染子公司形成了自身特色与专业优势，产品覆盖棉、麻、化纤、混纺等染色印花面料以及高档色织面料等	杭州
青岛凤凰印染有限公司	公司在手工蜡染的基础上，继承和发扬民族蜡染文化精华，运用现代印染、印花技术，实现机械化、连续化生产蜡染系列产品。该公司以粗犷的设计风格、明快的色彩组合进入非洲市场，在国内自主研发设计了民族蜡染机械化生产，打破了欧洲150多年的技术垄断	青岛
美国Gildan（吉尔丹）	全球知名的服装制造商和零售商，基础服饰年销售10亿件以上，亚洲地区（亚洲款基础服装）生产基地在孟加拉国，基础服装销售量在中国市场位于第一位	无
德国BYB（中德服饰）	聚焦T恤衫、卫衣、polo衫、卫裤四大服装品类，在江西有2.6万平方米的厂房，员工2000多人、60多条生产流水线，拥有成熟的工艺，能快速打样，常年备现货量超3000万件，拥有5000多个畅销款，以小批量多款式试销模式为核心	抚州
日本TOMS	日本最早的基础服装企业，专注于适合亚洲人的高品质基础服装，主要单品为中高品质的纯色T恤衫，为多个品牌提供代工业务，旗下拥有品牌品时达（Printstar）	绍兴
澳大利亚KY	澳大利亚基础服装品牌，生产基地位于孟加拉国，华裔企业，全球最大的垂直一体化基础服饰制造商和经销商，拥有纺织、印染和成衣一体化体系，日产成衣超过38万件，产品畅销欧美各国	无

续表

企业	企业简介	国内基地
美国鲜果布衣（Fruit of the Loom）	为Berkshire Hathaway（伯克希尔·哈撒韦）旗下品牌，拥有172年历史的全球知名的内衣服饰零售商，也大量销售高品质的基础纯色T恤衫	无
美国恒适（Hanes）	汉佰集团旗下品牌，以纯色休闲服为主要经营项目，在美国家喻户晓并备受喜爱	无
日本 United Athle	公司生产空白T恤衫，有进入中国市场的意愿	无
希音（SHEIN）	被称为“比ZARA更快、比亚马逊更便宜”的中国跨境电商巨头，推出了每天上新多元款式、通过多样性获客精准判断市场趋势、需求一旦产生即刻投入生产的“小单快反”模式。在希音公司番禺总部周边，聚集了数百家专门给希音供货的供应商工厂，一旦有订单，希音会分给不同的工厂。其组织能力强，生产能力巨大	广州
厦门指纹科技有限公司	一家S2B智能供应链服务平台，公司通过技术驱动传统制造业走向柔性化和智能化生产，旨在为所有商户提供全平台多品类的柔性定制服务	厦门
上海喜宝供应链管理有限公司	是国内领先的专业基础服饰服务提供商，我国最大的基础服装销售商，也是美国Gildan、澳大利亚KY等国外基础服装品牌代理商，同时提供T恤衫、polo衫、卫衣、风衣、帽子等服饰再加工服务，拥有丝网印花、电脑刺绣花、热转印、烫画、个性印花、水印、胶印等能力。在北京、上海、武汉共设有超过1.2万平方米的仓库，长期保证上百万件产品的库存，以快速满足客户需求	上海、北京、武汉、广州、义乌、重庆
福州冰宇供应链管理有限公司	基础服装销售企业，美国Gildan、日本品时达中国总代理。公司已有意向投资设立海南分公司（仓储中心），与海南企业合资基础服装加工企业	上海、武汉、广州、义乌、重庆

第三十七篇　香料香精加工

香料香精广泛用于食品、日用品等，由人工调配或由发酵、酶解、热加工等方法制造。其上游原料是植物、动物和石化原料经初加工后得到的初级原料。其中，动物产料少、价格高；植物原料品种多，我国有500余种芳香植物。

香料分为天然香料、半合成香料、合成香料。（1）天然香料存在于天然含香的动植物的某些生理器官（如香囊、香腺、花、叶、枝、干、根、皮、果、籽等）或分泌物中，需要经过水蒸气蒸馏、浸提、吸收、压榨等加工方法提取，包括精油、净油、酊剂、浸膏、香脂等，其中精油是最主要的天然香料。若采用物理或化学方法从天然香料中分离出来单一化合物（如从香茅油中分离出香叶醇和香茅醛、从山苍子油中分离出柠檬醛、从薄荷油中分离出薄荷醇、从丁香油中分离出丁香酚），就可得到单离香料，在制药、食品、日化等方面有特殊的应用，价格比天然混合精油价格高几倍至几十倍。（2）半合成香料是单离香料或植物性天然香料中的萜烯经化学反应衍生而得到的香料化合物（如用柠檬醛制得的紫罗兰酮、用蒎烯合成的芳樟醇、香叶醇、柠檬醛），合成方法较为简单。从全球来看，天然半合成香料存在原料受限从而导致产量受限的问题（如蒎烯在自然中仅存在于天然松节油中，天然松节油主要从松树的松脂中提取，产量有限）。化学半合成香料能够解决原料受限问题，且产品较少产生同分异构的香料，接近天然产品，受到市场欢迎。（3）合成香料中的全合成香料是用石油、煤焦油等产品原料（乙炔/丙酮、甲酚、异戊二烯、甲苯、苯、乙炔/丙酮和甲酚合成），通过化学工艺合成的香料产品，原料来源广泛、质量稳定、价格较低廉，但是合成难度较大、合成工艺要求较高。

香精是由数种乃至数十种的香料按一定比例混合调配出来的混合物。香水就是一种重要的香精制品，对配方和工艺的要求极高。

一、自由贸易港加工增值政策，利好进口依赖度高的合成和天然香料下游制品以及香化产品

自由贸易港加工增值政策：对鼓励类产业企业生产的不含进口料件或者含进口料件在海南自由贸易港加工增值超过30%（含）的货物，经“二线”进入内地免征进口关税，照章征收进口环节增值税、消费税。

我国依赖进口的香料和香精品类包括三大类。（1）合成香料类：主要包括薄荷醇、柠檬醛、橙油、苯甲醛、苄醇、合成麝香、突厥酮、玫瑰醚，以及一些品种的高品质产品（包括丁位十二内酯、二氢茉莉酮酸甲酯、乙醛酸等）。（2）天然香料类：松节油等。（3）香精类：高端香化产品的香精原料大部分都依赖进口。企业在海南自由贸易港投资建厂，开展依赖进口合成香料和进口天然香料的下游制品（主要有食品和香化产品的赋香剂，香水的主香剂、和香剂、修饰剂、定香剂及其他成分，香精制品等）生产制造，以及高端香化产品生产制造，能够获取加工增值政策下的原料进口成本优势。我国进口依赖度高的香料香精原料代表性下游制品、进口关税税率如下：

我国进口依赖度高的香料香精原料进口关税和下游制品表

	原料品类	代表性下游制品	最惠税率	进口价格	全国进口规模	海南进口优惠金额（万元）
合成香料	薄荷醇	牙膏、香水、饮料和糖果等	5%	约10.5万元/吨	约2.15万吨	11288
	橙油	糖果、糕点、调味品、饮料和罐头等食品调味、增香或调香	20%	约9万元/吨	约2025吨	3645
	苯甲醛	茉莉、紫丁香、梅花、紫罗兰等花香合成香料	5.5%	约1.7万元/吨	约1000吨	94
	苄醇（苯甲醇）	茉莉、月下香、依兰依兰等香精调配的定香剂	5%	约2.5万元/吨	约1000吨	125

续表

	原料品类	代表性下游制品	最惠税率	进口价格	全国进口规模	海南进口优惠金额（万元）
合成香料	合成麝香	高级香水、香皂等中的香精	6.5%	约40万元/吨	少量	—
	突厥酮	软糖、布丁类、无醇饮料、糖霜制品、硬糖、烟草的香精配方	5.5%	约250万元/吨	约1000吨	13750
	玫瑰醚	花香型香精（主要用于化妆品）	6.5%	约150万元/吨	少量	—
	丁位十二内酯	奶油味食用香精、定香剂	6.5%	约400万元/吨	少量	—
	二氢茉莉酮酸甲酯	高级香水和化妆品香精配方	6.5%	约4.5万元/吨	少量	—
	乙醛酸	面部清洁剂、面膜、护肤霜和化妆水调香剂和定香剂，酸奶、酸味果汁、沙拉酱食品添加剂	6.5%	约6万元/吨	约2.2万吨	8580
	松节油	提取蒎烯并继续合成芳樟醇、香叶醇、柠檬醛等合成香料	6.5%	约2万元/吨	约9700吨	1261
香精	各类香精	高端香化产品	15%	约1万元/吨	—	—

以香精完全依赖进口的香水加工企业为例，若年产1000万瓶高端香水，每瓶100克，香精含量为20%，则每年需进口香精200吨，按进口香精1万元/吨（0.01元/克）、进口关税15%计算，若企业在内地建设生产基地，每年的香精

原料成本需要约200万元，若在海南建设生产基地，每年可获得原料进口关税减免约30万元。

二、海南依托洋浦的产业基础，利好全合成香料加工出口及合成香料国产替代产品研发

海南从炼油和天然气化工可以直接或间接得到大量苯、甲苯、乙烯、异戊二烯、乙炔、丙酮、甲酚等有机原料，通过化学工艺合成醇、醛、酮等一般香料，还可以合成芳香族香料、合成麝香等其他价格更高的合成香料。可依托苯类石油化工原料，发展苯—苯乙烯—β-苯乙醇（具有玫瑰花香），苯—苯酚—苯酚醚，苯—枯茗醛（具有兔耳草、铃兰、紫丁香等花香），甲苯—苯甲醛—肉桂醛—肉桂醇，甲苯—苯乙酸—苯乙酸酯，甲苯—醋酸苄酯，甲苯—苯乙酸—安息香酸—安息香酸酯，以愈创木酚、甲醛、对亚硝基二甲基苯胺为原料合成香兰素等大宗合成香料制备，利用洋浦港出口优势开展大宗合成香料出口；还可探索突破合成壁垒较高的大宗石化原料异戊二烯，发展“异戊二烯—芳樟醇—橙花醇/香叶醇/香茅醇/柠檬醛/香叶基丙酮/橙花叔醇/异植物醇/乙酸芳樟酯”并以柠檬醛为原料制备香茅醛、柠檬腈、紫罗兰酮、突厥酮、薄荷醇等依赖进口的合成香料，探索突破芳樟醇、柠檬醛等重要合成香料中间体的制备工艺。

三、海南芳香资源优势突出，利好海南特色的天然香料精深加工与产业发展

海南属于热带季风气候，光照充足，降雨丰沛，是“天然大温室”，拥有香料植物329种、规模栽培的香料植物70多种，是名副其实的香料王国，且香料以有利于健康、药用价值高闻名。比如，据2023年数据，海南沉香有1000多年的历史，种植面积近10万亩；广藿香种植面积2万多亩；黄花梨种植面积9万多亩；斑斓叶/香兰叶种植面积约5000亩；胡椒种植面积约33万亩（居世界第6位）；香茅种植面积20万亩。此外，还种有依兰香、香草兰等。丰富的植物香料原料为海南省发展香料产业奠定了基础。

海南舒普生物科技有限公司是一家专业提取植物迷迭香的高新技术企业，产品主要销往欧美市场。天然提取的迷迭香具有高效、安全无毒、稳定、耐

高温等特点，广泛应用于食品添加剂、化妆品、海产品、医药品、天然色素、烟草、食用油、饮料、饲料等行业。公司主要产品有脂溶性迷迭香提取物-鼠尾草酸（HPLC 5%—99%）、水溶性迷迭香提取物-迷迭香酸（HPLC 2.5%—30%）。产品广泛应用于食品、功能食品、香料及调味品和日用化工等行业。例如，迷迭香提取物-熊果酸（HPLC 10%—35%）具有镇静、抗菌、抗溃疡、降低血糖等功效，广泛用作医药、化妆品原料；迷迭香提取物-迷迭香精油是一种由30多种挥发性成分组成的液态油状物，是植物精油。

海南芳香植物品类及其所产香料应用领域表

芳香植物品类	精深加工制品	重点应用领域
沉香	沉香提取物、沉香露等	烟丝、精油、医药、面膜、洗护化妆品、香水等
广藿香	高纯度藿香油	药品（藿胆丸，广藿香中药饮片）、茶类、化妆品、香水等
黄花梨	黄花梨油、黄花梨膏等	精油、医药等
斑斓叶/香兰叶	斑斓粉、酊剂等中间品及食品饮料等消费品添加剂	烘焙产品、饮品（能够使产品的颜色呈现出健康的绿色）
胡椒	胡椒油、胡椒香精、胡椒碱、胡椒精油、胡椒树脂等	食物调味料、食品添加剂、烹调油类、食品保鲜剂、医药等
香茅	香精	烹调调味料、茶类、泡澡产品、精油
依兰香	香精	香水、香膏、香氛等
香草兰	香精	蛋糕、冰激凌、巧克力、酒类、香水、茶等

针对海南发展香料产业链，有三点工作建议。（1）种植环节：推动香精香料龙头企业与农业或实业企业共建天然香料种植基地；由科研院所牵头，建立天然香料标准化种植示范基地、高效栽培示范基地、良种种苗扩繁基地，加强芳香类植物育种育苗科研、种植技术科研；推行“公司+村委会（合作社）+农户”种植模式，实现原料统一收购直接送往加工厂；出台省级天然香

料种植和采收标准化规程。(2) 加工环节：引进龙头企业、研发机构等的海南特色品种（主要是沉香、广藿香、香茅、依兰香、香草兰等）的提取、提纯技术，单离香料制备技术以及香精、香膏等精深加工技术研发，开发具有独特风格的食用、烟用香精新品种；引进农业科研院所专家工作站，重点开展以胡椒、香茅、香草兰为原料的特色食品饮品配料开发；建设GMP标准化生产车间、智能晒场、恒温公共仓库、香料科研重点实验室和检验化验实验室等配套设施。(3) 融合环节：引进文旅项目开发企业，探索打造香料加工观赏工厂、香料香精研发展示中心、香料香精博览园和文化体验中心、民族特色村落等。

四、自由贸易港“零关税”政策

海南自由贸易港进口自用生产设备“零关税”负面清单、原辅料“零关税”正面清单已发布。合成香料生产制造、天然香料提取和精深加工、香精生产制造进口设备的工艺水平更高，且香料香精加工设备未被纳入“负面清单”，企业在海南搭建香料香精生产线可享受自由贸易港“零关税”政策带来的设备进口关税、增值税减免利好。

进口香料香精生产加工设备进口关税、增值税减免情况表

工艺	设备种类	进口价格（万元/台）	主要进口国	进口关税（最惠国税率）	进口增值税	海南可优惠金额（万元）
天然香料加工	蒸馏精馏设备	20—30	德国、美国等	10%	13%	6.1
	离心分离设备	80—100		10%	13%	21.9
合成香料加工	结晶设备	30—50		0%	13%	5.2
	反应釜	30—50		0%	13%	5.2
香精配置加工	香精均质设备	10—30		7%	13%	4.2
	灌装设备	10—15		8%	13%	2.8

典型企业情况表

企业	企业简介	国内基地
中国波顿集团	从事提取物、香料和香精的研发、生产和销售，涉及食品及日用领域。2002年开始发展食品香精业务，2004年在深圳成立波顿研发中心，与中国农业大学合作成立实验室，2005年在香港联合交易所上市，2007—2015年成立咸味销售中心、上海研发中心，建设波顿科技园并开始投入使用，2016年收购世界第二大电子烟公司吉瑞（Kimree）以及4家烟用香精制造企业	深圳、东莞
华宝香精股份有限公司	从事香料、香精研发、生产和销售，从营收构成看，食用香精中的烟草用香精占比超80%。拥有香精行业内唯一的国家级企业技术中心，在德国设有海外研发中心，在云南设有省级企业技术中心，在香港、上海、广东等地设有多个企业技术中心，拥有具备第三方检测资质的专业检测分析中心，拥有世界一流的调香师队伍	拉萨、广州
爱普香料集团股份有限公司	是香精香料及食品配料的制造企业，主要产品包括香料（合成香料和天然香料）、香精（含食用香精和日用香精）和工业巧克力（主要包括冷冻饮品用巧克力以及烘焙用巧克力），经销国际知名品牌的黄油、奶酪、淡奶油、巧克力、可可、水果制品等食品配料。2015年与法国Creations & Parfums成立合资子公司，2017年先后设立杭州天舜食品公司、上海爱普食品配料公司以及上海普洋生物科技公司	上海
上海百润投资控股集团股份有限公司	成立于1997年，从事香精香料的研发、生产、销售以及服务，涉及乳品、饮料、糖果、烘焙、冰品、调味品、肉制品、休闲食品、速冻食品和烟草制品等，对巴克斯酒业进行并购重组之后，形成了香精香料和预调鸡尾酒双主营业务发展格局，其中预调鸡尾酒业务营收占比较高	上海

续表

企业	企业简介	国内基地
广州百花香料股份有限公司	国内香料行业规模较大的香精香料综合性生产企业，年产1000吨香料、4300吨香精。公司从国外引进紫罗兰酮系列产品生产工艺软件，设计了国内首创紫罗兰酮系列产品生产技术装置，开发了乙位紫罗兰酮生产工艺并拥有自主知识产权、实现规模生产，装备目前国际先进超临界二氧化碳流体萃取设备和分子蒸馏设备并运用于开发天然香料，引进国际先进的气象色谱—质谱联用仪、原子吸收光谱仪以及香料香精技术软件和成分分析资料数据库等。致力于发展生物工程技术在香精开发方面的应用，先后推出冷饮底香料、鲍鱼香精及鲍鱼系列调味料等系列新香料	广州
浙江新和成股份有限公司	创建于1999年，主导产品包括柠檬醛、香茅腈、甲基庚烯覆盆子酮等果香香料，铃兰吡喃、羟基香茅醛、芳樟醇、四氢芳樟醇、二氢茉莉酮酸甲酯、香茅醇、香叶醇、香叶醇98、香茅醛、橙花醇、乙酸香茅酯、乙酸香叶酯、乙酸香叶酯98、乙酸橙花酯、四氢香叶醇、甲基紫罗兰酮、α-紫罗兰酮、β-紫罗兰酮、异甲基紫罗兰酮、乙酸芳樟酯、乙基芳樟醇、L-薄荷醇、DL-薄荷醇等花香型香料	新昌、上虞、潍坊、绥化
德信行（珠海）香精香料有限公司	1946年在香港成立，主营各类天然香料、芳香精油及合成香料的研发、生产和销售，与世界各地的经销商、供应商建立了良好的合作关系	珠海
安徽金禾实业股份有限公司	甜味剂安赛蜜、三氯蔗糖和香料麦芽酚的主要生产商	滁州、定远
嘉兴市中华化工有限责任公司	全球最大的香兰素专业制造商，90%以上的主导产品出口，销往美国、德国、英国、土耳其、法国、意大利、新加坡、马来西亚、中国香港等	嘉兴
上海新华香料有限公司	出品“白熊”牌香兰素和乙基香兰素，是国内历史悠久的香料品牌，年销售20多亿元，香兰素销量曾占全球的52%	上海

续表

企业	企业简介	国内基地
厦门琥珀香精股份有限公司	专业生产用于日用化工产品的香精、香料，广泛应用于洗护用品、化妆品、香水、芳香制品、气雾剂、薰香等领域，众多日化企业的香精供应商	厦门
滕州市悟通香料有限责任公司	始建于1989年，中国杂环类香料的领先企业，主要产品有吡嗪、噻唑、吡啶、呋喃、噻吩、吡咯六大类杂环化合物及其衍生物、天然香料、含硫化合物、医药和化工中间体等精细化学产品和香精产品	滕州、济南、上海、广州
昆山亚香香料股份有限公司	国内中高端天然香料主要生产商之一，有天然香料、合成香料和凉味剂三大系列、160多种，天然香料主要有丁香酚香兰素和阿魏酸香兰素等，合成香料主要产品有薄荷醇、橡苔、苯甲醛、苯甲醇等。客户包括国际香料香精、奇华顿、芬美意等全球前十大香精香料公司，以及玛氏箭牌、亿滋国际、高露洁等国内外知名快速消费品公司	昆山、抚州、武穴、南通
安徽华业香料股份有限公司	成立于2002年7月，致力于内酯系列合成香料的研发、生产和销售。公司主要产品为丙位内酯系列合成香料和丁位内酯系列合成香料，广泛应用于食品饮料、日化、烟草、饲料等行业和领域。位列“中国轻工业香料行业十强企业”	潜山
安徽辉隆农资集团股份有限公司	国内农资+精细化工双龙头，2019年并购海华科技后，拓展“间甲酚—百里香酚—薄荷醇—薄荷酯”一体化产业链、“间对甲酚—BHT（二丁基羟基甲苯）”和“邻甲酚—香芹酚”产业，同时逐步布局化妆品业务	合肥
瑞士奇华顿（Givaudan）	主营食用香精，广泛应用于糖果饼干类、饮料类、乳制品类、咸式产品类、口腔卫生及药品类和烟草类等领域。在常州滨江经济开发区投资1亿瑞士法郎，建有年产3.8万吨的香精香料，生产日用香精、牙化香精和微胶囊香精等	上海、南通、常州、北京、广州、成都、郑州、香港
瑞士芬美意（Firmenich）	具有100多年历史，自产香料600多种、经销3000多种天然和合成香料产品，年销售额十亿多美元。食用香精覆盖整个食品行业可能使用和必要使用的各类香精，日化香精涉及香水、个人洗护产品、家居洗护产品和单体原料	上海

续表

企业	企业简介	国内基地
美国国际香精香料公司（IFF）	美国最大的香精香料公司，有世界最大的独立研究香气和味觉的研发中心，在38个国家和地区设有工厂、实验室和办事处，香精香料行业产品的先行者和最主要的制造商	北京、上海、昆明、无锡、广州、张家港
德国德之馨（Symrise）	2003年并购Dragoco香料公司，成为全球最大的香精香料和营养品公司之一。2006年在法兰克福交易所上市，有营养与健康、香氛与护理两大事业部，产品涵盖食物和饮料、宠物食品、水产饲料、益生菌，以及香精、化妆品原料和芳香分子等	上海、南通

第三十八篇　健康油脂产品研发加工

健康油脂是高温度烹饪下不会产生对人体有害物质的自由基，进入人体后不会形成脂肪堆积、增加血脂，能够帮助人体吸收维生素的油脂产品。健康油脂主要包括精炼食用植物油和油脂科技产品两大类。精炼食用植物油主要指植物油产品（包括来自植物种子的种子油，如玉米油、大豆油、花生油、芝麻油、菜籽油、葵花籽油、核桃油、葡萄籽油、棉籽油、米糠油等，以及来自植物果实的果实油，如橄榄油、椰子油、棕榈油、牛油果油等），这些油脂一般含有不饱和脂肪酸，具有调节血脂、清理血栓、免疫调节等健康的功能。油脂科技产品指油脂加工副产品经过加工后得到的脂肪酸、皂粒、甘油等油脂基础化学品，造纸化学品、高分子材料、表面活性剂等油脂衍生化学品，以及利用食品科技、生物科技研发的功能性油脂产品。

上游原料——我国是世界第一大植物油料消费国，食用植物油需求以豆油、菜籽油、棕榈油和花生油为主（消费量占比分别约为49%、24%、15%、10%），食用植物油年消费量已突破3000万吨，国产量一般在1000万吨左右，进口依赖度在70%左右。2022年我国食用植物油进口量最大的四类产品为棕榈油（进口量约646万吨）、葵花油和红花油（进口量约195万吨）、菜油（进口量约193万吨）、豆油（进口量约96万吨）。进口油料作物中，大豆进口量为国产量的5倍，芝麻进口量是国产量的2.3倍，油菜籽进口量是国产量的20%左右，花生进口量在2020年首次超过国产。

中游加工——中高端油脂产品叠加技术使生产利润空间更大，当前市场上的规律是花生油、玉米油等中高端油种由于原料自主性较强、终端定价能力较强，加工利润一般高于豆油、菜籽油、调和油。

下游消费——食用油产品高端化、特色化趋势明显。一是消费升级。当前我国大豆油消费占比下降，高端花生油、核桃油、大豆油、芝麻油、橄榄油、玉米油、菜籽油占比提升。二是特色化趋势明显。我国消费者对食用油维生素E、亚油酸、α-亚麻酸、油酸以及角鲨烯等成分需求扩大，山茶油、椰子油、葡萄籽油、稻米油、紫苏油、牡丹籽油等功效丰富、需求更细化的特色油种市场已初具规模，其中椰子油、山茶油消费增速最快。三是产业化利用。通过油脂加工副产品“变废为宝”，例如油脂精炼后的副产品皂脚，可以生产脂肪酸衍生物（二聚酸可用于印刷线路板油墨、火箭发动机材料，单酸可用于塑料增塑剂，异构酸可用于油气钻探润滑剂，聚酰胺树脂可用于风电、船舶的高强防腐涂料等），实现新品种开发和产业化利用。

一、自由贸易港加工增值政策下原料进口成本优势，利好高端菜籽油、豆油等“大类”精炼食用植物油加工和高端产品研发

加工增值政策对鼓励类产业企业生产的不含进口料件或者含进口料件在海南自由贸易港加工增值超过30%（含）的货物，经“二线”进入内地免征进口关税，照章征收进口环节增值税、消费税。我国八类配额管理的原料不适用加工增值政策（包括小麦、玉米、大米、食糖、棉花、羊毛、毛条、化肥，不包括大豆、油菜籽等）。以企业在海南加工1万吨/年菜籽油并销往内地为例，需进口约3万吨油菜籽，油菜籽进口价格约8000元/吨、进口关税税率为9%，企业每年可节约进口原料关税约2150万元。海南澳斯卡国际粮油有限公司2020年8月落地海南省洋浦经济开发区，2021年4月试生产，主要从加拿大、巴西等国家进口菜籽深加工成食用油。2023年，公司已获得海关高级认证企业证书、海南省“专精特新”中小企业称号，年加工菜籽90万吨左右，2023年产值45亿元，通过“加工增值30%”免关税优惠政策，已免征关税2亿元人民币。

二、海南本地和链接东南亚的植物油原料资源，利好椰子油、山茶油等小类新兴特色精炼食用植物油产品开发和精深加工

海南热带作物资源禀赋为培育小类新兴特色精炼食用植物油产品提供了天然原料。(1) 椰子油：海南椰子种植面积占全国的99%，但缺少规模化、一体化、标准化的种植园，虽然有近400家加工企业，但基本是初加工（生产椰蓉、椰子脆片等），精深加工水平较低，椰子加工业产值仅占全国的10%，未来还有较大发展空间。(2) 山茶油（山柚油）：海南油茶树主要分布在澄迈（2018年数据显示，年代较长远的油茶林有106.6公顷），海南油茶质量好，香气扑鼻，无苦味。内地普通油茶油毛油市场均价为100—160元/千克，海南山茶油市场均价为400—600元/千克，在海南发展山茶油精深加工有较好的前景。国家林业和草原局、国家发展改革委、财政部联合印发的《加快油茶产业发展三年行动方案（2023—2025年）》把海南列为全国油茶重点拓展区，预计2025年油茶种植总面积达25万亩。

三、海南具有作物育种产学研资源优势，利好食用植物油料优良品种研发和培育

目前，海南已开展油茶良种研发项目，由海南大学、中国热带农业科学院海口实验站、海南省农业科学院热带园艺研究所等单位实施，培育了8个热带优良油茶优株，建立了海南首家集种质资源圃、采穗圃、种苗圃、科技示范园于一体的热带油茶“三圃一园”示范基地，并开展芽苗砧嫁接研究，缩短培育时间。未来，海南将依托三亚崖州湾科技城种业科研资源和国家南繁科研育种基地，开展全国油料作物新品种培育，建设海南本地特色油料作物研发试验示范基地（包括良种繁育基地、良种育种种植基地等）。

企业享受的自由贸易港其他政策、海南省支持产业发展的奖补措施，以及企业落地指南等，见附件。

典型企业情况表

企业	企业简介	国内基地
山东鲁花集团有限公司	一家大型的民营企业，主要产品有花生油、剥葵花仁油、菜籽油、玉米油、坚果调和油、橄榄油、芝麻香油等。品牌有鲁花5S压榨一级花生油、鲁花高油酸花生油、鲁花剥壳压榨葵花仁油、鲁花压榨特香菜籽油、鲁花压榨玉米油、鲁花大豆油、西班牙果尔橄榄油、鲁花小磨芝麻香油	烟台、襄阳、深州等
益海嘉里金龙鱼粮油食品股份有限公司	涉足油籽压榨、食用油精炼、专用油脂、油脂科技、水稻循环经济、玉米深加工、大豆深加工、小麦深加工、食品原辅料、粮油科技研发等产业。旗下有金龙鱼、欧丽薇兰、胡姬花等品牌。建成生产基地60多个	长沙、潮州等
中粮集团有限公司	中浪油脂是中粮集团核心主业之一，主要从事大豆、菜籽、花生、棕榈油等油脂油料的加工、仓储、贸易、分销业务，年压榨能力2600万吨，精炼能力超700万吨，灌装能力超过500万吨	成都、连云港等
道道全粮油股份有限公司	一家集食用植物油及其相关副产品生产、科研、贸易、仓储、物流于一体的综合性油脂加工企业	岳阳、绵阳、南京、重庆
成都红旗油脂有限公司	从事菜籽、玉米胚芽、米糠三大油料的植物油制取，拥有三大系列、80余个品种，具备生产全精炼植物油的生产能力，拥有压榨、浸出、精炼生产线，拥有年产5万吨油料压榨产能、4万吨油脂精炼产能、5万吨包装油产能	成都
株洲神农茶油发展有限公司	一家集研发、种植、生产、加工、销售、服务等于一体的油茶产业综合开发企业，拥有以中南林业科技大学森林培育国家重点学科学术带头人、博士生导师、博士、教授、专家组成的博士科研工作站	株洲
贵州大龙健康油脂有限公司	一家专门从事油脂生产开发的企业，主要从事茶籽油、菜籽油的生产与销售，截至2016年已建成年产1万吨食用植物油生产线，1.07万亩优质油茶种植基地、1万亩油菜种植基地，拥有各类专利18件，产品主要有“金箫”牌系列茶籽油	铜仁

续表

企业	企业简介	国内基地
丰益油脂科技有限公司	2004年，丰益国际通过旗下益海嘉里集团，在中国投资建立了油脂衍生品制造企业群，基础产品包括脂肪酸、皂粒、甘油，衍生产品包括二聚酸、聚酰胺树脂、天然维生素E、天然植物甾醇、造纸化学品（烷基烯酮二聚体）、高分子材料（环氧氯丙烷、癸二酸）、绿色表面活性剂（天然脂肪醇、脂肪胺、脂肪酸甲酯磺酸钠）等	上海、天津、连云港、东莞、泰州、宜春
北京宝得瑞健康产业有限公司	一家从事蔬菜、水果、粮食以及药食同源植物源健康产品开发生产及服务的高新技术企业，主要产品包括二氧化碳超临界萃取的保健油脂如沙棘籽油、枸杞油、灵芝孢子油、花椒油产品，以椰子油粉、亚麻籽油粉、紫苏籽油粉为代表的微胶囊粉末油脂产品，以亚麻籽油、南瓜籽油、杏仁油为代表的冷榨高档食用油产品	北京等
菏泽 中禾健元生物科技有限公司	一家以开发、研制、生产特种油脂及植物提取深加工系列产品为主的科技型企业，以植物资源为开发、研究对象，研发出多种功能性食品，公司拥有独立进出口权，主要产品已远销欧美、东南亚等多个国家和地区	菏泽
荷兰 邦吉集团 （Bunge）	世界领先的油籽加工商，至2023年，在全球运营超42家精炼厂、超80个大型谷仓、51家油料加工厂。公司食用油业务主要产品包括包装和散装食用油，以及通过植物油精炼获得的酥油、人造黄油、蛋黄酱和其他产品，还生产从植物油中提取的特殊物质，例如作为乳化剂被广泛应用的卵磷脂	广州、临沂、厦门
日本日清奥利友集团	一家拥有百年历史的综合性油脂企业，公司旗下的健康促进类产品包括有益于人体健康的高附加值食用油和专用及功能性食品，主要面向中老年消费者和有需要的人群。例如中长链脂肪酸食用油，以中链甘油三酯（MCT）油、低芥酸菜籽油、蔗糖脂肪酸酯为主要原料，成为我国批准的首款具有减肥保健功能的食用油	上海、大连、张家港

第十章　现代服务业

第三十九篇　工业设计

工业设计是以工业制造业产品为对象，对产品的功能、结构、材料、形态、造型、包装、应用场景等进行整合优化的创新活动。工业设计投入小、周期短、回报高、风险小，是海南发展现代服务业和高新技术产业的重要内容。

一、海南已经建立国际设计岛规划政策体系，引领工业设计产业发展

《海南自由贸易港建设总体方案》提出建设国际设计岛，明确打造文旅创意设计、建筑与环境设计、工业设计、数字创意设计的CAID设计产业体系。海南已出台《海南国际设计岛建设方案》《海南国际设计岛产业发展规划》等文件及一系列扶持政策，为海南发展包括工业设计在内的设计产业指明了路径。

二、海南拥有工业设计等知识型产业发展的优势要素

一是生态环境好。海南生态环境不亚于美日澳新等国，空气质量好（负氧离子含量是内地很多大城市的20倍以上）、水质好、绿化率高、阳光充足、昼夜温差小，有利于吸引专家学者、企业高管、资深专业人员等“候鸟人才”及“数字游民”前来，让他们在工作创业的同时可以享受健康疗养。

二是有全球高层级开放交流平台。有中国国际消费品博览会、博鳌亚洲论坛、世界新能源汽车大会、三亚国际文化产业博览交易会等一批高质量国际性展会，常态化举办海南国际游艇设计大赛、中国国际创意设计推广周、国际大学生旅游文化创意设计大赛等设计特色活动，赛事活动层级高、开放

程度高、客群吸引力强，为促进海南展示交流和提升知名度提供平台。

三是开放的跨境数据流动制度。《中华人民共和国海南自由贸易港法》明确，海南自由贸易港依法建立安全有序自由便利的数据流动管理制度，有序扩大通信资源和业务开放，扩大数据领域开放，探索实施区域性国际数据跨境流动制度安排。截至2023年，海南已对国际海缆、国际通信出入口局等国际通信领域重要基础设施进行布局，建成商用海南—香港国际海缆，实现海南、香港及珠海三地互联互通，加速推动连接东南亚国家和地区的第二、第三条国际海缆建设；中国移动通信集团有限公司设立海口区域性国际通信业务出入口局，这有利于疏导我国国际数据专线业务，提高海南自由贸易港的国际数据通信服务能力。开放的跨境数据流动制度将为企业开展数字文化创意国际业务和国际合作交流提供有力支持。

四是有国际设计人才入驻支持优势。自2018年5月1日起，海南实施59个国家人员入境旅游免签政策，59个国家人员持普通护照赴海南旅游，由在海南设立的旅行社接待，可从海南对外开放口岸免办签证入境，在海南省行政区域内停留30天，推动优化允许外国人以商贸、访问、会展、体育竞技等事由申请免签入境海南，延长免签停留时间。海南有海外人才技能认证支持，允许具有境外相关行业职业资格的设计人才经省相关行业主管部门进行技能认定后，以境外职业资格名义在琼开展设计服务，其在境外的从业经历可视同国内从业经历；对符合自由贸易港高层次人才标准和条件的国际设计人才，可破格申报评审高级职称，其境外工作经历、学术成果、专业技术贡献和技术学术职务等可作为职称评审依据。海南有高层次人才工作创业支持，在海南全职工作、具备《海南自由贸易港高层次人才分类标准（2020）》规定条件的人才，不受国籍、户籍限制，可申请海南自由贸易港高层次人才认定，获得认定的国内外高层次人才将获取包括落户自由、住房补贴（包括住房租赁补贴和安居房购房补贴）、医疗保障（包括就医绿色通道等），以及具备竞争力的薪酬体系（包括协商确定人才合理薪酬、采取技术作价入股和股权期权等中长期激励方式）在内的支持。

五是有国际化设计人才培育平台。海南高度重视高校设计专业建设，截至2023年，全省15所高校开设设计类相关专业，设计专业在校生1.12万人。

海南加速建立一流国际教育体系，引进了英国哈罗公学、英国考文垂大学、德国比勒费尔德应用科学大学、美国密西（歇）根州立大学、加拿大阿尔伯塔大学等国际高校，大幅提升人才国际化教育水平。未来海南将加快推进国内外知名高校在海南开展与设计相关的中外合作办学，为培育多文化融合、多学科融合的高层次复合型设计人才奠定基础。

六是专利申请快捷。2022年中国（三亚）知识产权保护中心成立，符合技术领域分类号的专利经三亚知识产权保护中心预审合格，即可进入国家知识产权局快速审查通道，发明专利审查周期从原来的20个月缩短到3个月左右，实用新型专利审查周期从9个月缩短到15天以内，外观设计专利从原先的8个月缩短到7个工作日左右，这开启了专利审查“绿色通道”，缩短相关领域专利的授权、确权和维权周期。

三、海南拥有全方位支持工业设计的专项政策，对设计类市场主体形成利好

一是根据《海南省支持设计产业发展若干措施（试行）》（琼工信产发〔2022〕129号），对在海南自由贸易港设立的设计企业，新购置（含自建、自行开发）固定资产或无形资产，单位价值不超过500万元（含）的，允许一次计入当期成本费用在计算应纳税所得额时扣除，不再分年度计算折旧和摊销；新购置（含自建、自行开发）固定资产或无形资产，单位价值超过500万元的，可以缩短折旧、摊销年限或采取加速折旧、摊销的方法。

二是根据《海南省获批国家级研发设计平台资助实施细则》（琼科规〔2022〕17号）规定，对企业单位获批牵头建设的国家重点实验室、国家制造业创新中心、国家技术创新中心、国家工业设计中心、国家工业设计研究院、国家企业技术中心，按获批准的上一年度科研基础设施建设和科研经费投入总和的50%，给予最高不超过500万元科研经费补助。

三是根据《海南省专业公共技术服务平台奖励管理实施细则》（琼科规〔2022〕20号）规定，对符合条件的省级制造业创新中心以及工业设计服务平台（省级工业设计中心、海南国际设计岛示范基地、省级工业设计研究院等），新建（扩建）补贴按新建（扩建）软硬件投资额500万元（含）以上

的，按照投资额的30%给予最高500万元补贴。软硬件投资主要指年度直接用于平台服务功能拓展、服务场地改造、仪器设备购置、服务软件购买等的投资。对平台为企事业（与其无投资关系）提供服务的，年度服务金额达300万元以上，按照年度服务金额的5%给予最高500万元奖励。

四是获得设计奖项奖励。根据《海南省促进经济高质量发展若干财政措施》（琼府办〔2021〕65号），对2021年以来，首次获得国家专精特新“小巨人”的我省设计企业给予一次性100万元奖励；对获得iF设计金奖、红点至尊奖的我省设计企业或机构给予每项30万元奖励；对获得国家设计奖的我省设计企业或企业所属设计机构给予每项10万元奖励。

五是根据《海南省支持设计产业发展若干措施（试行）》（琼工信产发〔2022〕129号），针对设计行业从业人员的职业晋升支持和人才培育支持政策，为设计人才提供更好的职业发展机会。人才发展支持政策，包括以下三点。（1）开展工业设计、工艺美术专业人员职称评定，打通高级技能人才与专业技术人员职业发展通道，推动设计领域技能人才和专业技术人才互通申报。（2）将设计类南海名家培养对象纳入领军人才层次，将南海名家青年项目培养对象纳入拔尖人才层次，给予一定额度的人才补贴，享受人才优惠政策，在职称评定、补贴扶持奖励等方面给予倾斜支持。（3）支持海南省内高校持续加强设计学硕士点、博士点筹建，利用海南国际合作办学优势，引进开设设计类专业的国内外知名高校；鼓励高等院校、职业院校增设设计类专业；鼓励校企联动，开展订单式人才培育。

六是专项金融支持。鼓励金融机构为创意设计企业提供特色化服务，开展知识产权和收益权等抵（质）押贷款业务，鼓励担保机构为设计产业设立专项担保品种。支持设计企业融资，包括支持符合条件的设计企业上市融资、发行债券；优先支持企业境外上市；优先支持企业通过境外发行债券融资，将企业发行外债备案登记下放至海南省发展改革部门；允许企业境外上市外汇登记直接到银行办理。

七是企业用地保障。将重大设计项目用地纳入年度土地供应计划，优先保证用地需求。产业园区内设计产业项目的基准地价，按照相对应土地用途现行基准地价的60%确定。设计项目申请使用工业用地，符合海南省确定的优先发展产业目录且用地集约的，在确定土地出让底价时可按不低于所在地土地等别相对应《全国工业用地出让最低价标准》的70%执行。

四、海南围绕特色产业基础，培育“创意、设计、制造、销售”产业链，让设计深度融入制造业之中

海南时尚消费产品、邮轮游艇、汽车、深海航天装备、集成电路等具备一定基础和应用场景，正打造“创意、设计、制造、销售”产业链。在时尚消费产品设计方面，依托海口综合保税区、洋浦保税港区等，打造时尚消费品制造企业研发设计集聚区。三亚、乐东、陵水等发展黄金珠宝工艺美术大师级设计业态，与目的地式主题旅游消费、品牌博览、拍卖交易等其他业态充分互动。在邮轮游艇设计方面，借助国际游艇交易中心等载体，打造产品设计展示空间，拓展国际化邮轮游艇设计大赛和会展活动，为邮轮游艇外观及内装设计，装潢与结构、暖通、照明、防火等技术综合优化设计、设备和配套设计、新材料设计等产品设计和技术创新提供集中展示推广的平台。在深海装备设计方面，围绕深海科技城，依托国家海洋综合试验场（深海）的深海装备试验场景优势，聚焦深海潜水器（无人探测器和载人探测器）、深海空间站、水下机器人等装备，吸引头部企业和科研院所，建设研发设计实验室。在航空装备设计方面，依托海南商业航天发射场设施优势，瞄准民营商业火箭和商业卫星需求，引进头部商业航天公司研发设计部门。依托技术水平领先的低空空域空管服务保障系统，以及种业、旅游等低空飞行器应用场景，结合海口甲子通航产业园、三亚通航产业园、琼海博鳌通航产业园等产业载体建设，开展航空装备设计和技术创新。在集成电路设计方面，积极借鉴上海集成电路设计产业园的建设经验，发展集成电路设计，集聚芯片设计企业、细分领域企业，配套晶圆制造、芯片封测、装备材料产业。依托海口芯片设计一条街，推动新能源汽车、医疗器械等研发制造功能与芯片设计融合，探索引进全国前沿芯片设计领域优质项目并拓展下游芯片制造、封测产业链。

企业享受自由贸易港其他优惠政策、海南省奖补措施，以及企业落地指南等，见附件。

典型企业情况表

企业	企业简介	国内基地
上海龙创汽车设计股份有限公司	2000年成立，行业内首家“国家级工业设计中心”，拥有造型、车身、内外饰、底盘、电器、性能分析、三电、试制等整车交钥匙研发能力。工业设计业务包括五大方面：（1）设计分析（用户体验分析、人机研究、竞品分析、产品使用环境调研）；（2）外观设计（产品草图、模型验证、工业设计、CMF①设计）；（3）结构设计（结构设计、设计风险管理、CAE②分析、验证测试、成本评估）；（4）样机制作（手板监理、后期结构支持）；（5）后期配套（产品模具、配套组装）	上海
简式国际汽车设计（北京）有限公司	香港五龙电动车集团下属的整车研究院，具有从汽车目标市场分析预测、产品规划、造型设计、产品工程设计、样车试制、工艺工装系统整合、供应商体系规划与同步开发、目标成本规划与控制以及生产准备到投产技术服务等全方位的汽车整车和零部件的开发能力	北京
苏州奥杰汽车技术股份有限公司	成立于2005年，位于苏州工业园区，以汽车技术为核心，主营业务汽车商品企划、整车设计开发、全铝轻量化产品以及自主新能源车型整体方案，工业设计业务包括造型设计（团队拥有着不同国籍、不同地域的资深设计精英）和工程设计（产品平台规划、总布置设计、底盘设计、车身设计、电器设计等）	苏州、武汉、合肥、太原、上海
厦门威迪思汽车设计服务有限公司	成立于2013年，为新能源商用车提供设计服务，应用产品数据库快速提供传统及新能源城市客车、旅游客车技术开发服务，包括产品规划、产品造型、结构设计、性能匹配、仿真分析、样车试制、试验验证及关键技术攻关等	厦门

①是工业设计的细分，由颜色（Color）、材料（Material）、表面处理（Finish）三部分构成。

②是用计算机辅助求解复杂工程和产品结构强度、刚度、屈曲稳定性、动力响应、热传导、三维多体接触、弹塑性等力学性能的分析计算以及结构性能的优化设计等问题的一种近似数值分析方法。

续表

企业	企业简介	国内基地
上海双杰科技有限公司	成立于2001年，提供从汽车开发方案论证、概念设计、展车制作、模型加工、工程设计、生产准备、样车试制和试验，直到批量生产前的开发技术的支持和服务	上海
上海合科科技有限公司	自从公司成立以来承担了100多项汽车结构设计，包括商用车各个系统的设计、MPV的改型设计、轿车的逆向及局部改型设计并且同包括德国西门子UGS在内的各类设计公司建立了伙伴关系，并且在美国与人才公司建立了合作关系，有260余名的各类专家可以调用	上海
太阳鸟游艇股份有限公司	成立于2003年，为客户提供从方案设计、产品制造到维修服务等全方位的个性化解决方案	上海、长沙、香港
厦门瀚盛游艇有限公司	是一家集游艇研发、制造、咨询、维护保养和管理于一体的国家高新技术企业，旗下先后开发了飞虎帆船、驰翼52.8双体游艇、Gallop豪华游艇、Sailiner 50帆船、钓鱼艇、杰能纯太阳能动力艇等系列产品	厦门
厦门市毅宏集团投资有限公司	一家国内领先、国际知名、拥有完全自主知识产权的集高端装备产品设计、研发、生产、销售、运营、服务于一体的全产业链装备制造商。拥有多名意大利游艇设计师和室内建筑师。国外工业设计专家强大的工程技术支持、造诣非凡的驻中国意大利设计师和资深国内设计师的亲临指导，让国产船在具有市场竞争力的同时尽显一流品质及精湛工艺，比如引进号称“游艇王国”的蓝色舞者的游艇设计大师Michele Cadore率ITALIA YACHT TEAM（意大利游艇设计及技术团队）开展游艇设计	厦门
江门市海星游艇制造有限公司	成立于2004年，总部设于香港，由数位游艇业界海归精英创立而成，创始人和管理层拥有丰富、专业的游艇研发、设计以及建造经验，公司拥有强大的研发、设计及高度个性化定制能力	香港、江门

续表

企业	企业简介	国内基地
厦门道恩建筑设计有限公司	拥有多名意大利游艇设计师和室内建筑师，资历丰富，为世界多个国家和地区的不同公司设计过多款艇型游艇，主要对40尺以上豪华定制游艇和双体超级游艇（含120尺以下玻璃钢艇，120尺以上钢、钢玻及钢铝超级游艇）有丰富的整船设计经验	厦门
欧伦（大连）船业有限公司	拥有自己的技术设计团队，聘请来自法国、德国、新西兰的设计师和监造师，与多家国外设计院建立了长期战略合作关系	大连
广东潮宏基实业股份有限公司	集珠宝首饰设计、生产、销售于一体，秉承“弘扬东方文化精髓，推动中国原创设计”理念，坚持走自主原创道路，将东方文化和国际时尚完美融合，吸纳国内重点大学教授、香港资深设计师等顶尖人才加入，持之以恒地以原创设计推动产品差异化	广州
上海克徕帝珠宝发展有限公司	是国内专业做钻石的珠宝品牌，于1992年与比利时、法国、意大利等顾问伙伴开始合作，提升产品品质	上海
深之蓝海洋科技股份有限公司	主要提供自主水下航行器、水下滑翔机以及缆控水下机器人等小型水下运动载体的相关技术解决方案和产品	天津
上海彩虹鱼海洋科技股份有限公司	从事海洋科学技术开发研究，并将研究成果进行产业化与市场化发展的深海高科技公司，研究成果“彩虹鱼”号全海深载人深潜器能下潜到11000米深度	上海
北京星际荣耀空间科技股份有限公司	研制的“双曲线一号”运载火箭，成功将卫星送入预定轨道	北京
蓝箭航天空间科技股份有限公司	至2022年，已成为除美国蓝色起源和美国太空探索技术公司（简称SpaceX）之外全球第三家、中国唯一同时掌握百吨级液体火箭发动机和中大型液氧甲烷火箭关键技术及研制保障能力的民营企业	北京

续表

企业	企业简介	国内基地
湖南航升卫星科技有限公司	成立于2015年，是一家具备独立的卫星总体设计与工程研制能力的国家高新技术企业和科技型中小企业，拥有我国最早从事先进微小卫星研发制造的创新团队——国防科技大学天拓卫星创新团队，业务包括微纳卫星设计与研制、空间产品定制开发、工业空间产品开发等	长沙
上海航天空间技术有限公司	成立于2020年，是上海航天技术研究院控股的商业小卫星系统公司，主要从事商业卫星总体设计集成和卫星数据开发应用	上海
深圳市海思半导体有限公司	全球领先的Fabless半导体与器件设计公司，覆盖智慧视觉、窄带物联网、智慧媒体、智慧出行、手机终端、数据中心及光收发器等多个领域	深圳
上海韦尔半导体股份有限公司	全球前三大互补型金属氧化物半导体（CMOS）图像传感器（CIS）芯片设计企业之一，研发芯片领域涉及手机、安防、汽车电子、可穿戴设备、物联网、通信、计算机、消费电子、工业、医疗等领域。研发中心与业务网络遍布全球	上海
华大半导体有限公司	围绕汽车电子、工业控制、物联网三大应用领域，重点布局控制芯片、功率半导体、高端模拟芯片和安全芯片等，形成产品矩阵及全面的解决方案	上海
紫光展锐（上海）科技有限公司	我国集成电路设计龙头企业，优势是5G芯片设计	上海
北京木马工业设计有限公司	荣获德国红点奖、iF设计奖、美国工业设计优秀奖（IDEA）、中国设计红星奖金奖等，汇集300名设计精英人才，服务超过50家世界五百强客户，包括飞利浦、三星、英特尔、通用电气、强生、中国石油等，主持开发超过2000件创新产品，覆盖机器人、医疗健康、家用电器、仪器装备、智能硬件、家居生活、智能出行、快消品等领域	北京、上海、杭州、南京等

续表

企业	企业简介	国内基地
北京洛可可科技有限公司	成立于2004年，总部位于北京，布局伦敦、深圳、上海、成都、南京等地，2013年入选由工业和信息化部认定的国家级工业设计中心。整合设计服务内容包括产品策略与研究、工业设计、结构设计、品牌设计、UI交互体验设计、服务设计、生产供应链管理等业务，获得iF、红点、IDEA、红星四项大奖	北京、深圳、上海、成都、南京
浪尖设计集团有限公司	获得包括高通、飞利浦、华为、中兴、长虹、格力、联想、海尔、海信、TCL、美的、艾美特、九阳、苏泊尔、惠而浦、松下、阿斯顿马丁、宾利、奥迪、波音、摩托罗拉、夏普、赛欧特、三洋、中国科学院、国防科学技术大学、清华大学、蓝韵等近1000名国内外不同行业品牌客户的认可和委托，成功案例超过10000个	深圳
杭州瑞德设计股份有限公司	成立于1999年，是以产品设计、空间设计、品牌策划设计为核心的科技型综合设计公司，荣获红点奖、iF设计奖、IDEA等国际设计大奖，拥有200多名跨领域创新设计成员，包括产品设计、空间设计、平面设计、交互体验设计、结构工程、电气工程、包装类工程、模型塑造、心理学专家、市场专家、商业策划专家等	杭州
杭州飞鱼工业设计有限公司	至2023年，累计服务400多家国内外品牌及企业，主要从事工业设计、品牌策略、设计孵化等项目，多次获得红点、iF、IDEA等奖	杭州、上海、深圳、郑州、广州
产品梦工厂	成立于2010年，服务大量世界500强客户，具有大量产品需求→产品定义→策划→外观设计→结构设计→硬件开发→嵌入式软件开发→软件开发→样机→模具→批量→灰度测试→产能爬坡的全流程研发生产经验，覆盖医疗健康、智能硬件、工业设备、高铁设备、户外设备、特种装备、智能家居、消费电子等领域	北京
德国爱达克集团（EDAG）	全世界最大的、独立的汽车开发工程公司，提供整车、变型车、部件及其工业生产装备从研发到项目管理的完整的一条龙服务。其亚太区总部爱达克车辆工程（上海）公司成立于2004年，至2022年已有300多名的高级工程师，40名左右的外籍专家，主要开发新概念和提供生产解决方案	上海

续表

企业	企业简介	国内基地
意大利宾尼法利纳（Pininfarina）	意大利汽车设计公司，设计的车型包括劳斯莱斯、法拉利599GTB、奇瑞M14、奇瑞A3、别克凯越、中华骏捷、中华H530等	无
意大利Italdesign	意大利汽车设计和工程公司，设计的汽车产品包括大众、宝马、菲亚特、阿尔法·罗密欧、兰博基尼、丰田、现代汽车等，作为现代化科技中心为全球客户服务	无
美国IDEO	设计出了全世界第一台笔记本电脑Grid Composs，客户包括三星、微软、联想、华为等众多一线品牌，在上海都设有分公司，业务范围相当广泛，提供的设计服务包括产品设计、环境设计、数码设计等	上海
德国Designaffairs	成立于1997年，至2018年在德国慕尼黑和埃尔兰根、中国上海及美国波特兰等地工作室共拥有100多名专业人员，能够为客户提供工业、用户界面和材料设计，以及互动创新、机械和可用性工程、原型设计、设计研究、品牌战略等服务	上海
德国Designworks	1995年被宝马集团收购，为宝马集团以及非汽车行业的国际知名客户提供创意咨询服务，客户包括可口可乐、达索航空、巴西航空、约翰迪尔、海德、惠普、微软、旧金山湾区捷运系统、西门子、英特马林以及美国瓦里安医疗系统等，团队除了设计师还有一批具有传播学、心理学、创意、雕塑等多个领域知识背景的人才，可以为客户提供全面的解决方案	上海
日本GK设计集团	创立于1952年，是日本设计行业的集大成者，业务以工业设计为核心，还涉及建筑与环境设计、平面设计及互动设计等多个领域	上海

第四十篇　数字创意设计

数字创意设计是现代信息技术与文化创意产业逐渐融合而产生的新经济形态，和传统文化创意产业以实体为载体进行艺术创作不同，数字创意以现代数字技术为主要技术工具，强调依靠技术、创意和产业化的方式进行数字内容开发、视觉设计、策划和创意服务等，具有附加值高的特点，是高科技、高技术、高水平的多产业融合。数字创意产业涵盖了数字内容创作、数字艺术设计、数字娱乐、数字游戏、数字动漫、数字音乐、数字影视、数字出版等多个领域。对数字创意设计企业来说，人才（“精设计、懂科技、通商道、厚人文”复合型创新技术技能人才）、技术（主要是软件）、品牌产生核心竞争力。

一、海南发展的有利条件

（一）海南已经建立“国际设计岛”规划政策体系，大力支持包括数字创意设计在内的设计产业发展

《海南自由贸易港建设总体方案》提出建设国际设计岛的总体部署，明确打造文旅创意设计、建筑与环境设计、数字文化创意、数字创意设计的CAID设计产业体系。围绕“国际设计岛”的建设，海南已出台《海南国际设计岛产业发展规划》《海南国际设计岛建设方案》《关于支持设计产业发展的若干措施（试行）》等，为海南发展包括数字文化创意在内的设计产业指明了发展路径。

（二）海南拥有数字文化创意等知识型产业发展的优势及专项支持政策

海南的生态环境、全球高层级的开放交流平台、开放的跨境数据流动制度、国际化文化创意人才引进和培育以及各项奖励措施等，见上篇。

二、海南发展数字文化创意的方法

（一）围绕海南复兴城互联网信息产业园和海南生态软件园，重点吸引培育一批动画设计、游戏设计企业

海南发展数字创意设计可以通过提升配套设施、搭建技术平台等，积极

吸引或培育一批特色数字创意设计类企业及相关服务商，形成海南特色产业生态圈，具体包括：动画制作企业，通过提供专业的动画制作设施和技术支持，吸引动画制作公司入驻，依托企业在动画片、电影、短片等动画作品的制作和发行专业，推动海南本土动画产业的发展；游戏设计企业，提供游戏开发平台和技术支持，吸引游戏开发公司入驻。这些企业可以开发手机游戏、电脑游戏、在线游戏等数字游戏产品，促进海南本土游戏产业的壮大。

（二）推动数字创意设计产业与海南本地旅游业、电竞产业、文化娱乐产业融合发展

旅游业。一是使旅游体验与数字文化创意融合。将数字技术和创意元素融入旅游体验中，为游客提供独特而丰富的旅游体验。例如，可利用AR为南山寺景点或崖州古城文化遗址等提供虚拟导览，开发数字化导游应用程序，提供定制化的环岛旅游线路、故事解说和互动娱乐等。二是数字艺术与景观结合。使数字艺术创作与海南的自然风光、文化景观相结合，在海滩或森林中设置数字艺术装置，利用光影、投影、音乐等元素创造出沉浸式的艺术体验。三是数字化文化演出和节庆活动。利用数字技术和创意手段丰富海南的文化演出和节庆活动，组织数字化文化创意展览、艺术节和娱乐活动，吸引更多的游客和艺术爱好者。四是数字化旅游营销和用户互动。通过有创意的营销活动和互动式的内容，吸引用户关注海南的旅游目的地和数字文化创意项目。例如，可组织环海南数字摄影比赛、微视频制作比赛或社交媒体挑战活动，鼓励用户分享自己在海南旅游的照片、视频和故事，提升海南旅游的知名度。

电竞产业。电竞产业正在与元宇宙、虚拟现实等新概念加速融合，数字创意设计将主要通过开发虚拟形象的方式支持游戏和电竞发展元宇宙、虚拟现实。

文化娱乐产业。海南可以引进数字艺术创作、互动艺术装置设计、数字雕塑设计等领域企业和大师工作室，为海南的公共空间和文化场所打造具有艺术性和互动性的作品；吸引数字媒体与内容创作公司入驻，支持影视娱乐数字内容设计、数字媒体内容创作（如短视频、网络剧集、数字出版物等）。

三、建设路径建议

一是打造完善的创意孵化和培训体系，建立创意孵化中心，提供培训、

指导和资金支持等服务。通过孵化中心，提供创业孵化、项目评估和市场推广等支持，帮助创意人才和创业者快速成长。开展培训和教育活动，提升从业者的技能水平和专业素养，培养更多的优秀动漫创作人才。二是推动动漫小镇与国内外资源联动，通过建立产业联盟、协会和平台，引导不同环节的企业和机构相互合作，促进资源共享和合作创新，使动画制作、漫画出版、游戏开发、衍生品设计等动漫产业各环节实现链式联动。组织动漫创作者和企业参加国际性的动漫展览和交流活动，推广海南本地的动漫作品，吸引国内外知名动漫工作室和投资者来海口投资和合作。三是打造特色文化街区和创意空间，在动漫小镇的核心区域打造特色文化街区和创意空间，提供创作、展示和交流的场所，包括建设动漫创意园区、动漫主题街区、创意办公空间等，在街区内举办动漫展览、漫画市集、创意嘉年华等活动。四是支持文旅开发商开展国内外动漫IP合作，打造动漫旅游路线，实现动漫场景在旅游路线内重现，并将动漫IP融入咖啡店、快餐店、冰激凌店等本地消费场景，推动旅游消费创收。

四、强化海南本地黎苗文化品牌建设中的数字创意设计应用

发挥数字创意设计对海南本地如黎族、苗族等文化品牌建设推动作用，实现区域品牌定位和传播，开发数字化产品，并通过举办创意文化活动、开展数字营销和推广等方式，打造海南本地文化品牌，推动海南文化产业的繁荣和发展。一是数字化产品开发与体验设计，利用数字创意设计，开发与黎族、苗族文化相关的数字化产品和体验。开发基于虚拟现实（VR）或增强现实（AR）技术的应用，让用户身临其境般地感受黎族、苗族的文化特色和传统习俗。设计与本地文化相关的游戏、动画、电子书等数字化产品，提供互动体验和教育性的内容，吸引用户的关注和参与。二是数字营销和推广，利用数字创意设计开展有针对性的数字营销和推广活动，提升黎族、苗族文化品牌的曝光度和知名度。通过设计创意广告、短片、社交媒体内容等，宣传文化品牌的独特价值和故事。利用社交媒体平台、在线旅游平台和电子商务渠道，开展数字化的推广活动，吸引更多的目标受众了解和体验海南本地特色文化。三是文化活动与体验设计，通过数字艺术装置、互动展览和文化创意产品等，提供与本地文化相关的互动体验，提升文化品牌的认知度和参与度。

五、支持数字创意设计产业国际化合作

依托海南自由贸易港国际化发展的政策红利，与不同国家和地区的创意人才、企业和资源进行互动和合作，共享海外合作伙伴的创意、技术、市场资源。在与海外专业资源合作中，注重搭建合作平台，通过组织数字创意设计领域的交流活动，邀请如日本的动漫产业专家、创意设计师等参与，以论坛、研讨会、工作坊等形式，促进海南本地与海外资源的沟通与合作，在推动国际特色数字文化创意项目落地海南的同时，还可以与海外相关的合作伙伴，如动画制作公司、游戏开发团队、出版商等建立合作伙伴关系，共同开展创意项目，将海南本地的文化元素与海外文化如日本动漫相结合，打造特色项目。此外，支持海南本地数字文化创意企业走出国门，参与国际性的展会，如日本的动漫展会、国际创意设计展等。在强化与海外合作的过程中，利用如三亚崖州湾科技城“五合一”知识产权保护体系的机制及海外知识产权保护联盟资源，注重建立健全的版权保护机制，保护双方的创意作品和知识产权。

企业享受的自由贸易港其他优惠政策、海南省奖补措施以及落地指南等，见附件。

典型企业情况表

企业	企业相关业务简介
合一集团	中国最大的在线视频平台之一，提供丰富的数字文化创意内容和服务
科大讯飞股份有限公司	公司探索创新产研模式，在计算机视觉、认知图谱、智能机器人、方言保护等领域开展技术研究和产业应用落地，同时积极联动本地文化、旅游相关场景，找寻“文化+科技”相结合的本地解决方案
苏州米粒数字科技有限公司	成立于2012年，是数字内容制作行业的高新技术企业，运用前沿的数字技术，打造了多部知名动画电影，如《龙之谷：破晓奇兵》《精灵王座》《三只小猪》《阿凡提之奇缘历险》等。公司以信息技术应用和工业化生产能力为核心，为多家知名企业，如腾讯、爱奇艺、哔哩哔哩、阅文等提供了高品质的3D数字内容制作服务

续表

企业	企业相关业务简介
腾讯音乐娱乐（深圳）有限公司	腾讯旗下的数字音乐娱乐公司，为用户提供数字音乐、演唱会直播等多样化的音乐娱乐服务
苏州红鲸影视文化传播有限公司	一支由国内知名动漫集团光线传媒旗下彩条屋影业投资的集开发、制片与制作于一体的全案型创制团队，业务涵盖动画电影、电影视觉预览（Previz）、游戏CG（计算机动画）短片、动画PV（音乐影片）、动画番剧等领域
友谊时光科技股份有限公司	一家在香港主板上市的集文化创意与科技研发于一体的新型互联网公司。业务涵盖网络游戏研发、全球发行运营、IP生态衍生、文创产业投资等
美国奥多比（Adobe）	全球领先的数字媒体与创意解决方案提供商，为创意专业人士和企业提供创新的数字文化创意工具
美国微软（Microsoft）	全球知名的科技公司，涉足数字文化创意领域，推出多个创新产品和服务，如Xbox、Surface等
微软动画（Tyson Animation）	美国知名的动画制作公司，专注于数字动画和特效制作，参与过多部知名动画电影的制作
奈飞创意工作室（Netflix Creative Studio）	美国奈飞公司旗下的创意工作室，负责为Netflix制作独家的数字文化创意内容
Sketch Creative	英国的数字创意设计公司，专注品牌设计、用户体验和数字营销等领域
法国育碧（Ubisoft）	一家跨国的游戏开发与发行公司，专注于数字游戏的开发与创新，拥有众多知名游戏IP
美国奈飞（Netflix）	全球领先的在线视频平台，提供高质量的数字文化创意内容和独家制作的影视作品

附件1　海南自由贸易港优惠政策

一、加工增值政策

对鼓励类产业企业生产的不含进口料件或者含进口料件在海南自由贸易港加工增值超过30%（含）的货物，经“二线”进入内地免征进口关税，照章征收进口环节增值税、消费税。同时，“深加工结转”情况也适用加工增值政策，即鼓励类产业企业进口原料，加工的成品或半成品结转至区内其他经备案的鼓励类产业企业进行进一步加工，最后一家企业生产的加工产品加工增值超过30%的，出区内销时享受免征关税。

二、自由贸易港企业所得税优惠政策

2025年前，对注册在海南并实质性运营的鼓励类产业目录企业，按15%征收企业所得税。2025年后，对注册在海南并实质性运营的企业（负面清单行业除外），按15%征收企业所得税。需要提醒的是，企业的主营业务应为海南自由贸易港鼓励类产业目录的项目，且主营业务收入占企业收入的 60%以上。鼓励类产业目录包括《产业结构调整指导目录（2019年本）》《鼓励外商投资产业目录（2019年版）》和《海南自由贸易港鼓励类产业目录（2020年本）》。

三、个人所得税优惠

对在海南自由贸易港工作的高端人才和紧缺人才（高端人才指年收入应达到30万元以上或是海南人才管理部门认定的人才。紧缺人才指除满足上述认定条件外，还应当在海南自由贸易港行业紧缺人才目录范围内）。其个人所得税实际税负超过15%的部分，予以免征。享受个人所得税优惠政策的高端人才和紧缺人才需满足以下认定条件：（1）在海南连续缴纳社保包括12月在内超过6个月及以上（无法缴纳社保的外籍人士可以不参照此条）；（2）与海南注册并实质性运营的企业签订一年期以上的劳务合同或聘用协议。经测算可得，不考虑目前我国个人所得税法规定的子女教育、继续教育、大病医疗、住房贷款利息、住房租金和赡养老人等六项专项附加扣除情况，个人综合所得达人民币47.02万元时为临界点，即纳税人年收入超过47.02万元时（年应纳税所得额超过31.92万元时），海南的个税政策才有比较优势。以企业高管税前收150万元为例，扣除免征额6万元和“三险一金”49540元（按2020年海南社保缴费基数上限18348元和“三险一金”比例22.5%计算），假定没有其他扣除，应纳税44.37万元（税负为31.92%），按海南个税政策计算，应纳税20.86万元，应退税23.51万元。

享受海南自由贸易港个税优惠政策无须个人申请，相关职能部门将通过部门联合审核、信息共享方式，汇总可享受优惠政策的人才名单并移交省税务局。省税务局录入系统后，个人通过“个人所得税”App等渠道办理汇算清缴时将直接进入享受优惠办理通道。

四、“一负三正零关税”政策

海南自由贸易港分两个阶段实施“零关税”政策。第一阶段即2025年全岛封关运作前，实行“一负三正零关税”清单管理，对清单内的货物及物品，免征进口关税、进口环节增值税和消费税。第二阶段即2025年全岛封关运作、简并税制后，对进口征税商品目录以外、允许海南自由贸易港进口的商品，免征进口关税。现阶段企业进口自用生产设备“零关税”负面清单、进口原辅料“零关税”正面清单已正式对外发布。截至2023年8月，海南自由贸易港“零关税”清单优势产品共有1696个品类（其中，交通工具104个、原辅料241个品类、自用生产设备1341个品类），未来还会增加。

附件2　相关奖补措施

一、工业投资奖励

1. 企业固定资产投资奖补。根据《海南省促进经济高质量发展若干财政措施》（琼府办〔2021〕65号）规定，制造业项目年度固定资产投资2000万元以上的，奖励5%，最高2000万元奖励。项目年度固定资产投资超过10亿元（含）的，每家企业每年的奖补合计不超过3000万元。对项目年度实际完成投资使用银行贷款，按照贷款市场报价利率（LPR）50%贴息，给予最高2000万元补贴（注：利率补贴也包含在3000万元以内）。《海口市做强工业经济二十条措施》规定，对新建制造业企业连续三年按项目总投资的10%给予奖励，最高不超过企业当年工业总产值的3%。

2. 工业企业技改补贴。技术升级改造投资1000万元以上的企业，按照设备投资额的10%给予最高1000万元的补贴；对企业通过融资租赁引进设备进行技术改造的，按照一年期融资租赁费的50%给予最高1000万元的技改补贴。

3. 强基工程奖励。对入选工业强基工程等国家高精尖端制造强国计划并成功实施成果转化的实体项目，按照项目固定资产投资额的30%给予最高500万元的奖励。

二、生产规模奖励

4. 企业生产规模奖励。根据《海南省促进经济高质量发展若干财政措施》（琼府办〔2021〕65号）规定，从2021年起，产值首次突破3亿元、5亿元、15亿元、30亿元、50亿元的先进制造业企业，分别给予30万元、50万元、150万元、300万元、500万元的一次性奖励。《海口市做强工业经济二十条措施》规定，对年度工业总产值首次分别达到5亿元、10亿元、20亿元、30亿元、50亿元、80亿元、100亿元的企业，当年分别给予一次性奖励30万元—600万元。

5. “小升规”奖励。对首次升规纳入海南省统计的工业企业，给予企业管理团队10万元的一次性奖励，三年内不降规的再奖励10万元。《海口市做强工业经济二十条措施》规定，对首次升规纳统的工业企业给予一次性奖励5万元。

6. 优质企业奖励。对2021年以来，首次获得国家专精特新“小巨人”的企业给予一次性100万元奖励；对首次获得国家制造业“单项冠军”的企业给予一次性500万元奖励。《海口市做强工业经济二十条措施》规定，对首次获得国家级专精特新“小巨人”认定的企业给予奖励50万元，复核通过的再次给予奖励10万元。首次获得海南省“专精特新”中小企业认定的给予奖励10万元，复核通过的再次给予奖励5万元。首次获得海南省创新型中小企业认定的给予奖励2万元。对首次通过高新技术企业认定的企业，奖励40万元—50万元；对再次通过认定的高新技术企业，给予奖励10万元—30万元。对首次认定为“种子企业”“瞪羚企业”“领军企业”并获得省级“精英行动”奖励的高新技术企业，按照省级奖励金额的50%给予配套奖励，最高分别不超过100万元、200万元、350万元。

三、研发和成果转化奖励

7. 企业创新研发投入奖励。根据《海南省促进经济高质量发展若干财政措施》，对内设研发机构的规模以上企业，按照年度内部研发经费增量分档给予5万元至50万元奖励。对规模以上工业高新技术企业、其他高新技术企业，按年度研发经费增量的30%分别给予最高200万元和100万元补助。《海口市做强工业经济二十条措施》规定，对当年实现盈利、产值超过2000万元且研发投入超过500万元的企业给予产值增量奖励，最高不超过企业当年研发投入的总额。对获得省级研发经费增量奖励的高新技术企业，按照省级奖励金额的50%给予配套奖励，其中，已纳入国家一套表联网直报平台统计的规上工业企业不高于100万元，其他企业不高于50万元。对获得省级研发经费增量奖励的省级高新技术企业培育库企业，按照省级奖励金额的50%给予配套奖励，最高不超过15万元。省外高新技术企业整体迁入海口，最高奖励50万元。

8. 企业改造升级奖励。对获得国家工业互联网试点示范，国家智能制造、服务型制造、绿色工厂等试点示范的企业，给予200万元一次性奖励。对获评海南省工业互联网应用优秀案例的企业，给予100万元一次性奖励。《海口市做强工业经济二十条措施》规定，对新认定的国家级技术创新中心、国家级制造业创新中心给予一次性奖励300万元。对新认定的国家级工程（技术）研究中心、国家级技术转移中心、国家级企业技术中心给予一次性奖励200万元。对新设立的国家级重点实验室给予奖励500万元。对规模以上工业企业、高新技术企业设立并经认定为省级研发机构的，按省级补助金额给予1：1比例配套支持，最高不超过50万元。系统布局重点领域关键核心技术攻关，重点聚焦生物医药、数字经济、新能源新材料、先进制造、集成电路、热带高效农业、生态环保等领域，通过揭榜挂帅和定向择优筛选等方式支持企业实施关键技术产业化和核心技术攻关。揭榜挂帅重大科研项目给予资助300万元—1000万元；重大、重点类科技计划项目分别给予最高限额资助300万元、80万元。

9. *初创型企业资金投入奖励*。根据《海南省促进经济高质量发展若干财政措施》，设立种子企业、瞪羚企业、领军企业培育库，对入库企业按照实际研发投入超过销售收入3%部分的15%分别给予最高300万元、500万元和1000万元补贴。

10. *首台（套）奖励*。支持具有行业引领和技术创新的首台（套）装备研发制造及产业化应用项目立项，在项目验收通过后，给予项目总投资的30%奖励，最高不超过1000万元。首台（套）装备实现销售后，按合同金额的30%对研发制造企业给予奖励，成套装备奖励最高不超过300万元，单台设备奖励最高不超过200万元，总成或核心部件奖励最高不超过100万元。研发制造企业投保的首台套保险，按照实际投保费率最高不超过3%，以及实际投保年度保费的80%给予补贴，最高不超过300万元（国家和省级保费补贴不重复享受）。进口海南自由贸易港“零关税”原辅料正面清单中的原辅料，进行首台（套）生产制造业的，在首台（套）销售后，按照向海关申报“零关税”原辅料金额的10%对研发制造业进行奖励，最高不超过30万元。进口自用设备用于首台（套）生产制造的，按向海关申报“零关税”自用设备金额的10%、最高不超过30万元奖励。产品经“二线”进入内地销售的给予专门奖励，按照向海关申报进口金额的10%、最高不超过30万元奖励。

四、医药和医疗器械奖励

11. 国际认证奖励。根据《海南省支持现代生物医药产业做大做强奖补资金管理实施细则》规定，对获得国际权威认证的药品和医疗器械（二类医疗器械及以上）生产企业，每通过一次认证奖励200万元。通过国际权威认证是指通过FDA、EMA、EC、PMDA或WHO等国际机构认证，并在相关国外市场实现销售，年销售额达1000万元（含）。认证到期后再次获证的不再给予奖励。对达到美国、欧盟和日本等主流市场认证标准、在当地首次完成产品注册并落户海南省生产的，制剂品种每获得一个注册批件一次性奖励50万元，医疗器械每个奖励20万元。同一个品种在同一国家获得不同规格的多个注册批件，按一个注册批件奖励。

12. 医疗器械配套奖励。《海南省药监局十项措施推动医疗器械产业高质量发展》支持提升检测服务能力、推动专业服务平台建设，《海南省促进经济高质量发展若干财政措施》对新建（扩建）共性技术、重大创新研发、产业创新服务综合体、中试研究基地、技术转移转化服务机构、检验检测等专业服务平台软硬件投资500万元以上，按照投资额的30%给予最高500万元补贴。专业公共服务平台为企事业提供服务的，年度服务金额达300万元以上，按照年度服务金额5%给予最高500万元奖励。

13. 股权投资奖励。根据《海口市科学技术工业信息化局关于支持生物医药产业发展若干措施》（海科工信法规〔2022〕1号），对主营三类医疗器械或创新医疗器械的高端创新企业，单次获得市场化运作的专业投资机构（或上市公司）股权投资达到1000万元及以上，按照实际获得投资额的1%，单个企业奖励不超500万元。《海口市做强工业经济二十条措施》规定，用活海南自贸港基金、海口市政府投资引导基金以及各层次产业引导基金、私募股权基金，设立海口市中小企业发展投资基金，支持本地重大招商引资和优质产业项目。对在沪深北交易所（含创业板、科创板）首次公开发行股票并上市的企业，分阶段给予奖励1500万元；按规定异地“买壳”或“借壳”上市，将注册地迁回海口市的企业，一次性奖励1000万元；在境外主要证券交易所公开发行股票并上市的海口企业，一次性奖励1000万元。企业通过信用担保机构向金融机构贷款投资的项目，每个项目最高给予10万元贷款贴息扶持。

为中小企业提供信用担保服务的担保机构，每年最高奖励50万元。

14. 企业成果转化奖励。根据《海口市科学技术工业信息化局关于支持生物医药产业发展若干措施》（海科工信法规〔2022〕1号），对注册地为海口市的药企在中国境内完成Ⅰ—Ⅲ期临床试验并获得上市许可的创新药，海口市按“随批随进”的原则直接使用，给予最高不超过实际使用产品金额的3%奖励。

15. 带量采购奖励。根据《海南省促进经济高质量发展若干财政措施》，参加国家药械集中带量采购中标品种，按照以中标单价完成实际销售额的3%给予最高300万元的奖励。

16. 研发券奖励。根据《海南省生物医药产业研发券管理暂行办法》，对生物医药企业提供临床前研究奖励、临床试验奖励、新产品产业化、新品销售奖励。临床前研究奖励方面，在研创新药（含生物制品，下同）、改良型新药（含生物制品，下同）、生物类似药（含境内外已经上市的生物制品，下同）获得临床批件后，按品种给予产品注册申请人200万元的一次性奖励。其他第三类医疗器械获得临床批件后给予产品注册申请人一次性补助50万元。临床试验奖励方面，在研创新药、改良型新药和生物类似药完成Ⅰ期、Ⅱ期、Ⅲ期临床试验研究后，分阶段给予产品注册申请人总额1000万元的临床试验补助。其中，完成Ⅰ期临床后补助200万元、完成Ⅱ期临床后补助300万元、完成Ⅲ期临床后补助500万元。获批纳入国家医疗器械创新或优先审批通道的第三类医疗器械完成临床试验研究后，给予注册申请人300万元奖励。其他第三类医疗器械完成临床试验研究后，奖励申请人100万元补助。新品产业化奖励方面，对在海南省内注册登记、具有独立法人资格的药品注册申请人提出注册申请的药物，获得药品批准文号并在本省产业化，按药品批准文号类别和数量给予药品上市许可持有人一次性奖励，其中创新药物每个奖励600万元；改良型新药、生物类似药每个奖励300万元；化学仿制药每个奖励100万元（同品种全国前三家纳入中国上市药品目录集的，再奖励100万元）；古代经典名方中药复方制剂和同名同方药产品每个奖励100万元。获得医疗器械注册批文并实现就地产业化，年销售收入达200万元（含）以上，纳入国家医疗器械创新或优先审批通道的第三类医疗器械每个奖励200万元，其他第三类医疗器械每个奖励100万元，其他第二类医疗器械每个奖励40万元，纳入海南省第二类创新医疗器械特别审查程序并批准注册的奖励60万元。新品销售奖励方面，对药品单个品种年销售收入首次突破1亿元的，给予200万元的一次性奖励，首次突破5亿元的再给予200万元的一次性奖励。《海口市做强工业经济二十条措施》规定，对新药临床试验一次性最高补贴2000万元，对新药研发取得药品批件一次性最高奖励1000万元。

17. 仿制药质量和疗效一致性评价奖励。对通过一致性评价的化学仿制药，按每个品种200万元的标准给予药品上市许可人一次性补助，对于全国前三位通过的品种，再奖励100万元。对通过一致性评价的，从通过的第二年开始连续两年按销售收入的2%给予奖励，累计总额不超过200万元。对于视同通过一致性评价的药品所关联的料药为海南本地自主生产具有批准文号的，奖励累计上限提高到300万元。

18. 医药和器械做大奖励。对2019年以来在海南省新上市的药品，单个品种年销售收入首次突破1亿元的，一次性奖励200万元；首次突破5亿元的再奖励200万元。对医疗器械单个品种年销售收入首次突破500万元的，一次性奖励50万元，首次突破2000万元的再奖励50万元。首评“年度中国医药工业百强企业榜单”，海口市一次性给予200万元奖励，以后在最高名次的基础上，每提高一个位次奖励10万元。医药企业当年单个销售收入过亿元的品种，按照销售收入分档奖励，最高奖励600万元；医药流通企业最高奖励50万元。

19. 商业保险支持。对于购买生物医药人体临床试验责任保险、生物医药产品责任保险、科技项目研发费用损失保险等定制化综合保险产品的，按其实际缴纳保费的50%予以资助，单个保单最高不超过50万元，单个企业当年最高不超过500万元。

20. 首台（套）和创新药应用奖励。对海口市医疗机构使用海口生产的、经认定的首台（套）器械，给予实际使用产品金额20%的奖励。

21. 海口与博鳌乐城联动发展奖励。对于利用博鳌乐城政策引进国外上市药械产品，落户海口国家高新区生产并形成销售的单个品种奖励1000万元。海口市CRO机构承接乐城真实世界数据研究业务，按照实际合同金额的10%最高奖励500万元。从乐城国际医疗旅游先行区引进并在海口落地生产的药械品种最高奖励1000万元。

22. 委托生产奖励。持有B证的业主，委托海口企业生产并将产值纳入海口统计的，当年每个品种落地奖励100万元；开始生产的次年，以该产品次年销售收入的2%给予委托方企业奖励。委托生产并取得加工生产费用的，连续三年按实际委托加工费的20%奖励，最高不超过3000万元。

23. 新药品引进奖励。对新引进落地海南，委托外地生产，但在海南结算的品种，按照每个批文50万元的标准给予产品上市许可人补贴。

24. 鼓励建设应用平台。CXO（制药企业研发外包产业链，包括CRO、CMO、CDMO等）企业固投（不含土地款）超过1亿元的项目，按照固投的20%予以资助，最高可享受5000万元资助。对医药公共检验检测企业或机构采购设备按5%给予补贴，每年最高补贴 5000万元。

25. 新药研发和自主创新奖励。对医药企业新取得国家药品注册批件和生产批件，并落户海口生产的化药、生物制品和中药按类别给予最高1000万元奖励。取得医疗器械注册批件并落户海口的，最高奖励200万元，次年销售收入5000万元以上的，奖励300万元，首台（套）医疗设备，按销售收入最高可资助1000万元，对医药企业的临床研究费用最高补贴300万元。

五、经营补贴类

26. 空运物流补贴。根据《海南省促进经济高质量发展若干财政措施》，对执行全货机航线的企业给予货运量补贴，按照进出港货运量及航程，境内航线补贴0.4元至0.6元/千克，境外航线补贴0.7元至1.1元/千克。

27. 生物医药产业的能耗补贴。根据《海口市科学技术工业信息化局关于支持生物医药产业发展若干措施》，对年度营收超过1亿元的生产企业，按年度生产用电费用的4%给予补贴，单个企业当年最高不超过500万元。

六、人才奖励类

28. 人才创业支持。初次创办企业或从事个体经营的高校毕业生（含技师学院高级技工班、预备技师班和特殊教育院校职业教育类毕业生），可以申请不超过30万元、3年以内的创业担保贷款，创业贷款按规定给予贴息补贴；自注册登记之日起，正常经营1年以上且缴纳社会保险费的，给予一次性创业补贴，补贴标准为每个法人1万元。外省高校毕业生在琼创业同等享受相关政策。2020年9月27日，海南省市场监督管理局印发《关于持永久居留身份证外籍高层次人才创办科技型企业试行办法》，在海南11个重点园区，支持持有外国人永久居留身份证（外国人永久居留证）的外籍高层次人才开展科技创业。《海口市做强工业经济二十条措施》规定，对制造企业引进的中级职称以上人才每人每年最高补贴6000元。

七、农产品精深加工类奖励

29. 特色种植标准化生产奖励。根据《海南省支持热带特色高效农业发展奖补资金管理实施细则》，对获评（认）定的种植业“三品一标”基地或标准化示范园，年度生产实际投入资金额不低于300万元的，给予投入资金的20%，一次性最高不超过300万元的奖补。同一农业生产经营主体当年只享受一次奖补资金支持。

30. 农产品深加工项目奖励。对于农产品初加工业、特色农产品精深加工业、国际农产品来料加工业和外向型农产品加工业等领域项目，按项目年度实际投资规模的20%给予一次性最高不超过500万元奖补。

31. 农产品认证奖励。对于国家农产品地理标志登记保护产品，每个产品一次性奖励50万元；对于国家有机农产品，每个产品一次性奖励20万元；对于国家绿色食品，每个产品一次性奖励10万元；对于GAP（良好农业规范）农产品，每个产品一次性奖励10万元；对于同一农业生产经营主体，年度多个不同认证奖补总额不得超过200万元。

八、数字化转型奖励类

32.《海口市做强工业经济二十条措施》规定，鼓励海口市企业加快技术改造、迭代升级，技改项目完工后最高一次性补贴5000万元。企业主导制定或修订国际、国家、行业标准，每个标准最高一性次奖励40万元。对列入国家级、省级循环经济试点的企业最高一次性奖励30万元，通过国家级、省级清洁生产审核的企业最高一次性奖励30万元。加快数字化转型，对达到数字化水平二级以上的企业，最高奖补50万元。对自贸港封关运作前，通过海南AEO论证、并成功申报加工增值内销免关税政策试点的企业，给予资金奖励。

（注：以上奖补政策按文件的有效期执行。）

附件3　企业落户指南

针对企业落户海南自由贸易港、设立子公司并投资建设研发制造项目主要涉及的公司注册、项目投建、人才认定等事项，具体要求和流程如下。

一、公司注册

方向	责任部门	流程内容	提交材料	端口
公司登记注册	海南省市场监督管理局	内资企业登记注册 企业明确落户海南并向落户园区进行备案并获取注册地址后，可（1）直接在海南政务服务网全国一体化在线政务服务平台（“海易办”）选择“合伙企业设立登记”“合伙企业分支机构设立登记”，进行申请表单填写，经系统自动审核后，免费申领电子营业执照和电子印章，领取营业执照、印章、发票（含税控设备）；（2）在线下政务大厅、市场监管所、部分银行网点及园区，找一台“商事登记全业务自助一体机”，插入身份证并进行申请表单填写，一键打印营业执照正、副本［部分网点还可一站式领取印章、发票（含税控设备）及银行卡］；（3）去传统政务服务柜台，填写资料并请窗口工作人员帮忙代办，可现场拿到营业执照、印章、发票（含税控设备）	合伙企业设立登记 ●合伙企业登记（备案）申请书 ●全体合伙人签署的合伙协议 ●全体合伙人的主体资格文件或自然人身份证明、合伙人住所证明 ●主要经营场所使用相关文件 合伙企业分支机构设立登记 ●分支机构登记（备案）申请书 ●变更事项相关证明文件 ●变更合伙企业分支机构须经批准的有关批准文件复印件	合伙企业设立登记 0898-65374780 合伙企业分支机构设立登记 0898-65374780

续表

方向	责任部门	流程内容	提交材料	端口
公司登记注册	市级市场监督管理局	外商投资企业（分支机构）登记注册 企业明确落户海南并向落户园区进行备案并获取注册地址后，可（1）直接在海南政务服务网全国一体化在线政务服务平台（“海易办”）选择“外商投资企业（分支机构）设立登记”，进行申请表单填写，经系统自动审核后，免费申领电子营业执照和电子印章，领取营业执照、印章、发票（含税控设备）；（2）在线下政务大厅、市场监管所、部分银行网点及园区，找一台“商事登记全业务自助一体机”，插入身份证并进行申请表单填写，一键打印营业执照正、副本［部分网点还可一站式领取印章、发票（含税控设备）及银行卡］；（3）去传统政务服务柜台，填写资料并请窗口工作人员帮忙代办，可现场拿到营业执照、印章、发票（含税控设备）	●公司登记（备案）申请书 ●公司章程、合同 ●投资者的主体资格证明或自然人身份证明 ●法定代表人、董事、监事和经理的任职文件及身份证明 ●住所、经营场所合法使用证明 ●商务部门提供的审批机关的批准文件（仅限于涉及外商投资准入特别管理措施的企业提供） ●批准文件或者许可证件（仅限于申请登记的经营范围中有法律、行政法规和国务院决定规定必须在登记前报经批准的项目的企业提供）	外商投资企业（分支机构）设立登记 0898-68582165

二、项目投建

<table>
<tr><th>方向</th><th>责任部门</th><th>流程内容</th><th>提交材料</th><th>端口</th></tr>
<tr><td rowspan="2">投资项目备案和核准</td><td rowspan="2">所在园区主管部门［如海口国家高新技术产业开发区管理委员会（简称海口国家高新区管委会）］</td><td>内资企业投资项目：企业可直接登录海南政务服务网全国一体化在线政务服务平台（“海易办”），选择“企业投资项目备案”事项，选择项目落位地区（如海口市—海口高新区），直接进行投资项目备案</td><td>●项目符合产业政策的声明
●备案项目基本信息表
●项目单位对备案信息真实性承诺书</td><td>企业投资项目备案
0898-65580078
企业落户其他地区的，在事项下选择“其他地区”</td></tr>
<tr><td>外资企业外商投资项目备案：针对不属于海南省“外商投资项目核准”范围的项目，只需向所在园区主管部门进行备案，并由园区向地方政府投资主管部门备案
企业可直接登录海南政务服务网全国一体化在线政务服务平台（“海易办”），选择“外商投资项目备案”事项，选择项目落户地区（如海口市—海口高新区），提供所需材料，直接进行项目备案申请</td><td>●海南省外商投资项目备案证明</td><td>外商投资项目备案
0898-65580918
企业落户其他地区的，在事项下选择“其他地区”</td></tr>
</table>

续表

方向	责任部门	流程内容	提交材料	端口
项目环境影响审批	所在园区主管部门（如海口国家高新区管委会）	企业开展研发或生产投资项目需进行环境影响评估，可登录海南政务服务网全国一体化在线政务服务平台（“海易办”），选择“环境影响报告表许可（除核与辐射类项目外）（告知承诺制）”事项直接进行申请	●报批申请文件 ●环境影响报告表（网站内下载填写） ●关于建设项目环境影响评价文件中删除不宜公开信息的说明 ●环境影响报告表公示稿 ●建设单位环境影响评价告知承诺书	环境影响报告表许可（除核与辐射类项目外）（告知承诺制） 0898-65580078 企业落户其他地区的，在事项下选择“其他地区”
项目节能审查	所在园区主管部门（如海口国家高新区管委会）	企业落户海南自由贸易港开展研发或生产投资项目，须进行节能审查，可登录海南政务服务网全国一体化在线政务服务平台（“海易办”），选择“固定资产投资项目节能审查（特别极简）”事项，选择项目落户地区（如海口市—海口高新区），直接进行申请	●海南省固定资产投资项目节能审查申请表 ●固定资产投资项目节能报告（网站内下载填写）	固定资产投资项目节能备案（特别极简） 0898-65580078 企业落户其他地区的，在事项下选择“其他地区”

续表

方向	责任部门	流程内容	提交材料	端口
项目用地获取	所在园区主管部门（如海口国家高新区管委会）	步骤1　项目土地主动匹配（“土地超市”）：海南省“土地超市”平台发布具备项目落地潜力、可盘活利用、可快速供应的地块信息。企业可通过“海易办”App或微信小程序，点击“热门服务”中的“土地超市”，按照地域或者土地用途等分类指引进行土地索引，实时查询全省各市县各类用途具备供应条件的批而未供土地和储备土地，浏览土地的面积、用途、规划条件、基准地价、投资强度等信息，三维实景浏览土地现状影像情况，将意向地块加入“购物车”并通过平台发出意向申请，市县部门将通过“店小二”服务团队，及时与企业对接，邀请意向主体参与公开竞买土地，实现上地全流程网上交易	●根据平台要求填写企业信息	“海易办”App或微信小程序
		步骤2　获取建设项目用地预审与选址意见书 企业可直接登录海南政务服务网全国一体化在线政务服务平台（“海易办”），搜索“建设项目用地预审与选址意见书核发”事项，选择项目落户地区（如海口市—海口高新区），直接进行申请，经相关部门现场踏勘、听证、公示公告等流程，获取建设项目用地预审与选址意见书	●建设项目用地预审与选址意见书申请表 ●建设项目列入相关规划或者产业政策的文件 ●项目建议书批复文件 ●项目用地红线图 ●标注项目用地范围的土地利用现状标准分幅图	建设项目用地预审与选址意见书核发 0898-65580078 企业落户其他地区的，在事项下选择“其他地区”

续表

方向	责任部门	流程内容	提交材料	端口
项目用地获取	所在园区主管部门（如海口国家高新区管委会）	步骤3　获取建设用地规划许可证 以划拨方式取得国有土地使用权：企业可直接登录海南政务服务网全国一体化在线政务服务平台（“海易办”），搜索“建设用地规划许可证核发”事项，选择项目落户地区（如海口市—海口高新区），勾选“以划拨方式取得国有土地使用权”进行申请 以出让方式取得国有土地使用权：企业可直接登录海南政务服务网全国一体化在线政务服务平台“海易办”），搜索“建设用地规划许可证核发”事项，选择项目落户地区（如海口市—海口高新区），勾选“以出让方式取得国有土地使用权”进行申请	以划拨方式取得国有土地使用权； ●建设用地规划许可证核发申请表 ●建设项目预审与选址意见书及相关附件、附图 ●发改部门出具的项目核准文件或项目备案文件或项目可研审批文件 ●项目用地红线图 以出让方式取得国有土地使用权： ●建设用地规划许可证核发申请表 ●发改部门出具的项目核准文件或项目备案文件或项目可研审批文件 ●国有土地使用权出让合同及相关文件 ●项目用地红线图	建设用地规划许可证核发 0898-65580991 企业落户其他地区的，在事项下选择“其他地区”

续表

方向	责任部门	流程内容	提交材料	端口
项目用地获取	所在园区主管部门（如海口国家高新区管委会）	步骤4　获取建设工程规划许可证 企业可直接登录海南政务服务网全国一体化在线政务服务平台（“海易办”），搜索“建设工程规划许可证（房屋建筑工程）”事项，选择项目落户地区（如海口市—海口高新区），勾选法人办理或委托办理情况、土地权属证明类型、项目文件类型、房屋土地是否有抵押情况、建设是否涉及历史文化遗产保护情况，提供相应材料进行申请	●建设工程规划许可申请审批表 ●营业执照 ●法人身份证 ●发改部门核发的项目核准文件、项目可研审批文件或项目备案文件 ●建设工程规划设计方案 ●项目用地范围红线 ●建筑单体首层占地范围线 ●建设项目用地预审与选址意见书（若已取得国有土地使用权证或不动产权证或国有建设用地划拨决定书或与资规部门签订的出让合同则不需提交）	建设工程规划许可证（房屋建筑工程） 0898-65580991 企业落户其他地区的，在事项下选择“其他地区”
		步骤5　获取建筑工程施工许可证 企业可直接登录海南政务服务网全国一体化在线政务服务平台（“海易办”），搜索“建筑工程施工许可证核发（承诺制审批）”事项，选择项目落户地区（如海口市—海口高新区），勾选土地权属证明文件类型、工程是否为直接发包及是否存在以下施工情形情况，提供相应材料进行申请	●建筑工程施工许可证申请表 ●建设单位（代建单位）施工许可承诺书 ●自然资源和规划部门核发的建设工程规划许可证 ●自然资源和规划部门核发的建设用地规划许可证或不动产权证，或用地批准文件施工合同 ●施工图设计文件审查合格书 ●中标通知书（直接发包的无须提供）	建筑工程施工许可证核发（承诺制审批） 0898-65580991 企业落户其他地区的，在事项下选择“其他地区”

三、人才认定

方向	责任部门	流程内容	提交材料	端口
高层次人才认定	海南省人才服务中心	企业进行员工高层次人才认定需收集个人的人才认定申请信息，开具推荐意见后，提交人才服务中心或进行备案 步骤1　个人向所在用人单位提出高层次人才认定申请 提供有关证明材料，对照《海南自由贸易港高层次人才分类标准(2020)》选择认定类别，填写海南自由贸易港高层次人才认定申请表。 步骤2　用人单位开具认定或推荐意见 具有认定权限的用人单位对符合条件的A、B、C、D类人才作出认定意见。不具有认定权限的用人单位，对符合条件的A、B、C、D、E类人才作出推荐意见，将申请材料报给市县或者重点园区人才服务部门。 步骤3　提交人才服务中心进行备案 用人单位可直接登录海南政务服务网全国一体化在线政务服务平台（“海易办”），搜索“海南自由贸易港高层次人才认定（国内人才）”或“海南自由贸易港高层次人才认定（国际/境外人才）”事项进行申请。省人才服务中心对符合条件的A、B、C、D类人才颁发相应的海南自由贸易港高层次人才证书和“天涯英才卡”，授权具有认定权限的市县和省重点园区人才服务部门对符合条件的D、E类人才颁发相应的海南自由贸易港高层次人才证书和“天涯英才卡”，授权具有认定权限的用人单位对符合条件的E类人才颁发相应的海南自由贸易港高层次人才证书和“天涯英才卡”	海南自由贸易港高层次人才认定(国内人才及国际/境外人才) ●海南省高层次人才认定申报表 ●认定人身份证 ●劳动合同 ●与申请认定层级和标准相关佐证材料（如学历学位证书、职称证书、职称评审表、执业资格证书、专业技术资格评审表或取得职称资格的相关文件、奖励证书、项目课题计划书、年营业收入证明、税务部门出具的完税证明等） ●近期2寸免冠白底证件照 ●营业执照 ●法人身份证	海南自由贸易港高层次人才认定（国内人才） 0898-65580266 海南自由贸易港引进高层次人才认定（国际/境外人才） 0898-65580266

续表

方向	责任部门	流程内容	提交材料	端口
外国工作人员引进	国家外国专家局	企业调动或招引外国人来华工作，需统一通过科学技术部（国家外国专家局）“外国人来华工作管理服务系统”进行许可的申报与审批 步骤1　获取“外国人来华工作许可通知” 登录科学技术部政务服务平台，点击“政务服务”—“行政许可”—“外国人来华工作许可”，提交相关材料，获取“外国人来华工作许可通知” 步骤2　获取外国人工作许可证 企业要求外国人入境后应于所持签证注明的时间内到公安机关办理居留许可，并于三个月内持“外国人来华工作许可通知”到我国驻外使、领馆办理工作签证，在所聘外国人入境后15天内在科学技术部政务服务平台上提交外国人工作许可证申请。若已认定为外国高端人才（A类），可以持其他签证或有效居留证件入境，并在境内直接申请外国人来华工作许可	获取“外国人来华工作许可通知”需提交材料： ● 外国人来华工作许可申请表 ● 工作资历证明最高学位（学历）证书或相关批准文书、职业资格证明 ● 无犯罪记录证明 ● 体检证明 ● 聘用合同或任职证明（包括跨国公司派遣函） ● 申请人护照或国际旅行证件 ● 申请人6个月内正面免冠照片 ● 随行家属相关证明材料 获取中华人民共和国外国人工作许可证需提交材料： ● 申请人所持签证（Z字或R字）或有效居留许可 ● 聘用合同 ● 体检证明	外国人来华工作管理服务系统 010-88659000

附件4　政策兑现指南

针对企业落户海南可享受的加工增值政策、“零关税”政策、所得税优惠政策，以及研发和成果转化、生产制造、产业配套等财政奖补政策兑现，责任部门、流程内容、提交材料如下。

一、加工增值政策

政策	责任部门	流程内容	提交材料	端口
加工增值政策	中国（海南）国际贸易单一窗口	目前加工增值政策正式在洋浦经济开发区、海口综合保税区、海口空港综合保税区试点，落户其他园区的企业需进行“加工增值扩区专区”申请。企业兑现加工增值政策需三个步骤。 步骤1　企业加工增值业务园区备案 企业向洋浦经济开发区、海口综合保税区、海口空港综合保税区及其他落户园区管理部门备案，园区实施“一企一户”管理制度 步骤2　企业内销关税减免备案申请 （1）落户在洋浦经济开发区、海口综合保税区、海口空港综合保税区的企业，在开展加工增值货物内销前，登录中国（海南）国际贸易单一窗口，通过“海南特色应用”模块，选择“公服平台”下“洋浦专区”“海口综保区专区”“空港综保区专区”，发起加工增值货物内销免征进口关税备案申请，系统对符合条件的备案申请自动生成该加工增值货物内销免征进口关税确认编号，并将编号反馈至国际贸易单一窗口企业端（对出区内销价格、境外进口料件价格、境内区外采购料件价格均未发生变化的同一备案企业的不同合同、批次加工增值货物，确认编号可重复使用；上述三项要素中任意一项发生变化的，则需重新申请确认编号）	企业园区和海关备案信息 ●企业主营业务归属于鼓励类产业目录中的具体条目 ●产品名称以及描述（如主要料件、加工工艺概述等） 加工增值货物内销出区时原材料关税减免办理 ●申报地海关、进境关别：洋浦港海关（代码为6408）、海口综保区海关（代码为6409）、海口空港综合保税区海关（代码为6414），“加工增值扩区专区” ●监管方式：“一般贸易”（代码为0110） ●征减免税方式：“特案”（代码为4）	中国（海南）国际贸易单一窗口 0898-95198

续表

政策	责任部门	流程内容	提交材料	端口
加工增值政策	中国（海南）国际贸易单一窗口	(2) 落户在其他园区的企业，向所在园区进行“加工增值扩区专区”申报，园区一般需报市县商务部门初审，初审通过后报送省商务厅，省商务厅会同相关单位审核通过后报省政府，省政府致函海关总署，海关总署审批确定试点企业名单。省商务厅发布试点企业后，企业应请园区指导，接受海南省税务局、市场监管局等部门关于工商注册相关信息、税务信息、鼓励类项目具体条目、加工工艺、产品等信息的线上备案，完成“加工增值扩区专区”申请。企业开展加工增值货物内销前，登录中国（海南）国际贸易单一窗口，进入“海南特色应用”模块，选择“公服平台”下“加工增值扩区专区”，发起加工增值货物内销免征进口关税备案申请，系统对符合条件的备案申请自动生成该加工增值货物内销免征进口关税确认编号，并将编号反馈至国际贸易单一窗口企业端（对出区内销价格、境外进口料件价格、境内区外采购料件价格均未发生变化的同一备案企业的不同合同、批次加工增值货物，确认编号可重复使用；上述三项要素中任意一项发生变化的，则须重新申请确认编号） 步骤3　加工增值货物内销出区时原材料关税减免办理 加工企业将加工增值货物内销免征进口关税确认编号告知境内区外进口加工增值货物的企业，境内区外进口加工增值货物的企业凭该编号向海关办理进口申报手续，自行缴纳其他税款	●关联备案号：对于“含进口料件加工增值货物”，关联备案号填写为加工增值货物内销免征进口关税确认编号，确认编号规则为A+4位关区代码+年份后2位+5位流水号（包含数字、字母）；征免性质填写为496（“含进口料件加工增值货物”）。对于“不含进口料件加工增值货物”，关联备案号填写为加工增值货物内销免征进口关税确认编号，确认编号规则为B+4位关区代码+年份后2位+5位流水号（包含数字、字母）；征免性质填写为497（“不含进口料件加工增值货物”）	中国（海南）国际贸易单一窗口 0898-95198

二、“零关税”政策

政策	责任部门	流程内容	提交材料	端口
“零关税”政策	中国（海南）国际贸易单一窗口	企业兑现自用生产设备进口“零关税”政策需进行企业主体资格认证、设备海关备案、设备进口备案、设备自动进口申请4个步骤 步骤1　认定“零关税”企业主体资格（仅首次使用需要申请） 企业登录中国（海南）国际贸易单一窗口，选择“海南特色应用”—“零关税区”—“自用生产设备”模块，进行主体资格申请。省市场监管局、省发展改革委、省工信厅、省资规厅审核后，省财政厅、省税务局、海口海关将在1个工作日内完成并联会审。审核结果由中国（海南）国际贸易单一窗口反馈申请人 步骤2　设备海关备案 企业登录中国（海南）国际贸易单一窗口，选择“中央标准应用”—“企业资质”模块，账户登录后，选择“海关企业通用资质”—“企业备案申请”，对需进口的“零关税”设备进行备案 步骤3　设备进口备案 企业设备进口前，登录中国电子口岸官网，对需进口的“零关税”设备申请入网备案（点击“中国电子口岸用户入网申请”模块），获得IC卡，后再次登录中国（海南）国际贸易单一窗口，选择“中央标准应用”—“加贸保税”，完善账户信息	认定“零关税”企业主体资格 ● 营业执照信息（企业名称、统一社会信用代码、法定代表人及联系方式、联系人及联系方式、登记机关等，尽可能通过系统自动填充） ● 进口该设备所应用的行业（严格按照营业执照经营范围填写）	中国（海南）国际贸易单一窗口 0898-95198 中国电子口岸

续表

政策	责任部门	流程内容	提交材料	端口
“零关税”政策	海南省商务厅	步骤4　企业设备自动进口申请 登录海南政务服务网全国一体化在线政务服务平台（“海易办”），选择“机电产品自动进口许可”事项进行申请	●机电产品进口申请表 ●营业执照 ●订货合同 ●代理协议	货物自动进口许可 0898-65328982

三、所得税优惠政策

政策	责任部门	流程内容	提交材料	端口
企业所得税优惠政策	海南省税务局	企业申请鼓励类产业税收优惠采取“自行判别、申报享受、相关资料留存备查”的方式，即企业根据自身情况自行判断是否符合条件、自行申报税收优惠，并根据要求留存备查资料 企业可通过线上直接办理减按15%缴纳企业所得税：登录“国家税务总局海南省电子税务局”，选择“我要办税”—“税费申报及缴纳”—“常规申报”—《中华人民共和国企业所得税月（季）度预缴纳税申报表（A类，2018年版）》(2020年修订)附表A201030减免所得税优惠明细表的第28.2行“2.海南自由贸易港的鼓励类产业企业减按15%税率征收企业所得税”即可享受优惠	企业应主动留存备查资料 ●主营业务属于自由贸易港鼓励类产业目录中的具体项目、属于目录的主营业务收入占企业收入总额60%以上的说明 ●企业进行实质性运营的相关情况说明，包括企业资产总额、收入总额、人员总数、工资总额等，并说明在自由贸易港设立机构相应占比	国家税务总局海南省电子税务局 0898-65328982

四、财政奖补政策

政策	责任部门	流程内容	提交材料	端口
产业配套扶持政策	省级行业主管部门	申请《海南省促进经济高质量发展若干财政措施》（琼府办〔2021〕65号）相关奖补（政策有效期至2025年） 企业应登录“海易兑”海南省惠企政策兑现服务系统“申报通知”专栏，关注省级行业主管部门发布的相关资金申请通知，点击“去申报事项”进行申报。省级行业主管部门收到项目单位申报材料后，组织对申报材料进行审核，开展遴选、推荐、评审工作，组织专家或委托第三方机构进行评审或现场核查，出具项目评审报告。省级行业主管部门完成项目遴选、推荐、评审、验收等工作后，将评审或验收结果通过惠企平台和门户网站向社会公示，社会公示无异议后按程序拨付资金 企业应当关注的财政奖补管理实施细则包括但不限于：《海南省先进装备制造首台套奖励资金管理实施细则》《海南省工业企业小升规奖励资金管理实施细则》《海南省激励企业上规模奖励资金（工业和信息产业）管理实施细则》《海南省优质企业奖励资金管理实施细则》《海南省优化中小企业发展环境奖励资金管理实施细则》《海南省获批国家级研发设计平台资助实施细则》《海南省专业公共技术服务平台奖励管理实施细则》等	●资金申请文件 ●申报单位营业执照、税务登记证、组织机构代码证复印件 ●申报项目的相关证书、合同复印件 ●申报单位对资金申请报告内容和附属文件真实性负责的声明 ●申请银行贷款财政贴息的企业，需提供银行贷款合同、完息证明 ●申请固定资产投资、产值、研发经费投入、升规纳统、营业收入奖励的需提供相关证明等	

续表

政策	责任部门	流程内容	提交材料	端口
医药相关扶持政策	海口市科学技术工业信息化局（简称海口市科工信局）	申请《海口市科学技术工业信息化局关于支持生物医药产业发展若干措施》（海科工信法规〔2022〕1 号）相关奖补（政策有效期为 2022 年 5 月 10 日至 2024 年 12 月 31 日） 企业应关注海口市科工信局发布的资金申请通知或在“海易兑”海南省惠企政策兑现服务系统“申报通知”专栏（申请奖励扶持资金的企业一般于次年 4 月开始提交申报材料，具体时间以市科工信局通知为准），按照要求进行申报。市科工信局对企业申报材料进行审核后报市政府审批，市财政主管部门根据市政府批准意见拨付奖励扶持资金	申请优惠扶持政策的企事业单位、社会团体、行业组织（或联合体），应提供如下基本材料： ● 申请单位营业执照、社会统一信用代码证 ● 申请单位的法定代表人身份证 ● 申请承诺书 申请“支持生物医药科技型初创企业发展”中获得投融资奖励还应提供： ● 主营产品符合该《措施》中有关规定的相关证明材料 ● 获得市场化运作的专业投资机构（或上市公司）股权投资的相关证明材料 ● 盖公章的申请说明及承诺函 申请“支持企业规模化发展”中电费补贴支持还应提供： ● 电费缴纳凭证（以税务发票为准） ● 供电合同等其他证明材料 ● 证明该费用是企业用于产品生产的相关材料	海易兑

续表

政策	责任部门	流程内容	提交材料	端口
医药相关扶持政策	海口市科学技术工业信息化局（简称海口市科工信局）	申请《海口市科学技术工业信息化局关于支持生物医药产业发展若干措施》（海科工信法规〔2022〕1号）相关奖补（政策有效期为2022年5月10日至2024年12月31日） 企业应关注海口市科工信局发布的资金申请通知或“海易兑”海南省惠企政策兑现服务系统“申报通知”专栏（申请奖励扶持资金的企业一般于次年4月开始提交申报材料，具体时间以市科工信局通知为准），按照要求进行申报。市科工信局对企业申报材料进行审核后报市政府审批，市财政主管部门根据市政府批准意见拨付奖励扶持资金	申请“鼓励企业与博鳌乐城联动发展”中支持利用博鳌乐城政策引进国外上市药械产品落户海口国家高新区生产并形成销售奖励的还应提供： ● 购买引进国外上市药械相关合同及付款凭证等证明材料 ● 该药械品种在博鳌开展真实世界研究相关证明材料 ● 该药械品种在海口国家高新区内生产并形成销售的相关证明材料 ● 盖公章的申请说明及承诺函 申请“鼓励企业与博鳌乐城联动发展”中鼓励海口市CRO机构承接乐城真实世界数据研究业务奖励的还应提供： ● 承接乐城真实世界数据研究业务合同 ● 盖公章的申请说明及承诺函	

续表

政策	责任部门	流程内容	提交材料	端口
医药相关扶持政策	海南省工业和信息化厅	海南省生物医药产业研发券兑付申报：企业应登录“海易兑”海南省惠企政策兑现服务系统“申报通知”专栏，关注海南省工业和信息化厅关于开展海南省生物医药产业研发券兑付申报的通知，在相关通知页面点击“去申报事项”，按要求填写并提交研发券兑付信息表和证明材料，省工信厅会同相关部门核查申报单位提交证明材料情况，组织专家开展评审，拟定奖补单位和资金额度，主要审核是否满足兑付条件，兑付材料是否真实有效，申报单位是否有不良记录等	●研发券兑付信息表 ●附件 申请临床前研究奖励：提供完成临床前研究的相关报告和进入临床试验的证明材料，如药物临床试验批件或医院开展临床试验的伦理审查批件、医疗器械临床试验备案表和其他相关证明材料，涉密信息可打码，提供的材料要体现完成时间 申请临床试验完成奖励：提供完成前一阶段临床试验和进入下一阶段临床试验的证明材料，如Ⅰ期临床试验，可提供药物临床试验批件和国家药监局的审批意见通知件、药物临床试验登记与信息公示平台截图相关临床试验备案信息、医院开展临床试验的相关合同、报告及完成Ⅰ期临床试验的总结报告等（提供关键信息页面即可） 申请新产品产业化奖励：提供药品注册证书、产品销售发票2—3张（名称要一致、时间要在证件许可之后、发票要查验是否真实有效）、其他重要性证明材料（非必要性材料，可自行判断，如集采中标品种之类），前三家的需提供中国上市药品目录及截图证明或药监部门的证明材料 申请新产品销售奖励：产品获批的所有证明材料（按照新成果产业化提供）和一个年度的产品销售发票（提供清晰的目录和总结报告，再附上发票原件扫描件，可压缩多张在一个文档内） 申请产品质量标准国际化提升奖励：取得国外标准认证或注册的生产企业清单、已获得的国外认证和注册情况（附证书）	

续表

政策	责任部门	流程内容	提交材料	端口
互联网/智慧海南建设扶持政策	海南省发展和改革委员会	申请《海南省互联网产业发展专项资金管理暂行办法》相关奖补申报与审核程序： 1. 组织申报。省发展改革委发布申报通知，各市县发展改革委组织满足条件的企业申报 2. 审核评审。各市县发展改革委对企业提交的申报资料完整性、合规性、真实性进行初审，并做出初审意见后提交给省发展改革委。省发展改革委根据需要组织有关部门或委托第三方机构开展现场核查、组织评审等工作，并拟定奖补的企业和资金额度 3. 结果公示。拟奖补企业和资金额度在省发展改革委门户网站以及海南省惠企政策兑现服务系统公示，公示期为5个工作日 4. 资金拨付。公示无异议后，省发展改革委按相关程序申请核拨奖补资金 企业应登录“海易兑”海南省惠企政策兑现服务系统“申报通知”专栏，关注省发展改革委发布的通知来进行申报	根据“海易兑”海南省惠企政策兑现服务系统通知要求提交材料	

续表

政策	责任部门	流程内容	提交材料	端口
互联网/智慧海南建设扶持政策	海南省发展和改革委员会	申请《智慧海南建设补助资金管理暂行办法》相关奖补 申报与审核程序： （一）项目立项阶段 1. 项目推荐：省级各行业主管部门、市县政府或重点园区管委会组织企业开展项目申报，并推荐至省发展和改革委员会 2. 项目初审：省发展和改革委员会会同各组长单位对推荐项目进行初步审核。主要审核申报企业资质、有无不良记录、是否重复申报等 3. 项目复审：对通过初审的项目，省发展和改革委员会会同各组长单位，组织开展项目评审和现场核查论证。主要审核项目是否符合智慧海南建设方向，项目的真实性、可行性，项目经济和社会效益，等等 4. 上报审批：对通过评审的项目，由省发展和改革委员会会同省财政厅、各组长单位拟定奖补方案及绩效目标，经公示无异议后，上报省政府批准 （二）补助资金申请阶段 1. 组织验收：按照“成熟一批，支持一批”的原则，省发展和改革委员会会同省财政厅、各组长单位，对项目完成绩效目标进行评审验收 2. 资金拨付：通过验收并完成绩效目标的项目，省财政厅按程序将资金下达至省级各行业主管部门、市县政府或重点园区管委会，相关单位收到财政资金后，应在30个工作日内足额拨付至项目申报单位对公账户	项目立项阶段采用线上方式在海南惠企政策兑现服务系统进行申请，相关单位应按“材料清单”准备PDF电子版材料并在线提交，受理方式为常年受理、集中审批 项目补助资金申请阶段，采用线下方式提交纸质资料，省发展和改革委员会受理 具体材料详见《智慧海南建设补助资金申报办事指南》	海易兑

续表

政策	责任部门	流程内容	提交材料	端口
农业扶持政策	海南省农业农村厅	申请《海南省支持热带特色高效农业发展奖补资金管理实施细则》相关奖补，经“海易兑”自主申报，由市县初审、省农业农村厅组织专家评审	根据通知要求提交	
	三亚崖州湾科技城管理局	申请《三亚崖州湾科技城产业发展优惠政策实施细则（修订版）》相关奖补，经“海易兑”自主申报，由三亚崖州湾科技城管理局审核	基于申报事项，根据《三亚崖州湾科技城产业发展优惠政策实施细则（修订版）》要求提供相应的材料	
航天产业扶持政策	文昌国际航天城管理局	申请《关于鼓励航天航空产业聚集发展的扶持政策》（文航天〔2022〕7号）、《文昌国际航天城产业发展扶持政策（试行）》（文航天〔2022〕8号）、《文昌市支持科技创新企业的若干措施》（文府规〔2020〕343号）相关奖补：企业应登录“海易兑”海南省惠企政策兑现服务系统，在“申报通知”专栏，关注文昌国际航天城管理局、文昌市科学技术工业信息化局发布的相关资金补贴申请通知，点击“去申报事项”进行申报	根据通知要求提交	

续表

政策	责任部门	流程内容	提交材料	端口
航天产业扶持政策	海南省发展和改革委员会	申请《海南省支持航空维修业发展奖补措施实施细则》（琼发改规〔2022〕8号）相关奖补，企业应登录“海易兑”海南省惠企政策兑现服务系统在“申报通知”专栏，关注省发展改革委相关资金奖补申请通知，点击“去申报事项”进行申报	●申报单位法人营业执照副本复印件 ●申报单位未列入信用中国网严重失信主体名单证明 ●申报单位未列入国家企业信用信息公示系统经营异常名录证明 ●申报单位近三年享受财政奖励情况 ●申报单位获得中国民用航空局（CAAC）、美国联邦航空管理局（FAA）或欧洲航空安全局（EASA）颁发的维修许可证原件及复印件 ●海南省航空维修业奖补资金申报承诺书	
	海南省交通运输厅	申请《海南省关于促进通用航空发展的若干支持措施》（琼交民航〔2022〕465号）相关奖补，企业应登录“海易兑”海南省惠企政策兑现服务系统，在“申报通知”专栏，关注省交通运输厅相关资金奖补申请通知，点击“去申报事项”进行申报	根据通知要求提交	

续表

政策	责任部门	流程内容	提交材料	端口
再生资源回收利用	海南省工业和信息厅	申请《海南省关于加快全生物降解材料产业发展的若干政策措施（试行）》（琼发改环资〔2021〕216号）相关奖补，企业应登录“海易兑”海南省惠企政策兑现服务系统，在“申报通知”专栏，关注海南省工信厅相关通知，点击“去申报事项”进行申报	根据通知要求提交	
设计产业扶持政策	省直各有关单位	申请《关于海南省支持设计产业发展的若干措施（试行）》相关奖补，企业应登录“海易兑”海南省惠企政策兑现服务系统，在“申报通知”专栏，关注省直各有关单位发布的相关资金补贴申请通知，点击“去申报事项”进行申报	根据“海易兑”海南省惠企政策兑现服务系统通知要求申报	